Heike Kraft
Gudrun Rothaug
Petra Widmayer (Hg.)

Hessen für Kinder

Familienausflüge, Tipps und Treffs

2 3 4 07 06

Umschlaggestaltung: Christina Hucke
Landkarten: Gesine von Loesch
Zeichnungen: Philip Waechter
Gesamtherstellung: Fuldaer Verlagsanstalt, Fulda
ISBN 978-3-8218-1764-4

Verlagsverzeichnis schickt gern:
Eichborn Verlag, Kaiserstraße 66, D-60329 Frankfurt am Main
www.eichborn.de

Vorwort . . . 10
Auf los geht's los . . . 10
Berühmte Hessen . . . 10
Zum Umgang mit diesem Buch . . . 11
Wer mitgemacht hat . . . 12

Hessens Süden . . . 15
Am Neckar und im Odenwald . . . 15
Neckarsteinach: Vier Burgen auf einen Streich . . . 16
Beerfelden: Der Galgen am Wege . . . 18
Erbach: Bei den Elfenbeinschnitzern . . . 19
Schloss Eulbach: Von Wildschweinen und Römern . . . 20
Michelstadt: Bienen und Märkte . . . 22
Hummetroth und seine römischen Ausgrabungen . . . 23
Burg Rodenstein, Burg Breuberg und Schloss Lichtenberg . . . 24
Veste Otzberg: Amtsburg und Museum . . . 26
An der Bergstraße . . . 27
Heppenheim und die Starkenburg . . . 28
Am Bruchsee und in Fürth-Erlenbach . . . 29
Lorsch: Mönche und Tabakproduzenten . . . 29
Auerbach und sein Schloss . . . 31
Auerbach: Das Fürstenlager . . . 32
Lautertal-Reichenbach: Das Felsenmeer . . . 33

Darmstadt und Umgebung . . . 37
Von Dummstädtern und Armstädtern . . . 37
Hessisches Landesmuseum und fürstliche Grünanlagen . . . 38
Mathildenhöhe und Hundertwasserhaus . . . 39
Kultur für Kinder . . . 40
Vivarium, Volkssternwarte und Cybernarium . . . 41
Burg Frankenstein und die Monster . . . 42
Der Kühkopf und das Ried . . . 44
Die Arheiliger Kinderfarm und Schloss Kranichstein . . . 45
Die Grube Messel . . . 47

Frankfurt am Main . . . 49
Die Stadt der Superlative . . . 49
Bücher von Goethe und anderen . . . 50
Einkaufen und Verreisen . . . 51
Kaiser Karl und die Hirschkuh . . . 52
Am Main mit Schiff und Dampflok . . . 54

Frankfurter Museen: Entdecken und staunen . . . 55
Abenteuer im Dschungel: Zoo, Parks und Palmengarten . . . 57
Süß, sauer und gesund . . . 59
Fassenacht und Dippemess . . . 60
Von großen und kleinen Talenten . . . 60
Steine, Wasser und viel Energie . . . 62
Der Natur auf der Spur: Lohrberg und Stadtwald . . . 63
Klettern, Skaten und Schwimmen . . . 64
Abenteuer- und Waldspielplätze . . . 66

Wiesbaden und der Rheingau . . . 69
Die hessische Landeshauptstadt . . . 69
Da & dort. Kultur vor Ort . . . 70
Museen zum Schauen, Tasten und Staunen . . . 72
Es grünt so grün . . . 73
Ökologie im Aukammtal. Kinderbauernhof und Fasanerie . . . 74
Im Nerotal: Bergbahn und Räuberhöhle . . . 75
Touristik-Bahn, Taunus-Wunderland und seltene Schlangen . . . 77
Der Rheingau: Burgen und Weinberge . . . 78
Eltville und Kloster Eberbach . . . 79
Rüdesheim und sein Denkmal . . . 81

Der Taunus . . . 84
Gute Luft und gesundes Wasser . . . 84
Regionalpark RheinMain. Kunst und Trauben . . . 85
Oberursel und die Kinderautomobile . . . 87
Großer Feldberg: Aussichtsturm und Brunhildisfelsen . . . 88
Kleiner Feldberg, Fuchstanz und Altkönig . . . 89
Burgenromantik: Eppstein, Kronberg und Königstein . . . 90
Bad Homburg vor der Höhe: Stadt der Hüte . . . 92
Die Saalburg: Vom römischen Leben . . . 93
Hessenpark: Von Bauern, Schmieden und der alten Zeit . . . 95
Eschbacher Klippen und die Erdfunkstelle . . . 96
Pferdskopf: Aussicht vom Feinsten . . . 97
Vogelburg Weilrod und die Apfelkelterei . . . 97

Wetterau und Vogelsberg . . . 101
Flaches Land Vulkangestein . . . 101
Friedberg mit Europas größter Burg . . . 102
Bad Nauheim: Weißes Gold und Kurbetrieb . . . 103
Die Münzenberg, das Wetterauer Tintenfass . . . 105

Glauberg: Auf den Spuren unserer Vorfahren ... 106
Büdingen: Wo die Frösche quaken ... 107
Märchenland und Seenparadies ... 109
Das Vulkangestein des Vogelsberges ... 110
Schotten: Zuckerbäcker und Streichelzoo ... 111
Naturpark Vogelsberg: Taufstein und Hoherodskopf ... 112
Laubach: Märchenschloss und Silvesterwürfeln ... 113
Herbstein: Der Bajaß und seine Mannen ... 115
Lauterbach: Der Strumpf und die Illegillchen ... 116
Schlitz: Die Stadt der Burgen ... 118
Alsfeld mit Elle und Pranger ... 118

An Main und Kinzig ... 122
Von alten Handelsstraßen ... 122
Offenbach und Cowboys ... 122
Hanau: Stadt der Goldschmiede ... 124
Hanau Philippsruhe: Ein Schloss am Main ... 126
Auheim: Wildpark und Dampfmaschinentage ... 127
Seligenstadt: Einhard und Emma ... 128
Ein riesengroßer Löffel und die »Fassenacht« ... 129
Ronneburg: Wie aus dem Bilderbuch ... 131
Gelnhausen: Die Stadt Barbarossas ... 132
Von Türmen und Hexen ... 133
Die Salinen von Bad Orb und das Kinderdorf ... 135
Steinau: Die Stadt der Grimms ... 136
Steinaus Umgebung: Die Teufelshöhle ... 138

Die hessische Rhön ... 141
Bei Bibern und Fliegern ... 141
Fulda: Von Mönchen und geistlichen Fürsten ... 142
Museen mit Herz ... 143
Fuldaaue und Schloss Fasanerie ... 145
Bei Rittern und anderen Fossilien ... 146
Moorgründe und Heidekraut ... 148
Wasserkuppe und Milseburg: Die höchsten Berge der Rhön ... 149
Brezeltag und Hutzelfeuer ... 150

An Lahn und Dill ... 155
Ein Paradies für Wasserfreunde ... 155
Gießen: Botanischer Garten und Klosterruinen ... 156
Museen zum Staunen und Spielen ... 157

Gießens Umgebung: Das Gleiberger Land 159
Wetzlar: Die Stadt mit dem Dom, der keiner ist 161
Lotte und die Leiden des jungen Goethe 163
Sinnespfad und Apfelmarkt 163
Solms: Unter Tage und im All 164
Braunfels: Ein märchenhaftes Schloss 166
Weilburg: Grafen und Bergleute 167
Im Tiergarten und der Kristallhöhle 169
Runkel: Burgberg und Kanutour 170
Limburg: Die Gottesstadt 170
Burg Greifenstein: Bei den Glockengießern 171
Gießerei Rincker und das Lied der Glocken 173
Herborn und die »Hohe Schule« 173
Dillenburg: Wilhelmsturm und Kasematten 174
Hessisches Landgestüt und Kutschenmuseum 175

Marburg-Biedenkopf 178
Landkreis mit einer Heiligen 178
Marburg: Zeitreise in die Vergangenheit 179
Marktplatz und Landgrafenschloss 180
Spielearchiv und Kindheitsmuseum 181
Von Steinen und Skeletten 182
Marburger Ramba-Zamba 183
Planetenlehrpfad und Botanische Gärten 184
Wasser- und Wanderfreuden 185
Brauchtum im Marburger Land 186
Amöneburg: Oppidum und Segelfliegen 187
Jugendwaldheim und Schulbauernhof 188
Die Region Burgwald: Märchenhafte Bilder 189
Biedenkopf: Grenzgang und Sackpfeife 191

An Schwalm und Eder 194
Im Land der Rotkäppchen 194
So fest wie Ziegenhain 195
Treysa und der Buttermilchturm 195
Beim Türmer von Neukirchen 197
Der Berg der Hexen 197
Das Knüllköpfchen 198
Frielendorf, Borken und das »braune Gold« 200
Homberg/Efze: Spuk auf der Burg Hohenberg 202
Fritzlar: Eine Stadt mit viel Geschichte 203

Felsberg: Burgen und Bienen ... 205
Melsungen: Bartenwetzer und Wilder Mann ... 206

Waldhessen und Naturpark Meißner- Kaufunger Wald ... 210
Unterwegs in Waldhessen ... 210
Die Burg Herzberg ... 210
Bad Hersfeld: Die Mückenstürmer und Lullus ... 212
Hersfelder Stadtrundgang ... 213
Im Land der weißen Berge ... 214
Bebra: Stadt der Biber ... 216
Weiterode: Kräutergarten und Erlebnispfad ... 216
Die Rotenburger und ihr Spitzname ... 217
Fuldaböckchen und Biotope ... 219
Naturpark Meißner-Kaufunger Wald ... 219
Im Reich der Frau Holle ... 220
Germerode: Wildpark und Grubenfahrt ... 223
Bad Sooden-Allendorf: Am Brunnen vor dem Tore ... 224
Witzenhausen und die Kirschen ... 224
Jugendburg und Erlebnispark ... 226
Oberkaufungen: Vom Gang der Rösser ... 227

Landkreis Waldeck-Frankenberg ... 230
Wasser, Wald und Bodenschätze ... 230
Der Edersee: Blaues Auge im Waldecker Land ... 230
Edertal-Hemfurth: Geballte Energie ... 232
Waldeck: Das Schloss an der Waldecke ... 233
Bad Wildungen: Weltbad mit Schloss ... 234
Bergfreiheit: Kupfer und Edelsteine ... 235
Kloster Haina: Heimat der Familie Tischbein ... 236
Frankenberg: Sitzgelegenheiten unter Dampf ... 237
Korbach: Ein Rathaus mit zwei Eingängen ... 239
Willingen: Bergwerksstadt und Sportparadies ... 240
Naturpark Diemelsee ... 241
Bad Arolsen: Zu Besuch beim Fürsten ... 242
Der Twistesee: Treffpunkt der Ausdauersportler ... 243

Kassel und Kassel Land ... 247
Herkules – Wahrzeichen von Kassel ... 247
Kunst und Kurioses in Kasseler Museen ... 248
Die Karlsaue: Barockpark mit Kulturzelt ... 250
Theater, Filme und Bücher für Kinder ... 251

Freie Fahrt und Leinen los 252
Märchenhaftes Nordhessen 253
Die Weidelsburg und der Dörnberg 254
Calden: Rokokoschlösschen und Sternwarte 256
Hofgeismar: Stutenwecken und Osterhasenumzug 256
Trendelburg: Rapunzel und Trendula 257
Reinhardswald und Sababurg 258
Bad Karlshafen: Die nördlichste Stadt Hessens 259
An der Weser: Mühlen und Wasserkraft 260

Feste/Veranstaltungen 263

Reiseziele 265

Ortsregister 272

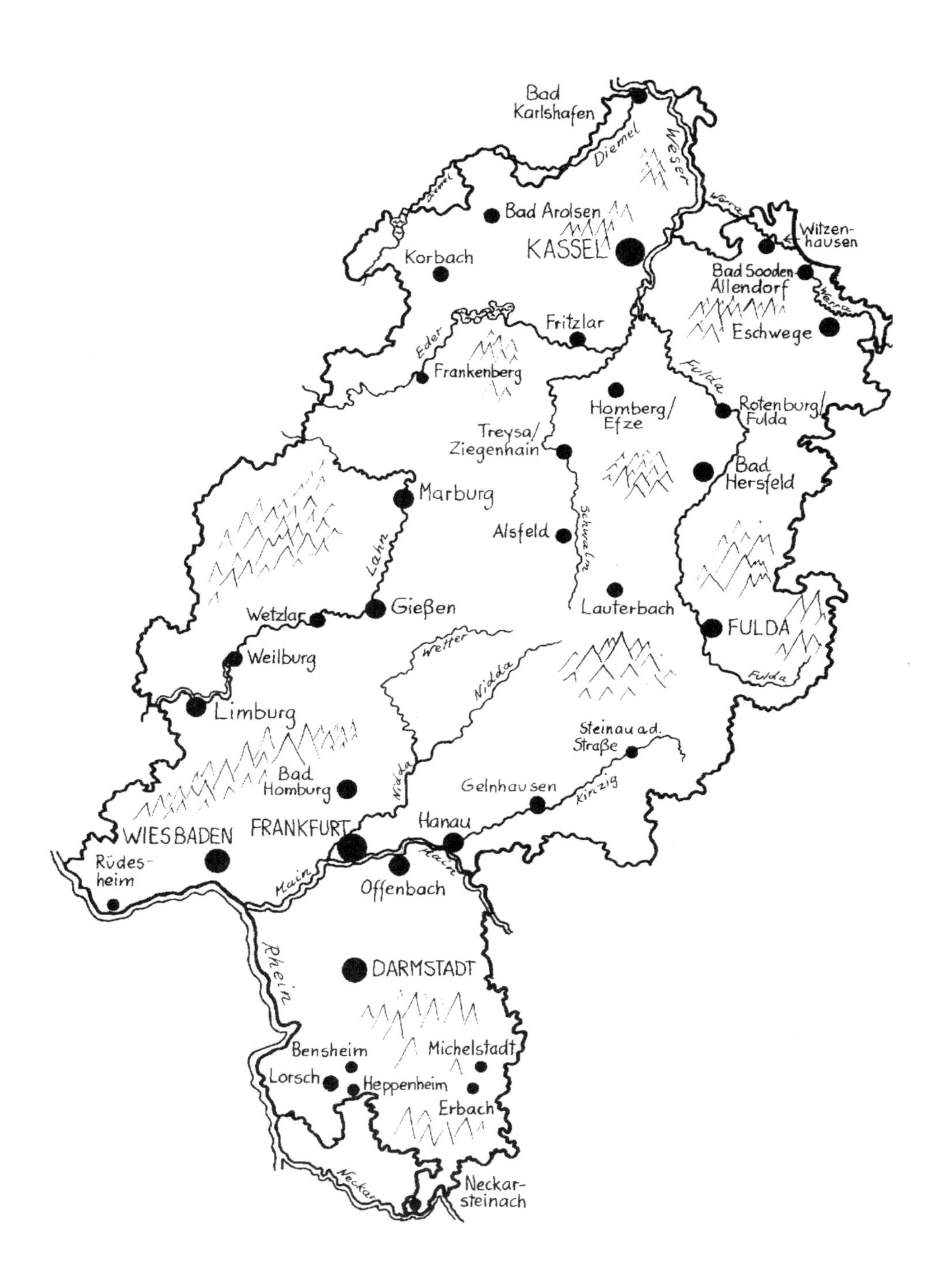

Bad Karlshafen
Diemel
Weser
Diemel
Werra
Bad Arolsen
Witzenhausen
KASSEL
Korbach
Bad Sooden-Allendorf
Werra
Fritzlar
Eschwege
Eder
Frankenberg
Fulda
Homberg/Efze
Rotenburg/Fulda
Treysa/Ziegenhain
Bad Hersfeld
Marburg
Schwalm
Alsfeld
Lahn
Lauterbach
Gießen
Wetzlar
FULDA
Weilburg
Wetter
Nidda
Fulda
Limburg
Steinau a.d. Straße
Bad Homburg
Nidda
Gelnhausen
Kinzig
WIESBADEN
FRANKFURT
Hanau
Rüdesheim
Main
Main
Offenbach
Rhein
DARMSTADT
Bensheim
Michelstadt
Lorsch
Heppenheim
Erbach
Neckar
Neckarsteinach

Vorwort

Auf los geht's los

Den hessischen Löwen an die Leine genommen und auf geht es, um das Bundesland im Herzen Deutschlands zu erobern. Löwen sind stark und eigenwillig, sie gelten als die Könige der Tiere. Wer sich den Löwen zum Wappentier wählt, will genauso stark und frei sein wie er.

Der Erste an der Spitze des Landes mit dem Löwen im Wappen war ein Kind. 1248 wurde der vierjährige Heinrich in Marburg zum Herrn der neuen Landgrafschaft Hessen bestimmt. Seitdem hat sich viel verändert, auch die Grenzen sind andere. Das heutige Hessen hat rund sechs Millionen Einwohner und ist das fünftgrößte Bundesland Deutschlands. Es liegt zwischen dem 51. und dem 49. Breiten- bzw. zwischen dem 8. und 9. Längengrad. In der Nord-Süd-Richtung ist es an seiner längsten Stelle stolze 255 km lang, und seine größte Breite beträgt 210 km. Hessen mit den Gebirgszügen und Tälern von Kellerwald, Meißner, Rhön, Vogelsberg, Taunus, Spessart und Odenwald ist das waldreichste deutsche Bundesland. Manch schönes Stück Natur gibt es hier zu entdecken. Zugleich haben Fortschritt und moderne Technologie Einzug gehalten. Wo einst Kelten, Römer und Germanen siedelten, sind Großstädte entstanden, gibt es Autobahnen, Trassen für superschnelle ICE-Züge, Flughäfen und Fabriken. Die höchsten Gebäude sind nicht mehr Kirchen, sondern Fernsehtürme, Bürohäuser und Banken. Knapp sechs Millionen Einwohner hat Hessen, rund 600.000 davon sind Kinder zwischen sechs und 15 Jahren.

Hessen Touristic Service
Abraham-Lincoln-Str. 38-42
65189 Wiesbaden
Tel. 06 11 / 77 88 00
E-Mail:
Info@hessen-tourismus.de
www.hessen-tourismus.de

Touristic Service
informiert über:
Ferien auf dem Bauernhof
Reiterhöfe
Campingplätze
Badeseen in Hessen etc.

Berühmte Hessen

Bedeutsames gab es in Hessen schon immer. Bereits in der Jungsteinzeit war die Region besiedelt, im Mittelalter entstanden Klöster, Burgen und Städte. Spuren aus grauer Vorzeit können vor Ort oder in den Museen besichtigt werden. Wichtige Leute erblickten in Hessen das Licht der Welt. Goethe beispielsweise oder die Brüder Grimm, die berühmt wurden durch ihre Märchensammlungen. Oder Philipp Reis, der das Telefon erfand.

In Hessen lebten schon immer kluge Kinder. Die Malerin und Naturkundlerin Maria Sibylla Merian zum Beispiel, die es sich als Dreizehnjährige zur Aufgabe machte, das Leben der Raupen zu erforschen. Oder der Chemiker Justus Liebig aus Darmstadt, der schon als Junge ganz viel über Chemie wusste. Oder das jüdische Mädchen Anne Frank aus Frankfurt, die, hätte sie überleben dürfen, bestimmt einmal eine große Schriftstellerin geworden wäre.

Frankfurt erinnert an sie in der nach ihr benannten *Jugendbegegnungsstätte*. In einer Ausstellung, die rund um das von Anne hinterlassene Tagebuch entwickelt wurde, kann der Besucher den Spuren dieses ungewöhnlichen Mädchens folgen.

Jugendbegegnungsstätte
Anne Frank
Hansaallee 150
60320 Frankfurt
Tel. 0 69 / 56 00 02 32
Kinder 2 € , Erw. 4 €
geöffnet: vorm. reserviert für Gruppen
Einzelbesucher: Sa. u. So. 14-18 Uhr
U 1,2,3 Halt: Dornbusch
E-Mail: info@jbs-anne-frank.de
www.jbs-anne-frank.de

Von den meisten Kindern früherer Epochen weiß man allerdings leider nichts, denn den Erwachsenen damals galten Kinder oft wenig. Sie sollten nur schnell groß und erwachsen werden. Dass ihnen besondere Achtung entgegengebracht, Freiräume und Rechte eingeräumt werden müssen, entsprach nicht der allgemeinen Vorstellung. Daran hat sich inzwischen einiges geändert und in Hessen hat man dabei kräftig mitgewirkt. In Frankfurt beispielsweise entstand 1972 das erste Kindermuseum der Bundesrepublik. Vorbildcharakter hat hier auch das 1991 eingerichtete Kinderbüro mit einer Rechtsberatung für Kinder. Um Kinderbelange kümmern sich inzwischen auch in Kassel, Darmstadt oder Oberursel eigene Kinderbeauftragte, während Wiesbaden vor Jahren schon die Aktion »Kinderstadt« entwickelte. Dort haben sich Kinder auf kreative Weise mit Problemen in ihrem Stadtteil befasst. Manches wurde aufgrund ihrer Vorschläge verändert. Eine feste Interessenvertretung hat die junge Generation inzwischen bei Kinderforen und in Jugendparlamenten wie in Kiedrich, Lauterbach, Offenbach oder Wetzlar.

Zum Umgang mit diesem Buch

Bei der Auswahl unserer Reisetipps wurden vor allem die Belange von Kindern berücksichtigt, deshalb mag aus der Sicht der Großen vielleicht die eine oder andere historische oder kulturelle Attraktion fehlen. Die beschriebenen Ziele von Süden nach Norden sind nach Regionen geordnet. Sie enthalten Städteportraits und Hinweise auf interessante Museen, Burgen, Tierparks, Höhlen, Badeseen, Spielplätze und Kinderkulturaktionen. Stichwortverzeichnisse am Ende des Bandes erleichtern die Übersicht. Auch einige Firmenbesichtigungen haben wir mit aufgenommen: Traditionsreiches Handwerk oder moderne Technologie kann mancherorts besichtigt werden.

Wichtig war uns bei der Auswahl auch, dass wir Ziele vorstellen, deren Besuch wenig oder gar nichts kostet und die bequem mit öffentlichen Verkehrsmitteln zu erreichen sind.

Zu Anfang jedes Kapitels findet sich die Adresse des zuständigen Fremdenverkehrsamtes. Zu allen Reisezielen, die im Text kursiv gedruckt sind, stehen am Rand Adresse, Telefonnummern, Öffnungszeiten und Eintrittspreise. Ins Gepäck gehören Picknickzubehör und Plastiktüten für Müll oder besondere Fundstücke. Wenn Höhlen besucht werden, ist auch eine Taschenlampe hilfreich. Eine Lupe und ein kleiner Spiegel helfen dabei, Pflanzen oder Gesteine genauer zu erforschen. Zusätzlich sollten Landkarten und – je nach Jahreszeit – eventuell ein Vogel- oder Pilzbestimmungsbuch mitgenommen werden. Vielleicht auch das jeweilige Buch mit Märchen oder Geschichten, auf das wir neben Bastelanleitungen und Kochrezepten in unserem Extra-Tipp für Kinder verweisen. Ganz wichtig für einen Ausflug ist natürlich die gute Laune. So ausgerüstet, wird der Ausflug mit »Hessen für Kinder« unbedingt ein Erfolg.

hr2-Domino – Radio für Kinder
Sendezeiten
Mo.-Fr. 14.05-14.30 Uhr,
Sa. 14.05-15 Uhr,
So. 8.05-9 Uhr
www.hr2.de

Wer mitgemacht hat

Der vorliegende Band ging aus einer Sendereihe im Kinderprogramm des Hessischen Rundfunks hervor, die im Zeichen des Dinosauriers stand. Die Reihe enthielt Ausflugstips für die ganze Familie. Dafür machten Beiträge und schrieben Texte: Rüdiger Bischoff, Thomas Korte, Norbert Interwies, Martin Lauer, Kerstin Müller, Anke Neuzerling, Tanja Rösner, Gudrun Rothaug, Cornelia Schwarz-Mager und Waia Stavrianos. Das Buch liegt nun in seiner vierten Ausgabe vor, komplett im Text- und Serviceteil aktualisiert und um viele Ziele erweitert. An diesem Buch wirkten neben Heike Kraft und Gudrun Rothaug auch Ivonne Domnick und Friedrich Edinger mit. Die Fotos überließen uns erneut freundlicherweise die Hessische Staatskanzlei, das Vortaunusmuseum Oberursel, die Fremdenverkehrsämter und -verbände. Außerdem fotografierten Heike Kraft, Gregor Ottawa, Gudrun Rothaug, Cornelia Schwarz-Mager, Alfred und Petra Widmayer.

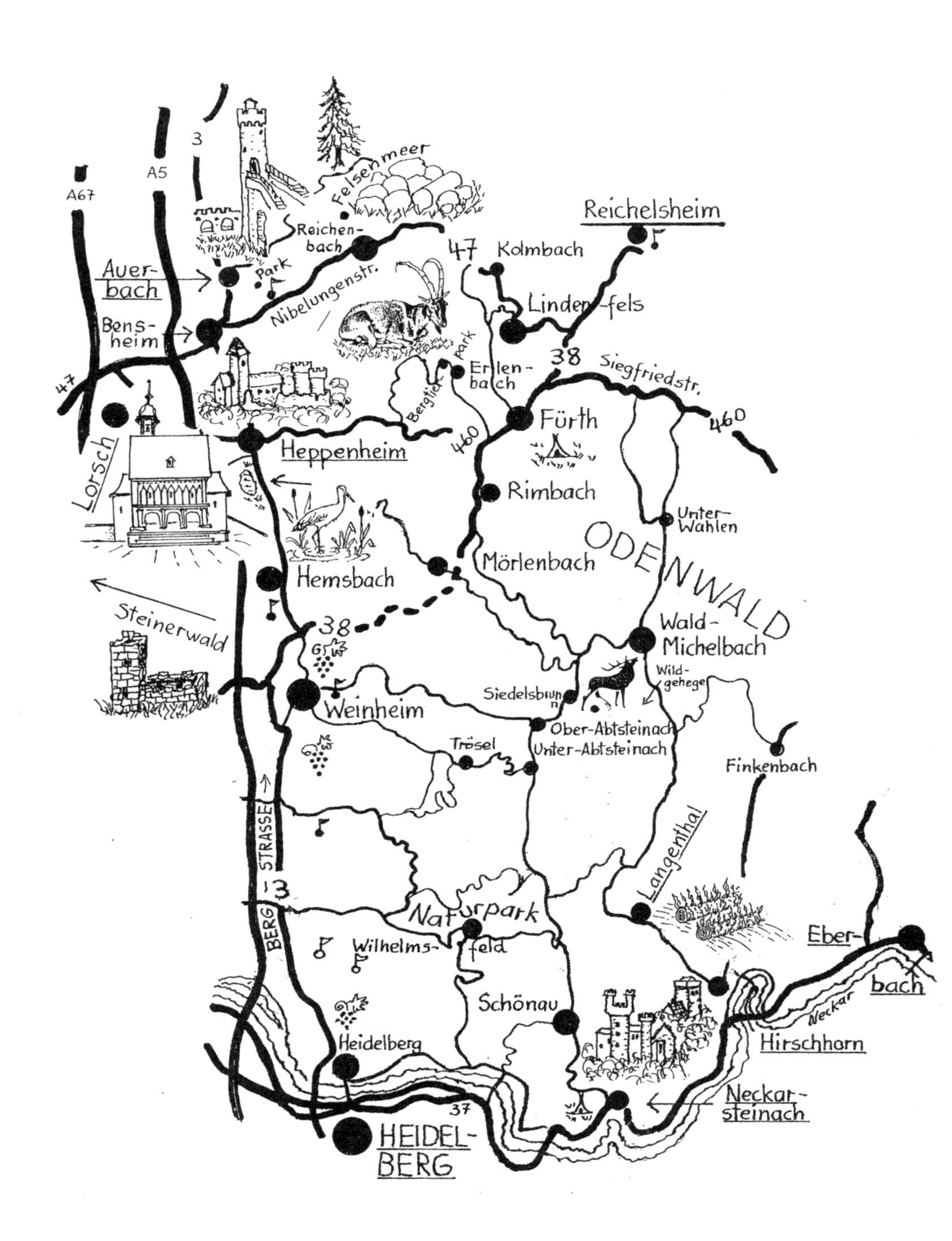
A67
A5
3
Felsenmeer
Reichelsheim
Reichen-
bach
47
Kolmbach
Auer-
bach
Park
Nibelungenstr.
Linden-fels
Bens-
heim
Bergtier-Park
Erlen-
bach
38
Siegfriedstr.
47
Lorsch
Heppenheim
460
Fürth
460
Rimbach
Unter-
Wahlen
ODENWALD
Mörlenbach
Hemsbach
Steinerwald
38
Wald-
Michelbach
Wild-
gehege
Siedelsbrunn
Weinheim
Ober-Abtsteinach
Trösel
Unter-Abtsteinach
Finkenbach
Langenthal
BERGSTRASSE
3
Naturpark
Eber-
bach
Wilhelms-
feld
Neckar
Schönau
Hirschhorn
Heidelberg
Neckar-
steinach
37
HEIDEL-
BERG

DARMSTADT
26
38
Groß-Umstadt
45
Lengfeld
426
Reinheim
368
Otzberg
Sandbach
Breuberg
306
426
469
Main
Höchst
Hummeroth
38
Brensbach
Etzen-
Gesäß
Bad König
Böllstein
Limes
ODENWALD
Reichelsheim-
Beerfurth
45
47
Nibelungen-
strasse
Michelstadt
469
38
Ober-
Mossau
Erbach
Jagdschloß Eulbach
HR
47
Würzberg
Limes
Römer-
bad
47
460
Gehege
Siegfried-
strasse
Galgensee
Limes
Beerfelden
Schöllen-
bach

Hessens Süden

Am Neckar und im Odenwald

Neckarsteinach ist der südlichste Punkt der Region, Darmstadt der nördlichste. Hier in Hessens Süden gibt die Natur ihr Bestes. Zahlreiche Höhenzüge und Wälder, Täler, Bäche, Wiesen und Parks laden zu ausgiebigen Wanderungen und zur Erholung ein. Aber auch Geschichte ist überall mit den Händen zu greifen. So gilt es Ausgrabungen aus der Römerzeit, mittelalterliche Städtchen und Burgen zu bestaunen. Märchenhaft ist der Odenwald. Im Basaltfels des Böllstein soll Frau Holle zu Hause sein und sogar einmal das Christkind beherbergt haben! Der Legende nach spielten sich in den einst dichten Wäldern auch Teile der Nibelungensage ab. Nach diesem im 12. Jahrhundert aufgeschriebenen Epos sind hier gleich zwei Touristik-Straßen benannt: die Nibelungen- und die Siegfriedstraße. Sie beginnen beide in Worms und führen durch unser Gebiet ins fränkische Würzburg. In Reichelsheim, an der Nibelungenstraße gelegen, werden im Oktober die *Reichelsheimer Märchen- und Sagentage* veranstaltet. Sie stehen in jedem Jahr unter einem anderen Motto. Mit Märchenmarkt und Märchenerzählern, Kindertheater, Zauberern und Jongleuren ist dort eine Menge los. Bei den Märchen- und Sagentagen haben schon Otfried Preußler und auch Michail Krausnick einen Preis bekommen.

Odenwald-Regional-
Gesellschaft (OREG) mbH
Marktplatz 1, 64711 Erbach
Tel. 0 60 62 / 94 33 0
E-Mail: Odenwald@Oreg.de
www.oreg.de/touristik

Reichelsheimer Märchen-
und Sagentage
letztes Oktoberwochenende
Infos bei Jochen Rietdorf /
Gmd. Reichelsheim
Bismarckstr. 43
64385 Reichelsheim
Tel. 0 61 64 / 5 08 38
www.maerchentage.de

Reichelsheimer Märchen- und Sagentage

Unser Lesetipp: Michail Krausnick schrieb über Leute wie den Hölzerlips und den Mannefriedrich, zwei berühmte Wegelagerer und Räuber aus dem Odenwald. Sein Kinderbuch »Von Beruf Räuber« ist im Beltz Verlag erschienen und eine spannende Lektüre.

Besucherbergwerk
Grube Ludwig
Infos: Dr. Peter Sattler
0 62 07 / 94 70
Führungen nach Vereinbarung
Infos bei Verkehrsamt
Wald-Michelbach
E-Mail: info@gemeinde-wald-michelbach.de
Tel. 0 62 07 / 94 71 11

Holzspielwaren Krämer
(Gäulschesmacher)
Siegfriedstr. 60
64385 Reichelsheim-Beerfurth
Tel. 0 61 64 / 15 11
Gruppen ab 10 Personen
nach Voranmeldung
E-Mail:
info@gaeulschesmacher.de
www.gaeulschesmacher.de

Infos zu Langenthal:
Tourist-Information
Hirschhorn
Alleeweg 2
69434 Hirschhorn
Tel. 0 62 72 / 17 42
E-Mail:
tourist-info@hirschhorn.de
www.hirschhorn.de

Tradition haben auch die Köhlermeiler zur Herstellung von Holzkohle in den dichten Buchen- und Eichenwäldern bei Wald-Michelbach. Über Jahrhunderte hinweg wurde in dieser Region Eisen abgebaut. Im *Besucherbergwerk Grube Ludwig,* ebenfalls in der Nähe von Wald-Michelbach, spürt man bei einer Besichtigung noch etwas von der harten Arbeit im Stollen. An vielen Orten im Odenwald üben die Menschen noch altes Handwerk aus. Es werden Körbe geflochten und Gäulsches geschnitzt. Das sind aus Holz gedrechselte und farbig bemalte Spielzeugpferdchen. Fast vierzig Handwerker beherrschten früher einmal diese Kunst. Heute werden die Pferdchen im Betrieb der *Familie Krämer* in Reichelsheim-Beerfurth hergestellt. Bei Führungen kann man zusehen, wie die kleinen Pferde hergestellt werden.

Im Odenwald wird vieles noch von der Landwirtschaft bestimmt und Reisende finden leicht eine Unterkunft auf Bauernhöfen. Manche der Höfe bieten Obst, Gemüse und deftige Odenwälder Fleischwaren zum Kauf an. Das Brot kommt direkt vom Bäcker und nicht wie vielerorts aus der Fabrik.

Auch besondere Bräuche haben sich erhalten. An vielen Stellen wird das Osterfeuer angezündet. Auch die vorchristliche Tradition des »Winteraustreibens« wird noch gepflegt. In *Langenthal* beispielsweise, nahe bei Hirschhorn, werden am Faschingsdienstag mit Stroh umwickelte Fichtenstämme angezündet und als riesige brennende Fackeln den Hügel hinuntergerollt – begleitet vom Gesang der Kinder des Dorfes. Ein Erlebnis der besonderen Art! Apropos Winter. Zum Skifahren und Rodeln lädt das Gebiet um Grasellenbach, Beerfelden und die Neunkirchner Höhe nicht weit von Reichelsheim ein. Auch bei Würzberg in 500 Metern Höhe gibt es einen Treff für Wintersportler.

Neckarsteinach: Vier Burgen auf einen Streich

Zwischen Hirschhorn und *Neckarsteinach* folgt die hessische Landesgrenze ein Stückchen dem Lauf des Neckars. Als wäre der Fluss sich seiner wichtigen Rolle bewusst, setzt er alles daran, romantisch auszusehen. Er hat breite Uferböschungen, einen geschwungenen Lauf und schöne Aussichten auf die Odenwaldhänge. Für den Spaziergang am Neckar bei regem Schiffsverkehr und mancher Schleuse sollte man sich Zeit lassen. Wasserstandsmarken für das Hochwasser müssen kontrolliert und die großen alten Anker bestaunt werden. Bei Neckarsteinach an der schönen Uferpromenade lohnt ein Blick in das Häuschen des Fährmanns von anno dazumal. Im Ort selbst fließt die Steinach in den Neckar. Fachwerkhäuser aus dem 16. bis 18. Jahrhundert und ein Teil der alten Wehrmauer sind dort erhalten. Für die Kinder dürfte dagegen der Spielplatz am Bachweg unterhalb der Kirche ein verlockendes Ziel sein. Wenn dann Hunger oder Durst aufkommt, gibt es genügend gemütliche Lokale: manche mit Garten und Blick auf das Wasser!

Rathaus Neckarsteinach
Hauptstr. 7
69239 Neckarsteinach
Tel. 0 62 29 / 92 00 0
E-Mail:
info@neckarsteinach.de
www.neckarsteinach.com

Die waldreichen Höhen um Neckarsteinach haben etwas, was kaum ein anderer Ort vorweisen kann: nicht eine, sondern gleich vier Burgen. Sie stammen aus dem 12. bis 14. Jahrhundert und sollten das Neckartal gegen Feinde schützen. Die Vorder- und die Mittelburg sind noch bewohnt. Zu diesen Burgen gelangt man zuerst, wenn man den Berg hinaufgeht. Die anderen beiden, die Hinterburg und die Burg Schadeck, sind nur noch als Ruinen erhalten. Die Schadeck wird auch »Schwalbennest« genannt, weil sie am Felshang »klebt«. Für den Weg dorthin benötigt man von der Hinterburg aus etwa

Blick auf Neckarsteinach

zehn Minuten. Die Besichtigung ist kostenlos. Die Aussicht über die Stadt und den Fluss auf den gegenüberliegenden Dilsberg vermittelt ein echtes Rittergefühl. Wandermöglichkeiten in den Wäldern gibt es von dort oben reichlich. Zum nahen Hirschhorn, das ähnlich schön ist wie Neckarsteinach, lohnt ein anderer Ausflug, vielleicht sogar mit dem Boot oder mit dem Fahrrad, immer den Weg am Neckar entlang.

Beerfelden: Der Galgen am Wege

Tourist-Informationen
»Beerfelder Land«
Metzkeil 1
64743 Beerfelden
Tel. 0 60 68 / 93 03 20
E-Mail: stadtverwaltung
@beerfelden.de
www.beerfelden.de

Zum Galgen: 1 km südöstlich, Straße nach Airlenbach oder Wanderweg Nr. 12 Start am Parkplatz hinter der Kirche

Waldschwimmbad Beerfelden
zwischen Beerfelden
und Gammelsbach
Parkplatz Gänsbuckel
Tel. 0 60 68 / 47 87 85

Die nächsten Touren gehen in den östlichen Odenwald. Vom Neckar im südlichsten Zipfel Hessens führt die B45 nach *Beerfelden*. Etwas Schauerliches hat den Ort berühmt gemacht: sein *Galgen*. Ende des 16. Jahrhunderts wurde er als »dreischläfriger« Galgen errichtet, d.h., mehrere Leute konnten gleichzeitig daran gehenkt, also in den »ewigen Schlaf« gebracht werden. Er besteht aus drei etwa fünf Meter hohen, über Eck stehenden Sandsteinsäulen, die in der Höhe durch Eisenstäbe miteinander verbunden sind. Der Platz war seinerzeit Gerichtsplatz der Grafschaft Erbach, auf ihm stehen noch die alten Gerichtslinden. Am Gerichtsplatz vorbei führte ein viel befahrener Handelsweg: Der Galgen war also schon von weitem sichtbar, was abschreckend wirken sollte. Die schöne Aussicht führte dem Delinquenten zugleich vor Augen, was er alles hinter sich lässt. Zuletzt wurde dort 1804 eine Zigeunerin hingerichtet, weil sie für ihre Kinder einen Laib Brot und ein Hühnchen gestohlen haben soll.

Die Stadt selbst ist nicht sehr attraktiv, ein Brand hat im 19. Jahrhundert vernichtend gewirkt. Doch hat sie ein Museum, das auf die heimischen Handwerkstraditionen verweist. Unbedingt lohnt sich der Besuch des Pferdemarktes am zweiten Sonntag im Juli. Dann findet hier die größte und vielseitigste Zuchtviehschau Hessens statt. Dabei kommen rund 600 Pferde, Ponys, Rinder, Schafe und Ziegen verschiedener Rassen zur Prämierung zusammen. Natürlich wird dabei auch gefeiert – wie auf jeder richtigen Kirmes.

Im Sommer lockt in schöner Lage mitten im Grünen das *Waldschwimmbad*, im Winter heißt es in Beerfelden und Umgebung: Die Skier anschnallen, ab auf die Loipe und hoch zum Lift »Buchenhelle«, direkt an der B 45. Schülergruppen bekommen hier unter der Woche am Vormittag günstigere Tarife.

Erbach: Bei den Elfenbeinschnitzern

In Erbach schlängelt sich die Mümling durch den Ort und es scheint, als lebe dort immer noch ein Stück Vergangenheit weiter. Die stattlichen Fachwerkbauten der »Burgmannen«, gewissermaßen der »Beamten« am Hof, prägen noch heute das Bild des Städtchens. Das *Schloss* mit seinem Figuren bestandenen Park atmet den Geist des Barocks. Innen sind die gräflichen Sammlungen zu bewundern: antike Büsten, Statuen, Mosaiken und Gemälde. In einem Saal sind viele Ritterrüstungen aufgestellt und auch das Treppenhaus mit seinen Hunderten von Rehbockgehörnen ist sehenswert. Zusätzlich gibt es noch eine Hirschgalerie mit vielen riesigen Geweihen, denn die Grafen waren begeisterte Jäger.

Odenwald-Regional-Ges.
(OREG) mbH
Marktplatz 1
64711 Erbach
Tel. 0 60 62 / 94 33 0
E-Mail: odenwald@oreg.de
www.oreg.de/touristik

Deutsches Elfenbeinmuseum
Otto-Glenz-Str. 1
64711 Erbach
Tel. 0 60 62 / 64 64
geöffnet: tägl. 10-17 Uhr,
Nov.-Feb. Mo. geschlossen,
Erw. 4,50 €, Familienkarte 10 €,
Ermäßigungen für Gruppen

Schlossmuseum Erbach
Marktplatz
64711 Erbach
Tel. 0 60 62 / 94 33 0
geöffnet: 1. März-31. Okt.
Besichtigung nur mit Führung.
Führungen: Sa., So.,
Feiertage 14, 15, 16, 17 Uhr,
Mo.-Fr. 15 Uhr
Erw. 4 €, Familienkarte 10 €,
Ermäßigungen für Gruppen

In Erbach gab es einen Grafen, der ein besonderes Hobby hatte. Graf Franz I. zu Erbach-Erbach liebte das Schnitzen und Drechseln mit Holz und so hatte er es zu seinem Vergnügen gelernt. Damals stand es sehr schlecht um die Verdienstmöglichkeiten für die Untertanen in seinem kleinen Land. Damit sie ein neues Auskommen finden, ließ Graf Franz I. 1783 eine Musterwerkstatt in seinem Schloss einrichten. Es wurde dort allerdings kein Holz verarbeitet, sondern ein viel kostbareres Material: das Elfenbein. Davon, so heißt es, soll er einiges von einer Elefantenjagd aus Afrika mitgebracht haben. So kam es, dass in Erbach ein in diesen Breitengraden bisher unbekanntes Handwerk heimisch wurde: die Elfenbeinschnitzerei. Anfangs fertigten die Schnitzer nur Kästchen, Dosen und Leuchter, später auch Schmuck und Figuren. Knapp 200 Jahre später wurde das *Deutsche Elfenbeinmuseum* gegründet, das mit seinen ca. 2000 Objekten einzigartig in Europa ist. Das älteste ausgestellte Stück ist ein etwa 30.000 Jahre alter Mädchenkopf, doch wird auch Zeitgenössisches gesammelt. Vieles stammt aus der heimischen Produktion, andere Stücke kommen aus Frankreich, Italien und sogar aus Afrika und Asien. Einmal am Tag führt ein Schnitzer sein Handwerk vor, allerdings nicht mehr mit Elfenbein oder dem »weißen Gold«, das steht unter Artenschutz, sondern mit Knochen vom sibirischen Mammut.

Der idyllisch im Wald gelegene *Wildpark Brudergrund* ist nicht nur für Tierfreunde ein schönes Naherholungsziel. Er liegt etwa drei Kilometer von Erbach entfernt in Richtung Mossautal und ist ausgeschildert. Hier gibt es auch einen klei-

Wildpark Brudergrund Erbach
64711 Erbach
geöffnet: jederzeit
Eintritt frei
In Erbach (an der B45)
Bus 31, 32, Halt: Brudergrund

nen See, auf dem zahlreiche Enten leben. Für das Schwimmvergnügen von Kindern und Erwachsenen ist allerdings das *Freibad* in Erbach besser geeignet.

Alexanderbad (Freibad)
Werner-von-Siemens-Str.
64711 Erbach
Tel. 0 60 62 / 64 67
Schüler 2 €, Erw. 4 €
geöffnet: Mo.-So. 9-20 Uhr

Das bekannteste Fest der Region ist der »Eulbacher« oder »Wiesenmarkt«. Es wird seit 1802 in Erbach gefeiert und gilt heute als das drittgrößte Fest Südhessens. Es findet jedes Jahr am letzten Juliwochenende mit Kirmes, Landwirtschafts- und Verkaufsschau statt. Doch auch sonst kommen viele Besucher nach Erbach, besonders viele in der Adventszeit zum stimmungsvollen Weihnachtsmarkt mit altem Odenwälder Brauchtum. Der Markt sieht hübsch aus vor der stimmungsvollen Kulisse von Schloss und Städtchen. Zu kaufen gibt es die berühmten Odenwälder Lebkuchen oder deftige Wurstspezialitäten. Ein schönes Souvenir sind die Schneekugeln mit ihrem durchsichtigen Halbrund und dem bunten Motiv im Innern. Sie werden, wie viele andere peppig-bunte Haushaltsgegenstände aus Kunststoff, von bekannten Designern entworfen und in Erbach bei der Firma *Koziol* hergestellt. Bei der Produktion der Schneekugeln kann man nach telefonischer Anmeldung zuschauen.

Koziol GmbH
Werner-von-Siemens-Str. 90
64711 Erbach
Tel. 0 60 62 / 60 40
Ansprechpartner
für Betriebsbesichtigungen:
Ralph Knapich,
Tel. 0 60 62 / 60 42 94
www.koziol.de

Schloss Eulbach: Von Wildschweinen und Römern

Graf Franz I. verbrachte seine Mußestunden in seinem kleinen *Jagdschloss Eulbach.* 1802 ließ er dort einen Park im modernen »englischen Stil« anlegen. Jetzt spenden die Bäume im Park den Besuchern Schatten. Ein See, eine künstliche Burgruine, ein Obelisk und ein Römertor laden zum Verweilen und Staunen ein. Diese archäologischen Fundstücke stammen von den römischen Stätten der Umgebung (s. unten), sie wurden auf Veranlassung des Grafen freigelegt. Zum Park gehören Freigehege, in denen Wildschweine, Rehe, Hirsche und sogar Wisente leben. Zutrauliche Tiere dürfen auch gefüttert werden, an Automaten ist Futter zu bekommen. Auch ein Spielplatz und ein Kiosk sind vorhanden. Gegenüber vom Park liegt die dienstags geschlossene Wildparkschänke mit Garten. Das Restaurant im alten Haus bringt Erholung nach den Wanderungen durch das Grün des Odenwaldes.

Jagdschloss Eulbach
Englischer Garten Eulbach
64720 Michelstadt-Eulbach
(an der B 47 zwischen
Michelstadt und Amorbach)
Tel. 0 60 61 / 25 90
geöffnet: tägl. 9-17 Uhr

Auch im Wald beim nahe gelegenen Würzberg können bei der *Schwarzwildfütterung* die Tiere bestaunt und selbst gefüttert werden. Die Futtertüten gibt es am Eingang.

Schwarzwildfütterung Würzberg

Mitten im Wald sind die Reste eines Römerkastells, also einer Art Kaserne, zu sehen, das zum Odenwald-Limes (lat. Grenze) gehörte. Man schätzt, dass hier etwa 150 Mann stationiert waren. Umwallung, Graben und die alte Steinstraße des Kastells bei Würzberg sind mit etwas Vorstellungskraft noch zu erkennen. Besser sichtbar sind die Mauern eines Bades mit fünf Räumen (zu weiteren römischen Funden s. Villa Haselburg). Bis ins dritte Jahrhundert sicherte der Limes die von den Römern besetzten Gebiete östlich des Rheins und nördlich der Donau. Ein Abschnitt davon verlief ein Stück am Main entlang und führte dann durch den Odenwald bis zum Neckar. Ein Wanderweg folgt dem Verlauf des Odenwald-Limes. Er führt von Wörth am Main nach Wimpfen am Neckar und weist an seiner Strecke verschiedene Ausgrabungsstätten auf. Freunde der Archäologie können so im Odenwald auf historisch bedeutsamen Pfaden wandern. An der Straße circa zwei Kilometer nördlich von Vielbrunn findet man beispielsweise einen Hinweis auf das ehemalige Forsthaus Hainhaus. Hier gibt es ebenfalls Reste eines römischen Kastells. In unmittelbarer Nähe sind sechs urtümlich aussehende steinerne Gerichtsstühle erhalten, auf denen früher im Freien Gericht gehalten wurde. Wie alt sie sind, weiß man nicht genau. Ob sie nun aus dem 16. Jahrhundert stammen oder etwas jünger sind, beeindruckend sind sie in jedem Fall.

Schwarzwildfütterung
Würzberg
Tel. 0 62 52 / 15 37 7
(Kreisverwaltung)
geöffnet: März-Okt.
werktags 12-17 Uhr,
Sa., So. 11-18 Uhr,
Nov.-Feb. Sa., So. 12-16 Uhr
Fütterung der Wildschweine
ist in den Wintermonaten
um 14 Uhr,
in den Sommermonaten
um 15 Uhr

Michelstadt: Bienen und Märkte

Tourist-Information
Marktplatz 1
64720 Michelstadt
Tel. 0 60 61 / 97 99 97
E-Mail:
touristinfo@michelstadt.de
www.michelstadt.de

Auf den Gassen von *Michelstadt* herrschte schon im Mittelalter an Markttagen ein reges Treiben. In die für damalige Verhältnisse große Stadt (manche behaupten, »michel« bedeute »groß«) kamen Käufer aus dem ganzen Odenwald. Vieh wurde versteigert, Hanf, Linsen, Bohnen abgewogen und Tuche vermessen. Den Beginn eines jeden Markttages kündigte ein Ausrufer mit Trommelschlag an, und ein Marktmeister wachte über dem Treiben. An diese vergangenen Zeiten erinnert das große Odenwälder Frühlingsfest, der »Bienenmarkt«. Es wird zu Pfingsten gefeiert, und zu seinem Abschluss findet ein Kinderfestzug statt. Absoluter Höhepunkt aber ist die Versteigerung echter Bienen. Mit diesen Tierchen hat es eine besondere Bewandtnis. Vor vielen, vielen Jahren soll der Ort einmal von Feinden bedroht gewesen sein. Die Stadtwächter, die eigentlich Gefahren melden sollten, waren eingeschlafen. Bevor die Feinde angreifen konnten, kam zum Glück eine Biene vorbei und stach einen Wächter. Der wurde wach, gab Meldung und die Angreifer mussten unverrichteter Dinge wieder abziehen.

Spielzeugmuseum und
Odenwaldmuseum
Speicherbau der Kellerei
64720 Michelstadt
Tel. 0 60 61 / 74 13 9
geöffnet:
März-Okt. Di.-Fr. 10-12 Uhr u.
14-17 Uhr, Sa., So. u.
Feiertage 11-18 Uhr
Nov.-Feb. Fr.-So. u.
Feiertage 11-18 Uhr
Während des Weihnachtsmarktes: Mi-Fr 11-18 Uhr,
Sa., So 11-19 Uhr
Kinder 1 €, Erw. 2 €

Ein Stadtrundgang ist in Michelstadt zu jeder Jahreszeit empfehlenswert. Besonders aber in der Adventszeit, denn Michelstadt hat einen der schönsten Weihnachtsmärkte Hessens. Am besten beginnt man seinen Weg jenseits der alten Stadtmauern, geht durch den Durchgang beim runden Diebesturm und steht dann bald beim Marktplatz mit seinem achteckigen Brunnen. Ein Schmuckstück ist das 1484 erbaute Rathaus mit seinen spitzen Ecktürmen und einer offenen Halle im Untergeschoss. Hier sind noch Tuchpresse, Elle und Stadtwaage zu sehen, die einheitlich und für alle gültig Maß und Gewicht vorschrieben. Danach führt der Weg vorbei am privaten Elfenbeinmuseum zu den hübschen Elefantenfiguren. Sie erinnern daran, dass durch die Elfenbeinschnitzerei ein gewisser Wohlstand in diese Region kam (s. Erbach). In der Nähe ist auch das *Odenwaldmuseum,* das in einem 1517 errichteten Speicher untergebracht ist. Dort wird Wichtiges über die Römerkastelle im Odenwald berichtet und auch über die Villa Haselburg bei Hummetroth (s. dort), die vor nicht allzu langer Zeit ausgegraben wurde. Früheres Arbeitsgerät und Einrichtungsgegenstände von Bauern, Bürgern und Handwerkern sind dort ausgestellt, und natürlich wird der

Odenwälder Imkerei und damit auch den Bienen ein Platz eingeräumt. In der anderen Haushälfte befindet sich das *Spielzeugmuseum Michelstadt*. Puppenküchen und -stuben, Puppen und Puppenkleidung zeigen die Welt der Puppenmütterchen von einst. Den Jungen war das Spiel mit Kaufmannsladen und Soldaten vorbehalten.

In Michelstadt steht auch eine Synagoge, die das Pogrom vom 9. November 1938 während des Nationalsozialismus überlebt hat. Heute ist darin eine Ausstellung zur jüdischen Kulturgeschichte untergebracht.

In Michelstadts Umgebung lohnt der Besuch von Schloss Fürstenau bei Michelstadt-Steinbach. Es wurde ursprünglich als Wasserburg an der Mümling errichtet und in der Renaissance zu einem Residenzschloss umgebaut. Der Schlosshof ist in der Zeit von 9 bis 16 Uhr zu besichtigen. Von Michelstadt aus führt die B 47 Richtung Worms dorthin. Am Dorfrand von Steinbach steht die *Einhardsbasilika*, die am besten erhaltene karolingische Kirche nördlich der Alpen. Als ihr Gründer wird Einhard genannt, Berater und Biograf Karls des Großen, der auch für die Stadtgeschichte von Seligenstadt (s. dort) bedeutsam war. Im Sommer lohnt sich in Steinbach ein Besuch im *Motorrad-Museum*. Es ist an den Wochenenden geöffnet und zeigt den staunenden Fans 100 schnelle Maschinen.

Einhardsbasilika
Michelstadt-Steinbach
Einhardstraße 12
Besichtigung nach Anmeldung
Schlossstr. 17
Tel. 0 60 61 / 24 47
oder 0 60 61 / 73 96 7
geöffnet:
Nov.-Feb. 10-12 Uhr
u. 13-15 Uhr
Im Sommer bis 18 Uhr geöffnet
Montags geschlossen
Kinder 1,20 €, Erw. 1,80 €

Motorrad-Museum
Hans-Jürgen Künzel
Walther-Rathenau-Allee 17
64720 Michelstadt
Tel. 0 60 61 / 73 70 7
geöffnet: März-Ende Okt.
Sa., So., Feiertage 10-18 Uhr
vom 18. Mai bis 30. Sept.
auch Mo.-Fr. 16-18 Uhr
Schüler ab 10 Jahre 1,50 €,
Erw. 2,60 €

Hummetroth und seine römischen Ausgrabungen

Zwischen Höchst im Odenwald an der B 45 und Brensbach an der B 38 liegt Hummetroth. Ein kleiner Ort, an dem eigentlich nichts Herausragendes ist, sieht man einmal von der besonders anziehenden Landschaft ab: Wiesen und Äcker, so weit das Auge reicht, in der Ferne die dunklen Hänge des Odenwaldes. Doch 1979 wurde in Hummetroth etwas Besonderes entdeckt. Damals fanden Grabungen für die Erdgasleitung Russland–Frankreich statt und dabei fand man die wohl schönsten und größten römischen Funde im Odenwald. Ein kleines Pompeji jenseits der Alpen, das alle Hobby-Archäologen besuchen sollten. Freigelegt wurden hier nämlich keine Relikte des Militärs, wie etwa in Eulbach (s. dort), sondern die Reste eines Privatgebäudes. Im zweiten Jahrhundert n. Chr. war auf einem Areal von fast 200 x 200 Metern die *Römische Villa Haselburg* entstanden, die allen Luxus der damaligen Zeit aufwies, wie die Infotafeln belegen: Wirtschaftsgebäude

Römische Villa Haselburg
bei Hummetroth
an der L 3106
geöffnet: täglich, Eintritt frei
Infos bei: Fremdenverkehrsamt Höchst
Montmelianer Platz 4
64739 Höchst i. Odw.
Tel. 0 61 63 / 7 0 80

und ein Wohntrakt mit Saal, Speise- und Schlafzimmer, Warm- und Kaltbaderaum, ausgestattet mit Unterflurheizung. Unter kalten Füßen musste also keiner leiden! Apropos Füße. Zum Spazierengehen fordert die schöne Umgebung geradezu heraus. Mit einer kleinen Autospritztour gelangt man schnell nach Böllstein, in dessen Umkreis es Höhenwege mit wunderbaren Ausblicken gibt. Oder man steuert das Tiergehege bei der Burgruine Schnellerts an, um Rehen und Hirschen guten Tag zu sagen.

Burg Rodenstein, Burg Breuberg und Schloss Lichtenberg

Burg und Hofgut Rodenstein
b. Fränkisch-Crumbach
64385 Reichelsheim
Tel. 0 61 64 / 10 87

Dreimal Romantik bieten wir in unseren nächsten Ausflugstipps. Die Fantasie beflügeln vermag die nahe bei Reichelsheim gelegene *Burg Rodenstein*. Sie war Stammsitz des Geschlechts Rodenstein, das 1635 durch die Pest dahingerafft wurde. In der Abgeschiedenheit der Burgruine ist es leicht, sich den sagenhaften Rodensteiner vorzustellen, der ein unbändiger Haudegen gewesen ist. Man erzählt von ihm, dass er in Kriegszeiten als Phantomgestalt mit großem Gebrause durch die Luft reitet. Das Hofgut Rodenstein mit dem netten Gartenrestaurant ist nach dem Burgbesuch und einer möglichen Wanderung eine gute Adresse, um auszuruhen und zu genießen.

Museum Schloss Lichtenberg
64405 Fischbachtal-Lichtenberg
Tel. 0 61 66 / 404
geöffnet: März-Okt. Mi.-Fr. 14-17 Uhr, Sa., So. 10-17 Uhr
Kinder 0,50 €, Erw. 2 €,
www.schloss-lichtenberg.de

Abgelegen im malerischen Fischbachtal liegt *Schloss Lichtenberg*. Dahin führt die Straße von Groß-Bieberau an der B 38. Nähert man sich der kleinen Ortschaft, grüßt schon bald

Blick auf Breuberg

der dicke runde Turm des so genannten Bollwerks, dann geht es höher hinauf, bis die Giebel des rot-weißen Renaissanceschlosses sichtbar werden. Das Schloss gehörte den Darmstädter Landgrafen und erhielt seine jetzige Gestalt Ende des 16. Jahrhunderts. Heute beherbergt es ein Museum, das die Geschichte des Odenwaldes mit bäuerlichen Gerätschaften und Einrichtungen, Handwerk und Textilherstellung zeigt. Besonders eindrucksvoll ist die umfangreiche Sammlung von Zinnfiguren. Im Advent wird beim Schloss ein kleiner Weihnachtsmarkt ausgerichtet.

Nördlich von Höchst im Odenwald liegt die *Burg Breuberg*. Dort wohnten früher die einflussreichen Herren, im Ort Breuberg die kleinen Adligen und Handwerker. Das Städtchen mit seinen hübschen Fachwerkhäusern, dem gotischen Brunnen und der Kapelle erhielt 1378 das Stadtrecht. Dass in Breuberg Märkte abgehalten werden durften, belegt das große Marktkreuz aus Holz. Es verhieß Händlern und Käufern Frieden und dieses Marktkreuz ist das einzige seiner Art, das noch an seinem ursprünglichen Platz steht. Die Rosen darauf erinnern an das Wappen der Burgherren, den Grafen zu Wertheim. Während das Schwert für Gerechtigkeit steht, bedeutet die erhobene Hand, dass Recht gesprochen wird und Räuber, Diebe und Betrüger streng bestraft werden. Beim alle zwei Jahre stattfindenden »Historischen Markt« geht es beinahe wie im Mittelalter zu. Alte Handwerkstechniken werden vorgeführt und leckere Sachen zum Essen und Trinken gibt es auch.

Touristikbüro der
Stadtverwaltung Breuberg
Ernst-Ludwig-Str. 2-4
64747 Breuberg/Odenwald
Tel. 0 61 63 / 70 90
E-Mail: info@breuberg.de
www.breuberg.de

Burg Breuberg
und Breuberg Museum
64747 Breuberg
Tel. 0 61 65 / 13 09
geöffnet: März-Okt. tägl. 9-12, 13-17 Uhr
Kinder 1 €, Erw. 2 €
www.breuberg.de/burgfuehrung

Zur Burg führt ein Fußweg, es sind allerdings 150 Meter Steigung zu überwinden. Im 12. Jahrhundert waren die ersten Mauern der Burg aufgeschichtet worden. Später ist sie erweitert, aus- und umgebaut worden. So entstand mit Festungsgräben, Wällen, Bergfried, Brunnen, Rittersaal und Kapelle eine der mächtigsten und besonders gut erhaltenen Burgen Deutschlands. Panoramablick inklusive! Empfehlenswert sind die Innenräume und das *Museum*, das allerdings nur bei einer Führung angeschaut werden kann. Der Renaissance-Rittersaal präsentiert nicht nur eine Sammlung von Rüstungen und Waffen, im Dachgeschoss dreht sich alles um das heimische Handwerk. Zur Erholung lädt das burgeigene Restaurant ein. Wer länger bleiben will, kann im alten Gemäuer in der modern eingerichteten *Jugendherberge* übernachten.

Jugendherberge Breuberg
64747 Breuberg
Tel. 0 61 65 / 34 03
E-Mail:
burgbreuberg@djh-hessen.de
www.djh-hessen.de/jh/burgbreuberg

Veste Otzberg: Amtsburg und Museum

Verkehrs- und
Verschönerungsverein e.V.
Otzberg
Herrr Wolff-J. Weyland
Amselweg 6
64853 Otzberg
Tel. 0 61 62 / 7 14 17
www.otzberg.de

Veste Otzberg
Amtsburg und Museum
Im Torhaus
64853 Otzberg
Tel. 0 61 62 / 71 11 4
geöffnet: Mi.-Sa. 14-17 Uhr,
So. 10-17 Uhr
Kinder frei, Erw. 2 €

Vor vielen Tausenden von Jahren rumpelte es im Odenwald bei einem Vulkanausbruch überaus heftig. Als die herausgeschleuderten Lavamassen erkaltet waren, entstand der 368 Meter hohe Basaltkegel des Otzbergs. Auf ihm wurde um 1200 eine das Land weithin beherrschende Burg errichtet. Später vergrößert und befestigt, wurde daraus die Festung oder *Veste Otzberg* mit Ringmauern, Torburg, tiefem Brunnen und Kommandantenhaus.

Die Veste hat im Laufe der Geschichte viel mitgemacht. Noch vor zwei Jahrhunderten diente sie als Gefängnis, und ehemalige Soldaten schoben Wachdienst. Festgehalten wurden nicht nur die kleinen Diebe, sondern auch etwas feinere Herren, die verbotenerweise ein Duell ausgetragen hatten. Natürlich gab es nicht nur Wasser und Brot. Die Frau des Burgkommandanten kochte, und besonders gut sollen einem Herren die süßen Rübchen geschmeckt haben. Vielleicht hängt mit dieser Geschichte zusammen, dass der mächtige runde Bergfried der Burg noch heute spöttisch »dicke Rübe« genannt wird. Zum anderen war die Veste Otzberg eine Amtsburg. »Beamte« taten hier im Auftrag des pfälzischen Kurfürsten auch als Steuereintreiber ihren Dienst.

Vom ritterlichen Burgleben selbst ist auf der Veste Otzberg leider nicht mehr viel zu sehen. Die Räume im *Museum Veste Otzberg* zeigen, wie die einfachen Leute dieser Gegend lebten und arbeiteten. Lebensgroße Puppen tragen die Trachten von damals. Es gibt eine Schuster-, eine Schreinerwerkstatt und einen richtig schönen alten Tante-Emma-Laden. Der Besucher erfährt etwas über die Berufe der Rechen- oder Schindelmacher und über die Keramikherstellung in Hessen. Am besten hat uns, neben der Wohnstube, die Küche mit offenem Herd und altmodischem Küchengerät gefallen. Eine Mausefalle gibt es auch. Zusätzlich werden oft interessante Sonderausstellungen gezeigt. Auch finden viele Feste auf dem Otzberg statt. Zu Ostern gibt es einen Ostermarkt, in der Nacht vom 30. April auf den 1. Mai tanzen die Hexen um das Walpurgisfeuer, und in der Adventszeit wird ein Weihnachtsmarkt ausgerichtet. Das ganze Jahr über lädt eine Gaststätte zur Rast ein. Die Speisen sind deftig, und manchmal wird Musik oder Theater geboten.

Die Veste liegt über dem Ort Heringen und ist nur wenige

Kilometer von Höchst im Odenwald bzw. Groß-Umstadt entfernt. In Groß-Umstadt, der Odenwälder Weininsel, wurde in den letzten Jahren viel zur Verschönerung der Stadt mit ihren Adelshöfen getan, eine Rast lohnt sich also.

An der Bergstraße

Mildes Klima herrscht an dieser Bergstraße am westlichen Rande des Odenwaldes. Der Frühling scheint es besonders gut mit der Region zu meinen, denn früher als anderswo blühen hier die Mandelbäume. Auch der Wein gedeiht gut. Ein 28 Kilometer langer Weinlagenweg führt von Alsbach über Auerbach, Hemsberg bis nach Heppenheim durch die Weinberge. Er informiert über die Beschaffenheit des Bodens, Lagen, Sorten und die mühsame Arbeit des Weinbauern und weist hier und da ein nettes Gasthaus auf. Wie beispielsweise das Kirchberghäuschen, einst ein kleines Schloss, das sich auf einer Anhöhe über Bensheim findet.

Die Bergstraße führt bis nach Darmstadt. Wie der Limes, die alte Grenzlinie, die den östlichen Odenwald durchzieht, wurde die Bergstraße von den Römern angelegt und »strata montana« genannt. Sie war einst ein Handelsweg. Ihr gegenwärtiges Bild wird von den im Kern noch mittelalterlichen Ortschaften bestimmt. Zwingenberg ist das älteste Städtchen, Birkenau vielleicht das originellste. In Birkenau richtet sich alles nach der Sonne: Über 80 verschiedene Sonnenuhren sind an den Häusern zu bewundern. *Bensheim* wartet mit einem hübschen Stadtbild auf und bietet einen *Vogelpark* und ei-

Tourist Information der
Stadt Bensheim
Hauptstr. 39
Alte Faktorei
64625 Bensheim
Tel. 0 62 51 / 5 82 63-14
E-Mail:
touristinfo@bensheim.de
www.bensheim.de

Vogelpark Bensheim
Berliner Ring 120
64625 Bensheim-Auerbach
Tel. 0 62 54 / 94 24 59
geöffnet: März-Okt.
Sa. u. So. 9-13 Uhr
Eintritt frei

Badesee Bensheim
Am Berliner Ring
geöffnet: im Sommer bei
gutem Wetter tägl. 9-21 Uhr
Tel. 0 62 51/1 30 13 08 (Kasse)
Kinder 1 €, Erw. 2 €

Im Vogelpark Heppenheim

nen *Badesee*. Besonderer Anziehungspunkt sind aber die Burgen auf den Hügeln. Höchster Berg ist der Melibokus, der es auf stolze 517 Meter bringt.

Heppenheim und die Starkenburg

Touristinfo Heppenheim
Großer Markt 1
64646 Heppenheim
Tel. 0 62 52 / 13 11 71
E-Mail: tourismus@
stadt.heppenheim.de
www.heppenheim.de

Buckliges Kopfsteinpflaster liegt auf dem Marktplatz der Kreisstadt *Heppenheim*. Gleich neben dem schmucken Fachwerkrathaus steht das ehrwürdige »Gasthaus zum Engel« und gegenüber die alte Apotheke. Hier war der in Darmstadt geborene Chemiker Justus Liebig Lehrjunge. Seine Ausbildung nahm allerdings ein unvorhergesehenes Ende. Beim heimlichen Experimentieren in seiner Dachkammer brach Feuer aus. Der halbe Dachstuhl brannte ab, und Justus Liebig musste Heppenheim verlassen (s. Gießen).

Heppenheim ist die südlichste Stadt des Odenwalds und im Sommer finden hier Festspiele statt. Aber ohnehin könnte der Marktplatz als Kulisse für das Theater dienen. In einem Stück könnten all die auftreten, die in seiner Geschichte wichtig waren: römische Legionäre, Handwerker, Weinbauern und vor allem Mönche. Erstmals wurde der Ort mit Sitz eines Königshofes und einer Burg 755 erwähnt, 773 schenkte Karl der Große dann Grund und Boden dem Kloster Lorsch (s. dort). Um 1300 erhielt die Ansiedlung Stadtrechte, sie wurde erweitert und von festen Mauern umgeben.

Der Aufstieg zur *Starkenburg*, die weithin sichtbar auf dem gegenüberliegenden Hügel thront, ist durch die Weinberge zwar etwas mühsam, lohnt aber – nicht nur, weil von dort oben die Aussicht auf die Rheinebene wunderschön ist. Die Starkenburg gilt als älteste Höhenburg an der Bergstraße und wurde von Lorscher Äbten gegründet. Früher soll sogar ein geheimer unterirdischer Gang von der Burg nach Lorsch geführt haben. Der Brunnen, durch den man damals in den Geheimgang einstieg, ist noch im Hof zu besichtigen. Die Grundmauern der Starkenburg gehen auf das Jahr 1065 zurück, der Kern der Anlage stammt aus dem 12. Jahrhundert. 500 Jahre später wurde sie dann modernisiert, Schanzen und Bastionen kamen hinzu. In der Burg selbst spürt man von den Amtmännern, die im Auftrag des reichen Lorscher Stiftes ihren Dienst versahen, nur noch wenig. Aber man kann sich gut ins Mittelalter hineinversetzen, im Schlossrestaurant etwas essen oder in der burgeigenen *Jugendherberge*, dem frühe-

Starkenburg
Aussichtsturm geöffnet:
Ostern-Okt. Sa., So.
u. Feiertage 14-18 Uhr
Kinder 0,50 €, Erw. 0,80 €

Jugendherberge Starkenburg
Tel. 0 62 52 / 77 32 3
E-Mail:
starkenburg@djh-hessen.de
www.djh-hessen.de/
jh/starkenburg

ren Palas, übernachten. Einen besonders schönen Blick bieten die Zimmer im Aussichtsturm, die bis in den siebten Stock reichen.

Wer bis zu fernen Planeten schauen will, kann die *Sternwarte* besuchen. Sie liegt nur etwa fünf Minuten von der Starkenburg entfernt. Hier können Kinder nach Voranmeldung auch bei schlechtem Wetter eine »Planetenreise« machen.

Sternwarte Starkenburg
Niemöllerstr. 9
64646 Heppenheim
Tel. 0 62 52 / 79 88 44
E-Mail: info@starkenburg-sternwarte.de
Besuch nach Voranmeldung

Am Bruchsee und in Fürth-Erlenbach

Fans von Flamingos, schwarzen Schwänen, Beos und anderen exotischen oder einheimischen Vögeln sind im *Vogelpark* am Südufer des Bruchsees bei Heppenheim am richtigen Ort. Dort gibt es auch eine kleine Gaststätte mit Grillhütte, Spielplatz und Möglichkeiten zum Draußensitzen. Für Schulklassen werden nach Anmeldung fachkundige Führungen angeboten. Der Bruchsee gehört zu einem Naherholungsgebiet und kann auf einem schönen Spazierweg umrundet werden. An seinem Nordufer befindet sich ein großer Spielplatz.

Vogelpark Heppenheim
Von-Ingelheim-Str. 4
64646 Heppenheim
Tel. 0 62 52 / 76 63 0
geöffnet: tägl. 14 Uhr
bis Einbruch der Dunkelheit,
So. ab 10 Uhr
E-Mail:
office@vogelpark-heppenheim
www.vogelpark-heppenheim.net

Von Heppenheim aus über die B 460, die Siegfriedstraße, gelangt man in Richtung Fürth zum *Bergtierpark Fürth-Erlenbach*. Er liegt in einem Seitental zwischen Lörzenbach und Fürth, wurde 1950 eingerichtet und verfügt über ein über 30.000 Quadratmeter großes Gelände. Die weiten Gehege liegen alle an recht steilen Hängen. Deshalb kam man auf die Idee, hier rund 200 Gebirgstiere aus Afrika, Asien, Australien, Südamerika und Europa heimisch werden zu lassen. So stehen Schafe aus Kamerun nicht weit von Alpakas, Kängurus und den vietnamesischen Hängebauchschweinen. Lamas, Mufflons, Esel, Kängurus, Hirsche, Ziegen und Nasenbären dürfen gefüttert werden. Das Futter gibt es am Eingang zu kaufen.

Bergtierpark Fürth-Erlenbach
Werner-Krauß-Str.
64658 Erlenbach
Tel. 0 62 53 / 2 13 26
oder 33 89 (Gemeinde)
geöffnet: 10-19 Uhr,
So ab 9 Uhr
Kinder 1 €, Erw. 2,50 €
E-Mail:
tierpark-erlenbach
@gemeinde-fuerth.de
www.Bergtierpark-erlenbach.de

Lorsch: Mönche und Tabakproduzenten

Heute wirkt der Ort *Lorsch* an der Nibelungenstraße sehr beschaulich. Kaum zu glauben, dass hier einmal die Fäden der Macht zusammenliefen. 764 gegründet, stand das Kloster hoch in der Gunst der Mächtigen. Von Karl dem Großen üppig ausgestattet, war es das bedeutendste Kloster am Niederrhein und Grabstätte mehrerer deutscher Kaiser. Sein Landbesitz reichte bis in die heutigen Niederlande und in die Schweiz. Von der alten Anlage stehen nur noch Kirche und Vorhalle. Im Dreißigjährigen Krieg wurde das Kloster zer-

Im Bergtierpark Fürth-Erlenbach

Königshalle Lorsch

Tourist Info
»Haus Kallenbach«
Nibelungenstr. 41
Tel. 0 62 51 / 7 07 99-0
E-Mail: touristinfo@lorsch.de
www.lorsch.de

stört, danach nutzte man die Gemäuer als Steinbruch. Allein die um 780 erbaute *Königshalle* mit ihrem strengen geometrischen Schmuck, der an römische Formen erinnert, vermag noch eine Vorstellung vom einstigen Glanz zu vermitteln. Sie ist eine der ganz wenigen erhaltenen karolingischen Bauten. 1991 ist die Königshalle in die Liste der UNESCO als besonders schützenswertes »Weltkulturerbe« aufgenommen worden. Wozu sie einmal diente, ist bei den Wissenschaftlern umstritten. Einige vermuten, sie habe eine Bibliothek beherbergt. Wahrscheinlich aber war sie ein Tor, ähnlich den mittelalterlichen Stadt- oder den römischen Triumphtoren.

Ein Abstecher in den Park hinter der Königshalle ist empfehlenswert, denn dort befindet sich ein Klostergarten. Er wurde nach dem Vorbild des Gartens angelegt, aus dem die Mönche einst ihre Kenntnisse im Umgang mit Heilpflanzen bezogen. So entstand 795 das »Lorscher Arzneibuch«, das mehr als 200 Pflanzen nennt.

Museumszentrum Lorsch
Nibelungenstr. 32
64653 Lorsch
Tel. 0 62 51 / 1 03 82-0
geöffnet: Di.-So. 10-17 Uhr
Kinder u. Schüler 1 €, Erw. 3 €
www.kloster-lorsch.de

Und unbedingt einen Besuch im *Museumszentrum* einplanen! Dort gibt es auch die Eintrittskarten, um in das Innere von Königshalle und Kirche zu kommen. Die erste Abteilung des Museumszentrums vermittelt mit Hilfe von Computersimulation, Modellen, Nachbauten und alten, echten Stücken ein anschauliches Bild vom Reichskloster, seinen Mönchen und ihrer Schreibwerkstatt. In der zweiten geht es um den blauen Dunst und alles, was damit zusammenhängt. Schwedische Soldaten des Dreißigjährigen Krieges hatten die Mode des Pfeiferauchens mitgebracht. Früher lebte die ganze Gegend von der Tabakindustrie, Kinderarbeit war selbstverständlich. In der Abteilung »Wohnen und Wirtschaften« ist dann unter anderem zu sehen, was sich sonst niemand zu zeigen traut: Dinge der persönlichen Hygiene, Badewannen, Wassertoiletten und richtige Plumpsklos.

Zur Erholung im Freien geht es danach in eines der Restaurants auf dem Platz vor dem Museum oder zum wenige Schritte entfernt liegenden hübschen Rathaus. Entspannung bietet auch ein Matsch- und Abenteuerspielplatz mit Spielgeräten und Tischtennisplatten. Weitere Freizeitangebote sind ein kleiner See, das beheizte *Waldschwimmbad*, der *Vogelpark Birkengarten* oder ein Waldlehrpfad. Alle liegen dicht beieinander am Waldrand, dort, wo die Mannheimer Straße aus dem Ort herausführt.

Waldschwimmbad Lorsch
Am Birkengarten 1
64653 Lorsch
Tel. 0 62 51 / 57 36 8
geöffnet: Mitte Mai-Mitte Sept. 8-19 Uhr, im Hochsommer bis 20 Uhr
Kinder u. Jugendl. 1,25 €, Erw. 2,50 €

Vogelpark Birkengarten
Mannheimer Str.
64653 Lorsch
Tel. 0 62 51 / 51 71 4
(5 35 02, Herr Metz)
geöffnet: Ende April-Mitte Okt. tägl. ab 10 Uhr
Eintritt frei

Ein weiterer Ausflug führt in den Steinerwald am Rhein. Einst befand sich dort, wo das Flüsschen Weschnitz in den Rhein mündet, ein römischer Hafen. Seine Reste kamen beim Bau des Atomkraftwerks Biblis zum Vorschein. Über den antiken Mauern hatten schon Franken und Karolinger ihre Bauten errichtet. Zu den Ausgrabungen geht es erst in Richtung Nordheim, dann weiter auf einer Stichstraße zum Rhein. Kurz vor dem Flussufer muss das Auto zurückbleiben. Per pedes geht es dann weiter auf dem Weg oben auf dem Deich beim Fluss. Nach einer Dreiviertelstunde Fußmarsch liegen in einer Lichtung die gut beschrifteten Baureste aus der Zeit der Römer und der fränkischen Könige. Nach der archäologischen Besichtigung könnte der Gasthof Forsthaus Jägersburg an der L 3261, fünf Kilometer von Biblis entfernt, einen Besuch wert sein. Das heutige Gasthaus war einmal das Forsthaus der Darmstädter Kurfürsten. Im Garten gibt es einen Spielplatz und eine Wasserpumpe, an der die Kleinen planschen dürfen.

Auerbach und sein Schloss

Mit dem Auto, dem Bus oder der Bahn ist es inzwischen ein Katzensprung, um von Darmstadt zu dem hübschen Örtchen *Auerbach* an der Bergstraße zu gelangen. In der Zeit der Postkutschen brauchte der Reisende fünf Stunden. Auerbach hatten sich die Darmstädter Fürsten als Sommerfrische ausgeguckt. Es verdankt seinen Namen dem Bach, der durch den Ort hindurchfließt. Der Auerbach wurde begradigt und läuft

Auerbacher Schloss

Verkehrsbüro
des Kur- und Verkehrsvereins
Auerbach
Darmstädter Str. 166
64625 Bensheim-Auerbach
Tel. 0 62 51 / 7 36 96

nur noch zum kleinen Teil oberirdisch. Ihm zu Ehren findet im Sommer das »Bachgassenfest« mit Wein, Bratwurst und Kinderüberraschungen statt. Das ganze Jahr über lohnt der Besuch in dem Gasthof Alte Dorfmühle, der neben kulinarischen Köstlichkeiten wie Quiche und selbst gebackenem Kuchen auch eine Spielecke und Malsachen für Kinder bereithält. Das Anwesen beherbergte einst eine der ältesten und größten Mühlen. Früher sollen im so genannten Mühltal, südlich von Darmstadt, an die einhundert Mühlen gestanden haben.

Schloss Auerbach
64625 Bensheim-Auerbach
Tel. 0 62 51 / 72 923
Unterschiedliche
Öffnungszeiten
Eintritt frei
E-Mail:
info@schloss-auerbach.de
www.schloss-auerbach.de

Hoch oben über dem kleinen Ort, der sich mit Bensheim zu Bensheim-Auerbach zusammengetan hat, liegen auf einem Bergkegel die Ruinen des *Auerbacher Schlosses*. Von der Ferne her grüßen schon die beiden stolzen Türme aus dem 14. Jahrhundert. Einst war dies die bedeutendste Burg an der Bergstraße. Sie gehörte den Grafen von Katzenelnbogen, 1257 wird sie erstmalig genannt. Später ausgebaut, ist sie im Dreißigjährigen Krieg zerstört worden und verfiel. Zu Beginn des 20. Jahrhunderts wurde sie erneuert und ergänzt. Der Rest des Bergfrieds, die Wehrmauern und die mittelalterlichen Bollwerke zeugen von der ehemaligen Größe und militärischen Bedeutung der Anlage. Das Wohngebäude hatte stattliche Ausmaße. Der Schacht des Brunnens dort reicht in stolze 75 Meter Tiefe. Es gibt viel zu sehen: Der Aufstieg lohnt sich also.

Ein Restaurant, das Erfrischungen bereit hält, veranstaltet an manchen Abenden sogar ein Rittermahl nach altem Brauch. Wer erleben möchte, wie Ritter sich, umgeben von Gauklern, Musikanten und mittelalterlichem Handwerksmarkt, bei einem richtigen Turnier gegenseitig aus dem Sattel heben, der besucht das Auerbacher Schloss an Pfingsten oder an einem von zwei Wochenenden in den Sommerferien. Schaulustige kommen aber auch an den übrigen Tagen auf ihre Kosten. Der Blick reicht über die Odenwaldhänge bis in die Rheinsenke. Für Wanderungen und Spaziergänge ist das Schloss ein günstiger Ausgangspunkt, es geht von hier aus auf den Melibokus, den höchsten Berg des Odenwaldes. Vom Fürstenlager (s. unten) im Tal führt ein schöner Weg zum Felsenmeer (s. dort).

Auerbach: Das Fürstenlager

Das *Fürstenlager* diente den Landgrafen von Darmstadt als Sommerfrische. Die Damen nippten, der Gesundheit wegen, am heilenden Quellwasser und erfreuten sich am Gesang der

Nachtigallen. Die Herren erholten sich vom Soldatenleben und von den strengen Vorschriften des Hoflebens. Man trug Kleider wie die Bürgersleute, die Diener waren wie Bauernknechte und Mägde angezogen. Vor circa 250 Jahren entstand hier ein Ensemble, das aussieht, als hätte jemand in eine riesengroße Spielzeugschachtel gegriffen und den Inhalt auf die Hügel und im Tal verteilt. So entstanden ein Herrenhaus, heute Hotel und Restaurant, ein Verwalterbau, das Fremdenhaus und ein Wachhaus mit Uhrtürmchen. Im Stallbau gab es Kutscherwohnungen und Platz für Pferde. Im Weißzeughäuschen wurde die Wäsche gewaschen und gemangelt, im Konditoreibau für das leibliche Wohl gesorgt. Heute sind in einigen Gebäuden *Ausstellungen* untergebracht. Eine informiert über die Entstehung des Fürstenlagers und über den Naturpark Bergstraße-Odenwald, den größten in der Bundesrepublik. In einer anderen ist eine Sammlung mit feinstem Porzellan zu besichtigen.

Staatspark Fürstenlager
64625 Bensheim-Auerbach
Tel. 0 62 51 / 93 46 0
geöffnet: jederzeit
Führungen auf Anfrage

Öffnungszeiten
der Ausstellungen
Fr. 14-17 Uhr,
Sa., So. 10-17 Uhr
www.schloesser-hessen.de/schloesser/bensheim/bensheim.htm

Der Park ist ein Schmuckstück der Landschaftsgärtnerei. Er ist 42 Hektar groß und verfügt über viele Wanderwege, und nur diese sollten auch benutzt werden. Der Staatspark Fürstenlager ist ein offener Park, er wird auch besucht vom Wild der umliegenden Wälder. Wer früh kommt, kann Rehe und Füchse beobachten, im Sommer auch Ringelnattern und viele Blindschleichen. Ab April sind Schafe mit ihren Lämmern auf den Wiesen. Schwäne gleiten auf dem Teich dahin, und viele Enten fühlen sich dort ebenso sehr wohl. Ähnlich vielfältig ist die Botanik. Wirklich prächtig ist der über 50 Meter hohe, um 1860 gepflanzte Mammutbaum. Er hat einen Umfang von 5,50 Meter und ist der älteste in Deutschland. Im Park des Fürstenlagers blühen im Frühjahr auf den Hängen Millionen von Veilchen, später folgen die Magnolien, dann die Tulpenbäume, und im Sommer stehen Kübel mit Oleander und Fuchsien an den Wegen.

Lautertal-Reichenbach: Das Felsenmeer

Vor langer Zeit wohnte ein Riese auf dem Felsberg, ein anderer auf dem gegenüberliegenden Hohenstein. Doch wie das so ist, eines Tages bekamen sie Streit miteinander. Sie schrien sich an und bewarfen sich mit mächtigen Felsblöcken. Dem Hohensteiner Riesen gelang es, den Streit für sich zu entscheiden. Er hatte auf seinen Gegner so viele Blöcke ge-

So könnte es gewesen sein ...

Infos zum Felsenmeer:
Gemeindeverwaltung
Lautertal
Tel. 0 62 54 / 30 70
www.lautertal.de

www.felsenmeer.org
info@felsenmeer.org

schleudert, dass dieser ächzend zusammenbrach und von den Gesteinsmassen förmlich zugedeckt wurde. So soll der Sage nach das nahe bei Reichenbach an der Nibelungenstraße (B47) liegende *Felsenmeer* entstanden sein.

Wahrscheinlich ist aber die Existenz des 30.000 Quadratmeter großen Gebietes auf einen unendlich langsamen Verwitterungsprozess zurückzuführen. Eine einst geschlossene Granitdecke wurde dabei im Verlauf von Jahrtausenden zerstört, und ein Meer von Felsen entstand.

Das Felsenmeer ist allemal einen Ausflug wert. Fans der Nibelungensaga kommen gleich zu Anfang auf ihre Kosten. Denn am Fuß des Felsberges, nahe beim Parkplatz, den man von der B 47 aus ansteuert, soll jene Stelle sein, wo der missgünstige Hagen dem Helden Siegfried auflauerte. Durch ein Bad in Drachenblut war Siegfried nahezu unverwundbar geworden, nur an einer Stelle an der Schulter war er angreifbar. Dies hatte Hagen durch eine List in Erfahrung bringen können. Als Siegfried nun an einer Quelle trank, um sich für den Wettkampf mit seinem Gegenspieler zu stärken, brachte ihn jener hinterrücks um. Ein Krimi, der sich vor vielen hundert Jahren abgespielt haben soll. Ein Brunnen steht heute an dieser Stelle. Um die Ehre allerdings, den echten Siegfried-Brunnen aufweisen zu können, streiten sich mehrere Orte. Darunter auch Grasellenbach an der B 38. Wo sich die Tat letztendlich ereignet hat, werden wir wahrscheinlich nie herausbekommen.

Lange genug von Helden geträumt? Dann kann ja mit dem Aufstieg begonnen werden. Zwar führen Wege hinauf, doch mehr Spaß macht das Rumkraxeln auf den unterschiedlich großen und dicken Blöcken. Im oberen Teil des ansteigenden Geländes lagern viele Werkstücke. Die Römer nutzten das Felsenmeer als Steinbruch und unterhielten hier Steinmetzwerkstätten. Bis nach Trier an der Mosel wurden die gefertigten Stücke geschickt. Die attraktivsten, die übrig blieben, sind eine Pyramide, ein Altar und eine mehr als neun Meter lange und viele Zentner schwere Riesensäule. Sie konnte beim Einfall der Germanen um das Jahr 250 herum nicht mehr fertig gestellt oder fortgeschafft werden. Nicht weit davon befindet sich ein Kiosk, der Erfrischungen, Andenken und Informationsmaterial verkauft.

Wissbegierige erfahren einiges über das Felsenmeer auf einem geologisch-historischen Lehrpfad. Wanderfreunde klettern noch ein wenig höher, um auf dem Berggipfel vom Turm herab die schöne Aussicht zu genießen. Ein Restaurant ist dort auch.

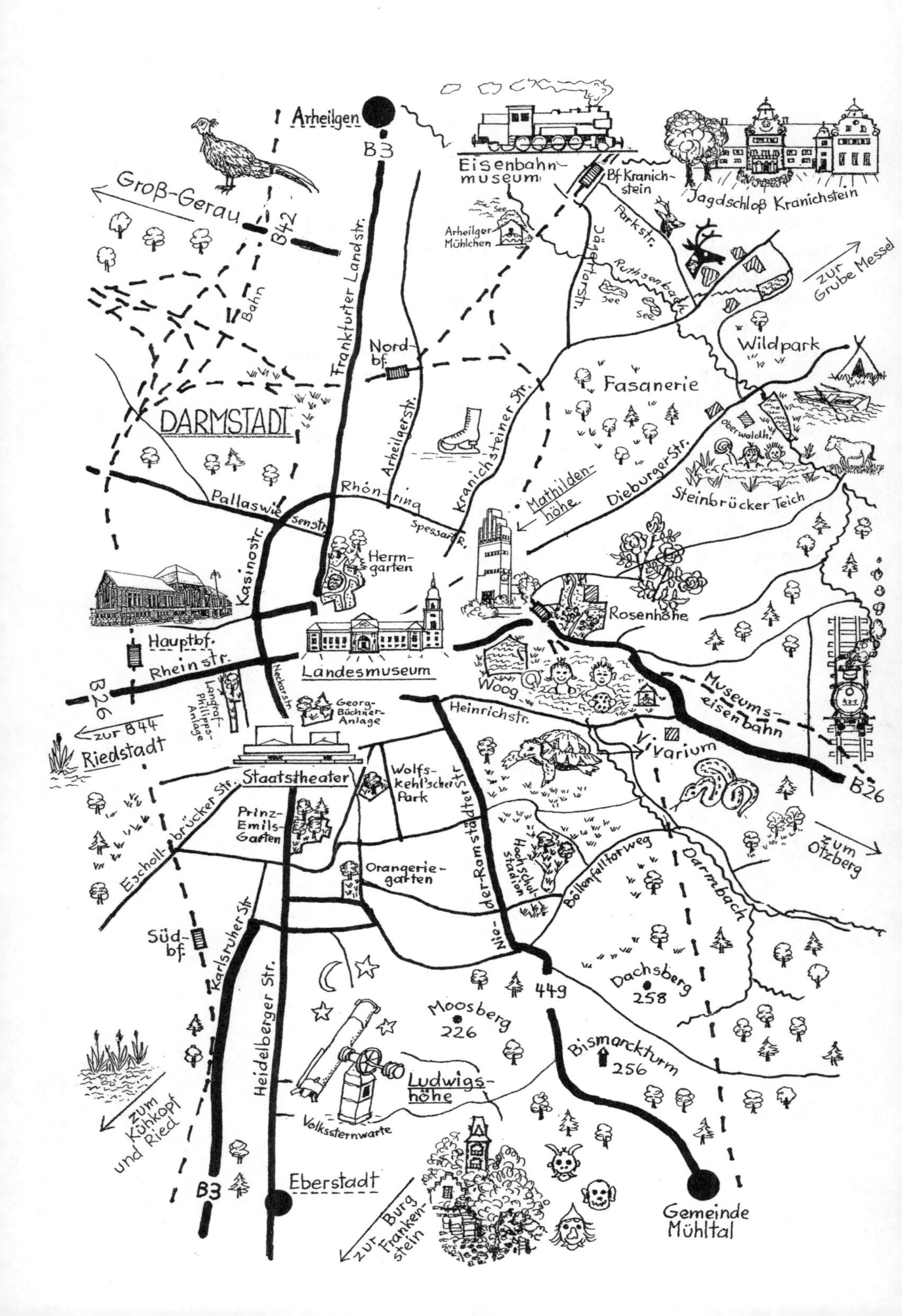

Arheilgen
B3
Groß-Gerau
B42
Bahn
Frankfurter Landstr.
Eisenbahnmuseum
Bf Kranichstein
Jagdschloß Kranichstein
Arheilger Mühlchen
See
Parkstr.
Jägertorstr.
Ruthsenbach
zur Grube Messel
Wildpark
Nordbf.
Arheilgerstr.
Kranichsteiner Str.
Fasanerie
Oberwaldh.
DARMSTADT
Dieburger Str.
Steinbrücker Teich
Mathildenhöhe
Rhönring
Pallaswiesenstr.
Spessartr.
Kasinostr.
Herrngarten
Rosenhöhe
Hauptbf.
Rheinstr.
Landesmuseum
Woog
Museumseisenbahn
B26
Landgraf-Philipps-Anlage
Neckarstr.
Georg-Büchner-Anlage
Heinrichstr.
zur B44
Riedstadt
Vivarium
Staatstheater
Wolfskehl'scher Park
Nieder-Ramstädter Str.
Eschollbrücker Str.
Prinz-Emils-Garten
Hochschulstadion
Böllenfalltorweg
zum Otzberg
Darmbach
Orangeriegarten
Südbf.
Karlsruher Str.
Heidelberger Str.
449
Dachsberg
258
Moosberg
226
Bismarckturm
256
Ludwigshöhe
Volkssternwarte
zum Kühkopf und Ried
B3
Eberstadt
zur Burg Frankenstein
Gemeinde Mühltal

Darmstadt und Umgebung

Von Dummstädtern und Armstädtern

Eine Sage berichtet, Umstadt habe früher einmal Dummstadt und Darmstadt Armstadt geheißen. Weil aber die Dummstädter nicht als Dumme und die Armstädter nicht als Arme gelten wollten, überlegten sie, wie Abhilfe geschaffen werden könnte. Ein Narr hatte die rettende Idee, unterbreitete sie dem Landgrafen und der verfügte seinem Vorschlag gemäß: Die Dummstädter sollten ihr »D« an die Armstädter abgeben. So wäre beiden geholfen.

Aus *Darmstadt*, das auf diese Weise zu seinem Namen gekommen sein könnte, stammen so berühmte Leute wie der Chemiker Justus Liebig (s. Gießen). Georg Büchner, der große Dichter, drückte im »Pädagog«, der alten Lateinschule Darmstadts hinter der Stadtkirche, die Schulbank. Seine Schwester Luise war nicht weniger engagiert, sie setzte sich für die Rechte von Frauen und Mädchen ein. Das Büchnerhaus im nahen Goddelau (s. dort) steht übrigens noch und kann besichtigt werden. Nach einer anderen Luise ist der Luisenplatz im Zentrum benannt, der heute vor allem als Verkehrsknotenpunkt dient. Luise war die Frau des Großherzogs. Auf dem Platz steht das Wahrzeichen Darmstadts, das über 30 Meter hohe Denkmal für den Großherzog Ludewig I., der »Lange Ludwig«. Er gab 1820 seinen Bürgern eine Verfassung – für die damalige Zeit etwas Fortschrittliches. Die Schriftrolle in seiner Hand spielt darauf an. In der Säule des Denkmals führt eine Wendeltreppe zu einer Aussichtsplattform.

Proregio Darmstadt
Stadt- und Touristikmarketinggesellschaft e.V.
Im Carree 4a
64283 Darmstadt
Tel. 0 61 51 / 95 15 0 – 0
E-Mail: kontakt@proregio-darmstadt.de
www.proregio-darmstadt.de
Bus F, H, K, L, Straßenbahn 2-9
Halt: Luisenplatz

Große Teile der Innenstadt Darmstadts wurden im Zweiten Weltkrieg zerstört. Das Schloss aber gibt es noch. Ursprünglich war es einmal eine Wasserburg und gehörte den Herren mit dem interessanten Namen Katzenelnbogen. Die Darmstädter Fürsten setzten dann später alles daran, es zu einer großen Renaissance- und Barockanlage auszubauen. Ein Stück der alten Herrlichkeit ist mit den Statuen der Landgrafen im Hof und im *Schlossmuseum* noch zu finden. Besucht werden kann es nur in Verbindung mit einer Führung, die etwa eine Stunde dauert. Der Eingang ist beim Glockenhof, in dem sich eines der ältesten Glockenspiele Deutschlands befindet. Drinnen sind Gemälde, Möbel, Geschirr, Kleider, Orden und Uniformen ausgestellt. Pferdefans werden begeis-

Schlossmuseum
Residenzschloss Darmstadt, Glockenbau
Marktplatz 15
64283 Darmstadt
Tel. 0 61 51 / 2 40 35
E-Mail: info@schlossmuseum-darmstadt.de
geöffnet: Mo.-Do. 10-13 Uhr u. 14-17 Uhr, Sa., So., Feiertage 10-13 Uhr
nur mit Führung zu besichtigen
Kinder 1,50 €, Erw. 2,50 €
Bus 3, D, F, Halt: Am Schloss

tert sein von den vielen Kutschen und dem prächtigen Geschirr für die Tiere.

Hessisches Landesmuseum und fürstliche Grünanlagen

Hessisches Landesmuseum
(mit Cafeteria)
Friedensplatz 1
64283 Darmstadt
Tel. 0 61 51 / 16 57 03
geöffnet: Di.-Sa. 10-17,
Mi. auch 10-20, So. 11-17 Uhr
Kinder 0,50 €, Erw. 2,50 €,
Familienkarte 5 €
ab 16 Uhr freier Eintritt
Sonderausstellungen
und museumspädagogische
Angebote
Bus D, Straßenbahn 3,9, Halt:
Am Schloss
www.landesmuseum-darmstadt.de

Vielerlei kostbare Dinge beherbergt das *Hessische Landesmuseum* unter seinem Dach: Römerfunde, mittelalterliche Gemälde und Skulpturen, Kunst des Barocks und der Moderne. Zu sehen sind auch eine wichtige Sammlung mit Skulpturen und Räume mit Objekten von Josef Beuys, an dessen Kunst sich allerdings die Geister scheiden. In der naturkundlichen Abteilung ist der Lebensraum von Mensch und Tier weitgehend naturgetreu gestaltet. Daneben gibt es eine Mineralien- und Gesteinssammlung. Sie hat einen »begehbaren« Edelstein. Die Informationen sind dort in Kinderhöhe angebracht und können durch Gucklöcher abgefragt werden. Zu den wertvollsten Beständen gehören Platten aus Ölschieferstein. Sie stammen aus Messel (s. dort), einem Ausgrabungsort in der Nähe, und enthalten Abdrücke von Lebewesen, die 50 Millionen Jahre alt sind. Das berühmteste Stück ist ein Urpferdchen, das ein Junges im Leib hat, von dem man Köpfchen und Beine erkennen kann.

Herrngarten
(hinter dem Landesmuseum)
geöffnet: April-Sept.
Mo.-Fr. 13-18 Uhr,
Ferien 11-17 Uhr
Bus D, Straßenbahn 3, 9,
Halt: Am Schloss

Zum Ausgleich für die trockene Luft im Museum empfiehlt sich der Aktivspielplatz mit Skatebahn und vielen Spielgeräten gleich hinter dem Museum. Auch der sich anschließende *Herrngarten* lädt zum längeren Verweilen ein. Es ist die größte und älteste Grünanlage in der Innenstadt, war einst Schlosspark und ist nun mit dem Prinz-Georg-Garten zu einem großen grünen Ganzen zusammengewachsen, mit Brunnen, Denkmälern und einem Schlösschen für den Prinzen.

Orangerie
Im Süden Darmstadts,
Stadtteil Bessungen
Straßenbahn 3,
Halt: Orangerie

Ähnlich schön, nur ein wenig kleiner, ist der barocke *Orangeriegarten*. Er liegt im Stadtteil Bessungen mit seinen hübschen alten Häusern und den netten Cafés. Die Orangenbäume für den fürstlichen Park kamen damals aus Sizilien, die Orangerie war ihr Winterquartier. Wer sich in der Nähe des Innenstadtbereichs aufhalten und doch im Grünen sein will, wählt den *Prinz-Emil-Garten*, ebenfalls in Bessungen. An beiden Plätzen finden auch Kulturveranstaltungen statt (s. Kultur für Kinder). Und natürlich darf niemand die Stadt verlassen, ohne auf der Mathildenhöhe (s. dort) gewesen zu sein. Aber auch die weniger bekannte Rosenhöhe im Osten Darmstadts ist etwas Besonderes. Vor allem zur Blütezeit!

Prinz-Emil-Garten
Straßenbahn 1, 7, 8,
Halt: Prinz-Emil-Garten

Mathildenhöhe und Hundertwasserhaus

Auf der Mathildenhöhe mit seinem Platanenhain steht Darmstadts zweites Wahrzeichen: der 48,5 Meter hohe *Hochzeitsturm*. Er wurde 1908 zur Vermählung von Großherzog Ernst Ludwig mit seiner Leonore, einer Bürgerlichen, von den Bürgern gestiftet. Die Idee zu der eigenwilligen Gestaltung des Daches soll der Herzog selbst gehabt haben. Es erinnert an eine Hand mit erhobenen Fingern, die versinnbildlicht, dass der Herrscher seine Hand schützend über die Stadt hält. Der Turm ist zugänglich, die Aussicht oben gut. Oft fährt der Fahrstuhl Paare hinauf, die sich im Hochzeitszimmer das Jawort geben.

Mit einer Hochzeit hat auch die 1899 gebaute *Russische Kapelle* auf der Mathildenhöhe zu tun. Sie wurde zur Vermählung einer Darmstädter Prinzessin mit Zar Niklaus II. von einem Petersburger Architekten entworfen und gebaut. Großherzog Ernst Ludwig war es auch, der den zu Ehren der Landgräfin Mathilde angelegten Park zu einer Künstlerkolonie des Jugendstils machte. Jugendstil, der Name ist Programm. Die Künstler waren jung und wollten Neues schaffen, mit dem sie sich von dem Alten und Überholten absetzen konnten. Ab 1900 wurde auf der Mathildenhöhe kräftig weitergebaut. Die besten Architekten der Zeit lieferten die Entwürfe für die Künstlerateliers und die große Ausstellungshalle. Sie gestalteten alles einheitlich im neuen Stil: die Innenräume, die Möbel, die Brunnen und die Skulpturen im Park.

Hochzeitsturm
Mathildenhöhe
geöffnet: März-Okt.
Di.-So. 10-18 Uhr
Kinder 0,50 €, Erw. 1,50 €

Russische Kapelle
Mathildenhöhe
Tel. 0 61 51 / 42 42 35
geöffnet:
April-Sept. tägl. 9-18 Uhr,
Okt.-März 9-17 Uhr
Kinder 0,50 €, Erw. 0,80 €

Ausstellungsgebäude auf der Mathildenhöhe
Tel. 0 61 51 / 13 33 50
geöffnet: Di.-So. 10-18 Uhr
Erw. 5 €, Familienkarte 10 €
Bus S, Halt: Lukasweg

Museum Künstlerkolonie Darmstadt
Mathildenhöhe,
Alexandraweg 26
64287 Darmstadt
Tel. 0 61 51 / 13 33 85
geöffnet: Di.-So. 10-17 Uhr
Erw. 3 €, Familienkarte 6 €

Hochzeitsturm auf der Mathildenhöhe

Hundertwasserhaus
Waldspirale
Friedberger/Ecke Büdinger Str.
Linie 5, 7, 8, Halt: Rhönring

Ähnlich berühmt wie die Mathildenhöhe wird vielleicht in künftigen Zeiten die »*Waldspirale*« im Norden der Stadt sein. Entworfen von dem österreichischen Künstler Friedensreich Hundertwasser, entstand in den letzten Jahren in Darmstadt ein bunter hufeisenförmiger Wohnkomplex, halb mittelalterliche Burg, halb orientalischer Bazar. Bunte Säulen, Kugeln und goldene Kuppeln setzen fantasievolle Akzente. Das begehbare Dach, wie auch der Innenhof, ist bepflanzt. Mit Wasserfall, Bach und einem Kinderspielplatz soll er einer grünen Insel gleichen. Hundertwasser möchte, dass auch die Menschen in der Stadt in Harmonie mit der Umwelt leben und wieder gutmachen, was an anderer Stelle willkürlich zerstört wurde. Die Anlage ist auch für weniger Architekturbegeisterte sehenswert.

Kultur für Kinder

Kulturzentrum Centralstation
Im Carree
64283 Darmstadt
Tel. 0 61 51 / 36 68 89 9
Fax 0 61 51 / 80 94 80
E-Mail: cs@centralticket.de
www.centralticket.de
Bus F, H, K, L, Straßenbahn 2-9,
Halt: Luisenplatz

Kulturprogramm
im Prinz-Emil-Schlösschen:
Infos: Nachbarschaftsheim
Darmstadt e.V.
Tel. 0 61 51 / 63 27 8
Bürozeiten: Mo.-Fr. 8-12 Uhr
Straßenbahn 1, 7, 8
Halt: Prinz-Emil-Garten

Darmstadts gute kulinarische Adresse ist die Markthalle mitten in der Stadt. Hier wird in großer Fülle Exotisches und Traditionelles geboten. Entweder für den sofortigen Hunger oder für das Kochen daheim. Gleich daneben ist das ehemalige Straßenbahndepot, das heute dem *Kulturzentrum Centralstation* Raum bietet. Weil Kultur für die Kleinen in den letzten Jahren zunehmend groß geschrieben wird, ist es nur logisch, dass dort auch Konzerte und Lesungen für Kinder stattfinden. Auch im »Stadttheater Darmstadt«, im »Theater Moller Haus« und im »halbNeun-Theater« geht der Vorhang für Kindertheaterstücke auf. Besonderen Charme haben die Räume des ehemaligen Schlösschens im *Prinz-Emil-Garten* an der Heidelberger Straße im Stadtteil Bessungen. Dort findet Puppen-, Clown- oder Kindertheater statt, manchmal auch Kinderkino und Opernaufführungen für die Kleinen. Im Herbst ist das Puppenspiel-Festival Saisonhöhepunkt. Mit seiner Minigolfanlage und den großen Rasenflächen ist der Prinz-Emil-Garten auch eine Adresse außerhalb der Vorstellungstage. Das Kulturcafé an der Herrmannstraße gleich nebenan bietet Müsli, Salate und leckeren Kuchen und hat auch eine Spielecke. Weit über Darmstadt hinaus bekannt ist das *Kikeriki-Kindertheater,* das sich mit seinen lustigen Spielpuppen an die jüngsten Theaterbesucher wendet. Die Termine für all diese Veranstaltungen, für die Kinderfilme im Helia-Kino, für Kinderflohmärkte oder Feste wie das Heiner-

Kikeriki-Kindertheater
Bessunger Str. 88
64285 Darmstadt
Tel. 0 61 51 / 65 59 3

fest, Darmstadts größte Kirmes, erfahren Kids aus »Lakritz«. Das ist ein Magazin, das kostenlos bei der Touristinfo (Adresse s. oben) zu bekommen ist. Zusätzlich dürfte die Broschüre »Da mach ich mit« interessant sein. Sie wird vom *Jugendamt* herausgegeben und informiert über Kinder- und Jugendtreffs, das laufende Angebot der Kinderhäuser, Ferienspiele und Freizeiten.

Magistrat / Jugendamt
Frankfurter Str. 71
64291 Darmstadt
Tel. 0 6151 / 13 24 85

Vivarium, Volkssternwarte und Cybernarium

Vasa-Papageien, Riesensalamander, Luchse, Kamele, Lungenfische und viele andere Tiere haben im *Vivarium*, Darmstadts Tiergarten, eine zweite Heimat gefunden. 200 Tierarten oder 1200 Tiere beherbergt das Vivarium. Die meisten stammen aus fernen Ländern wie Australien, Madagaskar oder Neuguinea. Es gibt ein Streichelgehege und ein Exotarium für Schlangen und Echsen; besondere Attraktion aber ist das Affenhaus.

Interessant ist auch die *Volkssternwarte*. Die ständige Ausstellung informiert anhand von Texttafeln, Karten und Modellen über die Raumfahrt, Raketen, das Sonnensystem und die Sterne. Der Blick durch das große Fernrohr ermöglicht Einblicke in fremde Welten. Voraussetzung für das Gelingen sind

Vivarium
Schnampelweg 4
64287 Darmstadt
Tel. 0 61 51 / 13 33 91
geöffnet: Jan.-Sept.
tägl. 9-19 Uhr,
Okt.-Dez. 9-17 Uhr
Kinder 1 €, Erw. 3 €
Buslinie L, Halt: Endstation
Führungen
außerhalb d. Ferien
www.kampiana.de
(Förderverein)
vivarium@darmstadt.de

Volkssternwarte Darmstadt
Auf der Ludwigshöhe 196
Tel. 0 61 51 / 5 14 82
www.vsda.de
regelmäßige Termine:
Do. ab 19.30 Uhr: Beobachtung, Fernrohrführerschein
So. ab 10 Uhr, Sonnenbeobachtung
Linie 3

Cybernarium
Projektgesellschaft mbH
Georg-Ohm-Str. 3
(Am Kavalleriesand 3)
Informationen und
Anmeldung zu Führungen:
Tel. 0 61 51 / 1 52 20 22
geöffnet: Do. 17-19 Uhr
u. Sa. 15-17 Uhr Führung,
jeden 2. So. 17-19 Uhr
Kinder 6 €, Erw. 10 €
E-Mail: Info@cybernarium.de
www.cybernarium.de
Straßenbahn 1, 2, 4, 5, 9,
Bus F, H

Im Cybernarium

Eissporthalle Darmstadt
Alsfelder Str. 45
64289 Darmstadt
Tel. 0 61 51 / 77 79 0
geöffnet: Ende Sept.-Ende März
Linie L

Zentralbad
Merckplatz 1
64287 Darmstadt
Tel. 0 61 51 / 13 23 90
Kinder 1,30 €, Erw. 2 €
Bus D, Halt: Teichhausstraße

Naturfreibad Großer Woog
Landgraf-Georg-Str. 121
64287 Darmstadt
Tel. 0 61 51 / 13 23 93
geöffnet: 15. Mai-15. Sept.
Di.-Fr. 8-20 Uhr,
Sa.-Mo. 9-20 Uhr
Kinder 1 €, Erw. 1,80 €,
Familienkarte 3,50 € (1 Erw.)
bzw. 4 € (2 Erw.)
Linie D, Halt: Woog

Jugendherberge Darmstadt
Landgraf-Georg-Str. 119
64287 Darmstadt
Tel. 0 61 51 / 4 52 93
E-Mail:
darmstadt@djh-hessen.de
www.djh-hessen.de/jh/darmstadt

Freizeitzentrum
am Steinbrücker Teich
Dieburger Str.
64287 Darmstadt
Tel. 0 61 51 / 95 15 00
Bus F, Halt: Oberwaldhaus
www.freizeitpark-darmstadt.de

allerdings eigener Wissensdurst, schönes Wetter und ein wolkenloser Himmel.

In die Galaxie fliegen oder im Dom von Siena herumlaufen – in 3-D und zum Greifen nah ist das im *Cybernarium* in Darmstadt möglich. Alles ist hier virtuell und scheint trotzdem echt zu sein. Das Fraunhofer Institut für graphische Datenverarbeitung hat das Cybernarium ins Leben gerufen. In der Mitmach-Ausstellung soll gezeigt werden, was mit Computern und neuster Technik alles möglich ist: Atome zu Molekülen zusammenbauen oder die Entwicklungsgeschichte von Lebewesen beeinflussen. Im virtuellen 3-D-Motorradrennen geht's rasant in scharfe Kurven. Attraktion für Jugendliche ist die verkabelte Sprühdosenattrappe; man benutzt sie, um Graffiti auf eine Backsteinwand in der New Yorker Bronx zu sprühen. Die erlebbaren künstlichen Welten wirken echt und spannend, doch will das Cybernarium kein Freizeitpark, sondern ein Schaufenster der Wissenschaft sein.

Eine gewisse Technik ist auch nötig, um im Winter in der *Eissporthalle* Pirouetten zu drehen. Wer auch in der kalten Jahreszeit nicht auf das Schwimmvergnügen verzichten will, der geht ins *Zentralbad*, das mit seinem russischen Dampfbad noch aus den Zeiten des Jugendstils stammt. Nahe beim Zentralbad, an der Lindenhofstraße, treffen sich Skater-Freunde an den Halfpipes. Bei sommerlichen Temperaturen lockt das Naturfreibad, *Großer Woog* genannt. Das ist ein herrlicher Badesee mit Spielplatz und Bootsverleih innerhalb des Stadtgebiets. An seinem Ufer liegt auch die *Jugendherberge*. Außerhalb der Stadt verdient das *Freizeitzentrum am Steinbrücker Teich* eine Auszeichnung. Dort am See, neben dem alten Ausflugslokal Oberwaldhaus, sind schöne Spielplätze. Groß und Klein können aber auch Kutsche fahren, rudern, minigolfen, grillen oder einfach gemütlich im Biergarten verweilen.

Burg Frankenstein und die Monster

Trutzige Mauern, einen schönen Blick und ein Restaurant – das bietet so manche Burgruine. Doch bei der *Burg Frankenstein,* südlich von Darmstadt am nördlichen Ende der Bergstraße, gibt es mehr. In der Nacht zum 1. Mai, in der Walpurgisnacht, soll sich dort gewöhnlich der Teufel auf dem Torturm niederlassen. Ende Oktober und Anfang November ziehen Geister

Burg Frankenstein

und Monster in das alte Gemäuer ein. Dann wird Halloween gefeiert. Jedes Kind darf zur Gespenstershow kostümiert erscheinen und muss mächtig aufpassen, nicht von der einen oder anderen Geisterhand erwischt zu werden. Halloween ist ein Fest, das sich inzwischen auch bei uns großer Beliebtheit erfreut. Es kommt von »all hallow even«, was so viel bedeuten soll wie »Allerheiligen-Vorabend«. US-Soldaten, die nach dem Zweiten Weltkrieg in der Umgebung von Darmstadt stationiert waren, haben es bekannt gemacht. Nach Amerika kam es durch irische Einwanderer. Ihre Vorfahren, die Kelten, begingen die Tage um den ersten November auf besondere Weise: Mit Umzügen und Beschwörungen wurden die Geister vertrieben. Die katholische Kirche hat dieser Tradition einen neuen Sinn gegeben. An Allerheiligen wird der Toten gedacht und die Gräber auf dem Friedhof werden mit Lichtern geschmückt.

Wie kam Burg Frankenstein zu der Ehre, Heimat der Geister zu werden? 1818 veröffentlichte die Engländerin Mary Shelley den Roman »Frankenstein«, Hauptfigur vieler Gruselfilme. Das Vorbild dazu, so wird vermutet, fand sie in Johann Konrad Dippel von Frankenstein, Arzt und Alchimist, der 1673 auf der Burg geboren wurde. Wie es heißt, hat er nicht nur Chemikalien gemixt, um ein Rezept für Gold zu finden, sondern trieb sich heimlich nachts auf Friedhöfen herum. Vielleicht wusste Mary Shelley von ihm auf Umwegen über Jacob Grimm, den Märchensammler, vielleicht ist sie sogar einmal

Halloween-Fest auf
Burg Frankenstein
www.burg-frankenstein.de

Märchenführungen
Burgschreiber Walter Scheele
Kontakt: Restaurant Burg Frankenstein
Termine: Mitte März-Mitte Okt. So. 11-18 Uhr, Sondertermine auf Anfrage

selbst auf der Burg gewesen. Ihr Held kam zu Weltruhm, und ein wenig fiel davon auf die Burg Frankenstein an der Bergstraße zurück. Die Burg, deren wehrhafte Mauern auf das 13. Jahrhundert zurückgehen, hat heute einen Burgschreiber. Der weiß eine Menge Geschichten und erzählt diese bei speziellen Märchenführungen.

Unser Grusel-Tipp: Wer zu Halloween einen Monsterkopf selbst basteln will, braucht dazu einen großen Kürbis. Diesen vorsichtig aushöhlen, Löcher für Mund, Nase und Augen hineinschneiden. Eine Kerze hineinstellen, dann wirft er im dunklen Raum gruselige Schatten.

Büchnerhaus Goddelau
Weidstr. 9
64560 Riedstadt
Tel. 0 61 58 / 93 08 41
geöffnet: Do., So. 14-18 Uhr,
Gruppen nach Vereinbarung
Eintritt: 2,60 €
Über die B 44 nach Riedstadt,
Ortsteil Goddelau.
In Goddelau der Beschilderung
zum Büchnerhaus folgen.
Bus 41, 42 und 62

Naturschutzgebiet Kühkopf
ganzjährig zugänglich
Eintritt kostenlos
Parkplätze u. Zugang bei der
Stockstädter Brücke
oder bei der Erfelder
Fußgängerbrücke
Bahnverbindung bis Stockstadt oder Goddelau-Erfelden

An Sonn- und Feiertagen
ab Ostern-31.10. Fährverkehr
bei Guntersblum mit Fahrt
über den Altrhein bis Erfelden,
Sonderfahrten möglich
Tel. 0 62 49 / 87 31
Kinder 0,50 €, Erw. 1 €
Fahrräder 1 €

Kühkopfimkerei
im Hofgut Guntershausen
gegenüber Infozentrum
geöffnet: 1.4.-31.10.,
So. 13-17 Uhr
u. nach Vereinbarung
c/o Renate Lautenschläger
Tel. 0 61 58 / 8 53 14

Der Kühkopf und das Ried

Südwestlich von Darmstadt liegt das hessische Ried. Der Dichter Georg Büchner, Sohn eines Arztes, wurde hier in dem kleinen Ort Goddelau geboren. Für ältere Schüler und Erwachsene ist die Besichtigung des *Büchnerhauses* interessant. Eigentliche Attraktion des Rieds ist der *Kühkopf,* der früher ein ausgedehntes Jagdgebiet der Darmstädter Kurfürsten war. Seine heutige Form als Insel, umflossen von Altrhein und Rhein, erhielt er im 19. Jahrhundert, als dem Rhein ein neues, gerades Bett gegraben wurde. So entstand mit den Auenlandschaften, die in manchen Jahren mehrmals vom Rhein überschwemmt werden, ein Naturparadies – heute Hessens größtes Naturschutzgebiet. Und da heißt es, das Auto stehen lassen und zu Fuß gehen oder Fahrrad fahren. Mit seinen Blumenwiesen und dem dichten, urwaldartigen Baum- und Schilfbestand bietet der Kühkopf vielen Tieren die Lebensgrundlage. So legen beispielsweise die Wildkarpfen ihre Eier in den überfluteten Wiesen ab. Nirgendwo sonst in Europa gibt es so viele brütende Schwarzmilane, die sich mühelos ihr Futter aus dem Altrhein holen. Hunderte von Vogelschwärmen steuern auf ihren langen Flügen das Gelände als Rastplatz an. Sie finden hier zahllose Insekten. Leider bedeutet das auch paradiesische Zustände für Stechmücken. Die Biester können zur richtigen Plage werden! Dennoch: Wer in Hessen durch den Dschungel laufen, lange Lianen bestaunen, seltene Schmetterlinge entdecken und einem Froschkonzert lauschen will, für den ist der Kühkopf genau richtig. Die gemütliche Gaststätte Forsthaus Kühkopf lädt mit leckerem Kuchen oder selbst gemachten Klößen und Wildgerichten ein. Lehrpfade und einen Erlebnispfad mit Tast- und Riechrätseln gibt es auch. Wer wissen will, wie es in einem Bienenvolk aussieht, besucht die *Kühkopfimkerei*. Wettergott spielen dürfen die Kinder an einem riesigen Modell vom Kühkopf. Es steht im *Informationszentrum* in der Nähe der Stockstädter Brücke. Einfach auf den großen roten Knopf drücken und im Nu wird die gesamte Insel überflutet. Erforschen lässt sich der Kühkopf auch per mitgebrachtem Paddel- oder Leihboot vom Altrhein aus. Wem dies alles nicht reicht, der hat weitere Möglichkeiten. Am einfachsten ist es, den Spielplatz in der Nähe des Stockstädter Parkplatzes aufzusuchen. Im Sommer empfiehlt es sich, zum Schwimmen und Sonnen den *Riedsee* bei Riedstadt-Leeheim zu nutzen. Dann warten noch Papageien, Waschbären, Pfauen, Esel und viele andere Tiere in der *Fasanerie* an der B 44 bei Groß-Gerau darauf, von Tierfreunden besucht zu werden. Auch hier gibt es in der Nähe einen Spielplatz, der abwechslungsreich gestaltet ist.

Infozentrum
Kühkopf-Knoblochsaue
Tel. 0 61 58 / 86 98 0
Hessisches Forstamt
Groß-Gerau
Robert-Koch-Str. 3
64521 Groß-Gerau
Tel. 0 61 52 / 9 24 90
geöffnet: Sa., So.,
Feiertage 9-17 Uhr
Eintritt frei
Führungen mit Erlebnisspielen für Kinder kostenlos
rechtzeitig telefonisch vereinbaren
E-Mail:
infozentrum@t-online.de
www.rpda.de/kuehkopf/index.htm

Verleih von Tretbooten, Kanus u. Fahrrädern
Bootsverleih Schulz
Vorderstr. 42 a
64589 Stockstadt
Tel. 0 61 58 / 8 48 60
Auskunft PAM Tankstelle
Tel. 0 61 58 / 8 43 30

Riedsee bei Leeheim
Tel. 0 61 58 / 7 31 10
(Campingplatz)
Schüler 1,25 €, Erw. 2,50 €
In Riedstadt Leeheim Richtung Geinsheim, dann ausgeschildert

Tiergarten e.V. Fasanerie
Gernsheimer Str.
64521 Groß-Gerau (an der B 44 am südlichen Stadtrand)
Tel. 0 61 52 / 5 58 40
geöffnet: März-Okt. 9-18 Uhr
Kinder 1,50 € (im Kinderwagen Eintritt frei), Erw. 2,50 €

Die Arheilger Kinderfarm und Schloss Kranichstein

Reiten ist der Traum der meisten Mädchen. Tiere umsorgen und pflegen mögen alle Kinder. Auf der *Kinder- und Jugendfarm* in Darmstadt-Arheilgen ist beides möglich. Die Kinderfarm entstand durch die Initiative eines Vereins. Viele Tiere leben hier, kleinere wie Hasen und Hühner, größere wie Schafe und Ziegen und noch größere wie Ponys und Pferde, auf denen auch geritten werden kann. Ansonsten gibt es, je nach Jahreszeit, immer etwas zu tun – vom Schafscheren über das Marmeladekochen bis hin zum Adventskränzebinden. Kindergeburtstage oder eine Weihnachtsfeier werden im Stall ausgerichtet.

Im Stadtteil Arheilgen befindet sich auch das schöne *Naturfreibad Arheilger-Mühlchen.*

Nordöstlich von Arheilgen liegt *Kranichstein*. Dorthin zog sich Landgraf Ludwig VIII. zurück, wenn ihn das Jagdfieber packte. Hier hatte er alles, was er brauchte: ein schön eingerichtetes Schloss aus dem späten 16. Jahrhundert, ein großes Haus für Jagdwaffen, einen Teich mit Seerosen, ausgedehnte Wälder, einen weitläufigen Hirschgarten und eine Fasanerie. Fertig war das Jägerglück. Die Damen der Hofgesellschaft mit weniger starken Nerven hatten die Möglichkeit, aus der Fer-

Pferde am Reiterhof Kranichstein

Kinder- und Jugendfarm
Darmstadt-Arheilgen
Maulbeerallee 59
Tel. 0 61 51 / 71 87 81
Mo., Mi., Fr., Sa. 15-18 Uhr
Gruppen anmelden
Bus 6, 7, Halt: Maulbeerallee

Naturfreibad
Arheilger Mühlchen
Auf der Hardt 105
64291 Darmstadt
Tel. 0 61 51 / 37 16 05
Schüler 1,30 €, Erw. 2 €,
Familienkarte 4 € (1 Erw.)
bzw. 5 € (2 Erw.)
Bus A, Halt: Lerchenweg,
Bus H, Halt: Jägertorstraße

Jagdmuseum
Jagdschloss Kranichstein
Kranichsteiner Str. 261
Tel. 0 61 51 / 71 86 13
geöffnet: April-Okt. Mi.-Sa.
13-18 Uhr, So. 10-18 Uhr,
im Winter nur bis 17 Uhr
Kinder 0,80 €, Erw. 2,70 €,
Familienkarte 7,50 €
Erlebnisführungen für
Familien, Kinderprogramme
www.jagdschloss-
kranichstein.de

Eisenbahnmuseum Kranichstein
Steinstr. 7
64291 Darmstadt
Tel. 0 61 51 / 37 64 01
Info-Tel.: 0 61 51 / 37 76 00
geöffnet: So 10-16 Uhr
Kinder 2 €, Erw. 4 €,
Familienkarte 10 €
E-Mail: info@museumsbahn.de
www.museumsbahn.de

ne dem Jagdtreiben zuzuschauen. Extra für sie gab es eine Art Aussichtsposten im so genannten Rondellsaal des Schlosses. Das Schloss ist heute Jagdmuseum und beherbergt neben vielen Trophäen die größte Wildbüchsensammlung der Welt. Hinter dem Schloss beginnt ein Jagdlehrpfad, der ins Wildschutzgebiet Kranichstein führt. Die Schautafeln informieren über die Tiere, die dort leben. Es gibt sogar einen Beobachtungsposten. Frühmorgens und am Abend hat man gute Chancen, von dort aus Tiere zu sehen. Anschließend kann dann Rast an dem hübschen Backhausteich eingelegt werden, der sich ebenfalls beim Schloss befindet.

In der Nähe vom Bahnhof Kranichstein dagegen scheint es manchmal nicht mit rechten Dingen zuzugehen. Da zischt, dampft und dröhnt es, rote Funken fliegen, ein Heizer wuchtet Kohle in den Kessel der Lok. Eine Szene aus einem Film? Nein, eine Vorführung im *Eisenbahnmuseum Kranichstein*. Auf dem 1898 erbauten Bahnbetriebswerk ist noch der halbkreisförmige Schuppen mit der Drehscheibe in der Mitte erhalten, sowie Gleise, Wasser- und Kohlekräne aus der Dampflok-Zeit. Mitglieder eines Vereins kümmern sich um all dies, warten und reparieren die teilweise über 100 Jahre alten Dampfrösser und das Zubehör. 30 Lokomotiven und noch viel mehr Waggons sind auf diese Weise erhalten geblieben. Die engagierten Vereinsmitglieder machen auch Führungen über das Gelände und beantworten alle Fragen. An manchen Tagen werden die Loks angeheizt und in Fahrt gesetzt. Wer Glück hat, erwischt einen Vorzugsplatz auf der offenen Plattform, wo einem der Fahrtwind kräftig um die Nase weht.

Die Grube Messel

Hobbyarchäologen schlägt beim Anblick der *Grube Messel*, neun Kilometer nordöstlich von Darmstadt, das Herz höher. Kaum zu glauben, dass in der Erde Versteinerungen längst verstorbener Lebewesen liegen, die, lange bevor es Menschen gab, existierten.

Wo heute die Grube Messel ist, befand sich in der Frühzeit der Erde ein großer See. Die Temperaturen waren tropisch; Palmen, Krokodile, Halbaffen, viele Insekten, Vögel und Salamander hatten hier ihren Lebensraum. Vor knapp 50 Millionen Jahren veränderte sich das Landschaftsbild grundlegend. Aufgrund von Vulkanausbrüchen und anderen Katastrophen starben Tiere und Pflanzen aus, der See verschwand. Die Erinnerung an die einstigen Lebewesen blieb aber in ungewöhnlich vielfältiger und selten guter Form als Versteinerung im Ölschiefer erhalten. Etwa einen Quadratkilometer groß und circa 200 Meter tief ist die Grube Messel. Hier wurde über lange Zeit Ölschiefer zur Herstellung von Öl, Paraffin und anderen Dingen im Tagebau gewonnen. Als sich dann der Abbau nicht mehr rentierte, sollte hier eine Müllhalde entstehen. Doch dagegen gab es Proteste, und so blieb die Grube Messel als wichtiges Objekt für die Forscher erhalten. Sie wurde 1995 zum ersten UNESCO-Weltnaturerbe in Deutschland erklärt. Wenn man auf der Besucherplattform steht, erscheint die Grube Messel wie eine große geöffnete Muschel. Eine neue Vegetation hat sich angesiedelt, bislang unbekannte Pflanzen und Tiere wurden heimisch, auch ein kleiner Teich bildete sich neu. Fähnchen, Planen und rot-weiß gestreifte Bänder zeigen auf dem Gelände an, dass hier Fachleute Grabungen vornehmen. Ein Teil der geborgenen Schätze ist im *Fossilien- und Heimatmuseum Messel,* im Landesmuseum Darmstadt (s. dort) und im Frankfurter Senckenbergmuseum (s. dort) zu besichtigen. Vieles ruht noch in der Erde.

Grube Messel, frei zugänglich
Führungen: Museumsverein Messel e.V.
Tel. 0 61 59 / 51 19
www.hmwk.hessen.de/messel

Fossilien- u. Heimatmuseum Messel
Langgasse 4
64409 Messel
Tel. 0 61 59 / 71 75 35
geöffnet: Mai-Okt. Di.-So. 14-17 Uhr,
Nov.-April Sa., So. 14-16 Uhr
info@grube-messel.de
www.weltnaturerbe-grube-messel.com

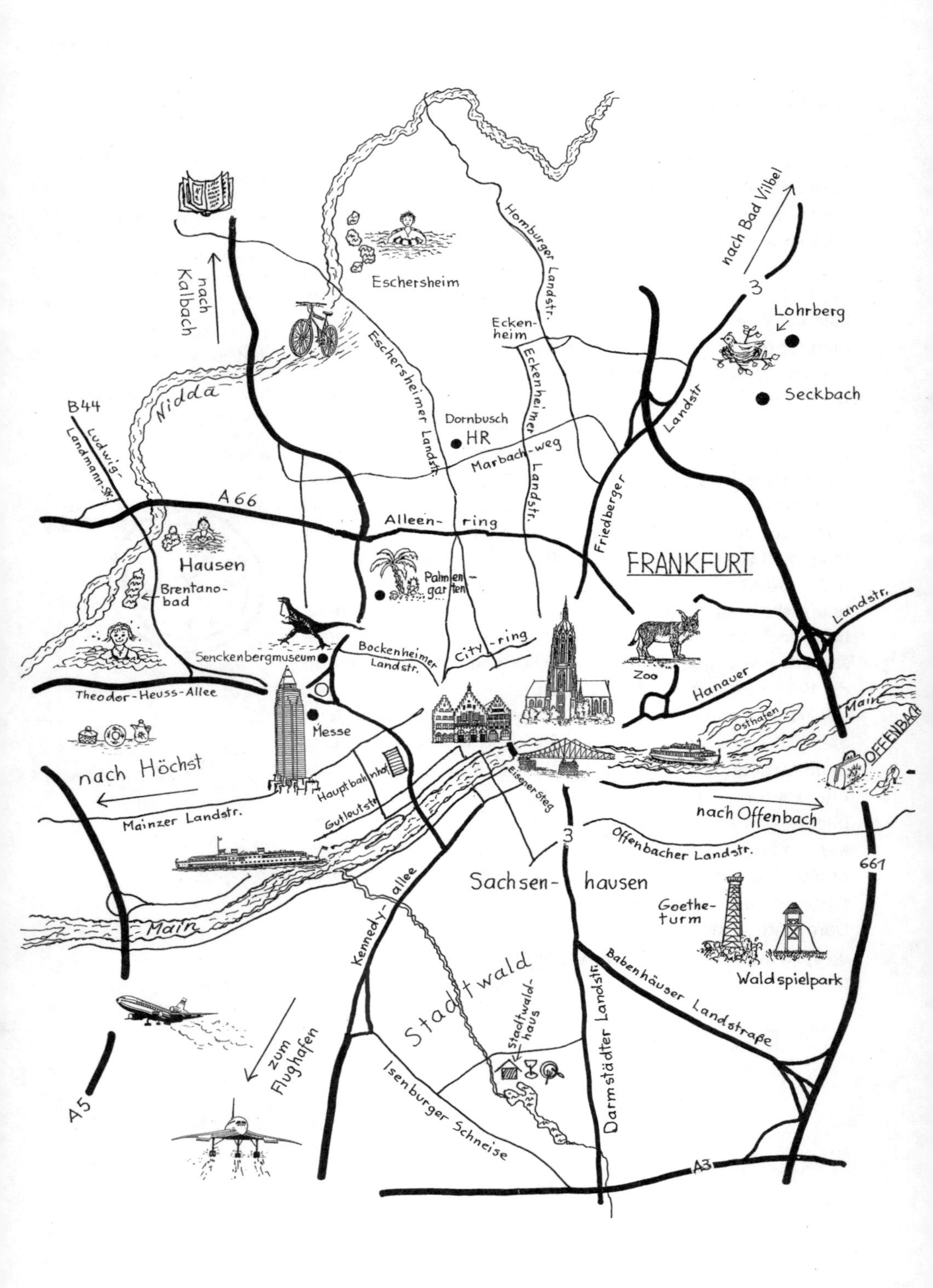

nach Kalbach
Eschersheim
Homburger Landstr.
nach Bad Vilbel
3
Lohrberg
Seckbach
Ecken-heim
Eschersheimer Landstr.
Eckenheimer Landstr.
Nidda
B44
Ludwig-Landmann-Str.
Dornbusch
HR
Marbach-weg
Friedberger Landstr
A 66
Alleen-ring
Hausen
Brentano-bad
Palmen-garten
FRANKFURT
Landstr.
Senckenbergmuseum
Bockenheimer Landstr.
City-ring
Zoo
Hanauer
Theodor-Heuss-Allee
Messe
Main
Osthafen
OFFENBACH
nach Höchst
Hauptbahnhof
Gutleutstr.
Eiserner Steg
Mainzer Landstr.
3
nach Offenbach
Offenbacher Landstr.
661
Sachsen-hausen
Goethe-turm
Main
Kennedy-allee
Stadtwald
Darmstädter Landstr.
Babenhäuser Landstraße
Waldspielpark
Stadtwald-haus
zum Flughafen
Isenburger Schneise
A5
A3

Frankfurt am Main

Die Stadt der Superlative

Frankfurt war schon immer eine weltoffene Stadt. Sie ist mit rund 650.000 Einwohnern die größte in Hessen und diejenige mit dem höchsten Anteil an Fremden. Fast jeder vierte Bewohner der Stadt ist Ausländer. Frankfurt ist die Bankenstadt schlechthin, und Sitz der Europäischen Zentralbank. Wolkenkratzer aus Spiegelglas und Beton machen das Bild der City aus. Alle Rekorde schlägt das Gebäude der Commerzbank mit dem Café Plaza in der Lobby, das mit seinen knapp 300 Metern das zurzeit höchste Bürohaus Europas ist. Abends angestrahlt, sieht es sehr beeindruckend aus und gleicht einer Kathedrale, nur eben einer supermodernen. Zweithöchstes Bürohaus ist der 256 Meter hohe Messeturm. Von weither sichtbar, ist er das zentrale Wahrzeichen Frankfurts. Nachts beleuchtet eine Lichterkette seine pyramidenförmige Spitze. Für das Publikum vielleicht am interessantesten, weil man bis an seine Spitze hinauffahren kann, ist der *Maintower* mit 199 Metern Höhe. Er hat oben ein Restaurant und im 55. Stockwerk eine Aussichtsterrasse, natürlich mit allerbestem Fernblick über Stadt und Land. In 45 Sekunden meistert der Fahrstuhl 190 Meter Höhe, der Rest muss zu Fuß erklommen werden.

Tourismus + Congress GmbH
Kaiserstr. 56
60329 Frankfurt am Main
Tel. 0 69 / 212 3 88 00
E-Mail: info@tcf.frankfurt.de
www.frankfurt-tourismus.de

zusätzl. Tourist Information
Hauptbahnhof, Empfangshalle
oder Römerberg 27
oder Zeil 94 a, City-Info am
Brockhaus-Brunnen

Maintower, Landesbank
Hessen-Thüringen
Neue Mainzer Str. 52
Tel. 0 69 / 36 50 47 77 7
Fahrstuhl Kinder 3 €,
Erw. 4,50 €, Familienticket 12 €
geöffnet: tägl. ab 10 Uhr
U 1-5, Tram 11, 12, Halt: Willy-Brandt-Platz
www.maintower-helaba.de

Frankfurter Skyline

Frankfurter Kinderbüro
Schleiermacherstr. 7
60316 Frankfurt am Main
Tel. 0 69 / 21 23 90 01
geöffnet: Mo.-Fr. 9-17 Uhr,
Notdienst: Fr.-So. 14-22 Uhr
U 4, Halt: Höhenstraße
Familien-Info-Café:
Mo.-Mi. 9-12 Uhr
E-Mail: info@frankfurter-Kinderbuero.de
www.frankfurter-kinderbuero.de

Superlative in Sachen Kinder leistet das *Frankfurter Kinderbüro*. Seit seiner Gründung 1991 hat es gemeinsam mit Kindern Kinderstadtpläne entwickelt, vernachlässigte Spielplätze in kinderfreundliche umgestaltet und den Kinderfreundlichkeitspreis »Frankie« ausgelobt. In den eigenen Räumen finden Computer-Workshops und eine Erfinderwerkstatt statt. Außerdem gibt es dort das Familien-Info-Café mit dem Frankfurter Baby-Club. Während die Winzlinge auf der blauen Erlebnislandschaft ihren Spaß haben, können Eltern Erfahrungen austauschen oder sich beraten lassen. Hat ein größeres Kind zu Hause oder in der Schule Knatsch, dann weiß das Kinderbüro ebenfalls Rat. Ein kostenloser Wochenend-Notdienst ist eingerichtet, außerdem eine Schuldner- und Rechtsberatung.

Bücher von Goethe und anderen

Goethe-Haus
und Goethe-Museum
Großer Hirschgraben 23-25
Tel. 0 69 / 13 88 00
geöffnet:
Mo.-Fr. u. So 10-17.30 Uhr
Sa. 10-18 Uhr, letzter Sa im Monat 10-20 Uhr
Schüler 1,50 €, Erw. 5 €,
Familienkarte 8 €
E-Mail:
info@goethehaus-frankfurt.de
www.goethehaus-frankfurt.de

An den größten deutschen Dichter erinnert das *Goethe-Haus* am Großen Hirschgraben. Im Zweiten Weltkrieg zerstört, wurde es als eines der ersten Häuser wieder aufgebaut. Vor kurzem erhielt es für das angegliederte Goethe-Museum einen modernen Erweiterungsbau. Beide werden gern und zahlreich von Touristen besucht. Johann Wolfgang Goethe erblickte hier 1749 das Licht der Welt. In seiner Autobiografie »Dichtung und Wahrheit« widmete er einige Passagen seinem Elternhaus und seiner Jugend in Frankfurt. Das Goethe-Haus ist mit Dingen aus seiner Zeit bestückt. Zu sehen sind neben Küche, Garten und Stuben auch die Bibliothek des Vaters und das Marionettentheater des kleinen Wolfgang und seiner Schwester Cornelia.

Schon seit dem Mittelalter war Frankfurt am Main Handels- und Messestadt. Früher breiteten die Händler ihr Angebot auf dem Römerberg aus, heute stehen dafür die großen Hallen auf dem Messegelände zur Verfügung. Die beeindruckende Skulptur von Jonathan Borofsky, der riesige »Hammering Man«, scheint nahe beim Eingang der Messe über das bunte Treiben zu wachen. Die bedeutendsten Schauen sind die Automobil- und die Buchmesse. Die größte Bücherschau der Welt findet jedes Jahr im Oktober statt. An den ersten Tagen nur für Fachbesucher, ist die Messe am Wochenende auch für das Publikum geöffnet. Dann finden zusätzliche Lesungen und Diskussionen für Kinder statt. Im

Rahmen der Messe wird auch der Kinder- und Jugendbuchpreis verliehen, die höchste Auszeichnung dieser Art in Deutschland. Im November richtet im Frankfurter Stadtteil Kalbach der dortige Kinderverein eine eigene *Kinderbuchmesse* aus. Eine Jury, in der Kinder kräftig mitmischen, vergibt den Preis »Kalbacher Klapperschlange« an die Autorin oder den Autor ihrer Wahl.

Kinderbuchmesse Kalbach
Infos: Christine Pfeiffer
An der Wellenburg 5
Tel. 0 69 / 95 04 90 91

Einkaufen und Verreisen

Frankfurts Fußgängerzone, die »Zeil«, steht auf Platz drei in der Spitzenklasse der deutschen Einkaufsmeilen und ist dementsprechend gut besucht. Dicht an dicht stehen hier Kaufhäuser und Geschäfte. Eine der Attraktionen der »Zeil« ist das Einkaufszentrum »Les Facettes«. Man fährt dort auf Rolltreppen hinauf und genießt von oben die Aussicht oder sucht eines der Restaurants auf.

Der Hauptbahnhof Frankfurts galt bei seiner Erbauung vor weit mehr als 100 Jahren als Trendsetter. Mit seinen 24 Gleisen ist er einer der größten Kopfbahnhöfe Europas und zugleich der Bahnhof Deutschlands mit dem höchsten Verkehrsaufkommen. 350.000 Reisende benutzen pro Tag Züge von und nach Frankfurt. Bei diesem Betrieb bleibt es nicht aus, dass seine Umgebung auch von vielen Obdachlosen und Drogenabhängigen als Aufenthaltsort genutzt wird.

Der *Frankfurter Flughafen* ist der größte Deutschlands und international einer der wichtigsten. Rund 62.000 Menschen arbeiten hier und wenn, wie geplant, noch eine vierte Landebahn gebaut wird, werden es noch mehr sein. Jeden Tag starten und landen schon jetzt 1.356 Flugzeuge. Über 300 Ziele werden angeflogen, 45,5 Millionen Passagiere im Jahr befördert. Auf Start und Landung der Maschinen und auf Oldtimer-Flugzeuge gibt die Besucherterrasse den Blick frei. Für Kinder ein Hit sind das große Spielflugzeug am westlichen Fingerkopf B von Terminal 1 und die große Spielrakete in Terminal 2. Dorthin gelangt man mit der supermodernen, automatisch gesteuerten Elektrobahn »Skyline«, deren Benutzung kostenlos ist.

Flughafen Frankfurt Main AG
Besucherservice, Führungen tagsüber (8-17 Uhr):
Tel. 0 69 / 69 07 02 91-4
Terrasse: Kinder 2 €, Erw. 3 €,
Rundfahrten ab 20 Personen
Kinder 5 €, Erw. 6 €
S 8, 9, Halt: Flughafen

Auf dem Frankfurter Flughafen haben früher auch Zeppeline abgehoben. Für die Luftschiffer, welche die von Graf Zeppelin erfundenen Luftschiffe »fuhren«, wurde nicht weit vom Flughafen entfernt 1938 eine eigene Siedlung errichtet, genannt Zeppelinheim. An diese Zeit erinnert heute das Zeppe-

Zeppelinmuseum
Kapitän-Lehmann-Str. 60
63263 Neu-Isenburg/
Zeppelinheim
Tel. 0 69 / 69 43 90
geöffnet: Sa., So. u. Feiertage
10-17 Uhr, Eintritt frei
S 7, Halt: Zeppelinheim,
dann 10 Min. zu Fuß
E-Mail:
Zeppelin-museum@t-online.de
www.zeppelin-museum-zeppelinheim.de

linmuseum. In ihm ist mit Modellen, Einrichtungsgegenständen der Passagierräume, Uniformen und technischem Gerät rund um die »fliegenden Zigarren« ein spannendes Stück Technikgeschichte ausgestellt.

Kaiser Karl und die Hirschkuh

Paulskirche
Paulsplatz
geöffnet: täglich 10-17 Uhr
Eintritt frei
U 4, 5, Straßenbahn 11 ,12,
Halt: Römer

Römer mit Kaisersaal
Römerberg
geöffnet: tägl. 10-13
u. 14-17 Uhr außer bei
Veranstaltungen
Kinder 0,50 €, Erw. 2 €

Frankfurter Dom
mit Dommuseum
Tel. 0 69 / 13 37 61 86
Führungen: tägl. 15 Uhr

Auf eine reiche und glanzvolle Vergangenheit blickt die Stadt Frankfurt zurück. In der Paulskirche tagten 1848/49 die Abgeordneten der Nationalversammlung. Sie stellten das erste bürgerliche Parlament Deutschlands und bereiteten den Weg für unsere moderne Demokratie. Texttafeln informieren über das Bauwerk und seine Geschichte, die zeitgenössischen Wandmalereien des Berliner Malers Johannes Grützke zeigen die Abgeordneten des Paulskirchenparlaments.

Schon Tausende von Jahren zuvor lebten Leute auf dem Hügel oberhalb des Flusses. Reste eines römischen Kastells und einer karolingischen Pfalz können auf dem Domberg ausgemacht werden. Die erste urkundliche Erwähnung aber verdankt Frankfurt Karl dem Großen. Er soll einst an der Spitze des Frankenheeres die heidnischen Sachsen verfolgt und sich bei einbrechender Nacht in den unwegsamen Niederungen des Mains verirrt haben. Doch erschien ihm in seiner Not eine Hirschkuh und wies ihm eine Furt durch den Main. Voller Dankbarkeit gründete er eine Ansiedlung mit dem Namen »Franconofurd« oder »Furt der Franken«, die sich in Höhe der heutigen Maininsel befunden haben soll. Aus dem Lager der Sachsen entstand der jenseits des Flusses gelegene Stadtteil Sachsenhausen.

Der zentrale Platz der Stadt ist der Römerberg. *Römer*

Römer mit Justitiabrunnen

heißt das alte Rathaus, das viele gekrönte Häupter gesehen hat. Denn Frankfurt hatte die bedeutungsvolle Rolle erhalten, Wahlen und Krönungen von Kaisern und Königen auszurichten. Für diese Aufgaben sollte nach 1356 ein passender Rahmen geschaffen werden. Doch die Stadtkasse war leer. Also erwarb der Rat mehrere Bürgerhäuser, darunter auch das Haus zum Römer, und baute sie um.

Die Fachwerkhäuser gegenüber von Rathaus und Justitiabrunnen sind nach altem Vorbild neu entstanden. Hinter ihnen befindet sich die *Schirn*. Sie macht mit Ausstellungen moderner Kunst von sich reden, teilweise mit spezieller Kinderbetreuung. Zusätzlich beherbergt sie die Jugendmusikschule und eine kleine Schau um Heinrich Hoffmann, den Autor des »Struwwelpeter« (vgl. Kap. Museen). Daneben gibt es den »Historischen Garten« mit Funden aus der Römerzeit und den Überresten der kleinen karolingischen Pfalz zu besichtigen. Wer dann noch Lust hat, kann weiter den Spuren der Kaiser folgen und den beeindruckenden *Dom* anschauen. Im Dom wurden von 1562 bis 1792 die Herrscher auch gekrönt.

Zum Main hin, vor dem *Historischen Museum* mit dem Kindermuseum (s. Museen) steht Kaiser Karl in Überlebensgröße. Sechzig Tonnen schwer ist sein Standbild, das sich ursprünglich auf der »Alten Brücke« befand. Das Historische Museum informiert über die Geschichte der Stadt. Besonders interessant sind die Stadtmodelle in dem Gemäuer der alten Pfalz, die auch zum Museum gehört. Hier bekommt man eine Vorstellung, wie schön die Stadt war und wie eng die Menschen beieinander gewohnt haben. Ein anderes Modell zeigt Frankfurt unmittelbar nach der Zerstörung im Zweiten Weltkrieg. Nahezu die ganze Innenstadt lag in Schutt und Asche. Mehr über Kaiser, Kaufleute und Bürger können Kinder erfahren, wenn die *Kulturothek* eine Rallye über den Römerberg veranstaltet. Entsprechendes organisiert auch die Tourismus+Congress GmbH. Hier gibt es Informationen zu den alten und modernen Türmen in der Mainmetropole. Oder die Kinder können auch den »Spaziergang durch die Frankfurter Geschichte« mitmachen. Den bietet zum Nachlesen zu Hause ein Heft des Kindermuseums an. Es enthält (nicht nur) für junge Leser ab acht Jahren viel Wissenswertes.

Historisches Museum
u. Kindermuseum
Saalgasse 19
Tel. 0 69 / 212 35 59 9
geöffnet: Di., Do.-So. 10-17,
Mi. 10-20 Uhr
Kinder 2 €, Erw. 4 €,
Mi. Eintritt frei
U4, 5, Straßenbahn 11, 12
Halt: Römer

Kulturothek
An der Kleinmarkthalle 7
Tel. 0 69 / 28 10 10
geöffnet: Mo.-Fr. 10-16 Uhr,
Sa. 11-14 Uhr
U 4, 5, Straßenbahn 11, 12,
Halt: Römer
E-Mail: info@kulturothek.de
www.kulturothek.de

Karl der Große

Am Main mit Schiff und Dampflok

Ebbelwei-Express
Stadtwerke Verkehrsgesellschaft
Kurt-Schumacher-Str. 10
Tel. 0 69 / 21 32 24 25
Fahrtzeiten: Sa., So. u. Feiertage von 13:38 Uhr (Römer) bis 17:43 Uhr (letzte Fahrt)
Fahrpreis: Kinder 2,50 €, Erw. 5 €
www.vgf-ffm.de

Main- und Rheinfahrten
Anlegestelle Eiserner Steg
Primus Linie:
Tel. 0 69 / 13 38 37 -0
Tonbandansage über aktuelle Schifffahrten
Tel. 0 69 / 13 38 37 13
www.primus-linie.de

Städtische Hafenbahn
Abfahrt ab Eiserner Steg
Infos: Historische Eisenbahn Frankfurt e. V.
Tel. 0 69 / 43 60 93
einf. Fahrt: Kinder 2 €, Erw. 4 €, Familienkarte 9,50 €
E-Mail: info@historischeeisenbahnfrankfurt.de
www.historischeeisenbahnfrankfurt.de

zusätzliche Fahrten:
Frankfurter Feldbahnmuseum
Am Römerhof 15 a (neben TÜV)
Tel. 0 69 / 70 92 92
geöffnet: am 1. So. im Monat 14-17 Uhr, 1. Fr. im Monat 17-19 Uhr
Eintritt inkl. Fahrt: Kinder 2,50 €, Erw. 5 €, Familienkarte 12 €
E-Mail: ffmev@feldbahn-ffm.de
www.feldbahn-ffm.de

Auf lustige Art kann man die Stadt bei einer Fahrt mit dem *Ebbelwei-Express* kennen lernen. Das ist eine mit Frankfurter Originalen bunt angemalte Oldtimer-Straßenbahn, die an den Wochenenden über Bornheim, Zoo und die Innenstadt nach Sachsenhausen tourt. Im Waggon herrscht bei Oldie-Musik gute Stimmung, es wird Saft, Limo und eben auch Apfelwein oder Ebbelwei ausgeschenkt. Aber natürlich kann man Sachsenhausen auch anders erreichen. Über den »Eisernen Steg« beispielsweise, die Fußgängerbrücke mit dem kühnen Schwung. Sie führt über den Main auf die Sachsenhäuser Seite. Hier liegen viele der Frankfurter Museen und am Samstag findet hier der Flohmarkt statt. Sachsenhausen ist außerdem bekannt für seine gemütlichen Apfelweinschenken.

Auf der Altstadtseite des Eisernen Stegs sind die Anlegestellen für die Ausflugsdampfer. Die Reise geht einmal nach Mainz und weiter zum Rhein oder mainaufwärts über Offenbach und Hanau (s. dort) nach Seligenstadt (s. dort). Schön ist auch die Schifffahrt vorbei am Osthafen zur Gerbermühle, einem Ausflugslokal direkt am Main. Goethe, der berühmteste Sohn der Stadt, soll dort gern gewesen sein. An alte Zeiten erinnert auch die *Städtische Hafenbahn*, die mit viel Geschnauf vom Eisernen Steg aus am Mainufer entlang dampft. Sie fährt jeweils bis Griesheim und an Pfingsten auch von Höchst nach Königstein.

Das Postschiff brauchte früher vier Stunden, um bei gutem Wetter von Frankfurt nach Mainz zu kommen. Radler oder Fußgänger brauchen entschieden länger auf dem gut ausgeschilderten Weg am Main entlang. Er ist 38 Kilometer lang und führt über Schwanheim, Höchst und Flörsheim (s. Taunus) nach Mainz. Teilstrecken lohnen selbstverständlich auch. Oft geht es unten am Fluss entlang, manchmal oben auf einem Deich. Spiel- und Grillplätze sind in der Nähe der einzelnen Stadtteile vorhanden. In Schwanheim lohnt ein Besuch des *Stadtwerke-Verkehrsmuseums*. Es ist in einem ehemaligen Depot untergebracht. Zu bestaunen ist die Geschichte des Personenverkehrs seit der Zeit der Pferdebahnen. Dampfloks und die erste elektrische Straßenbahn von 1884 sind ebenso dabei wie ausgediente moderne Busse. Gleich nebenan befindet sich der hübsche *Kobelt-Zoo*, in dem vor allem kleinere Tiere zu Hause sind. In unmittelbarer Nähe lädt dann noch ein schöner Waldspielplatz mit Planschbecken ein. Und zum Stadtwald mit vielen Wanderwegen oder dem Naturschutzgebiet Schwanheimer Düne ist es auch nicht weit. Hier sollte man unbedingt den Rundweg Schwanheimer Alteichen gehen. 900 Meter ist er lang, hält Infotafeln bereit und sorgt immer wieder für faszinierende Blicke auf besonders knorrige alte Baumriesen.

Aber es geht auch weiter den Weg am Main entlang nach Höchst, das durch seine chemische Industrie bekannt wurde. Hier sollte man mit der Fähre übersetzen und sich Zeit nehmen für einen Besuch in der hübschen Altstadt mit karolingischer Justinuskirche, Schloss und Heimatmuseum. In Höchst mündet das Flüsschen Nidda in den Main. An ihm entlang verläuft, vorbei an großen Wiesen und Spielplätzen, ein schöner Spazier- und Radfahrweg, der auch zurück nach Frankfurt führt.

Frankfurter Museen: Entdecken und staunen

Frankfurt ist eine Museumsstadt. Von 39 Museen liegen zwölf am Museumsufer in Sachsenhausen. Viele dieser Museen bieten Kinderführungen, die Ausrichtung von Geburtstagen, Kurse und besondere Veranstaltungen für Kinder und Familien an. So beispielsweise das *Museum für Moderne Kunst* (MMK) mit einer herausragenden Sammlung zeitgenössischer Malerei und Plastik oder das *Städel* mit Kunst vom Mittelalter bis zur Moderne. Das wohl schönste Frankfurter Café gehört zum *Liebieghaus*, dem Museum für alte Plastik. Im Städel ist im Übrigen eine besondere Idee verwirklicht worden. Hier führen Kinder andere Kinder.

Im Folgenden stellen wir sieben Museen vor, die für Kinder in Frankfurt am interessantesten sein dürften:

Favorit ist das *Kindermuseum* des Historischen Museums. Es zählt zu den führenden Kindermuseen in Deutschland (vgl. Fulda »Kinderakademie«). Hier gibt es lebendig und bunt gestaltete Mitmach-Ausstellungen, die in einem gemeinsamen Dialog mit Kindern realisiert werden und die jungen Besucher zum Anfassen, Entdecken und Ausprobieren ermutigen. Spaß und Lernen sind dabei garantiert – auch bei den zusätzlichen vielfältigen Kursangeboten.

Das *Museum für Kommunikation* zeigt vom Apparat des Philipp Reis bis zum modernen Handy alles, was mit der Ge-

Stadtwerke-Verkehrsmuseum
Rheinlandstr. 133
60529 Frankfurt-Schwanheim
Tel: 0 69 / 2 12 21 76
E-Mail: presse@vgf-ffm.de
geöffnet: Sa., So. 10-18 Uhr
Führungen nach Vereinbarung
Kinder 0,80 €, Erw. 1,50 €
Bus 51, Straßenbahn 12, Halt: Schwanheim Rheinlandstraße

Kobelt-Zoo
Schwanheimer Bahnstr.
(hinter dem Verkehrsmuseum)
geöffnet: Mai-Sept.
Sa. 14-19 Uhr, So. 10-19 Uhr
Eintritt frei

Museum für Vor- und Frühgeschichte
Karmelitergasse 1
Tel. 0 69 / 21 23 58 96
geöffnet: Di., Do.-So. 10-17 Uhr, Mi. 10-20 Uhr
Kinder 2,50 €, Erw. 5 €
So. freie Führung 14 Uhr
U 4, 5, Straßenbahn 11,12, Halt: Römer
www.archaeologisches-museum-frankfurt.de

MMK
Museum für Moderne Kunst
Domstraße 10
Tel. 0 69 / 21 23 04 47
geöffnet: Di.-So. 10-17 Uhr, Mi. 10-20 Uhr
Kinder 3 €, Erw. 6 €, letzter Sa. im Monat Eintritt frei
Führungen für Kinder zw. 6 u. 10 Jahren
U 4, 5, Halt: Römer, Straßenbahn 11, 12, Halt: Domstraße
www.mmk-frankfurt.de

Städelsches Kunstinistitut u. Städtische Galerie
Schaumainkai 63
Tel. 0 69 / 60 50 98-0
geöffnet: Mi., Do. 10-21 Uhr, Di., Fr.-So. 10-17 Uhr
Kinder bis 12 Jahre frei, Erw. 6 €, Familienkarte 10 €
Straßenbahn 15,16, Halt: Otto-Hahn-Platz, Bus 46, Halt: Städel
www.staedelmuseum.de

Liebieghaus
Schaumainkai 71
60596 Frankfurt
Tel. 0 69 / 21 23 86 17
Di.-So. 10-17 Uhr, Mi. 10-20 Uhr
U1-3, Halt: Schweizer Platz,
Straßenbahn 15, 16,
Halt: Otto-Hahn-Platz,
Bus 46, Halt: Städel
www.liebieghaus.de

Kindermuseum und
Historisches Museum
Saalgasse 19
Tel. 0 69 / 21 23 51 54
geöffnet: Di.-Sa. 10-17 Uhr,
Mi. bis 20 Uhr, So. 13-17 Uhr
Kinder 2 €, Erw. 4 €
U 4, 5, Straßenbahn 11, 12,
Halt: Römer
www.kindermuseum.
frankfurt.de

Museum für Kommunikation
Schaumainkai 53
Tel. 0 69 / 60 60-0
geöffnet: Di.-Fr. 9-17, Sa.,
So. 11-19 Uhr
Eintritt frei, Kinder-
werkstatt 1,50 €
U 1-3, Halt: Schweizer Platz,
Straßenbahn 15, 16,
Halt: Otto-Hahn-Platz
www.museumsstiftung.de

Naturmuseum Senckenberg
Senckenberganlage 25
Tel. 0 69 / 75 42 0
geöffnet: Mo., Di., Do.,
Fr. 9-17 Uhr, Mi. 9-20 Uhr,
Sa., So. 9-18 Uhr
Kinder 2,50 €, Erw. 5 €,
Familienkarte 12 €
U 6, 7, Halt: Bockenheimer
Warte, Bus 32, Halt:
Senkenbergmuseum
www.senckenberg.de

schichte des Telefons, der Post und der Kommunikation zu tun hat. Briefmarkenfreunde kommen in der Präsentation der gezackten Kostbarkeiten auf ihre Kosten. Vieles hier darf selbst ausprobiert werden, für Schulklassen und Gruppen stehen eigene Räume zur Verfügung. Hit aber ist die bunte Kinderwerkstatt, in der nach Herzenslust gefaxt, gechattet und gesurft werden und in der Erfinderecke Neues ausgeheckt werden darf. Im Museums-Café weiß man, was Kinderherzen höher schlagen lässt. So manche Kindergeburtstagsfeier wurde hier schon mit Brownies und leckerem Gebäck ausgerichtet.

Das *Naturmuseum Senckenberg* in Bockenheim führt ein in die abenteuerliche Welt der Natur. Dokumentiert wird die Geschichte der Erde, die Entwicklung von Tier und Mensch sowie die Bedeutung des Sonnensystems und der Planeten. Star der Ausstellung ist der Dino Tyrannosaurus Rex mit seinen knapp 20 Metern Länge. Entschieden kleiner, aber nicht minder beeindruckend sind das Skelett eines Urpferdchens und die Versteinerung des Urvogels Archäopterix. Aber auch Riesenschildkröten, ägyptische Mumien und die Netzpython mit ihren 377 Wirbeln vermögen den Besucher zu faszinieren. Zumal in der Präsentation viel selbst ausprobiert und spielerisch gelernt werden kann.

In einem ehemaligen Bunker im Nordend ist die *Explora* untergebracht. Hier heißt es: erforschen, entdecken und die Sinne erproben. Spielend wird die Wirkungsweise physikalischer Gesetzmäßigkeiten erklärt. Vorhanden sind Klangelemente und Geschicklichkeitsspiele, dreidimensionale Bilder, ein Spiegeltunnel, Lamellenbilder und Guckkästen, mit denen die Gesetze des Sehens und der Wahrnehmung getestet werden.

Das *Museum für Vor- und Frühgeschichte* ist nicht weit vom Römer in einem alten Kloster mit einem modernen Anbau zu finden. Ausgestellt sind Funde aus der Stein-, Bronze- und Eisenzeit. Die wichtigsten Stücke stammen von den Römern und vermitteln anhand der originalen Fundstücke und Rekonstruktionen eine Vorstellung, wie ihr Alltag in Germanien in der Zeit vom 1. bis zum 3. Jahrhundert nach Christus aussah.

Das *Deutsche Filmmuseum* berichtet mit Guckkästen, Lebensrädern und Zauberlaternen von einer Zeit ohne Kino; nachgebaute Studios davon, wie Kinohelden »gemacht« wurden. Viele Tricks und Effekte können selbst ausprobiert werden. Das Museum hat ein Café und ein eigenes Kino, in dem auch Kinderfilme gezeigt werden. Hier wird auch das internationale Kinderfilmfestival ausgerichtet.

An den Vater des Stuwwelpeter und sein Werk erinnert mit Texten und Büchern in vielen Sprachen das *Heinrich-Hoffmann-Museum,* das sich in der Nähe des Senckenbergmuseums im Frankfurter Westend befindet. Es spricht eher die jüngeren Kinder an. Sie können sich dort verkleiden und im Spiel die Geschichten von Paulinchen, vom Daumenlutscher oder dem fliegenden Robert neu erfinden.

Dschungelabenteuer: Zoo, Parks und Palmengarten

Der *Zoologische Garten Frankfurt* ist der zweitälteste Zoo Deutschlands. Fast die ganze Arche Noah hat mit Löwen, Zebras, Affen und Giraffen hier ein neues Zuhause gefunden. Einige von ihnen sind in besonderen Quartieren untergebracht. Im Nachttierhaus beispielsweise leben Tiere, die in der freien Natur tagsüber schlafen. Durch künstliches Mondlicht am Tag und helles Licht bei Nacht werden sie überlistet. So können Fledermäuse und Springmäuse auch tagsüber in Aktion beobachtet werden. Ein nicht minder interessantes Tierhaus ist das »Exotarium«. Dort wohnen Pinguine und schwimmen Fische in großen Aquarien. Darunter sind auch Tiere, bei denen es manchem etwas gruseln mag: Riesenschlangen, Echsen, Krokodile, Spinnen, Insekten und sogar Krokodile. Beschaulicher geht es da schon beim Streichelzoo zu. Und zur Fütterungszeit ist das Gehege mit den Seelöwen besonders umlagert. Für gute Laune bei Kindern sorgen weiter die Spielplätze, ein Irrgarten, Limostände und der Eisverkäufer. Am See gibt es einen Biergarten, im Zoogesellschaftshaus eine Cafeteria.
Ameisen- und Kautschukbäume, Palmen, Baumfarne, Bananenstauden, Feigenbäume, Fleisch fressende Pflanzen und Kakteen wachsen im *Palmengarten* mitten in Frankfurt. Entsprechend feucht und heiß ist es in den großen alten Gewächshäusern. Draußen blühen je nach Jahreszeit üppig gelb die Osterglocken oder leuchtend rot die Azaleen. Der Palmengarten ist eine grüne Oase im Großstadtgetriebe. Der Wasserspielplatz wurde für die jüngsten Palmengarten-Liebhaber gebaut. Auch ein hübscher Weiher ist vorhanden, im

Heinrich-Hoffmann-Museum
Schubertstr. 20
Tel. 0 69 / 74 79 69
geöffnet: Di.-So. 10-17 Uhr
Kinder frei, Erw. 1 €
Ausrichtung von Geburtstagsfeiern
U 4, 6, 7, Halt: Bockenheimer Warte, Bus 33, Halt: Westend, Bus 32, Halt: Senckenbergmuseum
www.heinrich-hoffmann-museum.de

Deutsches Filmmuseum
Schaumainkai 41
Tel. 0 69 / 21 23 88 30
geöffnet: Di., Do., Fr., So. 10-17 Uhr, Mi. 10-20 Uhr, Sa. 14-20 Uhr
Kinder 1,30 €, Erw 2,50 €,
U 1-3, Halt: Schweizer Platz, Straßenbahn 15, 16, Halt: Gartenstraße, Bus 46, Halt: Untermainbrücke
wwww.deutsches filmmuseum.de

Zoologischer Garten
Alfred-Brehm-Platz 16
60316 Frankfurt
Tel. 0 69 / 21 23 37 35
geöffnet: täglich 9-19 Uhr, im Winter bis 17 Uhr
Kinder 4 €, Erw. 8 €,
Familienkarte 20 €
U 6, 7, Straßenbahn 14, Halt: Zoo
www.zoo-frankfurt.de

Explora
Glauburgplatz 1
Tel. 0 69 / 78 88 88
geöffnet: Di.-So. 11-18 Uhr u. nach tel. Anmeldung
Kinder 5 €, Erw. 8 €
U 5, Halt: Glauburgstr., Straßenbahn 12, Bus 30, Halt: Rohrbachstr.
www.exploramuseum.de

Palmengarten
Siesmayerstr. 61
Tel. 0 69 / 21 23 66 89 u. 21 23 91 11 (Telefonansage)
geöffnet: Nov.-Jan. 9-16 Uhr,
Febr.-Okt. 9-18 Uhr
Kinder 2 €, Erw. 5 €,
Familienkarte 9,50 €,
Klassen: pro Kind 1 €
Grüne Schule Palmengarten
Tel. 0 69 / 21 23 33 91
U 6, 7, Halt: Westend, Bus 36,
Halt: Palmengarten
E-Mail: Info.palmengarten@stadt-frankfurt.de
www.Palmengarten-Frankfurt.de

Grüneburgpark
zwischen Palmengarten und Miquel-/Adickesallee
U 1, 2, 3, Halt: Holzhausenstraße, U 6, 7, Halt: Westend,
Bus 36, Halt: Palmengarten

Botanischer Garten
der Johann Wolfgang Goethe-Universität
Siesmayerstr. 72
60323 Frankfurt
geöffnet: 1. März-31. Okt.
Mo.-Sa. 9-18 Uhr,
So. u. Feiertage 9-13 Uhr
U 6, 7, Halt: Westend

Ostpark
Ostend, Ostparkstraße, Parkplätze an der Ostparkstraße,
U 7, Halt: Eissporthalle

Günthersburgpark
Nordend, Hartmann-Ibach-Str.,
U 4, Halt: Bornheim Mitte,
Straßenbahn 12,
Halt: Günthersburgpark,

Deutscher Kinderschutzbund
Frankfurt am Main
Comeniusstraße 37
60389 Frankfurt am Main
Tel. 0 69 / 97 09 01 10
E-Mail: beratungsstelle@kinderschutzbund-frankfurt.de
www.kinderschutzbund-frankfurt.de

Im Palmengarten

Sommer können Boote ausgeliehen werden und natürlich sind auch ein Café und eine Minigolfbahn da. Für Schulklassen werden in der »Grünen Schule Palmengarten« Führungen und mehr angeboten und mit Sonderausstellungen und Aktionen ist rundum im Jahr immer etwas los.

Noch mehr Erholungs- und Spielmöglichkeiten halten Frankfurts Parks bereit, die alle auch mit Spielplätzen ausgestattet sind. Der größte und schönste ist vielleicht der *Grüneburgpark* im Stil einer englischen Parklandschaft ganz in der Nähe vom Palmengarten. An ihn schließt sich der nur im Sommerhalbjahr begehbare *Botanische Garten* an. In ihm kann man die Pflanzenwelt ganz unterschiedlicher Regionen studieren. Für Picknicks und zum Ballspielen eignet sich besonders gut der *Ostpark* mit der großen Wiesenfläche. Der *Günthersburgpark* in Bornheim ist dagegen zu einem regelrechten Treff für Familien mit kleinen Kindern geworden. Diese fühlen sich im Sommer besonders wohl beim Sprühfeld mit den lustigen Steinfiguren, während die Großen zu einem Plausch beim Eck mit dem Kiosk zusammenkommen. Gleich nebenan hat der *Kinderschutzbund* sein Quartier in der ehemaligen Orangerie bezogen. Im Park werden Flohmärkte, Sommerfeste und Lichterfeste zum Martinstag ausgerichtet.

Süß, sauer und gesund

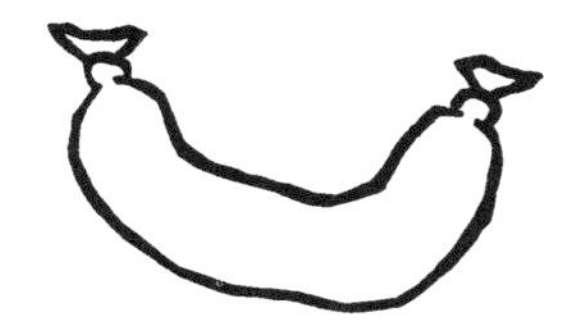

Berühmt ist Frankfurt für seine Würstchen, die »Frankfurter«, die in Neu-Isenburg hergestellt werden. Bevorzugtes Gericht ist auch die Grüne Soße, »Grie Soß« genannt, die sieben Kräuter enthält. Die Erwachsenen genehmigen sich dazu das »Stöffche« oder den »Ebbelwei«, gemeint ist der Apfelwein, der ziemlich sauer schmeckt. Aufgetischt wird all dies in den Gartenlokalen von Sachsenhausen und Alt-Bornheim. Wer wissen will, wo und wie das Stöffche hergestellt wird, der kann an einer Betriebsbesichtigung der Firma *Possmann* teilnehmen. Da geht es tief hinein in die Keller der Kelterei, wo in alten dicken Holzfässern und U-Boot-Tanks das saure Nass lagert.

Possmann KG Kelterei
Eschborner Landstr. 156-162
Tel. 0 69 / 7 89 90 40
S 3, 4 Rödelheim, Bus 60 ,
Halt: Guerickestraße
E-Mail: info@possmann.de
www.possmann.de

Eine Frankfurter Spezialität, die nicht nur köstlich schmeckt, sondern auch etwas mit Kindern zu tun hat, sind die Bethmännchen. Erfunden hat sie ein französischer Konditor im Hause des Bankiers Bethmann. Zur Erinnerung an die drei Bethmann-Söhne, so sagt man, zieren jedes Konfektstück drei Mandelblättchen.

Unser Tipp verrät, wie Bethmännchen selbst hergestellt werden: Man braucht dazu 250 g Mandeln, 250 g Puderzucker, 3 Esslöffel Mehl, 2 Eiweiß und etwas Rosenwasser. Die Mandeln abziehen, mahlen und mit dem Puderzucker mischen, danach Mehl und Eischnee dazugeben. Aus der Masse kleine Kugeln formen, mit Eigelb bestreichen und 3 Mandelhälften dagegen drücken. Einen Tag stehen lassen, dann kurz im heißen Ofen hellbraun backen. Fertig ist das feinste selbst gemachte Frankfurt-Souvenir.

Anzumerken sind noch zwei Adressen. Die erste ist das *Spielcafé Zebulon* in Bockenheim, das es Eltern möglich macht, einmal ganz in Ruhe zu plaudern und dabei den Kaffee zu genießen. Ihre Jüngsten spielen zur gleichen Zeit quietschvergnügt im Hinterzimmer, beaufsichtigt natürlich. Für sie gibt es Saft, Brei und Smartiestorte. Unser zweiter kulinarischer Vorschlag wendet sich an größere Kinder. Im Kinder- und Jugendhaus Bornheim gibt es die *Kantina*. Hier wird unter der Woche jeden Mittag ein preiswertes und leckeres Menü für Kinder und SeniorInnen angeboten mit Suppe und Salat, Hauptspeise und Nachtisch. Das Essen ist vielseitig, voll-

Spielcafé Zebulon
Grempstr. 23
60487 Frankfurt
Tel. 0 69 / 77 35 54
geöffnet: Mo.-Fr. 15-19 Uhr
Kinder 1 €

Kantina im Kinder- u. Jugendhaus Bornheim
Ortenberger Str. 40
60385 Frankfurt
Tel. 0 69 / 45 42 81
geöffnet: Mo.-Fr. 12-15 Uhr

wertig und in der Hauptsache vegetarisch. Tee gibt es umsonst dazu.

Fassenacht und Dippemess

Karneval heißt in Frankfurt »Fassenacht« und wird am Fastnachtssonntag neben dem allgemeinen Faschingsumzug mit einem speziellen Umzug für Kinder durch die Frankfurter Innenstadt gefeiert. Am Fastnachtsdienstag geht es dann besonders bunt zu im Stadtteil Heddernheim, der zur närrischen Zeit »Klaa Paris« heißt.

Jede Menge Trubel ist auf der »Dippemess« angesagt, die im April und September auf dem Festplatz beim Ostpark stattfindet. Früher einmal ein Töpfermarkt, ist es inzwischen ein großer Rummel mit Karussell, Achterbahn, Autoscooter und Riesenrad. Beim wichtigsten Frankfurter Fest, dem »Wäldchestag«, heißt es: Ab ins Wäldche – damit ist der Stadtwald gemeint. Am Dienstag nach Pfingsten versorgten sich dort früher die Frankfurter Bürger mit kostenlosem Brennholz für den heimischen Herd. Heute wird auf dem Festplatz im Wald gefeiert.

Beim »Mainfest« im August maßen einst die Fischer Kräfte und Geschicklichkeit beim »Fischerstechen«. Es wird als Schaukampf so ausgetragen: Jeder Schiffer hat eine lange Stange und versucht, auf dem Bug seines Schiffes stehend, den Gegner möglichst schnell ins Wasser zu stoßen. Zum Abschluss der vier Tage andauernden Kirmes gibt es heute ein Feuerwerk, das von der alten Brücke aus gezündet wird. Ein Drachenbootrennen auf dem Main findet im Spätsommer zum Museumsuferfest statt, wenn alle Museen am Museumsufer ihre Pforten mit vielen Aktionen auch für Kinder öffnen. Zusätzlich wird mit Openair-Kino, Musikbühnen, Theater und vielen guten Dingen zum Essen und Trinken noch allerlei geboten. Den krönenden Abschluss bildet wiederum ein Feuerwerk.

Von großen und kleinen Talenten

Kinderkulturprogramm »Frankfurter Flöhe« gibt es im Kinderbüro oder im Bürgerbüro auf dem Römer

Frankfurter Flöhe nennt sich ein kostenloses Magazin, das vom Jugendamt herausgegeben wird. Es informiert über Ferienfreizeiten, Puppenspiel und Konzert, Lesungen und Workshops für junge und jüngste Leute. Also, die Flöhe besorgen und nachlesen, was in den Kinderhäusern und sonstwo los ist. Wie wäre es mit einem Besuch im *Kindertheater im Gallus*, im *Theaterhaus* oder bei dem *Kinder- und Jugendtheater* in der Nordweststadt? Vom Märchen über das Drama, von der Klassik zum Figurentheater, für jeden Geschmack ist etwas dabei.

Oder darf es ein Singspiel, ein Konzert oder gar eine klassische Oper sein? Die *Alte Oper Frankfurt* bietet spezielle Konzerte und Veranstaltungen für Kinder an, und die *Oper Frankfurt* hat Stücke im Repertoire, die auch für Kinder interessant sind. Sie gibt zusätzlich mit der »Werkstatt für Kinder« in spielerischer Form Einblicke in die Welt der Opernaufführungen. Zu Gast sind Sänger, Requisiteure, Masken- und Kostümbildner, die ihre Arbeit vorstellen.

Eher Lust auf *Kino*? Das *Berger Kinderkino*, das *Kinderkino in der Harmonie* oder das *Kino im Filmmuseum* zeigen Spitzenfilme für Menschen ab sechs Jahren. Hier wird auch das internationale Kinderfilmfestival ausgerichtet, bei dem es viele spannende neue Kinderfilme aus vielen Ländern zu sehen gibt. Zum Abschluss verleiht die gleichermaßen mit Kindern und Erwachsenen besetzte Jury einen Preis, den »Lucas«.

Leseratten besuchen die *Kinder- und Jugendbibliothek* im Bürgerhaus Bornheim oder die örtlichen Kinderbibliotheken. Hier ist neben der üblichen Ausleihe von Zeit zu Zeit »Äktschen« angesagt. Dann wird vorgelesen, dazu gebastelt, gemalt oder Theater gespielt. Im November zieht es dann alle Bücherfreunde in die Kinderbuchausstellung »Frankfurter LeseEule« in den Römer. Sie steht jeweils unter einem anderen Motto und lädt zum Schmökern ein.

Einmal Moderator sein, Musik ansagen, witzige Werbegags produzieren – davon träumen viele. Selbst ausprobie-

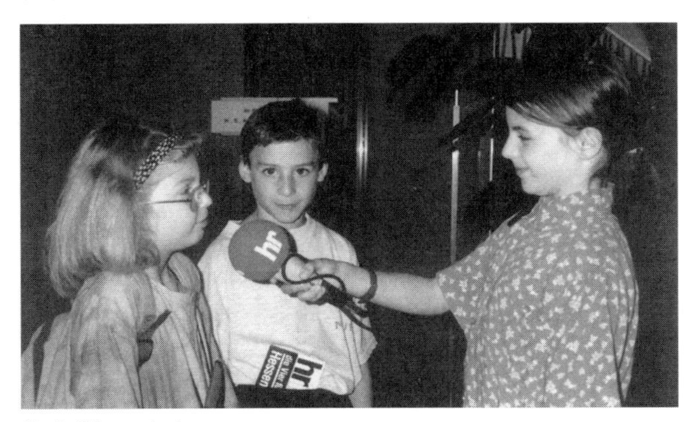

Kinderführung im hr

Freies Theaterhaus Frankfurt
Schützenstr. 12
Tel. 069 / 29 98 61 10
S1-6, 8, 9, U 4-7, Straßenbahn 12, Bus 30, 36 Halt: Konstablerwache
E-Mail: info@theaterhaus-frankfurt.de
www.theaterhaus-frankfurt.de

Oper Frankfurt
Werkstatt für Kinder
Willy-Brandt-Platz
Tel. 0 69 / 13 40 400
U 1-5, Straßenbahn 11,12,
Halt: Willy-Brandt-Platz

Berger Kinderkino
Tel. 0 69 / 45 64 05
Mo.-Sa. 13.30 und 15.30,
So. 11 Uhr
ab 4 €
U 4, Halt: Bornheim Mitte

Kinderkino in der Harmonie
Tel. 0 69 / 66 37 18 36
Do.-So. 15 Uhr
Kinder 4,50 € (bis 17.30 Uhr, dann Erw.-Preise),
Erw. ab 6,50 €
Straßenbahn 14, S 3-6, 8, 9,
Halt: Lokalbahnhof

Kinderkino
im Deutschen Filmmuseum
Schaumainkai 41
Fr. 14.30 Uhr und So. 16 Uhr
Tel. 0 69 / 21 23 88 30
Kinder 3,20 €, Erw. 5,50 €
U 1-3, Halt: Schweizer Platz
E-Mail: info@deutsches-filmmuseum.de
www.deutsches-filmmuseum.de

Kinder- und Jugendbibliothek
Arnsburger Str. 24
Tel. 0 69 / 21 23 36 31
E-Mail: bornheim
@stadtbuecherei.frankfurt.de
geöffnet: Di.-Fr. 13-19 Uhr,
Mi., Do. 13-17, Sa. 10-13 Uhr
»Äktschen« für Kinder u. Hausaufgabenhilfe
U 4, Halt: Mitte Bornheim

Gallus Theater
Kleyerstr. 15
Tel. 0 69 / 75 80 600
Kindertheater
Sa. oder So. 15 Uhr
Kinder 4 €, Erw. 5 €
Straßenbahn 11, 21,
S 3-6, Halt: Galluswarte
E-Mail: info@gallustheater.de
www.gallustheater.de

Kinder- und Jugendtheater
Nordweststadt
Walter-Möller-Platz
60439 Frankfurt
Tel. 0 69 / 74 60 50
U 1, Halt: Nordweststadt

Alte Oper Frankfurt
Opernplatz
60318 Frankfurt
Tel. 0 69 / 13 40 01
Vorverkauf und Info:
Tel. 0 69 / 13 40 40 0
U 6, 7, Halt: Oper

Hessischer Rundfunk
Bertramstr. 8
60320 Frankfurt
Tel. 0 69 / 15 51
Anmeldung für Kinderführungen: 0 69 / 15 53 11 9
Redaktion Kinderfunk:
0 69 / 15 52 22 5
U 1-3, Halt: Dornbusch
Domino in hr2:
Mo.-Fr. 14.05 -14.30 Uhr
Sa. 14.05-15 u. 8.05-9.00 Uhr
U 1-3, Halt: Dornbusch
www.hr-online.de
Hörclubs
Tel.: 0 69 / 1 55 22 36

IgnazClub
Mainova AG
Schulinformation
60312 Frankfurt
Tel. 0 69 / 21 23 22 87 4 oder
21 23 25 16 7
E-Mail: ignaz@mainova.de
www.mainova.de/ignaz

ren, wie Radio gemacht wird, dürfen junge Radiofans bei speziellen *Kinderführungen im Hessischen Rundfunk*. Kinder können dort einen Blick in die Studios werfen, selbst ein Mikrofon in die Hand nehmen, Aufnahmen machen und sehen dabei vielleicht den einen oder anderen prominenten Moderator.

Bei diesen Führungen lernen die Kinder auch die Mitarbeiter der Kinderredaktion von »Domino« kennen. Sie produzieren mit der »Krimskramskiste«, der »Quasselbox« oder dem Magazin »Schlaufuchs« ein unterhaltsames und informatives Programm, bei dem Kinder mitmischen. Maskottchen ist ein dicker Dinosaurier.

Der Verein Zuhören e. V. ist in enger Kooperation mit dem hr entstanden. Er fördert *Hörclubs für Schüler* an Grundschulen. Zum Einstieg in die Arbeit der Hörclubs stellt der Verein ein Materialpaket mit Hörkassetten und CDs zur Verfügung. In den Hörclubs werden dann eigene Sendungen und kleine Hörspiele produziert.

Unser Tipp: Geräuschemachen. Gebraucht werden ein Kassettenrekorder mit Mikrofon und eine Tüte Reis, eine Pappschachtel, eine Blechdose, Haselnüsse oder Murmeln, ein Luftballon, eine Kleiderbürste, ein Stück Pappe. Regen: Reis in die Pappschachtel prasseln lassen, das Mikro ein wenig weghalten. Hagel: Reis in die leere Dose schütten. Donner: Murmeln oder Haselnüsse in einen Luftballon füllen, dann aufblasen und schütteln. Wind: Eine Kleiderbürste über Pappe reiben. Alle Geräusche zusammen als Gewitter aufnehmen.

Sterne, Wasser und viel Energie

Um die Verbraucher von morgen sorgt sich die *Mainova*, die Strom, Erdgas, Wärme und Wasser liefert. Darum hat sie den IgnazClub für Kinder von sechs bis 13 Jahren gegründet. Clubmaskottchen ist ein witziger Rotschopf mit knallgelben Hosen. Clubmitglieder erhalten nicht nur Informationen, sondern können verbilligt an vielen Aktionen teilnehmen. Zum Beispiel an einem Benimmkurs oder auch bei Museums- oder Schwimmbadbesuchen. Im Rahmen von Aktionen für Lehrer und Schüler können Pump- und Heizkraftwerke oder Photovoltaikanlagen besucht werden. Rund um das Wasser und seine Kraft geht es auch bei einem Besuch der *Staustufe Griesheim*. Das ist ein Industriedenkmal, das es in sich hat. Es ist doppelt interessant: Man kann einmal auf dem Fußgängerbereich hoch oben den Schiffen auf dem Main zusehen oder in die Schleusenkammern hineingucken, bei einer Führung wird auch die andere Funktion der Staustufe erklärt. Die besteht nämlich darin, auf umweltfreundliche Art Strom zu erzeugen. Rund 30 Millionen Kilowattstunden werden hier pro Jahr erzeugt!

Staustufe Griesheim
An der Staustufe
Tel. 0 69 93 99 57 25
E-Mail:
Wsa_abg.wkw@t-online.de
S 1, 2, Halt: Griesheim,
Straßenbahn 21, Halt: Schwanheim/ Rheinlandstraße

Der Natur auf der Spur: Lohrberg und Stadtwald

Auf dem 180 Meter hohen Lohrberg liegt einem ganz Frankfurt zu Füßen. Hier ist es zu jeder Jahreszeit schön. Im Herbst zum Drachensteigen, im Winter zum Rodeln, im Frühling und Sommer zum Ballspielen, Sonnen, Grillen und Spazierengehen, zum Beispiel in das zwei Kilometer entfernte Städtchen Bergen. Spaß macht es auch, ein Stück dem »Quellenweg« zu folgen. Er informiert über Bäche und Brunnen zwischen Seckbach und Bergen.

Der Lohrberg, auf dessen Südhang sogar Wein wächst, war ursprünglich als Volkspark angelegt. Nach dem Krieg kam eine Versuchsanlage hinzu, in der Obst und Gemüse für den Bedarf der Großstadt gezüchtet werden sollte. Den Weg zum heutigen *Beratungsgarten Lohrberg* weist ein grünes Schild. Hier gibt es Tipps für den richtigen Anbau und die Pflege von Pflanzen. Für Kindergartengruppen und Schulklassen werden nach Anmeldung auch Führungen angeboten. Sie sind vor allem zur Erntezeit begehrt, wenn Erdbeeren oder Himbeeren reif sind.

Beratungsgarten Lohrberg
Klingenweg 90
60389 Frankfurt
Tel. 0 69 / 47 99 94
Bus 30, 69, Halt: Heiligenstock

Für Vogelfreunde hat die *Vogelschutzwarte* in Fechenheim seit vielen Jahren ein offenes Ohr. Sie berät besonders bei Fragen: Wie und wann darf gefüttert werden? Welche Arten sind bedroht? Was können wir tun, um sie zu schützen? Die Vogelschutzwarte organisiert neben Ferienkursen auch »Vogelkurse für Kids«. Dort lernen die jungen Ornithologen Vogelarten zu unterscheiden und werden über die Geheimnisse der Thermik beim Vogelflug aufgeklärt.

Vogelschutzwarte
Steinauer Str. 14
Tel. 0 69 / 42 01 05 29
Straßenbahn 11,
Halt: Cassellastraße
www.agoev.de

Wer Lust hat, wie ein echter Forscher den Waldboden, Blätter, Früchte oder Pflanzen unter einem Mikroskop zu untersuchen, der darf dies im ökologischen Informationszentrum *StadtWaldHaus* tun. Es liegt im Frankfurter Stadt-

StadtWaldHaus
Kuhpfadschneise
Tel. 0 69 / 68 32 39
geöffnet: Mo.-Do. 9-15 Uhr,
Sa. 12-18 Uhr, So. 10-18 Uhr
Eintritt frei
Straßenbahn 14,
Halt: Oberschweinstiege
E-Mail: stadtwaldhaus@stadt-frankfurt.de
www.stadtwaldhaus-frankfurt.de

Volkssternwarte Frankfurt
Robert-Mayer-Str. 2-4
Tel. 0 69 / 70 46 30
aktuelles Programm
u. Kinderworkshops:
Tel. 0 69 / 97 98 13 41
U4, 6, 7, Halt: Bockenheimer
Warte, Bus 32, 33, 50,
Halt: Senckenbergmuseum
E-Mail:
info@physikalischer-verein.de
www.physikalischer-verein.de

wald im Süden Frankfurts und ist von der Haltestelle »Oberschweinstiege« nach zehn Minuten Fußweg durch den Wald bequem zu erreichen. Das StadtWaldHaus gehört zu einer ehemaligen Fasanerie, dementsprechend sind Vögel und Wildschweine zu bestaunen, Pfauen und Perlhühner laufen frei herum. Ein Erlebnispfad im Freien lädt dazu ein, alle Sinne zu erproben. Das Haus mit den Gruppenräumen und einer Cafeteria ist um einen alten Eichenbaum herum gebaut und hat ein begrüntes Dach, das erklommen werden kann. Es gibt Ausstellungen, bei denen vieles selbst ausprobiert werden kann. Das Leben unter der Wasseroberfläche kann durch eine Glasscheibe hindurch beobachtet werden, ein besonderer Nachtraum veranschaulicht das Leben im Dunkeln. Eine Ausstellung beschäftigt sich auch mit dem Wald und seiner Gefährdung. Zusätzlich bietet sich ein Spaziergang zum nahe gelegenen See und zum Gasthaus Oberschweinstiege an. In unmittelbarer Nähe befindet sich auch ein Kinderspielplatz. Leider liegt der Stadtwald in der Einflugschneise des Flughafens. Deshalb ist es dort oft ziemlich laut. Keine Flugzeuge, sondern Sterne sieht man in der *Volkssternwarte Frankfurt* gleich neben dem Senckenbergmuseum. Bei klarem Himmel können Besucher selbst durchs Fernrohr schauen, in der Regel ist das freitags möglich. Vorträge über Sterne und Planeten sind ebenfalls am Freitag zu hören.

Eissporthalle
Am Bornheimer Hang 4
Tel. 0 69 / 21 23 93 08
geöffnet:
Nov.-März 9-22.30 Uhr
Kinder 4 €, Erw. 6 €,
Schlittschuhverleih 3 €
U7, Halt: Eissporthalle,
Tram 12, Bus 43
www.eissporthalle-frankfurt.de

Stuck's Indoor Kart
www.indoorkart200.de

T-Hall Kletteranlage
Vilbeler Landstr. 7
Tel. 0 69 / 94 21 93 81
geöffnet: 1.6.-30.9.
Di. 10-23 Uhr, Mo., Mi.,
Fr. 13-23 Uhr, Sa., So. 11-21 Uhr
11.10.-31.5. Mo., Mi., Fr. 13-23 Uhr, Di., Sa., So. 10-23 Uhr
Kinder 6 €, Erw. 11-15 €
Straßenbahn 11, Bus 44, 940,
Halt: Vilbeler Landstraße
E-Mail: info@t-hall.de
www.t-hall.de

Klettern, Skaten und Schwimmen

Sport kann man in Frankfurt auf vielerlei Art treiben. Im Winter ist die *Eissporthalle* eine echte Attraktion, im Sommer locken die Parks zum Ballspielen und Toben. In »*Stuck's Indoor Kart*« können es Motorsportbegeisterte den Großen gleichtun und sich auf einer 800 Meter langen Bahn kräftig ins Zeug legen. Eine weitere Bahn gibt es in der Nähe des Hessencenters. Klettern ist zur Zeit absolut in. Im Kinder- und Jugendhaus Sindlingen steht ein mobiler sechs Meter hoher Kletterturm. Klettern mit dem Seil an einer elf Meter hohen Wand ist schon für Kinder im Schulalter in der *T-Hall* in Fechenheim möglich. Gurte und Seile werden gestellt. Halfpipes für Skater sind auf dem Abenteuerspielplatz Riederwald, in Nieder-Erlenbach und in Bergen vorhanden, Ramps am Spielplatz Frankenallee und am Jugendtreff Schönhof.

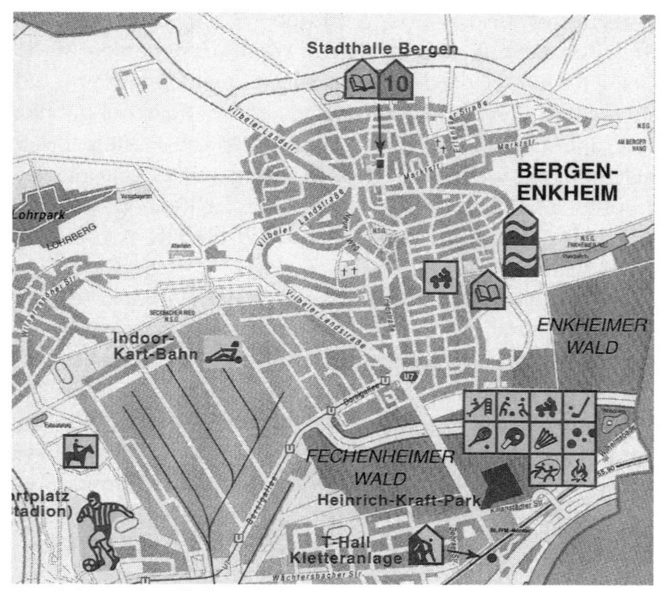

Ausschnitt aus dem Kinderstadtplan

In früheren Zeiten konnte man noch im Main baden, heute ist Rudern und Tretbootfahren dem Schwimmen vorzuziehen. Boote können beim Eisernen Steg gleich neben den schwimmenden Restaurants auf der Sachsenhäuser Seite gemietet werden.

Frei- und Hallenbäder gibt es in Frankfurt jeweils sieben. Schön sind die Freibäder am Flüsschen Nidda wie das *Hausener Schwimmbad.* Gleich nebenan befindet sich das weitläufige *Brentanobad.* Beim *Eschersheimer Schwimmbad* ist das Becken dem ursprünglichen Flusslauf der Nidda nachempfunden. Dem *Rebstockbad* mit Riesenrutsche, Wellen und Hüpfburgen auf dem Wasser geben Frankfurter Kinder eindeutig den Vorzug. Auch das Hallenbad *Panoramabad* am Bornheimer Hang mit superlanger Wasserrutsche steht hoch in der Kindergunst.

Wer Badeseen dem Schwimmbad vorzieht: Beliebt bei Leuten aus dem ganzen Umland ist vor allem das *Strandbad Langener Waldsee.* Er ist der größte See in der Rhein-Main-Region und an warmen Tagen immer gut besucht; ein 900 Meter langer Sandstrand und Kinderspielplätze sind vorhanden.

Brentanobad
Rödelheimer Parkweg
60489 Frankfurt
Tel. 0 69 / 21 23 90 19
geöffnet: Mai-Aug.
(je nach Wetterlage),
Mo.-So. 10-20 Uhr
U6, Halt: Fischstein, Bus 34,
Halt: Rödelheimer Parkweg
www.brentanobad.com

Eschersheimer Schwimmbad
Im Uhrig
60433 Frankfurt
Tel. 0 69 / 21 23 21 53
geöffnet: Mai-Aug. (je nach
Wetterlage), tägl. 10-20 Uhr
U 1-3, Halt: Heddernheim, Bus
60, 63, Halt: Im Uhrig/Weißer
Stein

Rebstockbad
August-Euler-Str. 7
60486 Frankfurt
Tel. 0 69 / 70 80 78
geöffnet: Mo. 14-22 Uhr,
Di.-Sa. 9-22 Uhr, So. 9-20 Uhr
Bus 33, 34, 50,
Halt: Rebstockbad
www.rebstockbad-frankfurt.de

Panoramabad Bornheimer Hang
Inheidener Str. 60
Tel. 0 69 / 46 23 40
geöffnet: 8-20 Uhr Kern-
öffnungszeit, Di. geschlossen
U 7, Halt: Eissporthalle,
Straßenbahn 14,
Halt: Inheidener Straße,
Bus 43, Halt: Panoramabad

Strandbad Langener Waldsee
Tel. 0 69 / 69 26 88
geöffnet: im Sommer
tägl. 8-20.30 Uhr
Pendelbus ab Bahnhof
Dreieich-Buchschlag
Fahrradweg ab Fähre Höchst
über die Schwanheimer
Wiesen

Abenteuer- und Waldspielplätze

Eine Übersicht über Spielplätze in Frankfurt geben die Stadtpläne für Kinder, die das Kinderbüro (s. oben) herausgibt. Auf ihnen sind Fahrradwege, Schwimmbäder, Rollschuhbahnen und andere für Kinder interessante Ziele in Frankfurt verzeichnet. Ein weiterer Service des Kinderbüros sind die betreuten Spielplätze für Kleinkinder. Um die Kleinen kümmert sich hier geschultes Personal, während die Eltern einmal in Ruhe bummeln können.

Anders als die Spielplätze, die rund um die Uhr öffentlich zugänglich sind, werden die *Abenteuerspielplätze* von Pädagogen betreut und haben deshalb feste Öffnungszeiten. Es darf selbst gehämmert und gewerkelt werden, sodass hier immer neue Bauten entstehen und die Spielplätze sich ständig verändern. Material und Werkzeug werden gestellt, Hilfe und Anleitung geboten. Jeder Platz hat seine Besonderheiten, die von der Skateboardbahn bis zur Westernstadt im Colorado-Park reichen. Der bekannteste unter den Abenteuerspielplätzen ist der *Abenteuerspielplatz Riederwald*.

Abenteuerspielplatz
Günthersburgpark
Bornheim, Wetteraustr.
Infos: Tel. 0 69 / 4 69 20 40
geöffnet: Mo.-Fr. 11-18 Uhr,
Sa. 13-19 Uhr
U 4, Halt: Bornheim Mitte
Straßenbahn 12,
Halt: Günthersburgpark
www.abenteuerspielplatz.de

Abenteuerspielplatz
Riederwald
Fischerfeldstraße 7-11
neben dem Licht- und Luftbad,
Tel. 0 69 / 2 99 88 83 33
Infos unter 0 69 / 4 69 20 40
U 7, Halt: Schäfflestr.
www.abenteuerspielplatz.de

Dann gibt es noch die Waldspielparks. Saison ist hier von Beginn der Osterferien bis Ende der Herbstferien. Der *Waldspielpark Goetheturm* oder der nicht weit davon entfernte *Waldspielplatz Scheerwald* sind nicht nur gute Spielplätze mit Planschbecken und langer Rutsche, sondern auch Ausgangspunkt für Wanderungen in den nahe liegenden Frankfurter Stadtwald. Und wer schon einmal hier ist, sollte noch hinauf auf den 43 Meter hohen hölzernen Goetheturm aus den Dreißigerjahren steigen. Bei schönem Wetter reicht die Aussicht bis zum Taunus und zum Odenwald.

Waldspielpark Goetheturm
Wendelsweg
Tel. 0 69 / 68 51 13
Bus 30, 36, Halt: Hainer Weg

Heinrich-Kraft-Park
Fechenheim
Straßenbahn 11,12,
Halt: Mainkur

Der *Waldspielpark Heinrich-Kraft-Park* in Fechenheim, auf dem es Grillplätze gibt, und der *Waldspielplatz Louisa* sind besonders geeignet für das gemeinsame Spielen behinderter und nicht behinderter Kinder. In Louisa kann eine mittelalterliche Burg erstürmt werden. Tafeln mit Blindenschrift, Klangelemente und ein großes,

Waldspielpark Louisa
Mörfelder Landstraße
Tel. 0 69 / 6 32 404
Ständig geöffnet
Aufsicht: April-Sept. 7-19 Uhr
S 3, 4, Halt: Stresemannallee
Straßenbahn 14, Halt: Louisa

Riesen-Xylophon im Waldspielpark Louisa

senkrecht gehängtes Holzxylophon bringen Spaß auch für blinde oder hörgeschädigte Kinder.

Der Initiative der Kinderfreunde vom Riederwald ist der *Kinderplanet Riedberg* zu verdanken – Frankfurts erster *Hallenspielplatz* im gleichnamigen neuen Stadtteil. Im Winterhalbjahr, wenn sonst im Freien wenig geht, warten hier Attraktionen wie Bastelzelt und Schminksalon, Riesenrutsche und Bälle-Pools auf die jungen Besucher.

Kinderplanet Riedberg
Riedberg-Allee
Tel. 0 69 / 56 16 42
geöffnet: Fr. 13-18 Uhr,
Sa., So. 11-18 Uhr
U 3, Halt: Kalbach
www.kinderplanet-riedberg.de

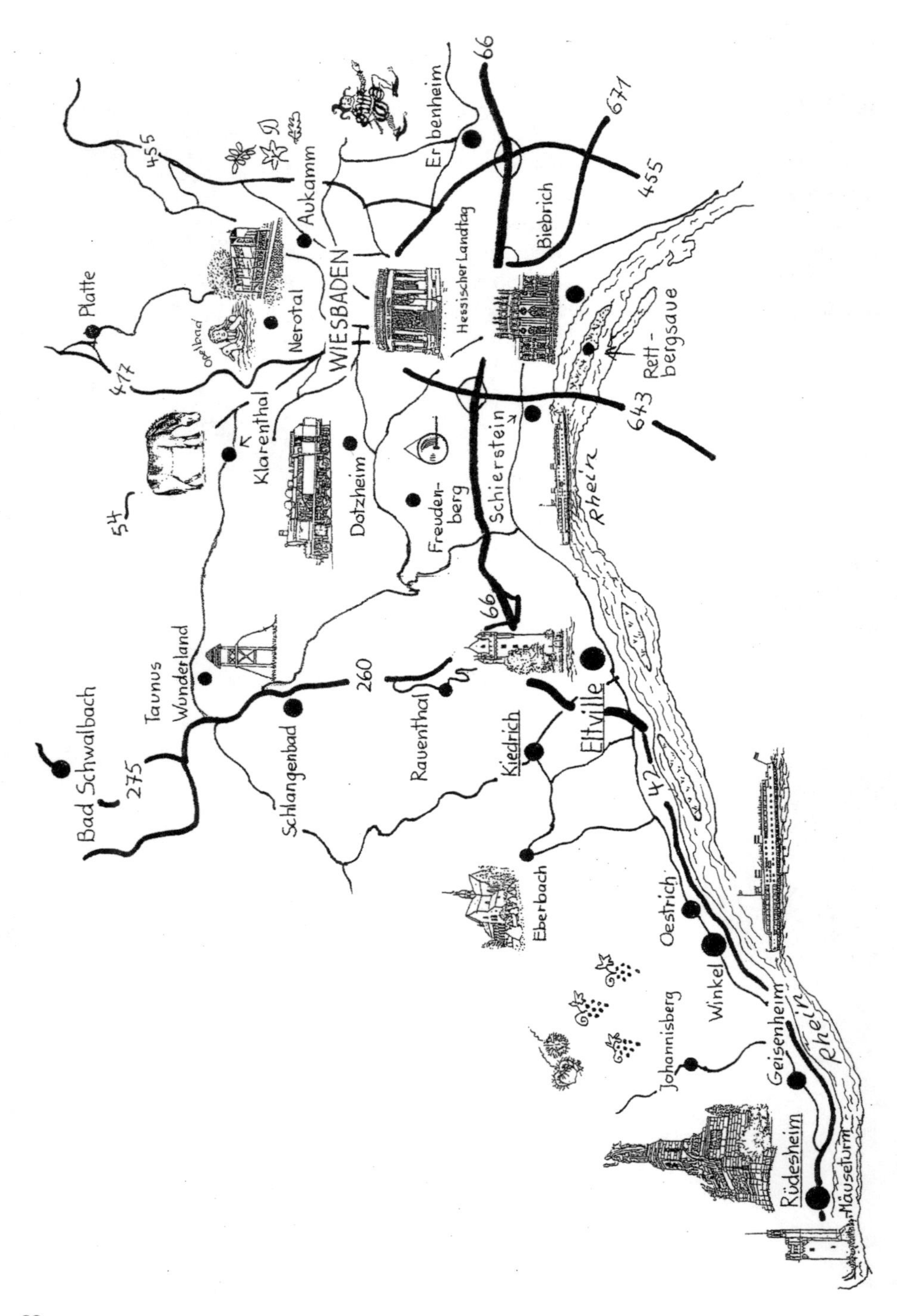
Bad Schwalbach
275
Taunus Wunderland
Schlangenbad
54
Klarenthal
477
Platte
Opelbad
Nerotal
WIESBADEN
Aukamm
455
Erbenheim
66
671
455
Biebrich
Hessischer Landtag
Dotzheim
Freuden-berg
Schierstein
Rett-bergsaue
643
Rhein
66
260
Rauenthal
Kiedrich
Eltville
42
Eberbach
Oestrich
Winkel
Johannisberg
Geisenheim
Rhein
Rüdesheim
Mäuseturm

Wiesbaden und der Rheingau

Die hessische Landeshauptstadt

Hessens Landeshauptstadt hat mit den Prachtbauten aus dem 19. Jahrhundert die Vornehmheit für sich beansprucht. Das Kurhaus, die Spielbank, das Theater und viele Wohnhäuser wurden gebaut, als es in besseren Kreisen chic war, in Wiesbaden zu kuren.

Die Stadt hat eine lange Geschichte. Gesiedelt wurde schon in der Steinzeit, und die Römer verfügten bereits um 100 n. Chr. über Kastellbauten und Badeanlagen. Mitten in der modernen Stadt erinnert am Heidenberg eine Art Freiluftmuseum mit Resten der alten Stadtmauer, Gedenksteinen und der Rekonstruktion eines steinernen Tores an frühere Zeiten. Das Tor dient gleichzeitig als »Brücke« über die Coulinstraße. Die Römer wussten übrigens schon die Heilkraft der insgesamt 26 Wiesbadener Quellen zu nutzen. Zwei Millionen Liter Thermalwasser sprudeln noch heute täglich aus der Erde. Die wärmste Quelle ist der Kochbrunnen, sie bringt es auf stolze 66 Grad Celsius, das Wasser ist also fast kochend heiß.

Das Stadtwappen schmücken drei goldene Lilien auf blauem Grund. Deshalb heißen die Wiesbadener auch Lilienstädter. 1840 verlegten die Nassauischen Fürsten ihre Residenz nach Wiesbaden und die Stadt festigte ihren Ruf als Kur- und Beamtenstadt. Seitdem ist sie mächtig gewachsen. Über 270.000 Menschen leben inzwischen hier.

Tourist Information
Wiesbaden
Marktstr. 6
Postfach 38 40
65183 Wiesbaden
Tel. 06 11 / 17 29 78 0
Stadtführungen f. Kinder und Gruppen auf Anfrage
2,50 €, Kinder bis 5 Jahre frei
E-Mail: tourist-service @wiesbaden.de
www.wiesbaden.de

Hessischer Landtag
und Stadtschloss
Schlossplatz 1-3
65183 Wiesbaden
Besucherdienst:
Tel. 06 11 / 35 02 92
Umbaumaßnahmen,
beschränkter Zugang
Führungen anmelden

Der Hessische Landtag

Im Zweiten Weltkrieg blieb die Stadt weitgehend von Bombenangriffen verschont: Also schlugen die Amerikaner ihr Hauptquartier hier auf. Sie waren es auch, die Wiesbaden zur Hauptstadt des neu entstandenen Landes Hessen machten. Die Stadt ist deshalb auch Sitz vieler Ämter und Behörden. Am Marktplatz, auf dem mittwochs und samstags ein schöner Markt abgehalten wird, liegt auch das Stadtschloss. Mit Fürsten-und Musikzimmer, mit Mamortreppenhaus, spiegelblankem Parkett und Kronleuchter wirkt es innen sehr feierlich. Es wurde Sitz des *Landtags*, der dort im Dezember 1946 zum ersten Mal tagte. Alle wichtigen, das Bundesland Hessen betreffenden Dinge werden hier verhandelt

Da & dort. Kultur vor Ort

Stadtbahn »Thermine«
Starthaltestelle hinter der Marktkirche (am Café Lumen)
Tel. 06 11 / 58 93 94 64
Fahrpreise: Kinder bis 5 Jahre frei, 6-14 Jahre 3,40 €, Erw. 5,40 €, Familienkarte 14 €
www.thermine.de

KuLtuR vor Ort
Jugendamt
Dotzheimer Str. 97-99
65197 Wiesbaden
Tel. 06 11 / 31 35 19
www.Kulturvorortweb.de

Kinderhaus Elsässer Platz
Klarenthaler Str. 25
65197 Wiesbaden
Tel. 06 11 / 73 13 12 7
geöffnet: Mo.-Fr. 15-17 Uhr

Caligari FilmBühne
Marktplatz 9 (hinter der Marktkirche)
65183 Wiesbaden
Tel. 06 11 / 31 50 50
www.wiesbaden.de/caligari

Vielleicht die beste Möglichkeit, sich einen Überblick über die vielen Sehenswürdigkeiten der Stadt zu verschaffen, bietet die Stadtbahn *Thermine*. Wie eine kleine Eisenbahn fährt sie auf vier Rädern, angetrieben von einem 150 PS starken Dieselmotor. Es hat etwas Uriges, an Kurhaus, Marktplatz vorbei und weiter durch die schönen Villenviertel zu fahren und dabei den Geschichten des munteren Herrn Wagner, des »Therminators«, zu lauschen. Einsteigen kann man an sechs Haltestellen der Stadt. Die Rundfahrt dauert eine Stunde, zwischendurch darf man aussteigen und sich bei der nächsten Runde wieder mitnehmen lassen. Unser Tipp: Einen ganzen Tag dafür einplanen!

Wer Wiesbaden auf andere Weise erkunden will, dem empfehlen wir zur Orientierung die Kinderstadtpläne. Sie werden vom Jugendamt herausgegeben. Ein wirklich einmaliges Ziel ist das Kinderdenkmal, das jüngste Wahrzeichen der Stadt. Es stammt aus dem Jahr 2000, ist bunt, ziemlich groß und steht in der Adolfsallee Nummer 16 im parkartigen Mittelstreifen der Straße. Gegenüber ist ein Kinderspielplatz. Gebaut wurde das Denkmal während eines Workshops von Kindern zusammen mit dem Künstler Alexander Lihl zum Thema »Kinderrechte«.

Unter www.clubsieben.de können sich junge Leute mit Internetzugang bestens informieren, was für sie in Wiesbaden los ist. Das Angebot ist breit gefächert. Wiesbadens Kinderhäuser am Elsässer Platz und in der so gennanten Reduit in Mainz-Kostheim haben ein buntes Nachmittagsprogramm

Das Kinderrechte-Denkmal

für Kids. Im *Hessischen Staatstheater* gibt es neben Kinderstücken und besonderen Inszenierungen für Schüler auch Workshops und spezielle Matineen, in denen über das Theater und seine Berufe berichtet wird. In der historischen und besonders schön anzuschauenden *Caligari FilmBühne* finden dienstags und sonntags Kinderfilmnachmittage statt. Und beim *Wiesbadener Kinderzirkus* geht es nicht allein um das Zuschauen, sondern auch ums Mitmachen beim großen Auftritt in der Manege.

Zusätzlich gibt es noch Veranstaltungen in den einzelnen Bezirken. Über diese informiert die Broschüre »KuLTuR VOR ORT« vom Jugendamt. Sie erscheint fünfmal im Jahr und wird auf Anfrage zugeschickt. Enthalten sind die Termine für Aktionen in den Osterferien, für die Kinderkulturtage im Juni im Schlosspark Freudenberg, für das Spielefest im Sommer und das Puppenspiel-Festival im November.

Hessisches Staatstheater
Wiesbaden
Christian-Zais-Str. 3
65189 Wiesbaden
Kartenvorverkauf:
Tel. 06 11 / 13 23 25
Jugendreferat:
06 11 / 1 32 27 02 81
E-Mail: jugendreferat
@staatstheater-wiesbaden.de
www.staatstheater-
wiesbaden.de

Wiebadener Kinderzirkus
Schönbergstr. 92
65199 Wiesbaden
Tel. 06 11 / 9 46 51 42
Kontakt: Gabi Keast

Rollschuhbahn
Konrad-Adenauer-Ring
65187 Wiesbaden
Sportanlage Rheinhöhe
Tel. 06 11 / 31 25 61
geöffnet ab 1. April:
Mo.-Fr. 7-15 Uhr
Bus 8, Halt: Steinberger Straße

Henkell Kunsteisbahn
Hollerbornstr. 38
65197 Wiesbaden
Tel. 06 11 / 31 24 57
geöffnet: 9-17 Uhr,
Fr. u. Sa. bis 22.30 Uhr,
Mo. bis 14.30 Uhr
Bus 4, 7, 12, 23, 24,
Halt: Kleinfeldchen

City Bowling
Frankfurter Str. 30
65189 Wiesbaden
Tel. 06 11 / 37 70 86
geöffnet: Mo.-Do. 15-24 Uhr,
Fr. u. Sa. 14-2 Uhr,
So. u. Feiertage 10-24 Uhr
Bus 5,15, Halt: Humboldtstr.
www.citybowling-wiesbaden.de

Frei- u. Hallenbad Kleinfeldchen
Hollerbornstraße 9
65197 Wiesbaden
Tel. 06 11 / 31 22 86
geöffnet: (Hallenbad) Mo., Di., Do., Fr. 7-21.45 Uhr, Sa. u. So. 10-18 Uhr, Mi. geschlossen
(Freibad) tägl. 8-20 Uhr
Bus 4, 7, 12, 23, 24, Halt: Kleinfeldchen
www.wiesbaden.de

Aber natürlich offeriert Wiesbaden auch den Sportlich-Aktiven vielfältige Möglichkeiten. Rollschuhfahren im Sommer und Eiskunstlauf im Winter sind nur zwei dieser Angebote. Die *Rollschuhbahn* befindet sich in der Sportanlage Rheinhöhe, die Schlittschuhe werden auf der *Henkell Kunsteisbahn* angeschnallt. An beiden Orten ist übrigens auch ein Treff für Skater. Neu für Kinder ist auch das Bowling. Das können schon kleine Leute ab fünf Jahren im *City Bowling*. Und es gibt reichlich Möglichkeiten zum Planschen und Schwimmen. Zum Beispiel im *Frei- und Hallenbad Kleinfeldchen*, das bei Kindern sehr beliebt ist. Oder im Sommer auf dem Neroberg oder der Rettbergsau.

Museen zum Schauen, Tasten und Staunen

Museum Wiesbaden
Friedrich-Ebert-Allee 2
Wiesbaden
Tel. 06 11 / 3 35 21 70
z. Zt. Bauarbeiten, nur Teile zugänglich
Eröffnung nicht vor 2007
E-Mail: info@museum-wiesbaden.de
www.museum-wiesbaden.de

Mit seinen Mosaiken wird im *Museum Wiesbaden* noch etwas vom Glanz der Kurstadt spürbar. Die ältesten Bestände gehen auf die Sammlungen der nassauischen Herzöge zurück. Heute beherbergt das Museum eine Galerie mit Kunst vom Mittelalter bis in die Moderne, darunter viele Bilder des expressionistischen Malers Alexej von Jawlenski. Der russische Maler lebte zwanzig Jahre lang, bis zu seinem Tod in Wiesbaden. Daneben gibt es eine reiche frühgeschichtliche und naturwissenschaftliche Abteilung mit Versteinerungen, Fossilien und fast lebensecht präsentierten Tieren. Über die Kulturleistungen der Römer informiert anschaulich der archäologische Bereich. Originale Grabsteine, Skulpturen, Waffen und kostbare alte Gläser sind dort zu bestaunen.

Erfahrungsfeld Freudenberg
Schloss Freudenberg
Freudenbergstr. 220
65201 Wiesbaden-Dotzheim
Tel. 06 11 / 94 10 72 5
geöffnet: Di.-Fr. 9-18 Uhr, Sa. u. So. 12-18 Uhr
Kinder 3,50 €, Schüler 5,50 €, Erw. 9 €
Gruppen ab 5 Pers. anmelden
Café vorhanden, viele Sonderveranstaltungen
Bus 23, 24, Halt: Märchenland
E-Mail: kontakt@schlossfreudenberg.de
www.schlossfreudenberg.de

Mitten im Park im Stadtteil Freudenberg liegt eine Villa, so groß wie ein kleines Schlösschen. Diese ließen sich einst ein Künstler und seine reiche Frau bauen. Das Haus wechselte oft seine Besitzer und stand lange leer. Vor ein paar Jahren fand dort das *Erfahrungsfeld Freudenberg* sein Quartier. Eine Gruppe von Künstlern, Pädagogen und Handwerkern haben ein »museum in progress« eingerichtet, in dem man mit den eigenen Sinnen Außergewöhnliches wahrnehmen kann. Man kann beispielsweise ausprobieren, wie beim Summen im Loch des Summsteins alles zu vibrieren beginnt, und erfahren, wie sich beim Barfußpfad mit Matschfeld unterschiedliche Materialien an Haut und Füßen anfühlen. Das nachdrücklichste Erlebnis aber dürfte der Besuch in der Dunkelbar sein, wo der Gast in vollkommener Dunkelheit seine Bestellung aufgibt

und auch im Finstern isst und trinkt. Der Park darf zum Grillen, Spielen, und Toben genutzt werden.
Ein Museum mit Witz im wahrsten Sinne des Wortes ist in Wiesbaden-Erbenheim zu finden. Gemeint ist das *Harlekinäum*, das Firmenmuseum der Scherzartikelfirma mit dem Werbespruch »Harlekin schenkt Humor«. Das Museum spiegelt über 30 Jahre Firmengeschichte wider, in denen sich die Mitarbeiter immer wieder Dinge ausgedacht haben, die die Menschen zum Lachen oder Schmunzeln bringen sollten. Genauso ungewöhnlich wie die Artikel ist auch die Ausstellung: Der Besucher betritt zum Beispiel einen Raum, in dem alles auf dem Kopf steht, oder einen anderen, bei dem sich der Boden bewegt. Am besten selber schauen!

Harlekinäum
Wandersmannstr. 39
65205 Wiesbaden-Erbenheim
Tel. 06 11 / 74 00 1
geöffnet: 4. April-31. Aug.
So 11.11-17.17 Uhr
Sondertermine für Gruppen nach Absprache
Kinder 1,99 €, Erw. 2,99 €
www.harlekinaeum-wiesbaden.de
Bus 15

Es grünt so grün

Wiesbaden ist ein Ort mit sehr viel Grün. Es gibt viele Möglichkeiten, einen sonnigen Tag zu verbringen. Beginnen wir mit dem Kurpark. Um die Mitte des 19. Jahrhunderts mit Allee, Brunnen, vielen Blumen und Skulpturen großzügig angelegt, ist er attraktiv für Jung und Alt. Der *Freizeitpark Alter Friedhof*, eine aufgelassene Begräbnisstätte, verfügt dank der erhaltenen Denkmäler, der Bäume, der Wiesen und der Spiel- und Grillplätze über eine besonders stimmungsvolle Atmosphäre. Drittens lockt der *Biebricher Schlosspark*. Er ist mit seinem alten Baumbestand, den großen Rasenflächen, der barocken Fontäne, dem Weiher und der Ruine Mosburg ein äußert angenehmer Aufenthaltsort. In seinem Westteil finden an Pfingsten Reitturniere statt, zu denen die Pferdeliebhaber pilgern. Das Schloss selbst besitzt eine stattliche, zum Rhein hin gewandte, rot-weiße, in der Mitte von Götterstatuen bekrönte Fassade. Es war seit Mitte des 18. Jahrhunderts Sommerresidenz der nassauischen Fürsten und wird nun vom Landesdenkmalamt genutzt, während der große Festsaal der Rotunde der Landesregierung für Empfänge und zu Repräsentationszwecken dient. Vor den barocken Parktoren sind am Rheinufer die Anlegestellen für die Ausflugsdampfer zu finden. Hier setzt auch die Fähre über zur *Rettbergsaue*, Naturschutzgebiet und Freizeitgelände in einem. Die rund drei Kilometer lange Insel im Rhein verdankt ihren Namen einem Herrn von Rettberg, der im 19. Jahrhundert große Teile der Insel und der dortigen Domäne sein Eigen nannte. Selte-

Freizeitgelände Alter Friedhof
Platter Str. 13
65193 Wiesbaden
Tel. 06 11 / 31 32 49
Eintritt frei
geöffnet: 8-20 Uhr,
April-Aug. bis 21 Uhr,
Okt.-Feb. bis 17 Uhr
Bus 6, Halt: Rothstr.

Schlosspark Biebrich
Bus 4, Halt: Rheinufer

Rheinfahrten:
Köln-Düsseldorfer
Rheingaustr. 145
65203 Wiesbaden-Biebrich
Tel. 06 11 / 60 09 95
Fahrzeiten: April-31. Okt.

ne Pflanzen, viele Vogelarten, die gute Luft und der leichte Schlag der Rheinwellen an schönen weißen Sandstränden machen die Rettbergsaue zu einer idealen Sommerfrische. Selbstverständlich mit Spiel- und Bolzplatz, mit Bodenschach und Tischtennisplatte. Mit dem Fährschiff Tamara geht es, ausgestattet mit Sonnenschirm, Kinderwagen, Badeanzug und Picknickkorb, dorthin.

Rettbergsaue
Fähre ab Biebrich
oder Schierstein
Zugang auch über
Schiersteiner Autobahnbrücke
Rettbergsaue Biebrich:
Tel. 06 11 / 2 45 51
Schierstein: Tel. 06 11 / 2 45 08
Restauration u. Camping
geöffnet: April-Sept.
tägl. 8-20 Uhr
Bus 3, 4, 14, 38 n. Biebrich
Bus 23 zum Schiersteiner Hafen,
Bus 9 zur Autobahnbrücke
Fähren Rettbergsaue
zwischen 9 u. 19 Uhr
Preise ab 1 €

Wer am sicheren Rheinufer bleibt, den erwarten noch weitere Höhepunkte. Der folgende Spaziergang in Flussnähe führt nach Schierstein oder weiter über Walluf bis Eltville im Rheingau (s. dort). Schierstein hat neben seinem modern ausgebauten Hafen sich noch ein wenig den Charakter eines Fischerdorfes bewahrt. Man kann Yachten in allen Größen bestaunen. Weiter geht es dann auf einem Rad- und Fußweg, dem Hochwasserschutzdamm am Rhein, zum Hauptanziehungspunkt im Sommer: den Störchen. Auch diese Tiere haben inzwischen kaum noch ausreichend natürlichen Lebensraum. Doch hier sind sie inzwischen so zahlreich wie sonst nirgendwo in Deutschland. Auf dem Gelände des Wasserwerks nisten sie auf Bäumen, Telegrafen- und Hochspannungsmasten. 27 Brutpaare wurden zuletzt gezählt, 24 davon waren erfolgreich und brachten insgesamt 61 Jungstörche zur Welt. Unser Tipp: Einen Feldstecher mitbringen, um Adebar im Nest und auf der Wiese besser beobachten zu können. Mitglieder der *Storchengemeinschaft Schierstein* machen Führungen über das Gelände.

Storchengemeinschaft
Schierstein e.V.
c/o Karl-Heinz Seibert
Freudenbergstr. 106
65201 Wiesbaden
Tel. 06 11/ 24 5 79
Führungen frei
Spenden erbeten

Ökologie im Aukammtal, Kinderbauernhof und Fasanerie

Thermalbad Aukammtal
Leibnizstr. 7
65191 Wiesbaden
Tel. 06 11 / 1 72 98 80
geöffnet: tägl. 8-22 Uhr,
Fr., Sa. bis 24 Uhr
Kinder 5 €, Erw. 8,50 €
Bus 18, Halt: Thermalbad

Ein weiteres wichtiges Ziel im Grünen ist das Aukamm-Naturerlebnistal, ein ehemaliges Gartenbaugelände am Rande der Stadt, nicht weit vom Kurpark und dem *Thermalbad* entfernt. Das *Ökologiezentrum Aukammtal* bietet besondere Exkursionen an, in denen Natur spielerisch entdeckt werden kann und deutlich wird, wie wichtig die Ökologie für das Fortbestehen der Arten ist. Wer weiß zum Beispiel, was auf einer Wiese alles so wächst und krabbelt oder was für pralles Natur-Leben sich in einem Bach abspielt? Der Aukamm-Verein bietet auch Fortbildungen und Märchenveranstaltungen an und verleiht naturkundliche Materialien wie Becherlupen und Apfelkeltern.

Der Bauerngarten mit Blumen und Gemüse, Wiesen, Ställen, Haus und Hof vom *Kinderbauernhof* steht (leider!) nur Wiesbadener Schulklassen und Kindertagesstätten offen, um hier mehr oder minder selbstbestimmt Erfahrungen in der Landwirtschaft zu sammeln. Sie dürfen hier eine ganze Woche lang wie auf einem richtigen Bauernhof leben. Ein einschneidendes Erlebnis für Stadtkinder. Zum Bauernhof gehören Bienen, Meerschweinchen, Enten, Hühner, Schafe und Ponys. Zusätzlich werden alte Traditionen gepflegt: Brot wird im Steinbackofen gebacken, Papier geschöpft, Wolle gefilzt, gewebt und mit Holz gearbeitet. Auf dem Kinderbauernhof dürfen die Kinder alles ausprobieren.

Fürst Karl von Nassau-Usingen besaß einst ein Jagdschloss (heute Gaststätte) mit einem Tiergehege. Weil dort Fasane zu Jagdzwecken gezüchtet wurden, bekam die Anlage den Namen *Fasanerie*. Heute ist sie ein öffentlich zugänglicher Tierpark mit altem Baum- und seltenem Pflanzenbestand, mit Wasserspielplatz und Kiosk. Über 200 Tiere oder 50 Arten haben hier mit ihrem Nachwuchs ihr Zuhause gefunden: Steinmarder, Hirsche, Rehe, Dam- und Muffelwild, Wisente, Wölfe, Fischotter, Braun- und Waschbären. Zum Beobachten des Wildes gibt es einen speziellen Kinderhochsitz. Wer den Tieren beim Fressen zuschauen will, muss sich um 11 oder um 15 Uhr zur Fütterungstour einfinden. Außer am Freitag, denn dann werden die Tiere auf Diät gesetzt.

Ökologiezentrum Aukammtal
c/o Amt für Grünflächen, Landwirtschaft u. Forsten
Kapellenstr. 99
65193 Wiesbaden
Tel. 06 11 / 31 20 20
Teilnehmerbeitrag: Spende
Bus 8, Halt: Freseniusstr.
E-Mail: info@aukamm.net
www.aukamm.net

Kinderbauernhof e.V.
Kleinfeldchen 2
65197 Wiesbaden
Tel. 06 11 / 94 90 78 9
Bus 4, 12, Halt: Flachstr.
Rechtzeitig anmelden

Tier- u. Pflanzenpark Fasanerie
Aarstr.
65195 Wiesbaden
Tel. 06 11 / 46 73 23
geöffnet: tägl. 7-18 Uhr, im Winter bis 17 Uhr
Eintritt frei
Bus 33, Halt: Fasanerie
Führungen f. Klassen anmelden

Im Nerotal: Bergbahn und Räuberhöhle

Schöner als die Bus- oder Autofahrt ist ein Spaziergang vom Kurpark durch die Taunusstraße zum Nerotal. Man braucht allerdings schon eine gute halbe Stunde dazu. Prächtige Villen lassen sich dann rechts und links der Grünanlage bestaunen. Am Ende winkt eine technische Besonderheit, nämlich die Talstation der Nerobergbahn. Sie fährt auf den Neroberg, den Hausberg Wiesbadens, hinauf. Gelb-blau gestrichen, befördert die Standseilbahn seit 1888 die Ausflügler. Sie überwindet dabei eine Strecke von 440 Metern, eine Höhe von 80 Metern und eine Steigung von 25 Prozent. Absolut umweltfreundlich ist sie, als Antriebsart dient Wasserballast. In der Bergstation wird der Tank des zur Talfahrt bereitstehenden Wagens mit 7000 Litern gefüllt. Durch ein Stahlseil ist er mit dem unten stehenden Wagen verbunden und zieht diesen

Nerobergbahn

Nerobergbahn
Wiesbaden Nerotal,
Auskunft über ESWE,
Tel. 06 11 / 78 02 22 2
April bis Okt. alle 15 min., Mi.,
Sa. 12-19 Uhr, So. 10-19 Uhr,
Mai bis Aug. tägl. 9.30-19 Uhr
Preise einfach: Kinder 1 €,
Erw. 2 €
Hin und Rückfahrt:
Kinder 1,40 €, Erw. 2,80 €,
Familie 5,60 €
Bus 1, Halt: Endhaltestelle
Neroberg

Opelbad
65193 Wiesbaden
Tel. 06 11 / 71 72 98 85
geöffnet: Mai-Sept.
tägl. 9-20 Uhr
Kinder 2 €, Erw 6 €
Mehrfachkarten gelten
auch f. Nerobahn

Russische Kapelle
Neroberg
Tel. 06 11 / 52 84 94
geöffnet: Sa., So. 11-16 Uhr
u. nach Anfrage

Platte
Bus 5473, 5474,
sonntags auch 50

durch sein Gewicht hinauf. Gebremst wird über Zahnräder und Zahnradspangen zwischen den Gleisen. Am Ende der Fahrt fließt das als Ballast wirkende Wasser nicht einfach ab, sondern wird zur Bergstation zurückgepumpt. Ein kleines Museum informiert über das technische Wunder *Nerobergbahn.*

Wein wächst an den Hängen des Nerobergs, der ganze 245 Meter hoch ist. Ob sein Name vom römischen Kaiser Nero herrührt, ist fraglich. Auf seinem Gipfel angekommen, liegt einem die Stadt zu Füßen. Der Besucher hat die Wahl zwischen reiner Erholung in einem Gartenrestaurant, oder er zieht sich ins *Opelbad* zurück, das zusätzlich zu den Badefreuden einen herrlichen Blick über ganz Wiesbaden bietet. Oder aber er schlägt einen der zahlreichen Wanderwege ein, die hier beginnen. Nicht weit entfernt liegt die *Russische Kapelle* (manche bezeichnen sie auch als »griechische«) mit ihren fünf glänzenden goldenen Kuppeln. Fertig gestellt wurde sie 1855 als Grabkirche für die russische Großfürstin Elisabeth, die mit Adolf von Nassau verheiratet war und bei der Geburt ihres ersten Kindes starb. Gleich neben der Kapelle befindet sich der russische Friedhof, wo sich auch das Grabmal des Malers Jawlenski befindet (s. Kapitel Museen). Den Schlüssel zum Tor gibt es auf Anfrage in der Kirche. Gut kann man auch vom Neroberg durch den Forst zum *Jagdschloss Platte* laufen, das auf dem Kegel des 521 Meter hohen Berges namens Platte steht. Dort im Wald nördlich von Wiesbaden ist die Aussicht ausgezeichnet, es gibt viele Wanderwege, einen Abenteuerspielplatz, Minigolf und Liegewiese. Ein Kiosk und ein Restaurant sorgen zusätzlich für einen angenehmen Aufenthalt. Das wussten wohl auch die Herzöge, die sich dort ein Schlösschen bauen ließen. Es wurde 1945 bei Bombenangriffen zerstört, war lange Ruine, wurde mit einem neuen Dach versehen und steht nun unter anderem für Kunstausstellungen zur Verfügung. Zur Platte führt auch ein Weg vom Wiesbadener Nerotal aus. Wer ihn geht, gelangt nach circa zwei Kilometern zur *Leichtweißhöhle*. Hier soll sich einst Heinrich Anton Leichtweiß versteckt haben. Er war ein angesehener Gastwirt, dem die Wilddieberei und ein Einbruch zum Verhängnis wurden. Nachdem er eine Zuchthausstrafe abgebüßt hatte, zog er es vor, sich im Wald zu verstecken. Allerdings ist nicht sicher, ob er sich wirklich in der Höhle im Schwarzbach versteckte, die heute seinen Namen trägt. Als sie vor weit mehr als hundert Jahren entdeckt wurde, brachte man sie mit dem 1723 geborenen Anton Leichtweiß in Verbindung. Sie wurde vergrößert, erhielt vom Verschönerungsverein eine Räuberausstattung und schon kamen die Besucher.

Leichtweißhöhle
Wiesbaden Nerotal
65193 Wiesbaden
Tel. 06 11 / 52 02 33
geöffnet: Karfreitag
bis 31. Okt.
Mo.-Sa. 10-14, So. 13-18 Uhr
Eintritt frei
Bus 1, Halt: Endhaltestelle
Nerotal
dann vorbei an den Tennis-
und Hockeyplätzen,
ca. 15 Minuten Fußweg

Zum Spielen nach der Besichtigung ist ganz in der Nähe ein großer Spielplatz mit guten Klettermöglichkeiten vorhanden. Im Naturschutzgebiet Rabengrund in Richtung Norden und Platte lässt es sich weiter am Bach gut planschen, es gibt Wiesen und Picknickplätze.

Touristik-Bahn, Taunus-Wunderland und seltene Schlangen

Liebhaber historischer Eisenbahnen kennen die Termine genau. Nur im Sommerhalbjahr und nur sonntags fährt nämlich die *Nassauische Touristik-Bahn* von Wiesbaden-Dotzheim nach Bad Schwalbach-Hohenstein. Die Strecke ist 24 Kilometer lang und führt durch den Taunus in den Kurort Bad Schwalbach mit Kurpark und vielen altmodischen Cafés. In der Nähe von Wiesbaden liegt auch das bekannte Heilbad Schlangenbad. Es war vor hundert Jahren der bevorzugte Kurort europäischer Königshäuser; statt dem Trubel in mondänen Kurstädten suchte man hier die unberührte Natur. Den Namen trägt der Ort nicht ohne Grund: Hier leben die ungiftigen 1,50 Meter langen Äskulapnattern. Diese Schlangen hatten die Römer ins besetzte Germanien mitgebracht. Sie hielten sie in Tempeln zu Ehren

Nassauische Touristik-Bahn
Bahnhof Wiesbaden-Dotzheim
65199 Wiesbaden
Tel. 06 11 / 1 84 33 30
Fahrbetrieb: Ende April-Anf.
Okt. u. an den Ostertagen
So. u. Feiertage 10-14 Uhr,
zusätzl. 1. So. im Monat
12-16 Uhr
Bus 7, Halt: Dotzheim Bahnhof
www.aartalbahn.de

Äskulaps, des Gottes der Heilkunst. In Deutschland sind diese Nattern nur noch in der Nähe von Passau und eben in Schlangenbad zu finden. Ob sich bei einem Ausflug eine zeigt, ist ungewiss, und interessanter als heilendes Thermalwasser und der Caféhausbesuch ist für Kinder sicher das *Taunus-Wunderland* in der Nähe von Schlangenbad. Es bietet Spaß für alle Altersgruppen. Wildwasserski-Rondell, Wildwasser- und Achterbahn dürften etwas für Größere und Sportlich-Aktive sein. Bei Spuk- und Geisterhöhle sind starke Nerven gefragt, während Märchenfiguren, Gestalten aus der Vorzeit, Papageien-Dschungel und Streichelzoo kleinere Kinder begeistern.

Taunus Wunderland
65388 Schlangenbad
Tel. 0 61 24 / 40 81
geöffnet: 1. April-31. Okt.
tägl. 9.30-18 Uhr
Bus 5474 ab Wiesbaden Hbf,
Hotline RMV 01 80 / 23 51 45 1
Halt: Schlangenbad-Wambach
Eintritt: Kinder unter 100 cm
und Geburtstagskinder frei,
sonst 12,50 €, Erw. 13,50 €
www.taunuswunderland.de

Der Rheingau: Burgen und Weinberge

Rheingau heißt der Landstrich zwischen Wiesbaden und dem Rheinbogen bei Rüdesheim. Der Rhein ist der meistbefahrene Strom unter den europäischen Flüssen, und am schönsten ist es wohl, den Rheingau vom Wasser aus zu erkunden. Der Reisende sieht Städte, Burgen und Schlösser auf den mit Wein bewachsenen Hügeln an sich vorbeiziehen. Es begegnen ihm Container- und Schubschiffe, Schleppkähne und Fähren. In Lorchhausen, dem letzten hessischen Ort, wird der Fluss schmaler. Bis zum Felsen der Dame Loreley, die ihr goldenes Haar kämmte und damit die Bootsleute verwirrte, ist es dann nicht mehr weit. Manche vermuten hier in der Nähe auch die Stelle, an der Hagen den Goldschatz der Nibelungen versenkt haben soll. Eine andere Sage berichtet vom Mäuseturm. Während nämlich einst bei einer Hungersnot die Menschen bittere Not litten, kaufte ein habgieriger Herr alles Essbare auf und floh damit auf eine Rheininsel bei Rüdesheim, dort wäg-

Rheingau-Taunus Kultur-
u. Tourismus GmbH
An der Basilika 11a
65375 Oestrich-Winkel
Tel. 0 67 23 / 99 55 0
E-Mail: tourist
@rheingau-taunus-info.de
www.rheingau-taunus-de

Ausflugsschiffe
ab Frankfurt/Main
und Wiesbaden-Biebrich
ab Wiesbaden/Bahnhof
wochentags Bahnbus 5480
alle größeren Orte haben
Bahnanschluss

Rheindampfer

te er sich in Sicherheit. Doch er hatte die Rechnung ohne die Mäuse gemacht. Die folgten ihm über den Strom, drangen in den Turm ein und bissen ihn tot. In Wirklichkeit war der »Mäuseturm« aber ein Zoll- oder Mautturm. Die Schiffer hatten hier Mautgebühren oder eben »Mäuse« zu entrichten.

Unser Tipp: Zu diesem Ausflug empfehlen wir die Rheinmärchen von Clemens Brentano. Sie sind etwa zur gleichen Zeit entstanden wie die Märchensammlung der Brüder Grimm – zwar sind sie nicht so bekannt, aber nicht minder schön. Sie handeln beispielsweise vom Müller Radlauf, der Frau Mondenschein und natürlich vom Vater Rhein.

Brentano kannte den Rheingau sehr gut. In Oestrich-Winkel steht das *Brentanohaus*, in dem er und seine Schwester Bettine als Kinder die Sommermonate verbrachten.

Brentanohaus
Lindenplatz 2
65375 Winkel
Tel. 0 67 23 / 72 26
Fax 0 67 23 / 87 49 6
Termine zu Veranstaltungen u. Besichtigung erfragen

Noch etwas zum Essen und Trinken. Wegen des milden Klimas gedeihen Obst und Wein im Rheingau besonders gut. Das wussten schon die alten Römer, die mit dem Weinanbau auf dem Tonschieferboden begannen. Im Herbst kann man beim Ernten der Trauben an den steilen Hängen zuschauen und den frischen, süßen Traubensaft probieren. In den Wäldern sind dann auch die Esskastanien reif. Viel Spaß beim Sammeln und Vorsicht mit den stacheligen Schalen. Die Esskastanien werden einfach wie Kartoffeln in Wasser gekocht oder im Ofen gebacken. Die Schalen vorher über Kreuz einritzen. So zubereitet, schmecken sie einfach prima.

Eltville und Kloster Eberbach

Der Rosenort *Eltville*, oder das römische Alta Villa (dt. hohe Stadt), ist die älteste Stadt des Rheingaus. Unter Johannes Gutenberg war Eltville im 15. Jahrhundert eine der frühesten Stätten des Buchdrucks. Gutenbergs Werkstatt befand sich in dem heutigen Weingut Koegler in der Kirchgasse, das eine gemütliche Gaststube und einen großen Garten hat. In der mächtigen mittelalterlichen *Burg*, in der die Erzbischöfe aus Mainz Hof hielten, ist eine Gedenkstätte für den Erfinder des Buchdrucks mit beweglichen Lettern eingerichtet.

Tourist-Information
und Kulturamt
Rheingauer Str. 28
65343 Eltville am Rhein
Tel. 0 61 23 / 90 98-0
E-Mail: touristik@eltville.de
www.eltville.de

Außer der Burgbesichtigung empfehlen wir noch einen Rundgang durch die Stadt mit ihren alten Häusern, Türmen und schönen Höfen. Beim Spaziergang am Rheinufer unter

Grabdenkmal im Kloster Eberbach

Kurfürstliche Burg Eltville
geöffnet:
Mai-Okt. 9.30-19 Uhr,
Okt.-April Di.-So. 10.30-17 Uhr
Burgturm: Mai-Okt.
Sa., So. 11-18 Uhr, Fr. 14-18 Uhr
Schüler 1 €, Erw. 1,50 €
von Weihnachten
bis Febr. geschlossen

Schwimmbad Eltville
Erbacher Str. 22
65334 Eltville
Tel. 0 61 23 / 8 12 76
geöffnet: Mitte Mai-Mitte
Sept. tägl. 9-20 Uhr
bis 18 Jahre 1,50 €, Erw. 3 €

Kloster Eberbach
Besichtigung u. Weinverkauf:
1. Jan.-24. März und 31. Okt.-
31. Dez. tägl. 11-17 Uhr,
Führungen So. 15 Uhr,
25. März-30. Okt.
tägl. 10-18 Uhr,
Führung Sa., So. und
Feiertage 11, 13 und 15 Uhr
Kinder frei, Schüler
ab 12 Jahre 1,50 €, Erw. 3,30 €
Hotel und Restaurant
www.kloster-eberbach.de

den Platanen macht es Vergnügen, Kieselsteine über das Wasser hüpfen zu lassen und den Enten und Schwänen zuzusehen. Ein wenig weiter am Fluss entlang in Richtung Rüdesheim gibt es ein *Freibad* mit großen, baumbestandenen Liegewiesen.

Nur etwa sechs Kilometer von Eltville entfernt liegt *Kloster Eberbach*. Die Straße dorthin führt über Kiedrich mit seinem hübschen Marktplatz und der reich ausgestatteten gotischen Kirche. Danach geht es in kurvenreicher Fahrt weiter hinauf durch die Weinberge. Wenn dann in einer Talsenke aus dem vielen Grün die romanische Klosterkirche mit ihrem mächtigen Turm auftaucht, ist noch etwas von der Abgeschiedenheit spürbar, welche die Zisterzienser im 12. Jahrhundert für ihre großartige Niederlassung suchten. Die Kirche, der Kreuzgang mit dem schönen Brunnen, in dem sich die Mönche zum Gebet versammelten, und der riesige Schlafsaal sind zu besichtigen. Außerdem wird ein Gewölbe mit Weinpresse und vielen alten Fässern gezeigt, denn die Mönche waren Winzer und unterhielten einen regen Handel. Seit 1803 leben keine Mönche mehr hier, heute ist die Hessische Staatsweinkellerei in einigen Räumen untergebracht. Auf einem kleinen Weinberg seitlich vom Kloster sind verschiedene Zuchtreben zu sehen. Es gibt auch einen Weinlehrpfad. Außerdem führen durch die waldigen Höhen viele gut ausgeschilderte Wege.

Rüdesheim und sein Denkmal

15 Kilometer von Eltville rheinaufwärts liegt *Rüdesheim.* Auf dem Weg dorthin lohnt es sich, gelegentlich einen Zwischenstopp einzulegen. Beispielsweise in Oestrich mit seinem Wahrzeichen, dem alten Kran aus dem Jahr 1743, mit dem früher die Schiffe be- und entladen wurden. Oder in Winkel mit dem Brentanohaus. Den besten Blick auf den Rhein hat man von dem zwei Kilometer von der B 42 entfernten Schloss Johannisberg. Der große Bau ist schon von weitem sichtbar. Aussichtsterrasse und Gaststätte laden zum Verweilen ein.

Zurück auf der Hauptstraße in Richtung Rüdesheim gelangt man nach Geisenheim. Hier kann man in der Ortsmitte am Marktplatz die mehrere hundert Jahre alte Linde bestaunen. Ihr zu Ehren wird am zweiten Juliwochenende das Lindenfest veranstaltet.

Nun ist es nicht mehr weit bis Rüdesheim. Im bekanntesten Ort des Rheingaus wälzen sich pro Jahr drei Millionen Besucher durch die berühmte Drosselgasse, in der eine Weinschänke neben der anderen zu finden ist.

In Rüdesheim gibt es interessante Museen. Einen Schauer des Schreckens packt den Besucher im *Mittelalterlichen Foltermuseum* angesichts der hier ausgestellten Werkzeuge zur Marter der Verurteilten. Im schönen Brömserhof mit seinem hübschen Fachwerkturm hat *Siegfrieds Mechanisches Musikkabinett* sein Zuhause gefunden. Dort ist von der kleinen Dreh- bis zur großen Jahrmarktsorgel alles zu besichtigen, was mechanisch Töne erzeugt. Am Ortsrand ist die stattliche *Brömserburg* aus dem 12. Jahrhundert, die das *Weinmuseum* beherbergt. Gezeigt werden Handwerksgeräte des Winzers, Trinkgefäße, Krüge und ein 600 Liter fassendes riesiges Weinfass.

Oben auf dem Berg befindet sich das Wahrzeichen von Rüdesheim, das *Niederwalddenkmal.* Auf hohem Sockelbau mit den Reliefs von Kaiser Wilhelm und seinen Generälen steht die fast 12 Meter hohe Germania, die rund 640 Zentner wiegt. Errichtet wurde das Denkmal zur Erinnerung an den deutsch-französischen Krieg von 1870/71. Knapp eine Stunde zu Fuß braucht der Wanderer durch die Weinberge hinauf, von Ostern bis Ende Oktober kann aber auch die *Kabinenseilbahn* genommen werden. In der Umgebung des Denkmals gibt es ein Café, mehrere Aussichtspunkte und Liegewiesen,

Touristeninformation
Rüdesheim
Geisenheimer Str. 22
D-65385 Rüdesheim am Rhein
Tel. 0 67 22 / 1 94 33
E-Mail: touristinfo@t-online.de
www.ruedesheim.de

Mittelalterliches Foltermuseum
Grabenstr.13
65385 Rüdesheim
Tel. 0 67 22 / 47 51 0
geöffnet: April-Nov.
tägl. 10-18 Uhr
Schüler 3,50 €, Erw. 5 €

Siegfrieds
Mechanisches Musikkabinett
Oberstr. 29
65385 Rüdesheim
Tel. 0 67 22 / 49 21 7
geöffnet: 15. März-Mitte Nov.,
tägl. 10-20 Uhr,
auch an Advent Fr.-So.
Kinder 3 €, Erw. 5,50 €
bitte anmelden

Weinmuseum Brömserburg
Rheinstr. 2
65385 Rüdesheim
geöffnet: März-Nov.,
tägl. 9-18 Uhr, auch an Advent
Fr.-So.
Kinder 1 €, Erw. 3 €

Kabinenseilbahn
zum Niederwalddenkmal
Oberstr. 37
65385 Rüdesheim
Tel. 0 67 22 / 24 02
Fahrbetrieb: Ostern-Mitte Nov.
tägl. 10-17 Uhr
(wetterabhängig)
Hin- und Rückfahrt Kinder 3 €,
Erw. 6 €, einfache Fahrt
Kinder 2 €, Erw. 4 €,
für Schulklassen je Kind
Hin- und Rückfahrt 2,50 €,
einfach 1,50 €

Sesselbahn zum Niederwalddenkmal

Adlerwarte
Tel. 0 67 22 / 47 33 9
geöffnet: 1. März-31. Okt.,
tägl. 10-18 Uhr
bei Regen geschlossen

Landgut Ebental, Ponyland
65385 Rüdesheim
Tel. 0 67 22 / 25 18
im Winter auf Anfrage

eine *Pflegestation für Adler*, Schnee-Eulen, Geier und andere große Vögel. Ein Weg in Richtung Norden führt zum *Landgut Ebental* mit dem »Ponyland«, wo sich die Pferdefans als Reiter auf einem etwa zwei Kilometer langen Rundparcours durch Wald und Wiesen vergnügen können. Auch Kutschfahrten sind möglich. Der Tempelweg in Richtung Assmannshausen führt, vorbei an einem Grillplatz, noch zu einem Wildgehege und weist schöne Ausblicke auf den Fluss auf. Wer Lust am Fahren mit unterschiedlichen Verkehrsmitteln hat, kann hier mit dem Sessellift den steilen Hang nach Assmannshausen herunterschweben. Im Ort fährt auch ein Schiff zurück nach Rüdesheim.

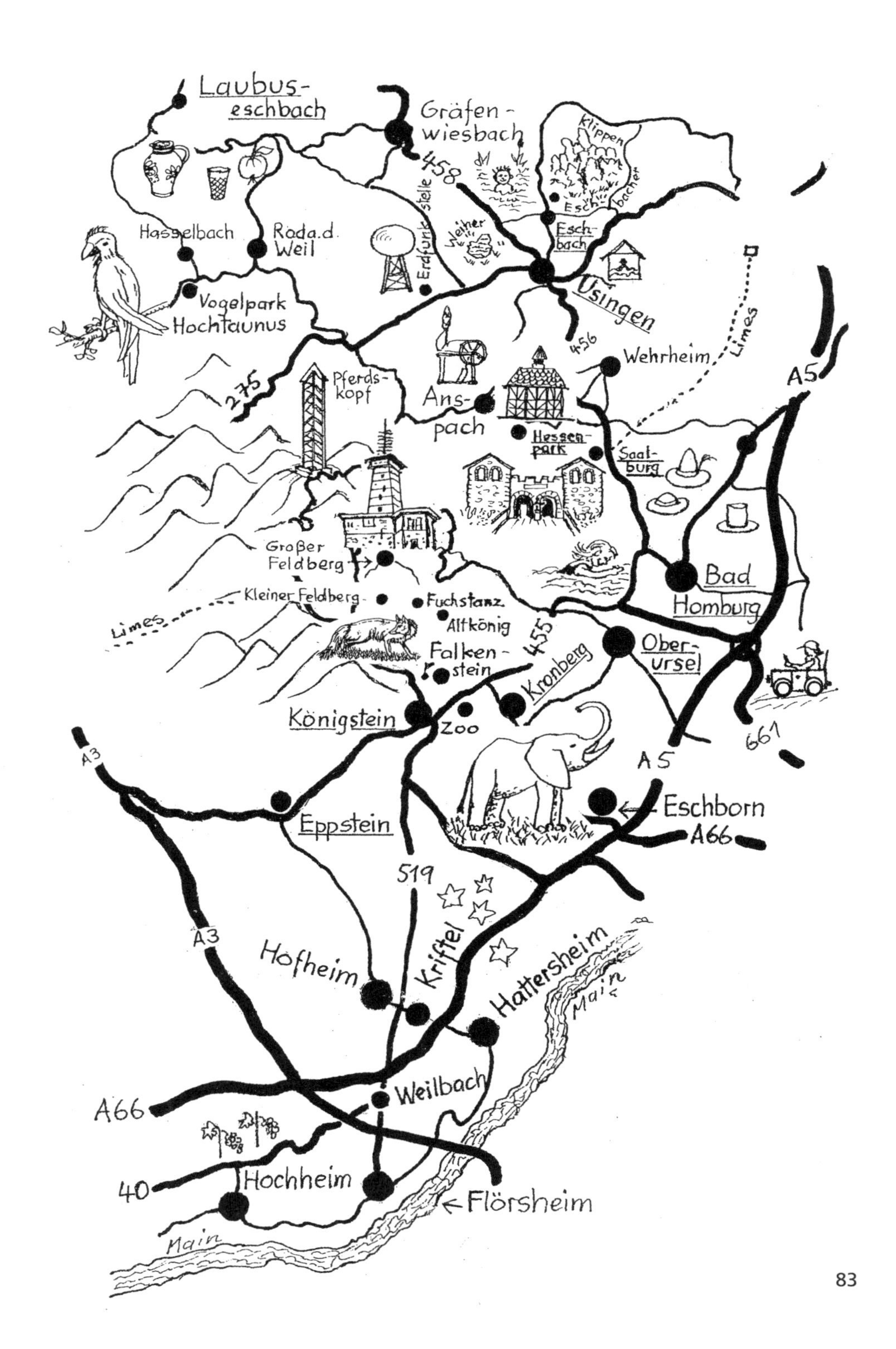

Laubus-eschbach
Gräfen-wiesbach
458
Klippen
Esch-bacher
Esch-bach
Hasselbach
Röda.d. Weil
Erdfunkstelle
Weiher
Usingen
Vogelpark Hochtaunus
456
Wehrheim
Limes
A5
275
Pferdskopf
Ans-pach
Hessenpark
Saalburg
Großer Feldberg
Bad Homburg
Kleiner Feldberg
Fuchstanz
Altkönig
Limes
455
Ober-ursel
Falken-stein
Kronberg
Königstein
Zoo
661
A3
A5
Eschborn
Eppstein
A66
519
A3
Hofheim
Kriftel
Hattersheim
Main
Weilbach
A66
Hochheim
40
Flörsheim
Main

Der Taunus

Gute Luft und gesundes Wasser

TaunusTouristik-Service
Ludwig-Erhard-Anlage 1-4
61352 Bad Homburg
Tel. 0 61 72 / 9 99 8 00 2
E-Mail: ti@taunus-info.de
www.taunus-info.de und
www.hochtaunus.naturpark.de
Schneetelefon:
0 60 81 / 98 48 29

Glashütten
Parkplatz Waldfriedhof
dann dem Limesweg folgen,
ca. 25 Minuten

Neue Tauna-Tours GmbH
Königsteiner Str. 13
61389 Schmitten-
Oberreifenberg
Tel. 0 60 82 / 92 41 –0
E-Mail: info@tauna-tours.de
www.tauna-tours.de

Die ältesten Gesteinsablagerungen des Taunus weisen noch ins Erdaltertum zurück, zu einem Mittelgebirge wurde er Millionen Jahre später. Die ersten Spuren menschlichen Lebens gab es in der Jungsteinzeit, später siedelten Kelten und Römer hier. Im Mittelalter führte ein ausgebautes Straßen- und Handelsnetz durch den Taunus. Ritter und Herren lebten auf den Burgen von Eppstein, Kronberg und Königstein. In Homburg und Idstein entstanden bedeutsame Fürstenresidenzen.

Die Region stand in dem Ruf, rau und unwegsam zu sein. Reisende mieden sie besser. Räuber trieben in den dichten Wäldern ihr Unwesen, in denen Wölfe, Bären und Auerochsen heimisch waren und Adler, Bussard und Milan die Höhen umkreisten. Die Täler waren wenig besiedelt, ihre Bewohner galten als Eigenbrötler und Hinterwäldler. Der Landstrich, reich an Thermal- und Mineralquellen, weist Blei-, Eisen-, Kupfer- und Silbervorkommen auf. In den Bergwerken wurde geschürft, Nagelschmiede, Weber, Besenbinder und Strumpfwirker betrieben ihr Handwerk, an den Bächen klapperte das Rad des Müllers. Bei *Glashütten* kann man noch im Wald bei der Emsbachschlucht die Fundamente einer spätmittelalterlichen Glashütte anschauen. In den Öfen herrschten Temperaturen von mehr als 1200 Grad Celsius, das Feuer wurde mit Buchenscheiten entfacht.

Im 19. Jahrhundert mussten viele Menschen auswandern, da Armut herrschte und nicht alle satt wurden. Viele suchten ihr Glück in Amerika. Heute ist davon im Taunus nichts mehr zu spüren. Wir genießen die gute Luft und erfreuen uns am vielen Grün. Angeln, Campen, Radfahren und Reiten sind im Taunus möglich. Die Wanderfreunde lieben ihn, zum Klettern kommt man auch hierher. In der Natur lassen sich die Eschbacher Klippen erklettern. Ein nicht ganz billiges Vergnügen mit Kletterwand und Hochseilgarten in der Halle bieten die *Tauna-Tours* in Schmitten-Oberreifenberg auch für Kinder an. Im Winter machen dann Rodeln und Skifahren Spaß, ob beim Hohen Feldberg, in Schmitten oder in Oberreifenberg. Im Hochtaunuskreis stehen mehrere Loipen zur Verfügung.

Regionalpark RheinMain. Kunst und Trauben

Eine schöne Lindenallee mit altertümlichem Pflaster, ein Rosengarten, die beeindruckende Aluminiumskulptur eines Rabens, das sind einige der Besonderheiten des bereits verwirklichten Projekts *Regionalpark RheinMain*. Einmal fertig gestellt soll er von Bad Homburg bis ins Ried reichen. Dann wird der Regionalpark über ein 450 Meter langes Wegenetz verfügen, das Kultur und Natur, Tradition und Moderne miteinander verbindet. Bei Hattersheim am Main wurde das einmalige Vorhaben in der Main-Taunus-Region gestartet. Auf unsere Route mit den oben beschriebenen Höhepunkten weist ab Stadtmitte Hattersheim ein Schild *Rosarium* hin. Dann geht es zu Fuß weiter auf der alten Straße, die zum Wasserwerk führt. Gleich links liegt dann das Rosarium mit 13.000 Quadratmetern, mehr als 6.500 Rosen und einer großen Blumenpyramide. Von Mai bis September herrscht hier üppige Blütenpracht. Zurück auf der Allee läuft man dann noch ein Weilchen unter den schattigen Linden, dann geht es zwischen Wiesen und Feldern weiter bis zum so genannten Obstbaumquartier. Von hier aus führt die Sperlingsallee schnurstracks zum hohheitsvoll wirkenden Raben aus hell glänzendem Aluminium. Über drei Meter ist die Skulptur groß. Hier sind die Verhältnisse umgekehrt, nicht wir sind die Größten, sondern die Kreatur schaut auf uns herab. Wem dann die Füße noch nicht wehtun, mag weitergehen und auf einen der Aussichtstürme bei den Weilbacher Kiesgruben (s. unten) steigen. Er schaut dabei auf eine wirklich faszinierende Urlandschaft.

Rabe im Regionalpark

Regionalpark RheinMain
Planungsverband Ballungsraum
Poststr. 18
60329 Frankfurt am Main
Tel. 0 69 / 25 77 –0
S 1, Halt: Bahnhof Eddersheim, Flörsheim oder Hochheim
Ausgeschilderte Verbindungswege zum Park
in Hochheim sind es 2,5 km Wanderweg
E-Mail: info@regionalpark-rheinmain.de
www.regionalpark-rheinmain.de

Rosarium
ab Stadtmitte ausgeschildert.
Fußweg ab Allee zum Raben 2,7 km
S 1, Halt: Bahnhof Hattersheim

SchwarzbachPlanetenweg
www.planetenweg.de

Hattersheim ist zugleich auch Endpunkt des Schwarzbach-Planetenweges mit Infotafeln in Blindenschrift (s. Planetenpfad in Marburg). An der Mainuferanlage endet das stark verkleinerte Abbild unseres Sonnensystems bei dem kleinen Doppelplaneten Pluto. Sechs Kilometer sind von hier aus zurückzulegen, vorbei an Neptun, Uranus, Saturn und Jupiter, bis dann in immer kleineren Abständen Mars, Erde, Venus, Merkur und schließlich die große gelbe Sonnenkugel im Freizeitpark Kriftel auftauchen. Der Mittelpunkt des Sonnensystem-Modells liegt dort, weil eine Krifteler Astronomie-Arbeitsgemeinschaft die Idee dazu hatte und sie gemeinsam mit Schülern der Weingartenschule in Kriftel verwirklichte. In derselben Schule ist übrigens das einzige hessische *Schulmuseum*. Wolfgang Janecke, selbst Lehrer, hat originalgetreu

Spielpark bei Hochheim

Schulmuseum
der Weingartenschule
65830 Kriftel
Staufenstr. 14-20
Tel. 0 61 90 / 89 21 76
geöffnet n. tel. Anmeldung
E-Mail:
info@schulmuseumkriftel.de
www.schulmuseumkriftel.de

Naturschutzgebiet,
Naturschutzhaus
Weilbacher Kiesgruben
Frankfurter Str. 74
65439 Flörsheim-Weilbach
Tel. 0 61 45 / 93 63 60
Eintritt: kostenlos,
Spenden erbeten
geöffnet: Mo., Mi.,
Do. 9-16 Uhr, Di. 9-18 Uhr,
Fr. 9-12 Uhr
Bus 809, Halt: Alter Friedhof
Weilbach
E-Mail: naturschutzhaus
@weilbacher-kiesgruben.de
www.weilbacher-
kiesgruben.de

mit Heften, Büchern, Federkielen und alten Landkarten eine Schulstube aus Zeiten der Urgroßeltern nachgestellt.

Wenig mit Schule hat der Besuch in dem *Naturschutzgebiet Weilbacher Kiesgruben* zu tun. Das ein paar Kilometer von Eddersheim am Main entfernte Gelände wurde ebenfalls im Zuge der Regionalpark-Planungen ausgebaut. Anlaufstelle in der früheren Kiesgrubenlandschaft ist das Naturschutzhaus, das ein Labor, Seminarräume, ein Gewächshaus und wechselnde Ausstellungen bereithält. Dazu gehören noch ein Bauern- und Kräutergarten und ein Naturlehrgebiet. Hier macht Lernen zum Thema Natur und Umweltschutz richtig Spaß.

Weiterhin zum Regionalpark gehören einmal die Warte und die ehemaligen Kalkbrennöfen bei Flörsheim, sowie das »Vogelnest« und der Spielpark bei Hochheim jenseits der B 40. Auch hier wurde ein ehemaliges Kiesgrubengelände genutzt. Das Vogelnest ist Kunst und Klettergerüst zugleich, bietet Spaß und Ausblick in die Umwelt. Im gegenüberliegenden Spielpark ist alles da, was Kinderherzen höher schlagen lässt: Krähennest mit Kletternetz, Balancierbahnen und Tunnelrutsche. Dazu gehören noch ein Zitterpappelhain, Liegewiesen, kleine Bachläufe und sogar ein »Felsenmeer«. Also nix wie hin.

Toiletten sind vorhanden, aber kein Kiosk oder Café. Deshalb unser Vorschlag: Essen und Trinken mitnehmen und auf dem Gelände ein schönes Picknick veranstalten. Oder einen Besuch in Hochheim einplanen. In diesem idyllischen Winzerort öffnen ab 16 Uhr die Straußwirtschaften. Die schmucken weißen barocken Höfe liegen erhaben über den Weinbergen. Beim Schlendern durch die Gassen wird die alte Zeit lebendig, die vielleicht, so scheint es zumindest hier, manchmal wirklich besser als die heutige war.

Oberursel und die Kinderautomobile

Oberursel, das »Tor zum Taunus«, ist nach der Heiligen Ursula benannt. Im bereits 791 erwähnten »Ursela« steht im hübschen alten Stadtkern die *Ursulakirche.* Der Turm der gotischen Kirche kann bei einer Führung besichtigt werden; früher hatte der Turmwächter oder Türmer dort seine Wohnung. Sehenswert sind auch das Fachwerkrathaus und das *Vortaunusmuseum*. Im Museum sind unter anderem 18 alte Kinderautomobile zu bewundern. Schon 1904 schlug in Oberursel die Geburtsstunde der Minicar-Rennen für Kinder. Kaiser Wilhelm kam damals aus dem großen Berlin zur Sommerfrische dorthin. Zu seiner Unterhaltung wurden Autorennen organisiert, die Fahrer bezogen in Oberursel Quartier. Vom Rennfieber angesteckt, konstruierten zwei Jungen das erste Kinderautomobil der Welt. Einige Väter taten es ihnen nach und parallel zum Rennen der Profis wurde eines für die Jungen ausgerichtet. Bevor in Amerika in den Dreißigerjahren die ersten kleinen Fahrzeuge aus Seifenkisten entstanden, hatte sich also die Idee hier schon durchgesetzt. Heute finden in dem rund 29.000 Einwohner zählenden Ort Rennen mit selbst

Fremdenverkehrsinformation
Stadt Oberursel
Rathausplatz 1
61440 Oberursel
Tel. 0 61 71 / 50 23 05
E-Mail:info@oberursel.de
www.oberursel.de
Termine f. Seifenkistenrennen im Sept.
Infos zum »Kulturkarussell« mit speziellen Schul- und Kindervorführungen

Ursulakirche
Turmführungen:
Tel. 0 61 71 / 52 73 1
Mai-Okt., jeweils 1. Sa. im Monat 15-16 Uhr
1,50 €

Vortaunusmuseum
61440 Oberursel
Marktplatz 1
Tel. 0 61 71 / 58 14 34
geöffnet: Mi. 10-17 Uhr, Sa. 10-16 Uhr, So. 10-13 Uhr
Eintritt frei, Ferienspiele

Kinderautomobil von 1907

Dampfclub Taunus
Herr Kabbe
Weinbergstr. 60
61440 Oberursel
Tel. 0 61 73 / 64 04 43
Fahrzeiten: April-Okt.
jeweils am 2. So. 10-17 Uhr

Der Mühlenwanderweg
führt von der Hohemark
zur Krebsmühle,
auch in Teilstrecken möglich
U 3 oder Bus 503 Hohemark

Archäologischer Wanderweg
Beginn: jenseits
der Hochtaunusstraße
Endhaltestelle U 3,
Halt: Hohemark

Schulwald
Revierförsterei
Jörg Schultz
Altkönigstr. 174 (nahe Fachschule f. Sozialarbeit)
61440 Oberursel
Tel. 0 61 71 / 22 42 45
Mobil: 01 60 / 53 39 9 27
geöffnet: April-Okt.
Gruppenführungen
vereinbaren, Preis ab 15 €

gebauten Seifenkisten statt. Das Vortaunusmuseum am Marktplatz informiert außerdem anschaulich über Buchdruckerkunst, Handwerkstraditionen und die Mühlwerke am Urselbach. Eine große Ölmühle aus dem Jahr 1650 wurde dort originalgetreu wieder aufgestellt. Mit echten Fundstücken gut dokumentiert sind auch die Ringwallanlagen der Kelten im Taunus (s. Altkönig).

Eisenbahnfreunde kommen ins Städtchen, um die Mini-Eisenbahnen zu bewundern oder auch selbst mitzufahren. Die Mitglieder vom *Dampfbahnclub Taunus* investieren viel Zeit und Fingerfertigkeit in den Nachbau von Dampf- und Dieselloks, Personen- und Güterwagen.

Oberursel eignet sich sehr gut als Ausgangspunkt für Taunuswanderungen, zum Beispiel auf den Großen Feldberg (s. dort). Auch der *Mühlenwanderweg* lohnt, der teilweise am Urselbach entlang geht. Über 40 Mahlwerke soll es hier einmal gegeben haben. Interessant ist auch der *archäologische Wanderweg*. Er ist mit einem antiken Kopf gekennzeichnet und führt zu Resten der Ringwälle des keltischen »Heidetränk Oppidum«, einer befestigten Siedlung aus der jüngeren Eisenzeit. Eine Besonderheit ist auch der *Schulwald* auf 10.000 Quadratmetern Fläche. In einer Art Mustersammlung zum Thema Bäume sind 60 verschiedene Arten vertreten. Zusätzlich gibt es neben einem historischen Sägewerk und dem Waldmuseum eine »Häschenschule«, eine Waldschulklasse, ein Biotop und einen Apothekergarten. Ein weiteres lohnenswertes Ausflugsziel mitten im Wald ist der Forellenhof in Oberursel-Oberstedten mit schönem Garten, guten Spielmöglichkeiten und leckerem Essen.

Großer Feldberg: Aussichtsturm und Brunhildisfelsen

Aussichtsturm
geöffnet: So. ab 8,
Mo.-Sa. 9 Uhr bis
Einbruch der Dunkelheit
Erw. 1,60 €
Nov. Betriebsferien
Imbiss: Tel. 0 61 74 / 22 21 9

Der Große Feldberg ist mit 880 Metern der zweithöchste Berg Hessens. Feldberg heißt er, weil seine Gipfelfläche groß ist, fast so groß wie ein Feld. Dort oben steht ein 40 Meter hoher *Aussichtsturm*. Ebenso markant wie er wirken die Bauten und Türme, die vom Hessischen Rundfunk und der Telekom zum Abstrahlen von Hörfunk- und Fernsehprogrammen genutzt werden. Neben einem Restaurant ist hier auch Hessens älteste und zugleich am höchsten gelegene *Falknerei* zu finden; sie ist Zucht- und Krankenstation zugleich. Viele Greifvögel werden hier versorgt, darunter auch Adler, Milane und Eulen. Am

Luftansicht Großer Feldberg

Rand des Gipfelplateaus des Großen Feldbergs befindet sich eine Felszacke, der so genannte Brunhildisfelsen. Er bietet eine herrliche Aussicht über Wälder, Täler und Hügel. Ob die Brunhilde aus der Nibelungensage oder eine grausame Königin gleichen Namens gemeint ist, ist nicht sicher. Letztere soll diesen Platz besonders geliebt haben. Es heißt auch, unter dem Felsen befinde sich ihr Grab. Überhaupt sind viele Legenden mit dem Berg verknüpft. Manche erzählen vom Toben der »Wilden Jagd«, die in den rauen Nächten zwischen Weihnachten und Neujahr ihr Unwesen treibt. Dämonen und Geister sollen dann pfeifend und johlend die Wanderer genarrt und in die Irre geführt haben, weshalb in früheren Zeiten die Menschen den Berg in diesem Zeitraum mieden.

Falknerei Großer Feldberg
61389 Schmitten
Tel. 0 61 74 / 75 45
1. Mai-15. Okt. 10-18 Uhr
bei gutem Wetter sind
ab 14 Uhr einige Tiere
im Freiflug zu beobachten
Buslinie 505 ab Bad Homburg,
Halt: Sandplacken, dann
Bus 511

Der Aufstieg zum Großen Feldberg, mit seinen in der Eiszeit gebildeten Steinschutthalden aus Taunusquarzit, kann von vielen Stellen erfolgen. Von Oberursel aus dauert er mehrere Stunden.

Kleiner Feldberg, Fuchstanz und Altkönig

Der Kleine Feldberg mit 825 Metern Höhe liegt nicht weit vom Großen Feldberg entfernt. Auf ihm wurde 1913 eine Station zur Beobachtung des Sternenhimmels eingerichtet, außerdem unterhält die Universität Frankfurt hier eine Erdbeben- und Wetterwarte. Besonders beliebt bei der Wandertour zum Großen oder Kleinen Feldberg ist ein Besuch auf der Hochebene *Fuchstanz.* Der Weg dorthin ist ausgeschildert. Beim Fuchstanz laden zwei Gartenrestaurants zum Ausruhen und Speisen ein. Früher war es hier stiller, die Köhler nutzten den Wald, um in ihren Meilern Holzkohle herzustellen. Das kleine Plateau hieß deshalb auch »Kohlplatt«.

Auf dem 798 Meter hohen Altkönig nahe dem Fuchstanz sind Spuren von Ringwällen zu entdecken. Der Name Altkönig stammt vom keltischen Wort »alkin« und bedeutet Höhe. Die Kelten errichteten hier die wohl beeindruckendste Befestigungsanlage im Taunus, wahrscheinlich eine Fluchtburg, deren doppelter Mauerring bis zu sechs Meter dick und hoch war. Der innere Ring umfasste eine Länge von fast 1000 Metern, der äußere von beinahe 1400 Metern. Im hellen Gestein am Boden sind die Reste noch gut erkennbar. Vom Berg mit den Überbleibseln der jahrtausendealten Ringwälle, seiner Grasnarbe und den knorrigen Eichen auf dem Gipfel geht eine besondere Faszination aus. Fachleute vergleichen die Bauleistung der Kelten mit dem Bau der Pyramiden in Ägypten.

Unser Lesetipp: 2500 Jahre vor Christus vollbrachten die Kelten schon großartige Kulturleistungen. Das Kinderbuch »Gabriele Beyerlein erzählt von den Keltenfürsten« aus dem Oetinger Verlag bietet eine spannende Geschichte und einen Infoteil, der über die Handelszüge der Kelten, ihre Burgbauten und ihr hohes handwerkliches Können berichtet.

Tourist-Info südlicher Taunus
Bezirksstr.2
65817 Eppstein-Niederjosbach
Tel. 0 61 98 / 28 63
Fax 0 61 98 / 70 02

Burg Eppstein
Rathaus I
Hauptstr. 99
65187 Eppstein
Tel. 0 61 98 / 30 50 (Rathaus),
0 61 98 / 80 31 (Kastellan)
geöffnet: April-Okt. 10-17 Uhr,
Nov.-März 11-15 Uhr,
Mo. geschlossen
Kinder 0,50 €, Erw. 1 €,
mit Museum 2 €
S 2, Halt: Eppstein

Burgenromantik: Eppstein, Kronberg und Königstein

Über 100 Burgen soll es einmal in der gesamten Taunusregion gegeben haben. Ritterliche Herren saßen in Falkenstein und Oberreifenberg auf ihren Burgen. Viele davon sind heute nur noch als Ruinen erhalten, manche sind mit neuem Leben erfüllt. So die Burg Hohenstein im Aartal, die ein Restaurant beherbergt, oder die frühere Eppsteiner Reichsburg. In diesem beeindruckendem Gemäuer, das teilweise auf das 12. Jahrhundert zurückgeht, befindet sich nicht nur ein Museum, es werden dort auch Feste und Konzerte veranstaltet. Am letzten Oktoberwochenende findet beispielsweise für Kinder ein Gespenster-Spektakel statt. Der zu Füßen der Burg liegende kleine Ort *Eppstein* wird Perle der Nassauischen Schweiz genannt. Hier zeigt sich die Taunuslandschaft von ihrer schönsten Seite und bietet viele schöne Spazier- und Wanderwege. Beispielsweise durch das liebliche Fischbachtal zur Gaststätte »Rote Mühle«, oder zum Aussichtspunkt Atzelberg-Turm bei Eppstein-Eppenhain.

Wie einflussreich die Herren von Kronberg einst gewesen

sind, davon kündet die *Burg Kronberg*. Rund 800 Jahre ist es her, dass mit dem Bau der hoch gelegenen Oberburg begonnen wurde. Der Bergfried mit den Resten von Türmerwohnung und Verlies stammen noch aus dieser Epoche. Später kam dann die Mittelburg mit dem hohen Renaissancegiebel, den Sälen und der großen Küche hinzu. Das wohlhabende Städtchen gleichen Namens weist mit Fachwerkbauten und sehenswerter gotischer Kirche und ausgedehnten Parks ein idyllisches Ortsbild auf. Das Freibad liegt etwas außerhalb im Grünen.

Burg Kronberg
Schlossstr. 10/12
61476 Kronberg
Tel. 0 61 73 / 77 88
geöffnet: 1. April-30. Okt.
Sa. 13.-17 Uhr, Führung
15 u. 16 Uhr
So. 11.30-17 Uhr, Führung
13, 14, 15, 16 Uhr
Kinder 1 €, Erw. 1,50 €
Burgfeste u. Veranstaltungen
www.burgkronberg.de

Unterhalb der Burg Kronberg beginnt der Philosophenweg. Auf dem Weg nach Königstein führt er mitten durch den Opel-Zoo, Kronbergs zweite Sehenswürdigkeit. Viele der Tiere des Landschaftszoos sind von diesem Weg aus schon kostenlos zu bestaunen.

Im *Tierfreigehege Opel-Zoo* leben über 1000 einheimische und exotische Tiere wie Elefanten, Wisente, Giraffen, Flusspferde, Kamele, Zebras und Affen. Wasserläufe und Teiche, alter Baumbestand und der Ausblick in die hügelige Taunuslandschaft machen den Opelzoo zu einem angenehmen Aufenthaltsort. Dazu kommen Spielplätze mit Riesenrutsche und Ball-Pool, Grill- und Picknickplätze und ein Restaurant. Heiß begehrt sind Kamel- und Ponyritte, im Streichelzoo dürfen Esel, Schafe und andere zahme Tiere angefasst und gefüttert werden. Über die Vierbeiner, Wald und Umwelt, Wolken und Wetter können sich Wissbegierige dort auf dem Naturlehrpfad, im Geo-Garten, in der Wetterstation oder im Taunus-Naturkundemuseum informieren. Seinen Namen und seine

Georg-von-Opel Freigehege
für Tierforschung
Königsteiner Str. 31
61476 Kronberg
Tel. 0 61 73 / 79 74 9
Zoopädagogik:
Tel. und Fax 0 61 73 / 78 67 0

geöffnet: April-Sept. tägl.
8.30-18 Uhr, Okt.-März
tägl. 9-17 Uhr
Kinder 5,50 €, Erw. 8 €
S 4, Halt: Kronberg,
zum Opel-Zoo: Linie 917
E-Mail: OPEL-ZOO-Kronberg@t-online.de
www.OPELZOO.de

Kamelreiten am Opelzoo

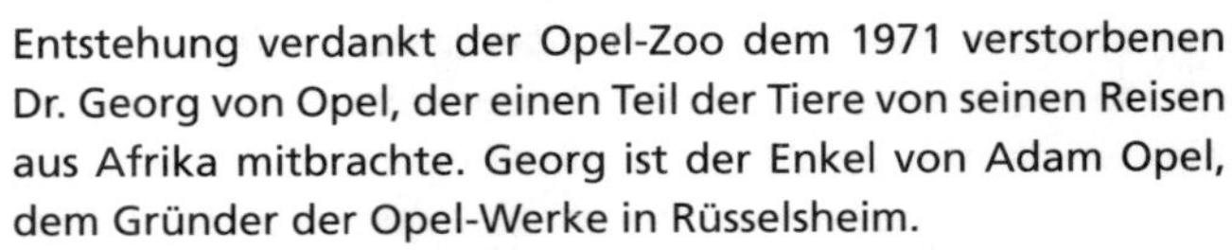

Burgruine Königstein
c/o Tourismusbüro
Tel. 0 61 74 / 20 25 55
oder 20 22 81
geöffnet: Nov.-Feb.
9.30-15 Uhr
März u. Okt. 9.30-16.30 Uhr
April-Sept. 9-19 Uhr
Kinder 0,75 €, Erw. 1,50 €

Kurbad Königstein
Le-Cannet-Rochville-Str. 1
Tel. 0 61 74 / 9 26 5-0
geöffnet: Di.-Fr. 7-21.30 Uhr,
Sa., So. bis 20 Uhr,
Mo. 16-22 Uhr (FKK)
E-Mail:
info@kurbad-koenigstein.de
www.koenigstein.de

Entstehung verdankt der Opel-Zoo dem 1971 verstorbenen Dr. Georg von Opel, der einen Teil der Tiere von seinen Reisen aus Afrika mitbrachte. Georg ist der Enkel von Adam Opel, dem Gründer der Opel-Werke in Rüsselsheim.

Wer auf dem Philosophenweg weiter nach Königstein läuft, kann sich schon auf eine weitere Burg freuen. Die *Burg Königstein* ist eine Ruine, die mehr beeindruckt als manches vollständig erhaltene Gebäude. Sie ist die zweitgrößte Festungsruine Deutschlands und gilt als eindrucksvollste Wehranlage des Taunusraums. Im 12. Jahrhundert begonnen, wechselte sie die Besitzer und wurde großzügig erweitert. Kasematten und Bastionen kamen im 16. Jahrhundert hinzu. 1796 wurde sie von den Franzosen gesprengt. Seitdem halten ihre imposanten Mauerreste Wacht über den kleinen Ort Königstein, der mit hübschen Fachwerkhäusern, einem kleinen Kurpark und dem großzügigen *Kurbad* zum Verweilen einlädt.

Bad Homburg vor der Höhe: Stadt der Hüte

Ein Hut machte Homburg berühmt, der »Homburger« mit seiner breiten Krempe. Der Prinz von Wales ließ ihn für sich anfertigen, als er hier zur Kur war. Sein Beispiel machte Schule. Herren, die etwas auf sich hielten, trugen ihn gern. Seit 1834, als die heilenden Quellen in Homburg entdeckt wurden, gab es genug Anlässe zum Hüteziehen. Es kamen die Zaren und Könige. Die Spielbank, der Siamesische Tempel, die Russische Kapelle, die aufwendig gestalteten Brunnen im rund 40 Hektar großen Kurpark, alle legen sie Zeugnis vom einstigen Glanz ab. Heute kann sich fast jeder den Luxus einer Mini-Kur leisten. Dafür gibt es das wohltuende Nass in der etwas teureren *Taunus Therme* oder im *Seedammbad*, beide am Ende des Kurparks. Nicht weit davon entfernt befindet sich auch der Schwanenweiher, ein großer Spielplatz und ein Kräutergarten. Im Sommer wird im Kurpark ein kostenloses Kulturprogramm geboten: der Bad Homburger Sommer mit Clowns- und Kindertheater, Karussells, Opern-Workshop und vielem mehr. Was sonst noch für Kinder in Bad Homburg los ist, steht im »KiKuJu«, einer zweimal im Jahr erscheinenden Publikation zur Kinderkultur, erhältlich beim Verkehrsamt.

Verkehrsamt im Kurhaus
Louisenstr. 58
61348 Bad Homburg
Tel. 0 61 72 / 67 51 10 oder 111
E-Mail: info@bad-homburg.de
www.badhomburg.de

Seedammbad
Seedammweg 7
61352 Bad Homburg
Tel. 0 61 72 / 40 13 24 0
geöffnet: Mo. 14-21 Uhr,
Di.-Fr. 7-21 Uhr,
Sa., So. 8.30-20 Uhr
Kinder 2,50 €, Erw. 6 €

Homburg war früher Residenzstadt. Der berühmteste Bewohner im *Homburger Schloss* war Friedrich II. von Hessen-Homburg, als »Prinz von Homburg« ging er in die Geschichte ein. Im Krieg verwundet, wurde ihm ein Bein amputiert. Seine Prothese ist neben dem Thron der Landgrafen das berühmteste Ausstellungsstück im Schloss. Auch Kaiser Wilhelm II. liebte das Städtchen vor den Höhen des Taunus und er nutzte es in den Sommermonaten als Residenz. Von seiner Einrichtung ist der Schreibtischstuhl in Form eines Ledersattels am auffälligsten. Sehenswert ist auch die private Telefonzelle, ein alter, damals hochmoderner Apparat, untergebracht in einem Schrank.

Am schönsten ist es im Schloss beim Homburger Laternenfest und während des Weihnachtsmarktes. Dann sind alle Räume mit Kerzen geschmückt. Lohnend ist es auch, auf den weißen Turm zu steigen. Er ist das Wahrzeichen Homburgs. Immer schön ist der Besuch des Schlossparks mit seinen Blumenbeeten, den alten Bäumen und dem Weiher. Vor Zeiten erstreckte er sich sogar bis nach Dornholzhausen. Dort ist heute im Gotischen Haus, dem einstigen Jagdschlösschen, ein Stadtmuseum und das *Hutmuseum* eingerichtet. Das zeigt Hüte aller Arten und Moden und natürlich auch den berühmten Homburger. Gleich hinter dem Gotischen Haus beginnt der Wald, einst fürstliches Jagdrevier mit vielen Wanderwegen. Es lohnt der Weg zum nahe gelegenen *Hirschgarten* mit einem Freigehege für Tiere, Kiosk und Minigolfplatz. Noch mehr über Tiere gibt es im *Lernbauerhof Maurer* im Stadtteil Ober-Eschbach zu erfahren. Tiere füttern, Kühe melken, selbst Kartoffeln, Erbsen, Rüben ernten und Getreide mahlen, all das können hier Schulklassen und Kindergartenkinder. Übernachtungen sind in der nahe gelegenen Jugendherberge oder auf Wunsch auf dem Hof möglich.

Von Bad Homburg aus sind die meisten Reiseziele im Taunus mit der Buslinie 505 zu erreichen.

Bad Homburger Schloss
Tel. 0 61 72 / 92 62 14 8
Führungen: stündlich
1. Nov.-28. Feb.
Di.-So. 10-16 Uhr,
sonst Di.-So. 10-17 Uhr
Mo. nur in den hess. Sommerferien
Kinder 2,50 €, Erw. 3,50 €
Turmbesteigung: Schlüssel an der Kasse
Laternenfest: 30. u. 31. August

Hutmuseum
im Museum Gotisches Haus
61350 Bad Homburg-Dornholzhausen
Tel. 0 61 72 / 37 61 8
geöffnet: Di., Do.-Sa. 14-17 Uhr,
Mi. 14-19 Uhr, So. 10-18 Uhr
ab 12 Jahren 2 €
Linie 1, 11, Halt: Gotisches Haus

Hirschgarten
Elisabethenschneise
61350 Bad Homburg
Bus 1, 11, Halt: Hirschgarten

Lernbauernhof
Gerhard Maurer
Bienäckerweg 4
61352 Bad Homburg, Ober-Eschbach
Tel. 0 61 72 / 4 22 08

Die Saalburg: Vom römischen Leben

Der Grenzwall Limes war einst 540 Kilometer lang und führte vom Rhein über Taunus, Wetterau und Odenwald (s. dort) an den Main. Die Römer hatten am Ende des ersten Jahrhunderts mit seinem Bau begonnen und ihn mit Graben, Mauern und Kastellen gesichert. Eines der Kastelle, das beim Germa-

Freizeitpark Lochmühle

Die Saalburg

Saalburg mit Museum
61350 Bad Homburg
Tel. 0 61 75 / 93 74 0
geöffnet: tägl. 9-18 Uhr
(Nov.-Feb. bis 16 Uhr)
Kinder 2 €, Erw. 3 €
Sonderführungen u.
Aktivprogramme f. Kinder
Voranmeldung:
Tel. 0 61 75 / 93 74 20
oder 93 74 0
Bus 505 ab Bad Homburg
Bahn bis Saalburg/Lochmühle
dann ca. 45 Minuten Fußweg
E-Mail:
Info @Saalburgmuseum.de
www.saalburgmuseum.de

Freizeitpark Lochmühle
61273 Wehrheim / Taunus
Tel. 0 61 75 / 79 00 60
geöffnet: ab Oster- bis
Herbstferien tägl. 9-18 Uhr
ab 90 cm Körpergröße 8 €,
Erw. 9,50 €
Bahn bis Saalburg/Lochmühle
E-Mail: info@lochmuehle.de
www.lochmuehle.de

neneinfall um 260 n. Christus zerstört wurde, ist die *Saalburg*. Sie wurde vor gut 100 Jahren mit Wehrmauern, Gräben, Speichern, Kommandantenwohnung und Resten von Badeanlagen rekonstruiert. Kaiser Wilhelm II. höchstpersönlich engagierte sich damals für den Wiederaufbau. Die Saalburg vermittelt heute eine lebendige Vorstellung vom Leben der römischen Legionäre. Dazu dienen unter anderem die Nachbildung des Fahnenheiligtums, einem Kultraum in römischen Kastellen, und die Baracken aus Holz für die einfachen Soldaten. Im Saalburg-Museum sind Dinge der alten Römer ausgestellt, die gut konserviert im feuchten Boden und in Brunnen hier und in anderen Kastellen gefunden wurden: Äxte, Hämmer, Hobel, Gläser, Waffen, Münzen und Schuhe der römischen Besatzer. Die Gegenstände zeugen auch davon, dass hier außer den insgesamt 500 Soldaten auch Schuster, Schreiner, Schneider und Bauleute lebten. Rund 3000 Menschen bewohnten das Kastell und das dazugehörige Dorf. Viel Leben kommt in die Saalburg, wenn dort echt römisch gekocht oder Brot gebacken wird. Selbstverständlich in historischen Kostümen.

Nicht weit entfernt vom Bahnhof Saalburg befindet sich der *Freizeitpark Lochmühle*. Mit seinen Spiel- und Picknickplätzen, Tierkinderstube, Streichelzoo, Seilbahn, Riesenrutsche, Wasserbob, Pony- und Kutschenverleih und einem Restaurant ist dieses Ausflugsziel für viele ein kleines Paradies. Die Grillplätze dort sollten allerdings vorher reserviert werden.

Hessenpark: Von Bauern, Schmieden und der alten Zeit

Im *Freilichtmuseum Hessenpark* bei Neu-Anspach scheint die Zeit stehen geblieben zu sein. Der Hessenpark ist mit Dutzenden von alten Fachwerkhäusern als großes Dorf unter freiem Himmel angelegt. Die Straßen haben altes Kopfsteinpflaster, es gibt einen Marktplatz, Kirchen, eine Schule, Mühlen und Scheunen. Die Gebäude für dieses Ensemble wurden an ihren ursprünglichen Orten in Hessen ab- und hier wieder aufgebaut. Sehr stattliche Häuser sind darunter, aber auch kleine, enge. Neben Wohnräumen sind auch Werkstätten zu besichtigen. Wenn im Hessenpark Vorführungen stattfinden, werden frühere Epochen lebendig. Dann zeigt zum Beispiel ein Korbflechter, wie Eimer und Körbe aus Weiden entstehen. Im alten Backhaus wird Brot gebacken und auch der Weberin, dem Blaufärber und dem Zinngießer darf über die Schulter geschaut werden. Zum Museumsdorf Hessenpark gehören auch Tiere, Felder und Bauerngärtchen. Auf schmalen Äckern wird wie anno dazumal Hirse, Dinkel und Buchweizen angebaut und im Sommer die Wiese gemäht. Der Spielplatz beim Hessenpark ist beim alten Gasthof »Zum Adler«. In dem gemütlichen Restaurant kann man typisch »hessisch« essen und im Museumsladen Erinnerungsstücke einkaufen. Es gibt im Hessenpark auch einen Kindertag und viele andere Sonderveranstaltungen.

Freilichtmuseum Hessenpark
Laubweg
61267 Neu-Anspach
Tel. 60 81 / 58 80
geöffnet: März-Okt.
tägl. 9-18 Uhr
Kinder 2,50 €, Erw. 4 €,
Familienkarte 10 €
Pädagogische Materialien u.
besondere Aktionen
E-Mail: info@hessenpark.de
www.hessenpark.de

Freilichtmuseum Hessenpark

Die Eschbacher Klippen

Eschbacher Klippen und die Erdfunkstelle

Eschbacher Klippen
Bus 509 ab Michelbach
Parkplätze an der L 3270
Kletterkurse:
Tel. 0 60 31 / 13 245
E-Mail: faks@faks-online.de

Hattsteinweiher
1 km auf der B 275 von Usingen nach Wiesbaden
Eintritt frei, Parkgebühren 3,50 €

Erdfunkstelle Usingen (DT-Sat)
Anmeldung:
Tel. 0 60 81 / 10 01 21 2
Gruppen bis 50 Personen, bevorzugt Mi.
freier Eintritt
B 275 Richtung Bad Schwalbach, dann nach 3 km rechts abbiegen oder Bus 508 ab Usingen

Rund um Usingen mit seinem schmucken Fachwerkrathaus warten zwei Naturphänomene und ein technisches Phänomen auf den Besucher. Nordöstlich der Stadt geht es zu den *Eschbacher Klippen*. Wie kleine Alpengipfel ragen die steilen Felszacken aus dem Boden. Vor Hunderten von Millionen Jahren, als sich der Taunus auffaltete, ist diese Gesteinsformation entstanden. Die 12 Meter hohen Klippen sind »Höhepunkt« eines unter der Erde versteckten Quarzganges. Hier lässt es sich gut spazieren gehen, Pflanzen beobachten und picknicken. Aber besonders die Kletterfans kommen auf ihre Kosten. Für den Anfang reicht festes Schuhwerk. An den schwierigen Stellen lehren Sportvereine das An- und Abseilen wie im Hochgebirge.

Westlich der Stadt geht es dann zum *Hattsteinweiher*, dem einzigen Badesee in dieser Gegend. Der kleine See bietet Anglern und Badegästen viele Vergnügungen mit Liegewiesen, Sandbucht, Holzstegen, Kiosk und Gartencafé.

Die *Erdfunkstelle Usingen* wirkt, als stünde sie auf einem anderen Planeten: Ein weites grünes Feld, Antennen und silbrig glänzende Parabolspiegel mit fast 20 Metern Durchmesser, die ins All gerichtet sind. Während des Krieges wurde das fünf Kilometer westlich von Usingen liegende Gelände als Feldflugplatz genutzt. Später ging es an die Deutsche Bundespost, die dort eine Kurzwellenstation für den weltweiten Telefonverkehr in Betrieb nahm. Heute dient die Erdfunkstelle mit ihren über 80 Antennen auch zur Wetterbeobachtung und zur Abstrahlung von Fernsehprogrammen. Die »Daten« gehen zu den Nachrichtensatelliten, die in einem Abstand von 36.000 Kilometern die Erde begleiten. Die Signale werden auf diese Weise verstärkt und gelangen über ein Funknetz zurück an den Empfänger. Die Mitarbeiter der Erdfunkstelle sind also gewissermaßen Nachrichtenspediteure.

Pferdskopf: Aussicht vom Feinsten

Das nächste Reiseziel führt ins Weiltal. Eingebettet in die Höhenzüge schlängelt sich der Wasserlauf des Flüsschens durch üppig-grüne Wiesen. Einige der alten Mühlen stehen noch. Sie sind, wie die Landsteiner Mühle, zu Gaststätten geworden und laden zur Rast auf dem Weiltal-Rad- und Wanderweg ein. Er beginnt bei Schmitten am Großen Feldberg und führt bis nach Weilburg.

WeiltalBus Mai-Okt.
Linie 545 mit Fahrradanhänger
Sa., So. und an Feiertagen
ab Endhaltestellen:
U 3 Oberursel-Hohemark
Bahnhof Weilburg

Dem Gefühl des Fliegens kommt man sehr nahe beim Blick vom 663 Meter hohen »Pferdskopf« bei Treisberg. Er heißt so, weil seine Form dem Kopf eines Pferdes ähnelt, was deutlich bei Sonnenuntergang zu erkennen sein soll. Vom Parkplatz am Ortsausgang sind es ca. 1000 Meter in den Wald hinein, dann steht ein dreieckiger Holzturm vor dem Wanderer. Er ist 34 Meter hoch und hat 178 Stufen. Oben sieht man bei gutem Wetter über die Taunuskämme zum Großen Feldberg oder in die andere Richtung bis zum Hoherodskopf im Vogelsberg.

Pferdskopf
Parkplatz Ortsausgang
Treisberg, dann zu Fuß
weiter

Näher ist die *Burgruine* von *Altweilnau* bei Weilrod, die besichtigt werden kann. Sie gibt den stimmungsvollen Rahmen ab für Märchenstunden, Puppen- und Erzähltheater für Kinder.

Kultur- u. Förderkreis
Burg Altweilnau
Tel. 0 60 83 / 94 02 80
www.altweilnau.de

Einer der vielen Wanderwege führt vom Pferdskopf zum nahe gelegenen Brombachtal mit dem *Naturfreundehaus Brombacher Hütte*. Dort warten eine große Wiese, ein Spielplatz, Lagerfeuerplatz und Grillhütte. Das Naturfreundehaus ist von April bis Oktober an den Wochenenden geöffnet. Dann werden Getränke ausgeschenkt und Kindergruppen sind gern gesehene Übernachtungsgäste.

Naturfreundehaus
Brombacher Hütte
Kontakt: Frau Wolf,
Tel. 0 69 / 76 56 84

Vogelburg Weilrod und die Apfelkelterei

Die *Vogelburg Hochtaunus* liegt etwas abseits im Wald versteckt. An die 500 Papageien haben hier neben Kanarienvögeln, Sittichen und Kakadus ihr Zuhause gefunden. Die Vögel sind in großen Gehegen aus Naturstein untergebracht, die

Vogelburg Hochtaunus
61276 Weilrod-Hasselbach
Tel. 0 60 83 / 10 40
E-Mail: info@vogelburg.de
www.vogelburg.de
geöffnet: 15. März-1. Nov.
tägl. 10-19 Uhr, im Winter
nur an So. u. Feiertagen
Kinder u. Jugendliche 3 €,
Erw. 5 €
Anfahrt: L 3030 nach Camberg

mit ihren Zinnen und Türmen einer richtigen Burg gleichen. Da in der Vogelburg die Vögel an Heimtierhaltung gewöhnt sind oder sogar hier geboren wurden, sind sie handzahm und dürfen mit dem vor Ort gekauften Futter gefüttert werden. Wer etwas über sie und ihre Artgenossen erfahren will, studiert die Informationen auf den Lehrpfaden. Ein Selbstbedienungsrestaurant und ein Kinderspielplatz sind auch vorhanden.

Eichelbacher Hof
61276 Weilrod
Tel. 0 60 83 / 24 67
geöffnet:
Mi., Sa., So. 10-17 Uhr

Gute Luft atmen, sich an Tälern, Wiesen, Wäldern erfreuen, etwas Gutes essen: So stellt man sich das Leben auf dem Lande vor. In schöner Umgebung macht dies der Eichelbacher Hof gleich bei der Vogelburg möglich. Im Sommer draußen im Hof, im Winter in der »guten Stubb«. Das Haus mit Fachwerk, runden Ecktürmen und Wappen hat schon viele Jahre auf dem Buckel. Das jetzige Herrenhaus ist weit über 300 Jahre alt. Damals lag es nicht so weit abseits, die viel benutzte Handelsstraße von Frankfurt nach Köln führte hier vorbei.

Kelterei Heil
Eschbacher Weg 9
35789 Laubus-Eschbach
Tel. 0 64 75 / 91 31 0
Betriebsbesichtigungen
für Familien und Kindergruppen
E-Mail: info@kelterei-heil.de
www.kelterei-heil.de

Ein paar Kilometer weiter liegt der Ort Laubus-Eschbach. Hier stellt die Familie Heil Apfelwein und Apfelsaft her, und sie weiß alles, was mit Äpfeln zusammenhängt. Gemeinsam mit Kindergärten und Umweltorganisationen hat die *Kelterei Heil* die Aktion »Apfeljahr im Kindergarten« ins Leben gerufen. Kinder erfahren dabei etwas über die Bedeutung von Streuobstwiesen. Und da leider inzwischen Bäume und Wiesen gefährdet sind, werden gemeinsam neue Äpfelbäume angepflanzt. Im Herbst sammeln die Kinder dann die Früchte und pressen und keltern sie in einer mobilen Kelter.

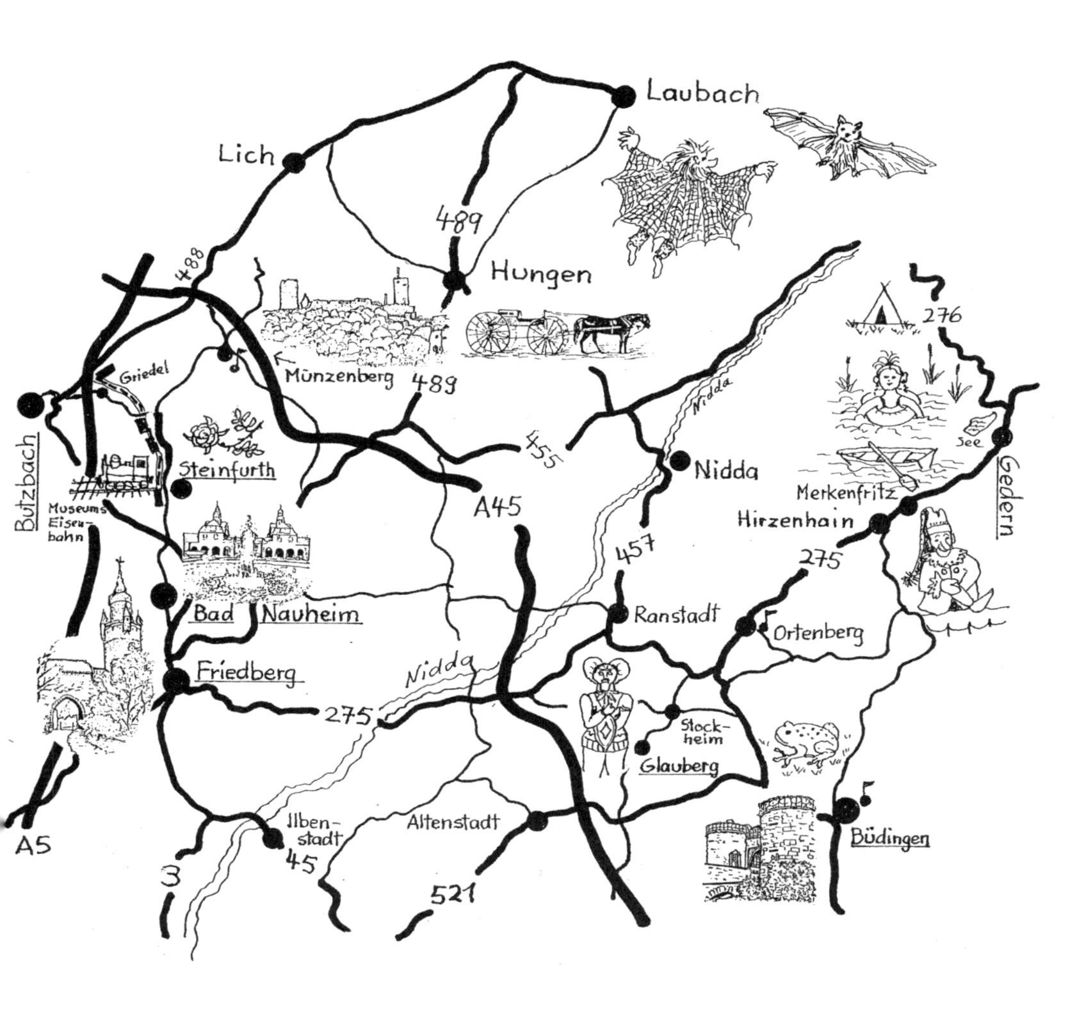
Laubach
Lich
489
Hungen
488
Münzenberg
489
Griedel
Butzbach
Steinfurth
455
Museums Eisenbahn
A45
Nidda
Nidda
276
See
Gedern
Merkenfritz
Hirzenhain
457
275
Bad Nauheim
Ranstadt
Ortenberg
Friedberg
Nidda
275
Stockheim
Glauberg
A5
Ilbenstadt
Altenstadt
Büdingen
3
45
521

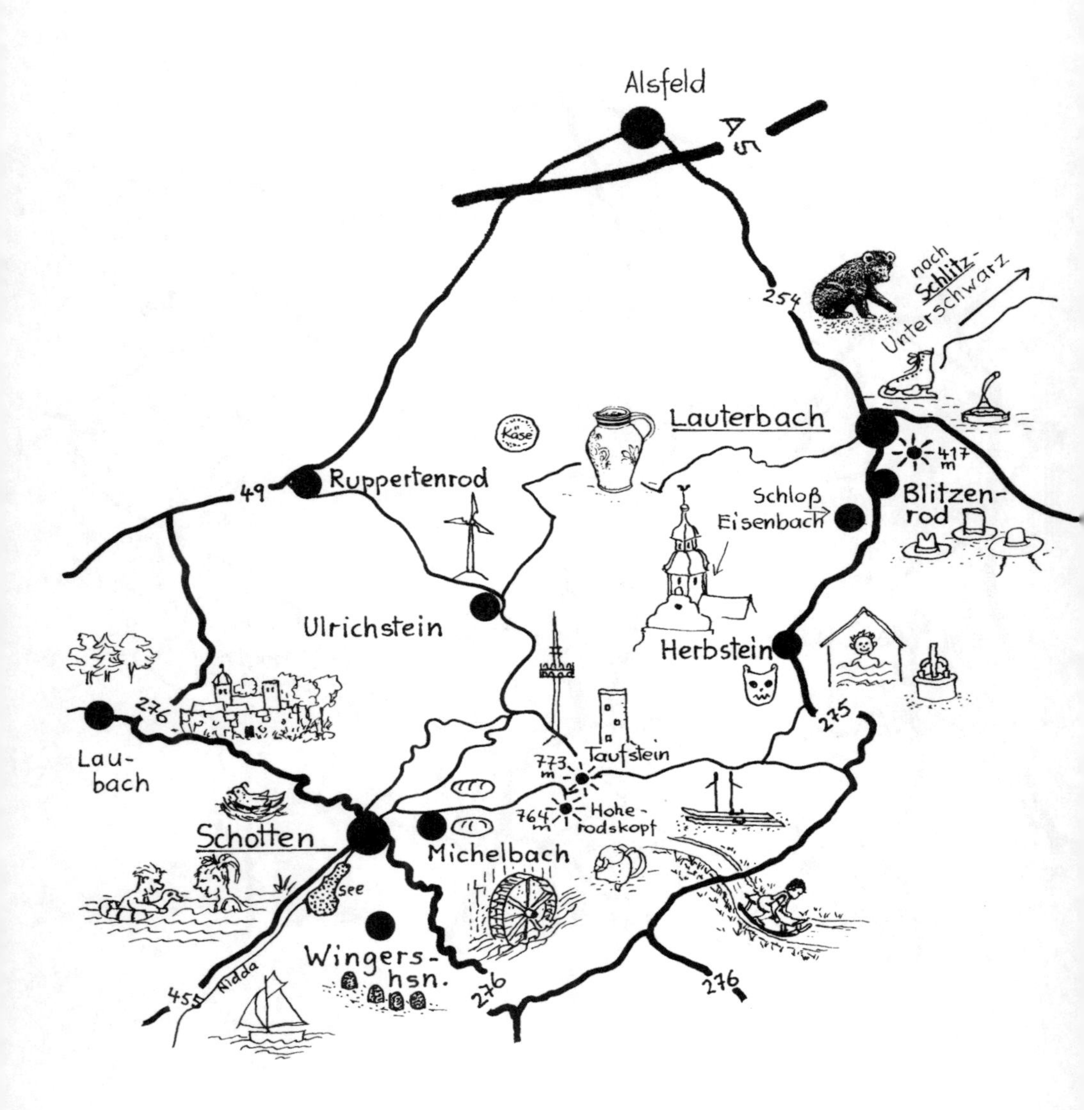
Alsfeld
A 5
254
nach Schlitz-
Unterschwarz
Lauterbach
Käse
417 m
Blitzen-
rod
Schloß
Eisenbach
49
Ruppertenrod
Ulrichstein
Herbstein
275
276
Lau-
bach
773 m
Taufstein
764 m
Hohe-
rodskopf
Schotten
Michelbach
See
Wingers-
hsn.
455
Nidda
276
276

Wetterau und Vogelsberg

Flaches Land Vulkangestein

Die Wetterau liegt zwischen Taunus und Vogelsberg und hat ihren Namen vom Flüsschen Wetter. Dieses entspringt nordöstlich von Laubach, tut sich mit der Usa bei Friedberg zusammen, heißt von da an Nidda und mündet in den Main. Bauernland ist die Wetterau, ihr größter Teil ist flaches Ackerland und Wald, wobei neben Korn und Zuckerrüben noch etwas besonders gut gedeiht: die Rosen. Ganze Felder davon blühen in der Gegend von Steinfurth. Fünf Millionen Pflanzen werden jährlich hier gezüchtet, und im Frühsommer sind die Felder in ihrer farbigen Blütenpracht einmalig schön. Das *Rosenmuseum* informiert über die mühsame Arbeit der Zucht, an der früher auch Kinder beteiligt waren. Alle zwei Jahre wird in Steinfurth das Rosenfest gefeiert.

Fremdenverkehrsverband
Vogelsberg u. Wetterau
Goldhelg 20
36341 Lauterbach
Tel. 0 66 41 / 97 72 75
E-Mail: info
@fvv.vogelsberg-wetterau.de
www.fvv.vogelsberg-wetterau.de

Rosenmuseum Steinfurth
Alte Schulstr. 1
61231 Bad Nauheim
Tel. 0 60 32 / 86 00 1
geöffnet: Mai-Okt. 10-17 Uhr,
Nov.-Apr. 14-17 Uhr,
tägl. außer Mo. u. Di.
Kinder 2 €, Erw. 3 €
E-Mail: Rosenmuseum
@bad-nauheim.de

Die Wetterau war schon in der Jungsteinzeit besiedelt. Die ältesten handwerklichen Fundstücke von ganz Hessen fanden Archäologen in und um Münzenberg. Von den Römern, welche die Wetterau als Kornkammer nutzten, sind Reste ihrer Grenzbefestigung, des Limes, mit Gutshöfen und Kastellen erhalten. Rund 150 Kilometer führte der Limes durch das heutige Hessen. Alte Töpfertradition hat sich in dem Dorf Ober-Mockstadt bewahrt. Auf den Firsten der Dächer dort sind lauter kleiner Reitersmänner aus Ton zu bewundern. In Lindheim dagegen sind die Störche zu Hause. Städte wie Lich oder Butzbach mit seinem schönen Marktplatz und der bedeutenden gotischen Kirche laden zum Schauen und Verweilen ein. Mittelalterliches Klosterleben ist noch gut vorstellbar in der romanischen Basilika Ilbenstadt oder der ehemaligen Zisterzienserabtei Arnsburg bei Lich. Hier sind zwar noch die barocken Konventsgebäude erhalten, Kreuzgang und Kirche überstanden die Zeitläufte jedoch nur als beeindruckende Ruinen. Noch so manches stille Plätzchen gibt es in der Region. Sie eignet sich gut zum Radfahren ohne Autoverkehr auf ausgebauten Feldwegen, anstrengende Steigungen kommen kaum vor. Kleine Gastwirtschaften und Burgschänken laden unterwegs zu deftigem und preiswertem Essen ein. Doch auch die Moderne hat schon Einzug gehalten. Aus knallgelbem, rotem und blauem Plastikmaterial sind Rutschen, Klettergerüste und Trampolinanlage im *Touwabou Kinder Aben-*

Touwabou
Kinder Abenteuerland
9 km südöstlich von Lich
Schottener Str. 31a
35410 Hungen
Tel. 0 64 02 / 13 57
geöffnet: Mo.-Fr. 14-19.30 Uhr,
Sa. u. So. 10.30-19.30 Uhr
Kinder bis 4 Jahre 3,90 €,
ältere 5,90 €, Erw. 2,90 €
www.touwabou.de

teuerland in Hungen. Unter dem Dach einer großen Halle wird alles angeboten, was unter Fun und Action verstanden und als Megaspaß für die ganze Familie angepriesen wird: Mini-Kartbahn und Bällepool für die Kleinen, Aerobic und Squash für die Großen.

Friedberg mit Europas größter Burg

Fremdenverkehrsamt
Friedberg
Am Seebach 2
61169 Friedberg
Tel. 0 60 31 / 8 82 05

Adolfsturm
geöffnet: Sa.-So. 14-18 Uhr
Kinder 0,50 €, Erw.1 €

Wetterau-Museum
oder Kulturamt:
Tel. 0 60 31 / 88 26 1
Information über
Stadtführungen

Wetterau-Museum
Haagstr. 16
61169 Friedberg
Tel. 0 60 31 / 88 215
geöffnet: Di.-Fr. 9-12, 14-17,
Sa. 9-12, So. 10-17 Uhr
Kinder 0,50 €, Erw. 1 €

Judenbad / Mikwe
Judengasse 20
61169 Friedberg
geöffnet: Mo.-Fr. 9-12, 14-17,
Sa. 9-12, So. 10-12 Uhr,
Kinder 0,50 €, Erw. 1 €

Die größte geschlossen erhaltene Burg Europas steht in Friedberg. Sie wurde auf den Mauern eines römischen Kastells erbaut, das bis um 250 nach Christus bestand. Reste des Bades sind noch erhalten. Die mittelalterlichen Mauern der Burg sind mit Türmen bewehrt. Auf den mit 58 Metern größten und dicksten, den Bergfried oder *Adolfsturm*, kann man hinaufklettern. Man genießt dabei die Aussicht in die Ferne und die Sicht auf Burggarten, Kirche, Haus des Burggrafen, kleinere Wohnbauten, eine Wache und Brunnen. Auch ein Gefängnis war dabei. In ihm saßen die Gefährten des Dichters Georg Büchner (s. Goddelau-Erfelden) ein. Ihre Kritik an den ungerechten Verhältnissen im Land hatte den Zorn des Fürsten erregt.

Neben der Burg mit ihrem breiten Burggraben und der Zugbrücke bietet die Altstadt Friedbergs noch Gassen mit hübschen Fachwerkhäusern, eine gotische Kirche, die zu den schönsten in ganz Hessen gehört, und natürlich ein Museum, das *Wetterau-Museum*. Dort erfährt der Besucher viel über die Kelten und Römer, das heimische Handwerk und die Landwirtschaft. Noch mehr Wissen, spielerisch aufbereitet, wird Kindern ab sechs Jahren bei den Führungen und Ferienaktionen des Museums geboten. Zusätzlich veranstaltet das Jugendamt Ferienspiele unter dem Titel »Kinderplanet«.

Außergewöhnlich ist, dass in Friedberg den Spuren einer früher sehr großen jüdischen Gemeinde nachgegangen werden kann. Erhalten ist das Judenbad, die *Mikwe*. Es stammt aus der Zeit um 1260 und ist eines der ganz wenigen, die es noch in Deutschland gibt. Eine breite Steintreppe führt 25 Meter hinab zum Wasser, denn die jüdischen Bräuche schrieben für die rituelle Reinigung frisches fließendes »lebendiges« Wasser und damit Grundwasser vor. Ein paar Schritte vom Judenbad entfernt steht ein Denkmal für die 1938 zerstörte Synagoge.

Im Sommer wie im Winter ist das *Usa-Wellenbad* mit Riesenrutsche und angenehmen 28 Grad Temperatur eine wichtige Adresse, um die Freizeit genießen. Es liegt in Richtung Bad Nauheim, das vier Kilometer entfernt ist. Der Fußweg dorthin lohnt sich. Er führt immer entlang der Usa, eines kleinen Flüsschens, das sich auch durch Bad Nauheim schlängelt.

Ein anderer Ausflug geht über das nahe Ockstadt in den Ockstädter Forst, der aber nicht nur Natur pur bereithält. Beim Winterstein sind Reste eines römischen Zwischenkastells zu finden, und die gleichnamige Gaststätte im ehemaligen Forsthaus Winterstein bietet nach der Spurensuche Erfrischendes.

Usa-Wellenbad
Friedberger Str. 16-20
61231 Bad Nauheim
Tel. 0 60 32 / 91 93 0
geöffnet: Freibad im Sommer
tägl. 9-20 Uhr
Kinder 2 €, Erw. 3 €
(Hallenbad 4 €)
Hallenbad Di.-So. 8-20 Uhr

Bad Nauheim: Weißes Gold und Kurbetrieb

Salz war einst ein kostbares Gut und schon für die keltische Zeit ist die Salzgewinnung in diesem Gebiet nachgewiesen. Im Mittelalter waren es dann die Grafen von Münzenberg (s. dort), die hier abschöpfen ließen. Hohe Wälle aus Balken und Astwerk, so genannte Gradierwerke, wurden errichtet. Windmühlen und Pumpen sorgten für die Hebung des Wassers mit der gewinnträchtigen Salzsole auf die bis zu zehn Meter hohen Gradierwerke. Die Lösung verdickte dort und konnte dann in die Siedhäuser zur weiteren Verarbeitung und Salzgewinnung gebracht werden (s. Bad Orb, Bad Sooden-Allendorf). Vier dieser Gradierwerke sind noch im Kurpark von *Bad Nauheim* erhalten. Die salzhaltige Luft ist zugleich der Gesundheit zuträglich, sie fördert den Genesungsprozess bei Atemwegserkrankungen. Deshalb wurde 1835 mit dem Kurbetrieb begonnen. Ein weiträumiger Park mit See und Fontäne wurde angelegt, eine Spielbank eingerichtet. Die stuck-

Bad Nauheim Information
In den Kolonnaden 1
61231 Bad Nauheim
Tel. 0 60 32 / 92 99 20
E-Mail: info@bad-nauheim.de
www.bad-nauheim.de
Führungen durch Stadt und Jugendstilanlagen

Volkssternwarte Wetterau e.V.
Auf dem Johannisberg
Info-Tel. 0 60 32 / 40 80
Diavorträge: Di. 20 Uhr
Sternenbeobachtung: immer wenn das rote Licht brennt
www.sternwarte-wetterau.de

Kurbetrieb in Bad Nauheim um 1900

Dampflok der Eisenbahnfreunde Wetterau

verzierten Häuser in der Nähe des Kurparks verraten noch etwas vom damaligen Wohlstand. Kaiserin Sissi von Österreich und Zarin Alexandra Feodora kurten hier. Nach 1900 erhielt Nauheim dann neue Akzente, als das Kurhaus und die Brunnen im reinen Jugendstil entstanden. All dies und vieles mehr wird auch Kindern vorgestellt bei den Stadtführungen, die die Kurverwaltung organisiert.

Empfehlenswert ist ein Ausflug auf den 268 Meter hohen Johannisberg, den Hausberg von Bad Nauheim. Er liegt oberhalb der Stadt mitten im dichten Wald und galt schon Kelten und frühen Christen als heilig. Dort gibt es neben dem schönen Ausblick die Reste eines römischen Signalturmes, ein Restaurant und einen Aussichtsturm, in dem die *Volkssternwarte* Einzug gehalten hat. Immer dienstags um 20 Uhr findet ein Diavortrag statt, bei gutem Wetter wird dann noch der Himmel beobachtet. Ein anderer Ausflug versetzt uns in alte Zeiten zurück. Die *Eisenbahnfreunde Wetterau e. V.* unterhalten einen Museumszug und gehen damit auf Fahrt. Er führt von Bad Nauheim-Nord nach Münzenberg (s. dort) und zurück. Wenn das Dampfross gutes Tempo fährt, schafft es 40 Kilometer pro Stunde Höchstgeschwindigkeit. Bei Steigungen muss es mehrfach anfahren, und insgesamt schluckt es pro Fahrt fast eine halbe Tonne Kohle. Die Bahn verfügt über 100 Sitzplätze, ein Thekenwagen ist auch vorhanden. Alle 14 Tage wird gefahren, im Dezember stehen Nikolausfahrten auf dem Programm. Da steigt im Steinfurther Wäldchen der Nikolaus zu und hat für jedes Kind ein kleine Überraschung dabei.

Was können Kinder sonst noch in Bad Nauheim machen? Gleichermaßen bei Hitze, Regen oder Schnee lockt das Usa-Wellenbad (s. Friedberg). Zum Geburtstag viel Glück wünscht das *Karussellcafé* im Goldsteinpark in der Nähe vom Bahnhof. Mattenrutsche, Hüpfkissenkino und Glücksspiel erwarten die kleinen Partygäste, für die das Café gemietet werden kann. Getränke und Imbiss kosten jeweils einen Euro. Um am *Drachenfest* in den Wiesen in der Talaue teilzunehmen, muss bis Oktober gewartet werden. Aber das Warten lohnt. Schön ist es, wenn dann all die selbst gebauten oder gekauften Drachen in die Lüfte steigen. In dieser Jahreszeit erwacht dann auch die Lust am Schlittschuhlaufen. Das geht natürlich am besten im *Eisstadion*.

Eisenbahnfreunde
Wetterau e. V.
Postfach 1212
61212 Bad Nauheim
Tel. 0 60 32 / 92 92 29
Fahrzeiten: Mai bis Okt.,
im Dez. Nikolausfahrten
Kinder 7 €, Erw. 12 €,
Familien 24 €
www.draisine.de

Karussellcafé
Info-Tel. 0 60 32 / 16 61
Termine f. Kindergeburtstage
vereinbaren
Kinder 3 €, Erwachsene frei

Drachenfest
Info: Stadt Bad Nauheim,
Abteilung Jugend
Tel. 0 60 32 / 34 32 79

Eisstadion Bad Nauheim
Nördlicher Park 25
61231 Bad Nauheim
Tel. 0 60 32 / 26 69
geöffnet: Sept. nur abends
u. am Wochenende
Okt.-April Di., Mi., Do., Fr.-So.
dreimal täglich geöffnet
Kinder 2 €, Erw. 3 €,
Familien 6 €, Schlittschuhverleih 3 €

Die Münzenberg, das Wetterauer Tintenfass

Münzenberg ist ein Städtchen mit malerischen alten Burgmannenhäusern und einem schönen Rathaus. Die *Burg Münzenberg*, erbaut auf einem Basaltkegel, erhebt sich mit ihren 120 Metern Länge und 40 Metern Breite weithin sichtbar über die flache Landschaft der Wetterau. Die Wehr- und Wohnburg trägt den Beinamen »Wetterauer Tintenfass«, denn sie erinnert mit ihren zwei Türmen und ihrem Mauerring an dieses alte Schreibutensil. Die Anfänge der Burg stammen noch aus dem 12. Jahrhundert. Weiter ausgebaut wurde sie unter Kuno I. von Münzenberg, der im Dienst Kaiser Barbarossas (s. Gelnhausen) stand. Kuno gründete auch die gleichnamige Stadt Münzenberg.

Burg Münzenberg
Tel. 0 60 04 / 29 28
geöffnet: Feb.-Nov. 10-16 Uhr,
Mai-Sept. bis 19 Uhr
Kinder 1,30 €, Erw. 1,80 €
Schulklassen pauschal 16 €,
Kindergärten 8 €
Anmeldung f. Führungen:
Tel. 0 60 04 / 13 90
oder 93 09 38

Die ovale Burganlage, die auch heute noch über den alten Weg mit seinem ursprünglichen Steinbelag erreicht wird, gilt als das bedeutendste Bauwerk der Wetterau. Erhalten geblieben sind Ringmauern, Tore und Teile vom Wohnbau, dem Palas, und ein Verlies. Innerhalb der Burgmauern gab es wahrscheinlich einen Garten, in dem die Burgfräulein Kräuter zogen. Der Hof wurde vermutlich für Turniere genutzt. Aus Zeiten, in denen noch öffentlich gehenkt wurde, stammt der Galgen im Waldstück bei der Burg.

Unser Tipp zum Selbermachen von Burgfräuleinhut und Ritterrüstung:
Das kleine Burgfräulein schmückt sich mit einem spitzen Hut. Den Hut nach beiliegendem Muster erst auf Papier zeichnen, dann vergrößern, auf Pappe übertragen und mit

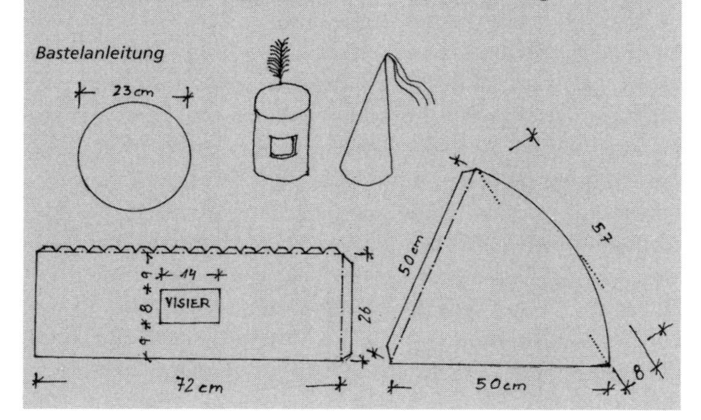

Bastelanleitung

einem scharfen Messer ausschneiden. Die beiden Ränder fest aneinander kleben, Hutgummi durchziehen und an der Spitze mit einem Busch aus Krepppapier oder Wollfäden verzieren. Der kleine Ritter schützt sich mit einer Rüstung. Für den Kopfschutz nach gleichen Vorarbeiten das Rechteck nach angegebenen Maßen aus der Pappe ausschneiden. Dann einen Sehschlitz einschneiden. Die Seiten zusammenkleben. Danach den ausgeschnittenen Kreis oben aufkleben und fertig ist der Topfhelm! Am Körper trägt der Ritter einen Pappkarton, in den Löcher für Kopf und Arme geschnitten wurden.

Glauberg: Auf den Spuren unserer Vorfahren

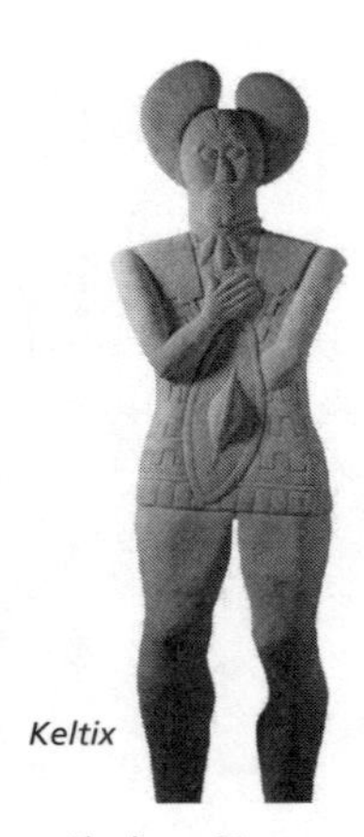

Keltix

Glauberg-Museum
Hauptstr. 17
63695 Glauburg
Tel. 0 60 41 / 72 7 oder 88 13
geöffnet: So. 14-16 Uhr
u. auf Anfrage
Eintritt frei
zu erreichen: B 521 Richtung Altenstadt,
dann L 319 über Lindheim

Der kleine abgelegene Ort Glauberg am Ostrand der Wetterau hat Schlagzeilen gemacht. Und das kam so. Bei Luftaufnahmen fielen am Glauberg oberhalb des Ortes eigenartige kreisförmige Markierungen im Boden auf. Grabungen wurden durchgeführt und ein sensationeller Fund kam ans Tageslicht. Es waren Anlagen von keltischen Fürstengräbern, die sich im Innern eines Hügels befanden. Auf diesen heiligen Ort hin führte eine zehn Meter breite und 350 Meter lange Prozessionsstraße. Zusätzlich gab es wahrscheinlich westlich davon noch einen Tempelbezirk. In den Gräbern wurden reich verzierte Gefäße aus Bronze, eiserne Schwerter, goldene Ringe, Armreifen, Gürtelschnallen und Spangen gefunden. Das Außergewöhnlichste aber, das 1996 zutage trat, war das Standbild eines keltischen Kriegers, der den Spitznamen »Keltix« bekam. Er ist lebensgroß, gepanzert, mit einer Haube und mit einem Schild ausgerüstet – dergleichen monumentale Kunstwerke waren bisher aus so früher Zeit nicht bekannt. Mehr als 2000 Jahre hatte der steinerne Mann vom Glauberg unter dem Ackerboden gelegen und harrt nun seiner Aufstellung. Doch die Reise lohn dennoch hierher. Denn das Grabungsgelände ist in einen archäologischen Park umgewandelt und der Hügel vom Fürstengrab wieder aufgeschüttet worden. Bei seinem Besuch sollte man einen Spaziergang auf den Glauberg selbst nicht versäumen. Sein rund 800 Meter langes und bis zu 200 Meter breites Plateau war von der Jungsteinzeit bis ins hohe Mittelalter besiedelt. Reste der gewaltigen keltischen Befestigungsanlage mit ihren Ringwällen können beim Weg hinauf durch Felder und Wälder noch erahnt werden. Außerdem ist Mauerwerk der mittelalterlichen Reichsburg aus dem 13. Jahrhundert erhalten. Beim Betrachten helfen Infotafeln mit Wissenswertem zu Kelten und Mittelalter, wo archäologische Kenntnisse und Fantasie nicht ausreichen. Speisen und Getränke für einen kleinen Imbiss und einen Ball oder Spiele am besten mitnehmen und dann Platz nehmen auf den grünen Rasenflächen zum Ausruhen, Träumen und Genießen. Im Ort empfehlen wir das *Glauberg-Museum* mit einer Dokumentation der Grabungen, einer lebensechten Kopie des Keltix und weiteren Funden von der Steinzeit bis zum Mittelalter.

Büdingen: Wo die Frösche quaken

Frösche gelten als das Wahrzeichen von *Büdingen*. In dem sumpfigen Gelände rings um die Stadt, wo Nidda und Seemenbach zusammenfließen, gab es früher einmal sehr viele davon. Von ihnen wurde auf die Bewohner geschlossen und die Büdinger hatten ihren Spitznamen weg: »Beurringer Frääsch«. Hauptsehenswürdigkeit ist das *Schloss* mit seinem hohen Turm auf einer Insel am Ostrand der wehrhaften Stadt. Es wird noch von der Familie der Fürsten von Ysenburg-Büdingen bewohnt, die auch die Ronneburg im Main-Kinzig-Kreis ihr Eigen nennt (s. dort). Der Burgherr ist passionierter Jäger und besitzt ein eigenes Wildgehege. Dementsprechend

Touristik-Center Büdingen
Marktplatz 9
63654 Büdingen
Tel. 0 60 42 / 96 37 0
E-Mail:
info@buedingen-touristik.de
www.buedingen-touristik.de

Das Büdinger Schloss

Schloss Büdingen
Schlossgasse 2
63654 Büdingen
Tel. 0 60 42 / 96 47 0
Führungen:
Mitte März-23. Dez.
Di.-So. 11.30, 14, 15, 16, 17 Uhr
Gruppen nach Voranmeldung auch sonst
Kinder u. Jugendl. 3 €, Erw. 4 €

können in der Wildkammer Wildspezialitäten gekauft werden und im Schlossrestaurant wird Hirsch oder Reh serviert, aber Kaffee und Kuchen gibt es auch. Die Anfänge des Büdinger Schlosses gehen auf eine Wasserburg aus dem 12. Jahrhundert zurück. Große Teile wurden dann in der Spätgotik und der Renaissance hinzugefügt. Besichtigt werden kann es nur mit einer Führung. Dazu werden Filzpantoffeln übergestreift und Blicke in den fürstlichen Saal und in das große Esszimmer geworfen. Es gibt die gotische Schlosskapelle, ein Jagdzimmer, viele Waffen und Rüstungen zu sehen. Bei Führungen für Kindergruppen darf sogar mal eine Rüstung angelegt werden. Zudem sind alte Truhen, Arbeitsgerät, Folterwerkzeug und eine Alchimistenküche zu besichtigen. In ihr wurden Versuche zur Goldgewinnung durchgeführt.

Nach der Besichtigung sollte man noch ein wenig im Schlosspark verweilen. Auch die Stadt selbst, 1231 zum ersten Mal erwähnt, verdient entdeckt zu werden. Ein ausgeschilderter Rundgang führt entlang der mächtigen Stadtbefestigung mit Wehrtürmen und dem Jerusalemer Tor zum großen runden Hexen- oder Gefängnisturm. Innerhalb der Mauern aus rotem Sandstein ist noch so manches schöne alte Haus erhalten. Wer sich schlau machen will, nimmt an den Fachwerk- oder Nachtwächterführungen teil, die es auch speziell für Schulklassen gibt.

Heuson-Museum
Rathausgasse 6
63654 Büdingen
Tel. 0 60 42 / 95 00 32
geöffnet: Di.-Fr. 10-12 Uhr, Mi., Fr., Sa. 15-17 Uhr, So. 10-17 Uhr
Eintritt frei, Spenden erbeten

Modellbaumuseum
im Kulturzentrum Oberhof
So. 14-17, Mo., Fr. 18-20 Uhr
Eintritt frei
zusätzl. Termine:
Wolfgang Hinterseher
0 60 47 / 18 80

Freibad Büdingen
Hinter der Meisterei
Tel. 0 60 42 / 10 31
geöffnet: Mai-Sept. täglich bis 19, im Hochsommer bis 20 Uhr

Museen hat Büdingen auch. Das *Heuson-Museum* ist im alten Rathaus zu finden. Zu sehen gibt es etwas über Kelten und Römer, aber auch über die Handwerker, die früher in der Stadt ihr Auskommen hatten. Originell ist das *Modellbaumuseum* im Oberhof in der Nähe des Marktplatzes. Die ausgestellte Mini-Flotte, die kleinen Eisenbahnen, Motorräder, Buddelschiffe und Flugzeuge sind in stundenlanger Fleißarbeit von Hobby-Modellbauern zusammengebaut worden.

Wem dann die Füße noch nicht wehtun, dem raten wir zu ausgedehnten Spaziergängen durch die dichten Wälder ringsum. Bequem zu erreichen ist der Wildpark nördlich der Stadt mit dem Gehege für Dam- und Rotwild. Wer im Frühsommer kommt, den lockt dann nicht nur das *Freibad*, sondern auch das Altstadtfest. Im September findet der Gallus-Markt mit Kirmes statt, im Dezember der Weihnachtsmarkt und am Fastnachtssonntag ist Büdingen Höhepunkt des närrischen Treibens.

Märchenland und Seenparadies

Durch dichte Wälder fährt der Urlauber, wenn er sich weiter in Richtung Norden aufmacht. Er kommt durch das hübsche Städtchen Ortenberg, in dem jeweils am letzten Oktoberwochenende der »Kalte Markt« stattfindet. Das war ursprünglich ein Pferdemarkt. Heute kommen mehrere hundert Händler und Schausteller angereist und noch immer wird wie in alten Zeiten der Kauf der edlen Tiere mit einem Handschlag besiegelt.

Hirzenhain, nur ein paar Kilometer entfernt, liegt schon am Fuße des Vogelsberges. Es ist die Stadt des Eisenkunstgusses, der eine lange Tradition hat. Kurz hinter Hirzenhain folgt an der B 275 der Ortsteil Merkenfritz. Dort wartet das *Märchenland* auf einen Besuch. Es stammt mit Märchenfiguren, einer kleinen Westernbahn, Miniscootern und dem Tal der Saurier aus den Kindertagen der Freizeitindustrie. Mittendrin hat der *Puppenspieler Oscar* seine Bühne, der mit seinem hübschen Puppentheater meist jüngeren Kindern Freude macht. Die Vorstellungen können auch ohne den Besuch des Märchenlandes angeschaut werden. Von Merkenfritz ist es dann nicht mehr weit zum Gederner See. Idyllisch eingerahmt von Wald und Wiesen liegt er etwas nördlich vom Städtchen Gedern. Der Besuch lohnt vor allem zum Baden und Bootfahren. Ein Campingplatz lädt zur Übernachtung ein. Ausgangspunkt für noch mehr Wasserfreuden sind die Dörfer Nieder- oder Ober-

Puppentheater im Märchenland

Verkehrsbüro
Schlossweg 7
63688 Gedern
Tel. 0 60 45 / 60 08 25
E-Mail: touristinfo@gedern.de

Märchenland Merkenfritz
63697 Hirzenhain-Merkenfritz
Tel. 0 60 45 / 45 42
geöffnet: Ostern-Nov.
tägl. 10-19 Uhr
Kinder 1,60 €, Erw. 2,20 €

Puppentheater im Märchenland Merkenfritz
Vorstellungen:
Ostern-Nov. So. 15 Uhr
sonst für Gruppen
nach Anmeldung

Am Gederner See

Touristinformation
Mooser Seen
Alte Schulstraße 5
36399 Freiensteinau
Tel. 0 66 66 / 96 00 21
E-Mail: info@mooser-seen.de

Moos. Sie sind nur wenige Kilometer weiter nördlich bei dem Ort Grebenhain zu finden. Um die beiden Teiche herum ist ein wahres Freizeitparadies entstanden. Schwimmen, Angeln, Surfen, Reiten und Planwagenfahren sind möglich. Die *Touristinformation* in Freiensteinau, zu der die beiden Ortschaften gehören, organisiert Führungen und Wanderungen.

Windenergiepark bei Ulrichstein

Das Vulkangestein des Vogelsberges

Der Vogelsberg ist das größte zusammenhängende Vulkangebiet Europas. Das Lavagestein, das vor vielen Millionen Jahren mit enormer Hitze aus 20 Kilometern Tiefe hervorbrach, entwickelte sich zu einer Landschaft voller dichter Wälder, Wiesen und Hochmoore, die noch weitgehend unberührt ist. Man sagt, der Vogelsberg sei durch Teufelswerk zu seinem Namen gekommen. Ein armer Schmied habe nämlich einst, um für sich und seine Kinder zu Geld zu kommen, seine Seele an den Teufel verkauft. Doch als der seinen Tribut forderte, bekam es der Schmied mit der Angst zu tun. Ein altes kluges Weiblein verriet ihm, wie der »Gottseibeiuns« auszutricksen sei. Er solle ihm als Gesellenstück drei Prüfungsaufgaben stellen. Gesagt, getan. Bei der dritten und entscheidenden Frage galt es, einen Vogel zu erraten. Die Frau des Schmiedes hatte sich dazu erst im großen Backtrog in Teig, dann in Federn gewälzt und danach auf einer Vogelstange Platz genommen. Der Teufel, der nicht herausbekommen konnte, um was für ein seltsames Wesen es sich handelte, geriet in Zorn und schrie: »So einen Vogel gibt es auf der ganzen Welt nicht, nur hier auf dem elenden Vogelsberg!«

Fremdenverkehrsverband
Vogelsberg u. Wetterau
Goldhelg 20
36341 Lauterbach
Tel. 0 66 41 / 97 72 75
E-Mail: info@fvv.vogelsberg-wetterau.de
www.fvv.vogelsberg-wetterau.de

Windenergiepark
u. Windenergielehrpfad
Infos: Verkehrsamt
Grebenhain
Hauptstr. 51
36355 Grebenhain
Tel. 0 66 44 / 96 27 17
E-Mail: Grebenhain-Gemeinde.t-online.de
oder: Infobüro Ulrichstein
Tel. 0 66 45 / 96 10 13

Hier wurde in früheren Zeiten Eisen abgebaut und verhüttet, Leineweber und Strumpfwirker hatten ihr Auskommen. Heute noch gibt es Milch-, Weide- und Obstwirtschaft, große moderne Industrieanlagen fehlen weitgehend. Exportprodukt ist das gute Vogelsberger Wasser, das in großen Mengen sauber und gekühlt nicht nur die Haushalte der Region versorgt, sondern auch gut 100 Kilometer weiter nach Frankfurt geliefert wird. Zugleich verfügt die Region über den leistungsstärksten Windenergie-Park in einer deutschen Binnenregion. Er entstand auf der »Platte« rund um Ulrichstein, Hessens höchstgelegener Stadt. Mit Windkonvertern, den modernen Windkraftmaschinen, wird auf umweltfreundliche Weise Strom erzeugt. Ein zusätzlicher *Windener-*

gielehrpfad informiert Kinder, Eltern und Lehrer, wie alles funktioniert.

Wanderer und Wintersportler kommen in der Region voll auf ihre Kosten, Reiter und Radfahrer ebenso. Manche Höfe bieten Reiterfreizeiten für die ganze Familie an und für die Radler existiert ein gut ausgebauter Weg, der Vulkan-Radweg. Die Busse des Vogelsberger *Vulkan-Express* fahren die meisten Ausflugsziele an und nehmen auch Fahrräder mit.

Vogelsberger Vulkan-Express
Mai-Nov. an Wochenenden
und Feiertagen
RMV-Hotline 01 80 / 23 51 45 1
RMV-Mobilitätszentrale
Alsfeld
Tel. 0 66 31 / 96 33 33
E-Mail: bahnhof-alsfeld
@mobilberatung.rmv.de

Schotten: Zuckerbäcker und Streichelzoo

Schotten gilt als das Herz des Vogelsberges. Mit ihm verbinden viele den Schottenring, eine ehemalige Autorennstrecke nahe der Stadt. Dabei hat der auf die Gründung von irisch-schottischen Mönchen zurückgehende Ort viel mehr zu bieten: eine nette Altstadt, die gotische Liebfrauenkirche und ein Museum, in dem eine große Sammlung von Schneekugeln, Marionettenfiguren und ein richtig schönes Kinderspielzimmer anzuschauen sind.

Schotten ist Ausgangspunkt für viele Ausflüge. Nur ein Kilometer entfernt ist der *Nidda-Stausee* – ein Eldorado für Wasserfreunde. Er lädt zum Schwimmen, Surfen und Bootfahren ein. Boote können auch ausgeliehen werden. Mit der *Miniatur-Eisenbahn* oder den Elektro-Autos drehen kleine Eisenbahn- oder Autofans am Seeufer an Sommerwochenenden ihre Runden. Ein Abenteuerspiel- und ein Campingplatz sind ebenfalls da. Die Betreiber des *Vogelparks* nördlich der Stadt bezeichnen ihre Anlage als kleines Naturparadies. In den Freigehegen leben viele heimische Vogelarten, darunter auch fremde wie Aras, Papageien oder Pelikane. Die Wege sind rollstuhlgerecht, es gibt einen Streichelzoo mit Kaninchen, Meerschweinchen, Ziegen und Wasserschildkröten. Zum Park gehören auch ein Kinderspielplatz und ein Café.

In Schotten-Wingershausen stellen Zuckerbäcker Wolfgang Keil und seine Familie in ihrer *Mohrenkopffabrik* täglich aus Eischnee, Zucker, Schokolade und Aromastoffen 7000 Mohrenköpfe her. 24 Sorten hat die kleinste Schokoladenfabrik der Welt im Angebot: auch mit Himbeer, Waldmeister oder Mokka. Zuschauen und Naschen ist erlaubt.

Brot nach altem Rezept wird bei der *Hofreite Adam* im Stadtteil Michelbach gebacken. Gemahlen wird das Getreide in einer alten Wassermühle im benachbarten Eschenrod. Frau

Tourist Information
Vogelsbergstr. 137a
63679 Schotten
Tel. 0 60 44 / 66 51
E-Mail:
tourist-info@schotten.de
www.schotten.de

Nidda-Stausee
zwischen Schotten
und Ortsteil Rainrod
Miniatur-Eisenbahn
u. Mini-Autos
Information u. Anmeldung
Michael Hau:
Tel. 0 60 44 / 80 78

Vogelpark Schotten
Vogelsbergstr. 212
63679 Schotten
Tel. 0 60 44 / 60 09 14 4
geöffnet: April-Okt.
täglich 10-18 Uhr
Kinder 1,50 €, Erw. 3 €
Gruppen ab 20 Personen:
Kinder 1,20 €, Erw. 2,50 €
www.vogelpark-schotten.de

Mohrenkopffabrik
Wolfgang Keil
Untere Weinbergstr. 5
63679 Schotten-
Wingershausen
Tel. 0 60 44 / 31 28
bitte anmelden

Hofreite Adam
63679 Schotten-Michelbach
Tel. 0 60 44 / 13 54
Brotbacken ca. 8 € pro Person
nur auf Anfrage

Adam stellt den Teig selbst her. Im Steinback-Verfahren im Dorfbackhaus braucht das Brot dann einige Stunden, bis es fertig ist. Die Hofreite Adam bietet auch Planwagen- und Kutschfahrten an. Im eigenen Gasthof werden Vogelsberger Spezialitäten gereicht.

Naturpark Vogelsberg: Taufstein und Hoherodskopf

Geschäftsstelle
Naturpark Hoher Vogelsberg
Am Hohenwiesenweg 1
63679 Schotten
Tel. 0 60 44 / 26 31

Jugendherberge Hoherodskopf u. Rucksackschule
63679 Schotten
Tel. 0 60 44 / 27 60 oder 20 71

Naturschutz-Informationszentrum Hoherodskopf
Tel. 0 60 44 / 26 31 o. 91 16 0
geöffnet: Mo.-Fr. 13-17,
Sa., So. 10-17 Uhr
Eintritt frei
Führungen auch im Gelände,
Infomaterial für Pädagogen

Sommerrodelbahn
Josef Wiegand,
SkiliftbetriebsGmbH
36169 Rasdorf
Tel. 0 66 51 / 98 00
geöffnet: Ende März-Ende Okt. tägl. 10-17 Uhr
eine Fahrt: Kinder 1,50 €,
Erw. 2 €

Mitten im Naturpark Vogelsberg liegen östlich von Schotten Taufstein und Hoherodskopf, die höchsten Berge der Region. Der 773 Meter hohe Taufstein wird mit dem irischen Mönch Bonifatius (s. Fritzlar und Fulda) in Verbindung gebracht. 721 kam er nach Hessen, um die heidnischen Germanen zum Christentum zu bekehren. Auf dem Taufstein soll er gepredigt und ihre Taufe vollzogen haben. Zum Berggipfel führt ein etwa viertelstündiger Weg vom Parkplatz Hoherodskopf. Dort angelangt, schaut man vom Aussichtsturm des Berges über ein Meer aus Wald. Zu sehen sind die Hänge von Vogelsberg, Taunus, Rhön, Kellerwald und Spessart.

Der Hoherodskopf selbst hat ein geräumiges Plateau, das Fernmeldetürmen, mehreren Restaurants und einem Kiosk Platz bietet. Auf dem 764 Meter hohen Berg muss dann entschieden werden: bleiben oder spazieren gehen. Denn der Hoherodskopf eignet sich gut als Ausgangspunkt für Wanderungen. Ein Weg führt zur Quelle der Nidda, ein anderer zum Hochmoor oder zum so genannten Forellenteich. Für die Dagebliebenen bedeutet die *Sommerrodelbahn* eine echte Herausforderung. Es wird dort eine Art Bob bestiegen und ab geht es die 750 Meter lange Bahn aus Metall hinunter. Per Lift kommt man wieder nach oben. Das *Naturschutzzentrum* informiert über die Entstehungsgeschichte des Gebietes und seine Pflanzen- und Tierwelt. Nach Voranmeldung werden Führungen für Gruppen angeboten. Auch Hessens erste *Umwelt-Jugendherberge* liegt am Hoherodskopf. In ihrer unmittelbaren Umgebung sind mehrere Lehrbiotope zum Beobachten des Lebensraumes Wald und Wasser angelegt. Zusätzlich kann in Labor- und Werkstatträumen im Haus geforscht werden, Geräte für Versuche und Wasserproben werden ausgeliehen. Zimmer stehen für Familien, Gruppen und Einzelwanderer zur Verfügung. Wer noch mehr erfahren will, nimmt am besten an der Vogelsberger *Rucksackschule* teil. Von April bis September findet sie in freier Landschaft statt, die Schüler haben nur bei sich, was in einen Rucksack passt: Verpflegung, wetterfeste Kleidung und einige wenige Übungs- und Lehrmaterialien. Auch winterliche Vergnügungen wie Rodeln, Langlauf oder Abfahrtski werden auf dem Hoherodskopf groß geschrieben. Die Loipen sind zwischen einem und sieben Kilometer lang. Ein *Schneetelefon* informiert im Winter rund um die Uhr über die Wetterverhältnisse. Skikurse für Kinder bietet eine *Skischule* des Deutschen Skiverbandes an. Es finden auch Rodelnächte mit Lagerfeuer statt. Heiße Getränke und Würstchen werden angeboten. Informationen dazu gibt es am Kiosk auf dem Hoherodskopf.

Vogelsberger Schneetelefon
Tel. 0 60 44 / 66 66

Skischule des
Deutschen Skiverbandes (DSV)
Tel. 0 60 44 / 37 31

Laubach: Märchenschloss und Silvesterwürfeln

Laubach, die 1200 Jahre alte Residenzstadt am westlichen Ausläufer des Vogelsberges, ist umgeben von dichten Wäldern und hat eines der größten und schönsten Schlösser Hessens. Jahrhundertelang wurde gebaut, bis aus der einstigen Wasserburg mit vielen Winkeln, Höfen, Türmen und Treppen, Wirtschaftsgebäuden und Beamtenhäusern das *Schloss* der Grafen von Solms-Laubach wurde. Die gräfliche Familie bewohnt heute noch einen Teil des Schlosses. Die vielen kostbaren Gegenstände im *Schlossmuseum* stammen aus ihrem Besitz und machen das Museum zu einem Ort, um über Geschichte und Geschichten zu sinnieren. Starke Nerven und das Alter von acht Jahren braucht man dagegen für *Dracula's Museum der Vampire und Fledermäuse*, ebenfalls im Schloss untergebracht. Es geht auf die Privatsammlungen zweier Spezialisten zurück, die sich mit jenen Wesen in Natur, Film und Literatur beschäftigt haben. In beiden Einrichtungen werden spezielle Kinderführungen angeboten. Tagsüber natürlich. Im Dunkeln kann bei einer *Fledermausführung* das Wissen über die Kobolde der Nacht vertieft werden. Mit einem besonderen Gerät werden dabei die sonst für Menschen nicht hörbaren Rufe der Tiere verstärkt, um die Tiere orten zu können.

Stadtverwaltung Laubach
Rathaus
35321 Laubach
Tel. 0 64 05 / 92 13 21
www: info@laubach-online.de
www.laubach-online.de
Kinderstadtführungen
und Ausflüge ab 5 Personen
und ab 1,50 € pro Person

Schloss
Tel. über Kultur- und
Tourismusbüro 0 64 05 / 92 1
Mitte April-Ende Sept.
Führungen Mi. 14.30 Uhr

Schlossmuseum
Führungen: 1. April-31. Okt.
Mi.-Fr. 15 Uhr,
Sa., So. 14, 15 und 16 Uhr
Gruppen- u. Sonderführungen
auf Anfrage unter
Tel. 0 64 05 / 63 40
spezielle Kinderführungen
Kinder 1,50 €, Erw. 3,50 €

Unser Lesetipp: Um ein Schloss, umgeben von Wäldern, in denen es von Fledermäusen nur so wimmelt, geht es im Buch von Hilke Rosenboom »Der Sommer der dunklen Schatten« aus dem Carlsen Verlag. An diesem unheimlichen Ort soll Robert den Sommer verbringen. Was er dabei Spannendes erlebt, am besten selber lesen. Nur so viel sei verraten, er kommt auch dem Geheimnis um den Märchendichter Ludwig Bechstein auf die Spur.

Dracula's Museum
der Vampire und Fledermäuse
Stiftstr. 2
35321 Laubach
Tel. 0 64 05 / 50 21 56
geöffnet: Sa., So. 14-17 Uhr sowie nach Vereinbarung
Kinder 2 € (mit Führung 3 €),
Erw. 3 € (mit Führung 4 €)

Nachtwächterführungen
Buchungsanfragen unter
Tel. 0 64 05 / 92 13 21
(Tourismusbüro)
Begrenzte Teilnehmerzahl,
rechtzeitig buchen
Karten 6 €

Münch-Motorenmuseum
Tel. 0 64 05 / 37 51
geöffnet: Mo.-Fr. 10-16 Uhr,
Sa. 10-15 Uhr
Erw. 5 €

Spaß macht sicher auch die *Nachtwächterführung*. Dann werden gemeinsam mit jenem Herrn mit Filzhut, Horn und Lampe die Runden gedreht, der viel von Laubach und seinen Bewohnern zu erzählen weiß. Wem dies zu romantisch ist, wartet auf das Tageslicht und besucht das *Münch-Motorenmuseum* im Industriegebiet von Laubach. Der Inhaber Friedel Münch, Konstrukteur vom »Münch Motorrad«, ist Technik- und Motorenfreak. In seinem Privatmuseum sind neben dem Motorrad Typ Münch Panzer-, Schiffs- und Automotoren ausgestellt.

Zum Schloss gehört ein im englischen Stil angelegter großer Park, den es mit Weiher und Skulpturen auf schattigen Wegen zu erkunden gilt. Weil die Schlossherren große Jäger waren, wird hier noch heute das *Ausschussfest* im Frühsommer gefeiert. Es geht auf eine Tradition aus dem 16. Jahrhundert zurück. Die männlichen Bürger gehörten damals der Bürgerwehr an, um notfalls die Stadt zu verteidigen. Einmal im Jahr wurde Manöver gehalten und dem besten Schützen winkte als Preis ein vom Schlossherrn gestifteter Hammel. Das ist auch heute noch so. Gewonnen hat, wer beim Schuss auf die Scheibe die »Zehn« trifft. Das Fest beginnt an einem Sonntagnachmittag mit einem Kinderfestzug und weiteren Kindervergnügungen. Daran schließt sich ein Umzug der Konfirmanden an, die es dann zum ersten Mal in ihrem Leben den gestandenen Jägern gleichtun und sich als Schützen üben. Ihr Preis ist wie anno dazumal ein kleiner Hammel.

Im August findet in Laubach ein Lichterfest mit großem Feuerwerk statt. Zum Silvesterwürfeln strömt am 31. Dezember Groß und Klein ab 15 Uhr in die Gaststätten. Spielergrüppchen werden gebildet: Jeder darf dreimal würfeln, derjenige mit der höchsten Augenzahl gewinnt. Die Wirte haben vorgesorgt, je nach Höhe des Einsatzes stehen Bratwürste, Kuchen und Brezeln als Preise bereit. Der Brauch stammt wohl aus dem Dreißigjährigen Krieg und wurde vor einigen Jahrzehnten wiederbelebt.

Herbstein: Der Bajaß und seine Mannen

Herbstein ist ein Städtchen wie aus dem Bilderbuch: Reste von Stadtmauern und Türmen, eine gotische Stadtkirche, ein netter kleiner Marktplatz mit Brunnen, ein hübsches Fachwerkrathaus und mit Schindeln verkleidete Häuser.

Das katholische Herbstein bildete eine Insel mitten in einer evangelischen Region. Es ist stolz auf seine besondere Art, Fastnacht zu feiern. Im Mittelpunkt des tollen Treibens steht beim großen Rosenmontagsumzug ein Tanz. Vortänzer ist der »Bajaß«. Ihm folgen sechs Paare. Es sind, wie der Bajaß, junge Männer in Lederhosen, weißen Blusen und Röcken. Die Tänzer springen im Wechselschritt zur Musik und ziehen beim Sprung die Beine an. Umzug und Tanz dauern Stunden, die Springerei ist anstrengend und deswegen, so heißt es, wurden die »Damen«, die ja eigentlich zu einem solchen Tanz gehören, durch verkleidete Männer ersetzt. Wer weiß, ob's stimmt. In jedem Fall müssen sich Bajaß und Tänzer das Mitwirken teuer ersteigern. Doch damit nicht genug der Feierei. Am Abend vor Aschermittwoch wird ein Feuer geschürt und »die Fastnacht« und alles, was dazugehört, gewissermaßen symbolisch verbrannt. Am folgenden Sonntag ist »Hutzelsonntag« (vgl. Rhön). Hutzeln, das sind getrocknete Pflaumen oder Dörrobst, die es dann nach alter Väter Sitte zu essen gibt. Den eigentlichen Höhepunkt aber bilden die vier bis zu 20 Meter hohen Feuer. Sie werden den Himmelsrichtungen entsprechend ausgerichtet und erinnern an den alten Brauch des Winteraustreibens (s. Langenthal).

Wer nicht das Glück hat, an den tollen Tagen in Herbstein zu sein, mag sich mit einem Besuch im *Fastnachtsmuseum* trösten. Oder er schaut im *Privatmuseum* von Karolina Ruhl vorbei. Sie hat eine große Puppensammlung mit selbst genähten und gestrickten Kleidern und weiß viele interessante Dinge zu erzählen. Puppenstuben vom Biedermeier bis in die Zeit von 1950 und eine Spielzeugküche sind auch im STATT-Museum ausgestellt. Zum Frische-Luft-Schnappen hinterher eignet sich der Kurpark: Er hat eine Minigolfanlage, eine Grillhütte und ein Thermalbad, das von Hessens höchster Heilquelle gespeist wird.

Tourist-Information Herbstein
Obergasse 5, im Statt-Museum
Tel. 0 66 43 / 96 00 19
E-Mail: info@herbstein.de
www.herbstein.de

Fastnachtsmuseum
Amtsgasse 2
36358 Herbstein
Tel. 0 66 43 / 14 22
geöffnet: nach Vereinbarung
Kinder u. Erw. 1 €

Privatmuseum
Karolina Ruhl
Hessenstr. 64
36358 Herbstein
Tel. 0 66 43 / 15 52

Strumpfzieherbrunnen in Lauterbach

Lauterbach: Der Strumpf und die Illegillchen

Lauterbacher Verkehrsverein e.V.
Tourist-Center
(Stadt Lauterbach)
Marktplatz 14
36341 Lauterbach
Tel. 0 66 41 / 18 41 12
Freecall 08000 Lauter
(08000 528837)
E-Mail:
info@lauterbach-hessen.de
www.lauterbach-hessen.de

Lauterbach, die Stadt an der Lauter, ist mit fast 14.000 Einwohnern im Kerngebiet die größte des Vogelsberges. Sie wird in einem Volkslied besungen, das von einem Handwerksburschen handelt. Der wurde bei einem Liebesabenteuer mit seiner Wirtin überrascht und ließ dabei seinen Strumpf zurück. Diesem Corpus Delicti begegnet der Besucher sehr häufig. Er hängt am Wahrzeichen Lauterbachs, dem Strumpfzieherbrunnen bei der alten Stadtmühle und ist auf Postkarten zu sehen. Als Souvenir hängt er im Fenster der Konditorei Stöhr, gefüllt mit feinsten handgemachten Pralinen.

Über die Geschichte der Stadt können sich Kinder schlau machen im *Kinderstadtführer* im Internet. Der Ritter Simplizius, Schutzpatron der Stadt, führt sie zu den wichtigsten Sehenswürdigkeiten. In »echt« sind diese bei einer Erlebnisstadtführung für Kinder vom Verkehrsverein zu entdecken. Hier gibt es auch ein Heft, das sich an Kinder richtet. Ausflüge und Freizeiten für kleine Menschen bietet das Jugendamt an. Bei den Ferienspielen wird Lauterbach dann zu »Strolchhausen« oder zu einer Kinderstadt mit Bügermeister, Rathaus und vielem mehr.

Wir machen aber jetzt schon einen Rundgang und verraten, dass »Luternbach« erstmals im Jahr 812 erwähnt wurde, 1266 erhielt es das Stadtrecht. In der Folgezeit hatten die Herren von Riedesel das Sagen. Die größten Bauten in der an Fachwerk reichen Stadt stehen mit ihnen in Verbindung: die Burg, das Haus zum »Goldenen Esel«, in dem Gericht gehalten wurde, das Schloss. In ihm ist heute das *Hohhaus-Museum*. Dort wird über die Vor- und Frühgeschichte informiert, es gibt auch Abdrücke von Saurierspuren. Neben gemalten Kindheits- und Tiergeschichten des Lauterbacher Malers Ernst Eimer sind Puppenhäuser und Schaukelpferde zu bewundern, außerdem Werkstätten von Bäckern, Hutmachern, Schustern und Töpfern.

Hohhaus-Museum
Berliner Platz 1
36341 Lauterbach
Tel. 0 66 41 / 24 02
geöffnet: Di.-Fr., So. 10-12,
Sa., So.14-17 Uhr
Kinder 0,50 €, Erw. 2 €

Das Töpferhandwerk gehört zur lang gepflegten Tradition. In der *Töpferei Bauer* haben seit über 400 Jahren Väter und Söhne an der Töpferscheibe gesessen. Auch heute noch werden hier die schönen irdenen Krüge und Teller in Handarbeit gefertigt. Für Kinder bieten die Bauers besondere Töpferkurse an. Mal sehen, was dann entsteht. Vielleicht ein typisch Lauterbacher Souvenir, das »Illegillchen«. Was man darunter versteht? »Ille« meint Sand oder Erde oder im weiteren Sinne den Ton, aus dem das Stück gefertigt wird. »Gille« oder »Gillchen« ist der kleine Reitersmann selbst. Solche Figürchen zierten früher die Dachfirste der Häuser.

Töpferei Bauer
Linderstr. 61-65
36341 Lauterbach
Tel. 0 66 41 / 79 66 60
E-Mail:
toepferei-bauer@t-online.de
www.toepferei-bauer.de

Ein großer Töpfermarkt findet in Lauterbach am ersten Septemberwochenende statt. Dann kommen viele Töpfer auf den Platz vor dem »Goldenen Esel« und es gibt ein spezielles Kindertöpfern. Das größte Fest ist der Prämienmarkt. Er wird um Fronleichnam herum veranstaltet und war früher ein Viehmarkt. Heute sind neben der Tierschau auch die vielen Jahrmarktbuden attraktiv. Die Altstadt ist dann angestrahlt, ein Feuerwerk wird auch gezündet. Einen hübschen Nikolaus- und Weihnachtsmarkt richten die Lauterbacher noch zusätzlich aus. Wichtigste Adresse für den Freizeitspaß rundum im Jahr ist das *Freizeitzentrum* in der Nähe des Stadtparks. Es hat alles, wonach sich das Herz sehnt: im Sommer das Freibad, im Winter eine Kunsteisbahn und das Erlebnis-Hallenbad »Die Welle« mit Brandungswellen, Riesenrutschbahn, Strömungskanal, Sauna, Dampfbad und Solargrotten. Minigolfen im Stadtpark und der Ausflug auf den Aussichtsturm auf dem 440 Meter hohen Hainigberg südlich der Stadt sind etwas für sommerliche Wärmegrade. Wahrscheinlich befand sich auf dem Berg einmal eine germanische Kultstätte, heute ist dort ein Naturschutzgebiet mit schönen alten Eichen. Von da ist es

Freizeitzentrum Lauterbach
Am Sportfeld 7
36341 Lauterbach
Tel. 0 66 41 / 45 05 u. 18 41 12,
Infotel. 0 66 41 / 62 72 9
geöffnet: Freibad Mai-Sept.
Eissporthalle Okt.-März
Kinder 1,50 €, Erw. 3 €
Erlebnishallenbad
Di.-Fr. 14-22, Sa., So. 9-22 Uhr
Kinder 2,50 €, Erw. 4,50 €
www.lauterbach-hessen.de

nicht weit zum Schloss Eisenbach. Hier wohnen die Herren Riedesel. Das Schloss mit seinen Zinnen, Toren und Erkern ist leider für Besucher geschlossen. Schön sitzen lässt es sich aber auf der Terrasse des Restaurants gleich nebenan und der Park lädt zu einem geruhsamen Spaziergang ein.

Schlitz: Die Stadt der Burgen

Fremdenverkehrsamt Schlitz
An der Kirche 4
36110 Schlitz
Tel. 0 66 42 / 97 0 60

Nur wenige Orte vermitteln noch so einheitlich ein mittelalterliches Lebensgefühl wie das Städtchen Schlitz am gleichnamigen Flüsschen. Schon von Ferne leuchten rot die Ziegeldächer, trutzig erheben sich die ehrwürdigen Mauern und Giebel des Städtchens. Zu Recht stolz sind die Bürger auf ihren hübschen Marktplatz mit dem St.-Georgs-Brunnen. Hier findet alle zwei Jahre im Sommer das »Heimat- und Trachtenfest« mit Tanzgruppen und vielen Motivwagen statt. Der Ort hat gleich mehrere Burgen. Vorder-, Hinter-, Schachten- und Ottoburg liegen innerhalb des Mauerrings, die Hallenburg außerhalb davon. In der Vorderburg befindet sich nicht nur ein schönes Glockenspiel, sondern auch das *Heimatmuseum Schlitz*. Es bietet Informationen über die Grafen von Schlitz, über heimatliche Leinenweberei, Handwerk und Landwirtschaft. Der über 700 Jahre alte runde und 36 Meter hohe *Hinterturm* diente früher als Gefängnis. Mit einem altertümlichen Fahrstuhl geht es hinauf. Oben angekommen, kann man die ganze Schönheit der Stadt betrachten. In der Adventszeit vollzieht sich eine wunderbare Verwandlung mit dem Turm. Die Feuerwehr rückt mit einem Kran an, ein roter Überzug wird über ihn gestreift und an seiner Spitze ein fünf Meter hohes Alugestell mit 122 Elektrobirnen befestigt. Fertig ist die größte Adventskerze der Welt, die bis zum 6. Januar brennt. Die Schlitzer haben es mit dieser Idee ins »Guinness-Buch der Rekorde« geschafft.

Heimatmuseum Schlitz
An der Vorderburg 1
36110 Schlitz
Tel. 0 66 42 / 4 04 20
geöffnet:
April-Okt. Di.-So. 14-16,
Nov.-März Sa. u. So. 14-16 Uhr
Kinder 1 €, Erw. 1,50 €

Hinterturm
geöffnet: tägl. April-Okt.
10-12 u. 15-18 Uhr
(Juni-Aug. bis 19 Uhr)
1 €

Alsfeld mit Elle und Pranger

Touristcenter Alsfeld
Markt 12
36304 Alsfeld
Tel. 0 66 31 / 91 10 24 3
E-Mail: tca@alsfeld.de
www.alsfeld.de

Die Häuser sind noch da, die Figuren von einst, Hofleute, Ritter, Bürger müssen mit ein wenig Fantasie hinzu erdacht werden. Dann wird Alsfeld dem Besucher noch schöner erscheinen, als es ohnehin schon ist. Nur wenige Städte in Hessen haben ein so geschlossenes Ensemble an Bürgerbauten aufzuweisen – dabei allen voran das schmucke Fachwerkrathaus. In seinem offenen Untergeschoss wurde früher Markt gehal-

ten. Die Alsfelder Elle, das einst für Käufer und Händler gültige Längenmaß, ist gut sichtbar an seiner linken Ecke eingelassen. Ein paar Schritte weiter steht das 1538 errichtete Weinhaus, in dem man früher Wein lagerte und jedes Amtsgeschäft mit einem Umtrunk besiegelte. An seinem Eck mahnt der Pranger die Bürger zur Gesetzestreue, Straftäter wurden hier öffentlich zur Schau gestellt. Schräg gegenüber befindet sich das große steinerne Hochzeitshaus im Stil der Renaissance. Es bot den passenden Rahmen für Feierlichkeiten und Tanzvergnügungen.
Die Stadt wurde im 12. Jahrhundert gegründet und erlangte schnell Bedeutung, da sie strategisch günstig an der wichtigen Handelsstraße nach Thüringen lag. Heute liegt Alsfeld an der Märchenstraße. Nur wenige Kilometer sind es von hier bis zur Schwalm, der Heimat von »Rotkäppchen« aus dem berühmten Grimmschen Märchen. Ein Stück von einer Märchenwelt hat auch das kleine private *Spielzeugmuseum* am Kirchplatz. Die feingliedrigen Porzellanpuppen in Rüschenkleidern sind so recht nach dem Geschmack der Puppenmütter. In der Erlebnis-Welt *Erlenbad* erleben die Gäste dagegen schier unbegrenzte Wasserfreuden mit 76 Meter langer Riesenrutsche, Wasserfällen und großen Liegewiesen.

Spielzeugmuseum Alsfeld
Kirchplatz 9, Eingang Kaplaneigasse
36304 Alsfeld
Tel. 0 66 31 / 41 17
geöffnet: Di.-So. 11-12 u. 14.30-17 Uhr
Kinder 1 €, Erw. 2 €,
Gruppen ab zehn:
Kinder 0,50 €, Erw. 1,50 €
E-Mail:
spielzeugmuseum@vr-web.de
www.spielzeugmuseum-alsfeld.de

Erlenbad
An der Bleiche 12A
36304 Alsfeld
Tel. 0 66 31 / 18 28 10
geöffnet: Mo., Mi., Fr. 16-22, Do. 16-20, Sa., So. 9-22 Uhr
Kinder 2 €, Erw. 3,50 €,
Familienkarte 9,50 €

Ronneburg
Altwiedermus
Neuberg
Ravolzhausen
Gelnhausen
A66
Langenselbold
Bruchköbel
Gem. Erlensee
Kinzigsee
Kinzig
Wilhelmsbad
Rumpenheim
A66
Birkensee
Bärensee
8
Main
Philippsruhe
HANAU
A45
Main
Mühlheim
Dietesheim
43
Erholungsgebiet Steinbrüche Seen
See
Großauheim
Steinheim
Klein Auheim
Großkrotzenburg
OFFENBACH
Hausen
448
Hainstadt
Klein-Krotzenb.
Knochensee
A3
Froschhsn
8
Main
Hainhausen
Stadt Rodgau
Seligenstadt
Klein-Welzheim
Mainflingen
45
Zellhsn
Königssee
Gem. Mainhausen

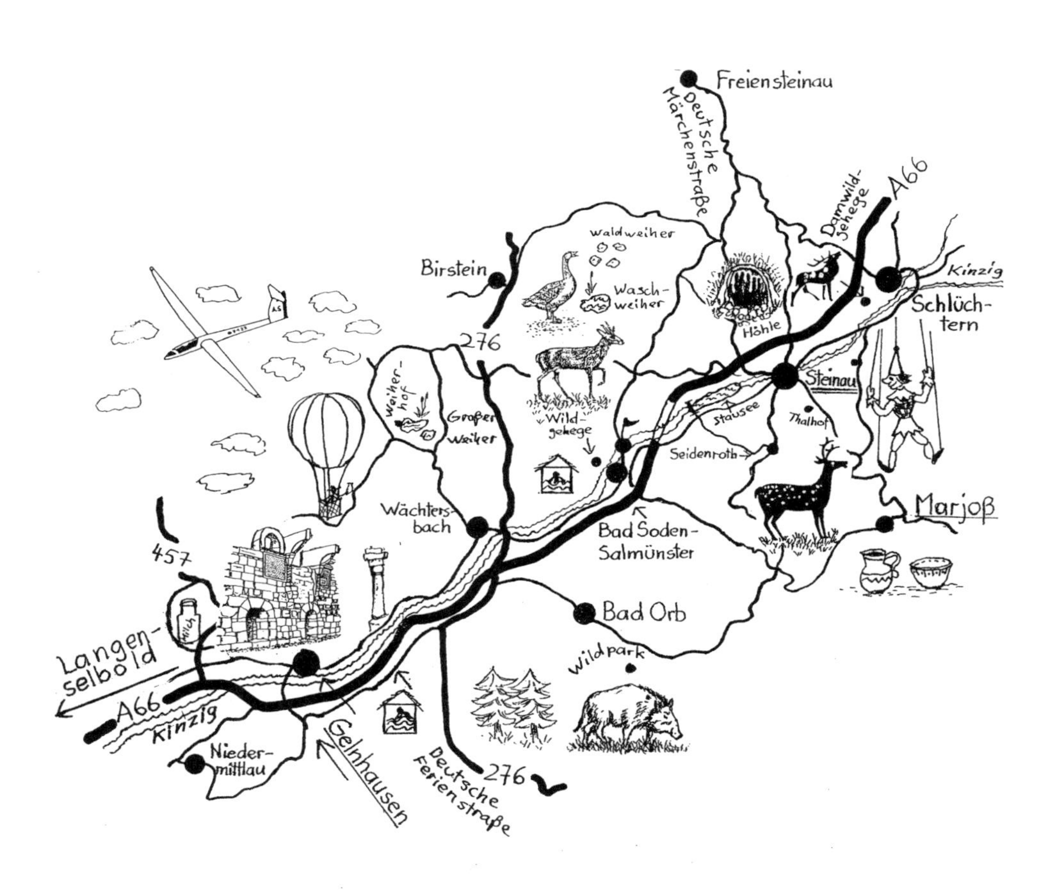

Freiensteinau
Deutsche Märchenstraße
A66
Damwild-gehege
Kinzig
Schlüchtern
Höhle
Steinau
Stausee
Thalhof
Seidenroth
Marjoß
Birstein
Waldweiher
Wasch-weiher
276
Weiher-hof
Großer Weiher
Wild-gehege
Wächtersbach
Bad Soden-Salmünster
Bad Orb
Wildpark
457
Milch
Langen-selbold
A66
Kinzig
Nieder-mittlau
Gelnhausen
Deutsche Ferienstraße
276

An Main und Kinzig

Von alten Handelsstraßen

Wirtschaftsförderung und
Tourismus GmbH
Spessart-Kinzigtal-Vogelsberg
63571 Gelnhausen
Tel. 0 60 51 / 48 07 21
E-Mail: tourismus@wfmkk.de

Zwei Flüsse gaben der Region ihren Namen. Wie der Main war früher auch die Kinzig schiffbar. Manches Handelsgut wurde auf beiden Flüssen transportiert. Die rege Wirtschaft trug zum Wohlstand der Bürger und zum schmucken Aussehen ihrer Städte bei. Denn zwischen den Flüssen entstanden Orte und bedeutende Handelsstraßen. An Gelnhausen und Steinau vorbei lief die wichtige Verbindungslinie zwischen den beiden Messeorten Frankfurt und Leipzig. In Ost-West-Richtung waren die Kaufleute auf der »Birkenhainer Straße« unterwegs, eine weitere verlief in Nord-Süd-Richtung. Letztere kann man heute durch dichte Wälder entlang wandern. Sie trägt den Namen »Eselsweg« und führt von Schlüchtern über Bad Orb nach Miltenberg am Main. Schwer beladen mit Salzsäcken, dem weißen Gold, waren hier einst die Esel unterwegs.

Die Kinzig durchquert die Wiesenlandschaft oft in großen Bögen. Heute ist sie bei Bad Soden-Salmünster zu einem großen See gestaut, an dem man angeln, rudern und baden kann. Aber nicht nur hier wird Freizeitspaß groß geschrieben. Die vielen Seen um den Mainbogen bei Hanau und Seligenstadt stellen ein wahres Freizeitparadies für Angler, Surfer und Schwimmer dar.

In der Region beginnt auch die »Deutsche Märchenstraße«. Von Hanau, der Geburtsstadt der Brüder Grimm, führt sie über Steinau ebenfalls nach Schlüchtern mit der Grimm-Stube im Bergwinkelmuseum. Zu den landschaftlich schönsten Punkten des Gebietes abseits der Städte kommt der Besucher mit dem Planwagen. Für das Wintervergnügen stehen im idyllischen Jossgrund bei Bieber, wo früher Silber, Kupfer, Blei und Kobalt abgebaut wurde, Skilifte, Loipen und Rodelbahnen für Kinder bereit.

Offenbach und Cowboys

Offenbach Information
Stadthof 17
63065 Offenbach
Tel. 0 69 / 80 65-29 46
www.offenbach.de

Wer an Offenbach denkt, denkt vielleicht zuerst an das Wetter. Denn seit 1952 versieht uns der Deutsche Wetterdienst Offenbach mit Informationen dazu. In der 177.000 Einwohner zählenden Stadt gibt es eine Hochschule für Gestaltung, in der junge Leute zu Designern, Filmemachern und bildenden Künstlern ausgebildet werden. Noch jüngere Leute können ihr künstlerisches Talent in den Kursen der Jugendkunstschule ausbilden. Sie war die erste in Hessen. Allgemeiner Treff für junge Leute in Offenbach ist dagegen das *JUZ*, das Jugendzentrum.

JUZ
Sandgasse 26
63065 Offenbach
Tel. 0 69 / 80 65 39 67
S 8 bis Offenbach
www.Jugendamt-of.fr

Seit alters her hat Offenbach mit der Lederindustrie zu tun und so gibt es hier auch das *Deutsche Ledermuseum*. Es zeigt alles, was zur Lederherstellung gehört und welche Dinge man daraus herstellen kann. Im ersten Stock des Hauses ist das *Deutsche Schuhmuseum* untergebracht, das aus einer Sammlung zu Lehr- und Ausbildungszwecken hervorging. Zu sehen ist, was den Fuß schmückt: Sandalen der alten Römer, mittelalterliche Schnabelschuhe, moderne Designermodelle sowie die Turnschuhe von Joschka Fischer und den Spice Girls. Im zweiten Stock findet man die völkerkundliche Sammlung. Der Besucher wird hier mitgenommen auf eine spannende Reise. Er sieht die Zelte der Tuaregs und Märkte Afrikas, er schaut in die Tipis der Indianer, betrachtet die Utensilien der Cowboys aus Amerika und die Hundeschlitten der Inuit oder Eskimos.

Im Ledermuseum Offenbach

Deutsches Ledermuseum
und Deutsches Schuhmuseum
Frankfurter Str. 86
63067 Offenbach am Main
Tel. 0 69 / 82 97 98 0
geöffnet: Mo.-So. 10-17 Uhr
Kinder 1,50 €, Erw. 3 €
S 1, 8, Halt: Offenbach Hbf

Nicht nur die Lederindustrie, auch das Steindruckverfahren wurde in Offenbach gewinnbringend betrieben. Mit Buchkunst hat das *Klingspor-Museum* zu tun, das in einem der wenigen erhaltenen historischen Gebäude im alten Zentrum Offenbachs untergebracht ist. Zu seinem Sammlungsschwerpunkt zählen auch Bilderbücher. Jedes Jahr im Advent wird die Ausstellung »Bunte Kinderwelt« mit Kinderbüchern ausgerichtet. Ein paar Schritte vom Klingspor-Museum entfernt, befindet sich das Stadtmuseum. Zu den Attraktionen zählt hier ein fränkisches Mädchengrab. Ausgestellt in einem gläsernen Sarg, wird das Mädchen auch »Schneewittchen« genannt.

Klingspor-Museum
Herrnstr. 80
63012 Offenbach
Tel. 0 69 / 80 65 29 54
geöffnet: Di., Do., Fr. 10-17 Uhr,
Sa., So. 11-16 Uhr, Mi 14-19 Uhr
bei Sonder-Ausstellungen,
Schulklassen freier Eintritt
Schüler 1 €, Erw. 2,50 €

Von Offenbach aus raten wir zu drei Ausflügen. Beim ersten geht es in das südöstlich gelegene Heusenstamm, das im 18. Jahrhundert zu einer kleinen Residenz ausgebaut wurde. Von der alten Pracht stehen noch Torbau und Fachwerkhäuser. Barockliebhaber werden sich an der reich ausgestatteten Kirche erfreuen, die auf einen Entwurf des berühmten Baumeisters Balthasar Neumann zurückgeht. Zu Fuß geht es dann weiter in den Park bei der ehemaligen Wasserburg. Dort gibt es Reste von Gräben, Wehrmauern und einen gotischen Wehrturm zu bestaunen.

Autofähre verkehrt tagsüber von Rumpenheim nach Maintal

Der zweite Ausflug führt nach Rumpenheim. Entweder mit dem Fahrrad oder zu Fuß, geht es hauptsächlich am Main entlang. Kurz hinter Offenbach-Bürgel liegt der schöne Schultheisweiher, in dessen unmittelbarer Nähe sich ein alter jüdischer Friedhof befindet. In Rumpenheim selbst war das Schloss im Besitz der Landgrafen von Kassel, heute beherbergt es eine Galerie, Büros und Wohnungen. Zum Schloss gehört ein Park, im Ort stehen noch hübsche kleine Fachwerkhäuser. Ein Erlebnis ist die Fahrt mit der Autofähre auf die andere Mainseite.

Naherholungsgebiet Mühlheim-Dietesheim, Steinbrüche
S 8 von Frankfurt oder Hanau, Halt: Dietesheim

Der dritte Ausflug geht zum »Grand Canyon« bei Mühlheim-Dietesheim. Er vermittelt einen Hauch von Amerika in Hessen. Zwar ist er entschieden kleiner als sein berühmtes Vorbild, aber auch sehr eindrucksvoll. Die Landschaft dort mit den bizarr geformten Steinhängen über baumumstandenen Seen entstand, als in den Achtzigerjahren des 20. Jahrhunderts die Steinbrüche in Dietesheim stillgelegt wurden. Es gab kaum noch Bedarf für das Basaltgestein, das sich hier vor vielen Millionen Jahren bei Vulkanausbrüchen bildete. Die Aushublöcher füllten sich mit Wasser, eine Seenplatte entstand, in denen seltene Tiere und Pflanzen heimisch wurden. Baden und Bootfahren ist auf den Seen wegen der gefährlichen Basaltklippen verboten. Auch sollten die Wege nicht verlassen werden, damit die Natur sich ungestört entfalten kann. Besonders gut gefallen hat es uns hier im Herbst und Winter. Dann sieht das Wasser tiefschwarz und sehr geheimnisvoll aus, das Gestein schimmert dunkel und außer den Lauten der Vögel herrscht Stille. Im Sommer können auf dem Grillplatz Würstchen gebraten werden. Das Gartenlokal »Am Grünen See Eck« lädt mit Seeterrasse, Hof und speziellem Kinderteller zur Erfrischung ein.

Hanau: Stadt der Goldschmiede

Tourist-Information Hanau
Am Markt 14-18
63450 Hanau
Tel. 0 61 81 / 29 59 50
E-Mail: touristinformation@hanau.de
www.hanau.de

Hanau ist die Stadt des Goldschmiedehandwerks. Diese Kunst brachten Flüchtlinge aus den Niederlanden mit, die in ihrer Heimat nicht mehr ihrem Glauben gemäß leben durften. An diese Tradition knüpft das Deutsche Goldschmiedehaus im früheren Rathaus mit seinen Ausstellungen an. Die berühmtesten Bürger Hanaus sind die Brüder Jacob und Wilhelm Grimm, die hier geboren wurden. Für sie steht ein Denkmal in der Innenstadt und jährlich werden zu ihren Ehren die Brüder-Grimm-Märchenfestspiele im Park von Schloss Philippsruhe ausgerichtet. Das bekannteste Fest ist das Lamboy-Fest, das im Sommer auf dem Freiheitsplatz als Fest für Deutsche und Ausländer gefeiert wird. Es erinnert an die Befreiung Hanaus im Dreißigjährigen Krieg. Was für Kinder sonst noch in Hanau los ist, weiß das *Kulturamt* der Stadt, das die kostenlose Broschüre »Kult.ur« herausgibt. Es informiert über Lesungen in der Bibliothek, das Kinderkulturfest in *Wilhelmsbad* oder die Brüder-Grimm-Märchenfestspiele. Wer noch mehr über Hanau wissen will, mag weiterlesen in dem Buch von Annegret Wenig »Mit Spuki durch Hanau«. Erschienen ist es im CoCon Verlag.

Brüder-Grimm-Denkmal in Hanau

Zur Gründungsgeschichte von Hanau-Wilhelmsbad heißt es, dass einmal zwei Weiblein beim Kräutersuchen eine Quelle gefunden, daraus getrunken und ihre heilsame Wirkung verspürt haben. Jahrzehnte später begannen dann im Auftrag von Erbprinz Wilhelm aus Kassel die Bauarbeiten zum Kurort »Wilhelmsbad«. 1779 trafen die ersten Badegäste ein. Der Prinz selbst ließ sich im Park eine Sommerresidenz bauen. Da man seinerzeit das Mittelalter mit Burgen und Ruinen sehr schätzte, wurde die *Burg Wilhelmsbad* außen wie eine Ruine gebaut, in ihrem Inneren aber bot sie allen nur erdenklichen Luxus. 1784 kam in Erinnerung an den früh verstorbenen Sohn des Prinzen die Pyramide auf der vom Wasser des Braubachs umgebenen Insel hinzu. Weitere Attraktionen des Parks entstanden nach und nach: die Grotte für die kostbare Quelle oder der »Schneckenberg«, ein künstlich aufgeschütteter Hügel, dessen Weg spiralförmig gewunden ist und oben eine gute Aussicht über den Park bietet. Ein weiteres Glanzstück stellt das kostbar gearbeitete Karussell dar. Es wurde anfangs unterirdisch von Menschen, später von Pferden angetrieben. Auf ihm vergnügte sich einst die vornehme Gesellschaft, die ihr Glück auch im Spielcasino suchte und sich beim Theaterspiel im *Comödienhaus* amüsierte. Heute werden in den hübschen Räumen des Rokokotheaters auch Opern und Konzerte für Kinder geboten. Einen Blick hinter die Kulissen dürfen Kinder bei den Kinderkulturveranstaltungen »Backstage« tun. Sie erfahren hier, wie Bühnennebel gemacht wird und welche Leute beim Theater arbeiten. Für die Erfrischung sorgt das Café im ehemaligen Wirtschaftsgebäude gleich neben

Kulturamt Hanau
Veranstaltungen
Steinerne Str. 16
63450 Hanau
Tel. 0 61 81 / 29 52 97
oder 9 97 76 66
E-Mail:
kultur-tickets@t-online.de

Kurpark Wilhelmsbad
jederzeit geöffnet
ab Hanau Bus 1, 9

Burg Wilhelmsbad
geöffnet: Sa. u. So.
nur mit Führung
Kinderkulturveranstaltungen
s. Kulturamt Hanau

Comödienhaus Wilhelmsbad
Parkpromenade 1
63454 Hanau
Tel. 0 61 81 / 99 77666
E-Mail:
kultur-tickets@t-online.de

Hessisches Puppenmuseum
Parkpromenade 4
63454 Hanau-Wilhelmsbad
Tel. 0 61 81 / 8 62 12
geöffnet:
Di.-So. 10-12, 14-17 Uhr
Kinder 0,50 €, Erw. 2,50 €,
Familien 5 €
Ausstellungen und Aktivitäten
www.hessisches-puppenmuseum.de

dem Comödienhaus. Restaurant und Minigolfanlage sind ebenfalls im Park vorhanden.

Im Arkadenbau befindet sich das *Hessische Puppenmuseum*. Es zeigt eine große Sammlung, die von antiken Puppen bis zur heutigen Barbie, von japanischen Ton- bis zu kostbaren Porzellanpuppen des 19. Jahrhunderts reicht. Weiterhin sind Puppenkleidung, Spielzeug, Puppenstuben und -häuser zu bewundern. Anfassen und Spielen sind teilweise erlaubt, Spiel- und Basteltipps liegen aus.

Hanau-Philippsruhe: Ein Schloss am Main

Schloss Philippsruhe
Historisches Museum
u. Papiertheatermuseum
Philippsruher Allee 45
63454 Hanau
Tel. 0 61 81 / 20 20 9
www.museen-hanau.de
geöffnet: Di.-So. 11-18 Uhr
Kinder 1 €, Erw. 1,50 €,
Sa. Eintritt frei
ab S-Bahnhof Hanau Bus 2,7,
ab Freiheitsplatz Bus 1, Halt:
Schloss Philippsruhe

Schloss Philippsruhe liegt in Hanau-Kesselstadt direkt am Main. In Auftrag gegeben wurde es von Graf Philipp Reinhard als barocke Sommerresidenz. Das später veränderte, erweiterte und mit reichem Stuck versehene Gebäude ist heute Museum. Zu sehen sind Gemälde, Möbel, Handwerksgerät, kostbare Gläser und Krüge. Ein Raum ist den Grimm-Brüdern gewidmet. Außerdem wird ein sehr anschauliches Bild von der Geschichte der Stadt Hanau im 19. und 20. Jahrhundert gezeichnet. Interessant für Kinder dürfte neben der Märchenecke im Grimm-Raum die Sammlung von Papiertheatern sein, deren älteste Stücke über 200 Jahre alt sind. Bühnenbilder und Figuren waren anfangs zur Unterhaltung und Bildung von Erwachsenen gedacht. Später wurde ein Spaß für die ganze Familie daraus. Heute finden in der Ausstellung regelmäßig Aufführungen statt.

Zuschauer beim Papiertheater

Geeignet zum Erholen sind ein Café, der Spielplatz im Park und der Schlosspark selbst. Im Sommer, wenn auf einer Bühne im Park die *Brüder-Grimm-Märchenfestspiele* stattfinden, empfiehlt sich zusätzlich eine Dampferfahrt auf dem Main nach Seligenstadt (s. dort) oder Frankfurt (s. dort) an. Die Anlegestelle ist gleich unterhalb des Schlosses. Lohnend sind auch die Spazierwege am Fluss entlang. Hier gibt es weitere Spiel- und Grillplätze. Bei der Hellerbrücke bietet ein *Bootsverleih* die Ausrüstung zum Paddeln auf Main oder Kinzig an. Wer gerne badet, ist rund um Hanau gleich an mehreren Seen gut aufgehoben. Alle Seen haben einen flachen Badestrand, Liegewiese und Kiosk oder Restaurant. Der *Birkensee* bei Hanau-Nord bietet zudem einen Bootsverleih, Tauch- und Surfmöglichkeit. Am Bärensee zwischen Hanau und Erlensee kann auf dem Spielplatz getobt, im Badeboot gepaddelt, Minigolf gespielt oder auf dem Campingplatz übernachtet werden. Der *Kinzigsee* bei Langenselbold verfügt über einen breiten, 300 Meter langen Sandstrand und eine große Liegewiese, teilweise mit Bäumen. Den Badegästen steht etwa ein Drittel der Wasserfläche zur Verfügung, der Rest ist für Segler, Surfer und Angler reserviert. Gegenüber dem Strandbad befindet sich ein kleiner Campingplatz.

Nicht weit davon entfernt, südlich von Hasselroth mitten im Wald, liegt das *Erste Hessische Jugendwaldheim*. Es verfügt über einen eigenen Schul- und Lehrwald und »Informationsanlagen« zum Thema Waldschäden und Schutz, Klima und Boden des Waldes. Bei den Kursen für Kindergruppen und Schulklassen steht eine Woche lang das Naturerlebnis im Mittelpunkt. Mit dem Förster zusammen geht es durch den Wald, beim Unterricht im Freien wird beispielsweise ein Bachbiotop untersucht oder der nahe gelegene Buntsandsteinbruch erforscht.

Brüder-Grimm-
Märchenfestspiele
Park des Schlosses Philippsruhe
Info über Vorstellungen und Preise: Tel. 0 61 81 / 2 46 70 oder 2 46 77

Bootsverleih
Philippsruher Allee,
an der Hellerbrücke
Tel. 0 61 81 / 90 72 72
geöffnet: Frühjahr-Okt.

Strandbad Birkensee
Forellenstr.
63452 Hanau-Nord
Tel. 0 61 81 / 16 26 0
geöffnet: Frühjahr-Sept.

Strandbad Kinzigsee
Am Kinzigsee
63505 Langenselbold
geöffnet: Frühjahr-Sept.

Erstes Hessisches
Jugendwaldheim
Kurt Seibert
Fichtenstr. 17
63594 Hasselroth
Tel. 0 60 55 / 25 41
E-Mail:
rev.hasselroth@aol.com
www. sdwhessen.de/
waldpaedagogik/
jugendwaldheime/hasselroth
Vorlauf f. mehrtägige Kurse 1 Jahr, Tageskurse jederzeit
Bahn Frankfurt-Fulda,
Halt: Hasselroth

Auheim: Wildpark und Dampfmaschinentage

Vor den Toren Hanaus liegt nicht nur das hübsche Steinheim, sondern auch, für alle Tierbegeisterte ein Muss, der *Wildpark Alte Fasanerie* in Klein-Auheim. Er wurde für den Mainzer Erzbischof Lothar Franz von Schönborn angelegt, der ein begeisterter Jäger war. Beim Eingang des Wildparks kann spezielles Futter für die Fütterung der Tiere gekauft werden. Gleich daneben sind auch die Volieren, der Streichelzoo, die

Wildpark »Alte Fasanerie«
63456 Klein-Auheim
Tel. 0 61 81 / 69 191
www.erlebnis-wildpark.de
geöffnet: April-Sept. Mo.-Fr. 9-18 Uhr, Okt.-März 9-16 Uhr, Sa., So. 9-17 Uhr
Kinder 2 €, Erw. 3,50 €
ab Hanau: Staßenbahn 4 oder 6

Picknickplätze, Spielplätze und das Forstmuseum. Letzteres informiert über die Aspekte Ökologie, Waldwirtschaft und Holzverarbeitung. Themenschwerpunkte sind unter anderem die Harzgewinnung, die Flößerei und die Möbelherstellung. Ein 3,5 Kilometer langer Rundweg kreuzt im Inneren des Parks auch einen Sinnes- und einen Gesteinspfad, vor allem aber führt er an allen wichtigen Tiergehegen vorbei. Das Aufregendste dürfte dabei die Beobachtung der Wölfe sein, die hier in Rudeln leben. Dam-, Rot- und Muffelwild ist anzutreffen, aber auch Elch, Wisent, Fuchs und Steinmarder sind in der Fasanerie heimisch geworden. Gemütlich sitzen lässt es sich im historischen Gasthaus gegenüber der Fasanerie. Dort ist auch ein Spielplatz.

Museum Großauheim
Pfortenwingert 4
63457 Hanau-Großauheim
Tel. 0 61 81 / 57 37 63
geöffnet:
Do.-So. 10-12, 14-17 Uhr
Eintritt frei,
auch Sondervorführungen
Anmeldung: Förderverein
Dampfmaschinen-Museum e.V.
Tel. 0 61 81 / 57 43 79

Technikbegeisterten empfehlen wir einen Besuch im *Museum* in Großauheim, das im Jugendstilbad und dem ehemaligen Elektrizitätswerk untergebracht ist. Es zeigt die Entwicklung von der Bauernkultur mit Milchverarbeitung, Flachsherstellung und Schreinerei bis zum Industriezeitalter mit der Stechuhr als Zeichen für geänderte Arbeitsbedingungen. Die faszinierendsten Objekte der Schau sind die beiden großen Dampfmaschinen, die für das Publikum einmal im Frühling und einmal im Herbst in Bewegung gesetzt werden. Gut zu verbinden ist der Besuch mit einem Badeausflug zu den Bädern in Klein- und Großkrotzenburg.

Strandbad Klein-Krotzenburg
Badesee Hainburg,
Klein-Krotzenburg
Tel. 0 61 82 / 7 80 90
Buslinie VU 956 und 957.
Radwege R1 und R6.
80 Parkplätze für Pkw

Strandbad Spessartblick
Freigerichtstraße
Großkrotzenburg
Tel. 0 61 86 / 22 50
geöffnet: Mai-Sept. 9-21 Uhr
Kinder 1 €, Erw. 3 €

Seligenstadt: Einhard und Emma

Tourist-Info
Aschaffenburger Str. 1
Einhardhaus
63500 Seligenstadt
Tel. 0 61 82 / 87 17 7
Fax 0 61 82 / 2 94 77
E-Mail:
touristinfo@Seligenstadt.de
www.Seligenstadt.de

Wie Seligenstadt zu seinem Namen kam, darüber gibt es viele Geschichten. Alle handeln von Karl dem Großen und seinem Berater Einhard. Eine geht so: Einhard und Karls Tochter Emma liebten einander, doch Vater Karl hatte etwas gegen diese Verbindung. Die beiden flohen und ließen sich in der Gegend von Seligenstadt nieder. Jahre später kam Karl bei einer Jagd vom Weg ab und fand bei ihnen Zuflucht, erkannte aber seine Wirtsleute nicht. Erst als Emma ihm eine Portion Eierpfannkuchen vorsetzte, wusste er Bescheid: Nur seine Emma konnte die so unglaublich gut zubereiten. Karl schloss die lang Vermisste in die Arme, den Schwiegersohn ebenfalls und jubelte: »Selig sei die Stadt, da ich meine Tochter wiederfand«.

Der Spruch ist nachzulesen am Einhardhaus am schönen Marktplatz mit Rathaus und alter Schmiede. Obwohl die Geschichte hübsch ist, gilt es als wahrscheinlicher, dass Seligenstadt einfach »Stätte der Seligen« meint. 828 brachte nämlich Einhard Reliquien des Apostels Petrus und des Märtyrers Marcellus hierher. Ihre Gebeine sind wie die von Einhard und Emma in der Basilika beigesetzt, die mit zu den bedeutendsten karolingischen Bauwerken zählt (s. Michelstadt). Zur Kirche gehörte von Anfang an ein *Kloster*. Auf dessen alten Mauern wurden im 17. und 18. Jahrhundert, als das Benediktinerkloster wirtschaftlich florierte, Neue Abtei, Krankenbau und Sommerrefektorium neu errichtet. Zum Anwesen gehört auch ein Wirtschaftsteil mit klappernder Mühle, vielem Federvieh, Ziegen und Schafen, die sich gern streicheln lassen. Ein Spaziergang führt durch den barocken Konventsgarten mit Café und Skulpturen, üppigem Blumenschmuck und Zierobst. Auch der wieder neu angelegte 600 Quadratmeter große Apothekergarten mit seinen vielen Pflanzen ist sehenswert.

Kloster Seligenstadt
63500 Seligenstadt
Tel. 0 61 82 / 22 64 0
Klostergarten: bis zur Dunkelheit geöffnet, freier Zugang

Nicht weit vom Kloster entfernt sind die Anlegestellen von *Dampfer* und *Fähre*. Die Dampferfahrten gehen entweder Richtung Frankfurt oder Richtung Aschaffenburg, während die Fähre für Reisende günstig ist, die in das Seengebiet der ehemaligen Kiesgrubenlandschaft bei Kahl oder nach Groß-Welzheim wollen. Aber es lohnt sich auch zu bleiben. Seligenstadt hat ein geschlossenes Stadtbild und ist mit Mauern und Türmen bewehrt. Am Main stehen die beeindruckenden Ruinen des »roten Schlosses«, der Kaiserpfalz aus der Stauferzeit (s. Gelnhausen). Kaiser Friedrich II. hielt hier Hof. Für Kinder interessant dürfte der »Rote Brunnen« sein, bei dem ebenso wie bei der Kaiserpfalz roter Sandstein verwendet wurde. Früher soll der Klapperstorch alle Seligenstädter Babys dort herausgefischt haben. Heute wird man in anderer Weise in Seligenstadt für Kinder aktiv. Das *Kinder- und Jugendbüro* der Stadt unterhält beispielsweise ein Internetcafé und richtet Ferienspiele aus.

Fähre
tägl. 6, bzw. 7 -20 Uhr
So. u. Feiertage 9-20 Uhr,
Winterhalbj. 12-20 Uhr

Dampferfahrten:
Primus Linie
Richtung Frankfurt
Tel. 0 69 / 13 38 37-0
E-Mail: mail@primus-linie.de
www.primus-linie.de
Aschaffenburger
Personenschiffahrt
Tel. 0 6 02 1 / 872 8,
mobil: 0171 8951844
E-Mail:
Aps.Schiffahrt@t-online.de

Kinder- und Jugendbüro
Seligenstadt
c/o Tom Heilos
Marktplatz 1
63500 Seligenstadt
E-Mail: kjbs@seligenstadt
www.seligenstadt.de

Ein riesengroßer Löffel und die »Fassenacht«

Im Gasthaus »Zum Riesen« am Marktplatz hängt ein riesengroßer Löffel. Mit ihm hat es folgende Bewandtnis: Wenn einst in Frankfurt Messe war, kamen die Kaufleute von weit her. Reisen war anstrengend und die Wälder waren voller Räuber. Deshalb erhielten ihre Wagen besonderen Schutz,

das so genannte »Geleit«. Wer zum ersten Mal dabei war, musste eine Probe bestehen. Es galt, in einem einzigen Zug einen ganzen Liter Wein zu trinken. Gereicht wurde dieser in einem riesigen Löffel. In unserer Zeit wurde dieser Brauch wieder belebt. Alle vier Jahre, beispielsweise 2007, wird das Geleitfest mit Umzügen, alten Trachten, Tanz und viel Trubel gefeiert. Höhepunkt ist dann der Löffeltrunk auf dem Marktplatz. Zum Abschluss steht am darauf folgenden Montag der »Main in Flammen«: Sobald es dunkel wird, schwimmen auf kleinen Brettern Tausende von Lichtern auf dem Fluss. Ein großes Feuerwerk beendet das Fest.

Auch die »Fassenacht« wird in Seligenstadt ausgelassen begangen. Männer und Frauen ziehen als Hexen verkleidet durch das Städtchen. Einer der Höhepunkte ist der Rosenmontagszug mit vielen Motivwagen und Fußgruppen, bei dem es auch einen Kinderzug und ein Kinderprinzenpaar gibt. Ein kleines privates *Fastnachtsmuseum* zeigt das ganze Jahr über Kostüme und Zubehör aus rund 150 Jahren Fastnachtsgeschichte.

Seligenstädter
Fastnachtsmuseum
Ferdinand Schreiner
Frankfurter Str.
63500 Seligenstadt
Tel. 0 61 82 / 24 64 4
geöffnet: So. 14-18 Uhr
und nach Vereinbarung
Eintritt frei

Doch die Fassenacht ist eher etwas für die kalte Jahreszeit, im Frühjahr und Sommer gibt es andere Freuden. Zum Beispiel Wandern und Schwimmen, im Stadtwald oder im Schwimmbad mit der Minigolfbahn. Ein Uferweg führt in Seligenstadt direkt am Main entlang. Er folgt dem ehemaligen Pfad der alten Leinreiter, die mit Pferden die Schiffe mit Seilen den Fluss hinauf zogen. Radelt man in östlicher Richtung auf dem Weg entlang, gelangt man nach Mainflingen und Mainhausen mit ihren Seen. Wer will, kann vorher noch einen kleinen Abstecher zur etwas abseits im Wald stehenden Wasserburg machen, dem hübschen barocken Gartenhaus der Seligenstädter Äbte. Der *Mainflinger See* hat eine Liegewiese am Hang, es gibt einen Kinderspielplatz, Campingplatz, Kiosk und ein Restaurant.

Badesee Mainflingen
63527 Mainhausen-Mainflingen
Tel. 0 61 82 / 38 09
geöffnet: Frühjahr bis Sept.

Der *Königssee* bei Zellhausen ist der größere der Mainhausener Seen. Er hat eine Liegewiese, Nichtschwimmerbereich, weißen Sandstrand, Badeinseln und sauberes Wasser, das regelmäßig untersucht wird. Surfen ist auf der Seehälfte möglich, in der nicht gebadet wird.

Königssee Zellhausen
63527 Mainhausen-Zellhausen
Tel. 0 61 82 / 35 45
geöffnet: Frühjahr bis Sept.

Die Ronneburg

Ronneburg: Eine Burg wie aus dem Bilderbuch

Ronneburg
63549 Ronneburg
bei Altwiedermus
Burgvogt:
Tel. 0 60 48 / 95 09 04,
Kasse Tel. 0 60 48 / 95 09 05
www.burg-ronneburg.de
geöffnet: März-Nov.
Di.-So. 10-18 Uhr
Führungen nach Voranmeldung
Kinder 2,50 €, Erw. 3,50 €,
Familienkarte 11 €
Bus ab Hanau bis Altwiedermus

Sie sieht aus wie die Burg schlechthin, die *Ronneburg*. Kein Wunder, sie gilt auch als eine der schönsten und am besten erhaltenen in Deutschland. Mit Mauern, Wohnbauten und dem 32 Meter hohen Bergfried beherrscht sie weithin sichtbar die Landschaft. Im 12. Jahrhundert wurde mit ihrem Bau begonnen, später ist sie erweitert und vor allem im 16. Jahrhundert ausgebaut und wohnlicher gestaltet worden. Sie gehörte verschiedenen Herren, seit langem nun ist sie im Besitz der Grafen von Ysenburg-Büdingen, die im benachbarten Büdingen (s. dort) ihr großes Schloss bewohnen. Ein von Frankfurter Schülern gestalteter Burgführer lädt Kinder und Erwachsene zu einem informativen Rundgang durch die Anlage ein. Die Burg ist heute ein Museum mit Burgküche, reich ausgestatteter Waffenkammer, einer schönen »Hofstube« mit »Sternengewölbe«. Auch die später eingerichtete Folterkammer mit ihren Instrumenten zur »peinlichen Befragung« ist zu besichtigen. Sie stammen aus der Zeit, als man insbesondere Frauen der Hexerei bezichtigte (s. Gelnhausen). Dazu kommt noch ein tiefer Burgbrunnen und die Falknerei. Jeweils um 11 und um 15 Uhr zeigen die Greifvögel ihre Flugkünste.

Die Ronneburg wurde in der Vergangenheit mehrfach belagert. Nur einmal gelang es, sie einzunehmen und das auch nur durch einen Trick: Jemand klopfte ans Burgtor, der Wächter sah hinaus und entdeckte Kaufleute, die ihre Waren tauschen wollten. Das Tor wurde geöffnet, die Kaufleute kamen herein und entpuppten sich als feindliche Soldaten, die nun leichtes Spiel hatten und die Burgbewohner besiegten. Ähnliche Geschichten sind hautnah bei den Ritterspielen mitzuerleben, die regelmäßig am letzten Septemberwochenende mit Burgfest und Handwerkermarkt veranstaltet werden. Vor Ostern findet ein spezieller Ostermarkt und vor den hessischen Sommerferien ein Ritterfest für Kinder, im Dezember ein Weihnachtsmarkt statt. Schön sitzt es sich im Restaurant, die Turmbesteigung lohnt sich ebenfalls. Von oben ist die Aussicht auf Vogelsberg, Spessart und Taunus großartig.

Der Weg zu Fuß hinauf zur Burg ist etwas mühsam, es geht von Altwiedermus aufwärts. Doch sollte man die Mühe nicht scheuen, dann man bekommt beim Laufen ein viel besseres Gefühl für die Größe und strategisch günstige Lage der Burg.

Unser Spiele-Tipp: Um Burgen, Turniere und Burgfräulein geht es in der »Reise in das Mittelalter« aus dem Tessloff-Verlag, bei der alle Mitspieler viel Spaß haben und ganz nebenbei noch eine Menge lernen.

Gelnhausen: Die Stadt Barbarossas

Städtisches Fremdenverkehrsamt
Am Obermarkt 24
63571 Gelnhausen
Tel. 0 60 51 / 83 03 00
E-Mail: tourist-information @gelnhausen.de
reiches Führungsprogramm

Da Kaiser Friedrich I. rötlich-blondes Haar hatte und sich oft in Italien aufhielt, nannten ihn die Leute »Barbarossa«, zu deutsch »Rotbart«. Er hielt 1170 Einzug ins waldreiche Gebiet zwischen Spessart und Kinzig. An der Stelle, wo er seiner großen Liebe Gela zum ersten Mal begegnet war, gründete er die Stadt Gela- oder Gelnhausen. Wohl für den Reichstag von 1180 ließ er, heute etwas abseits von der Stadt, die *Kaiserpfalz* errichten. Sie wurde auf einer Kinziginsel über einem

Die Kaiserpfalz in Gelnhausen

Fundament aus Eichenpfählen als Wasserburg erbaut und verlieh der Stadt besondere Bedeutung. Wenn der Kaiser Hof hielt, gingen bis zu 2.000 Menschen hier ein und aus: die Familie des Kaisers, Handwerker, Beamte und Diener. Gebrauchsgegenstände wie Leuchter, Decken, Felle wurden mitgebracht, für die Verpflegung mussten die Leute aus der Umgebung sorgen. Erhalten sind noch die beeindruckende Ringmauer der Pfalz und Reste von Kapelle, Wohnraum und dem mächtigen Bergfried aus rotem Sandstein. Mit dem Niedergang der Stauferherrschaft begann der Verfall des Bauwerks. Im Dreißigjährigen Krieg wurde es zerstört und dann als Steinbruch benutzt. Nach der Besichtigung der sehenswerten Pfalz sollte man noch dem *Burgmannenhaus* einen Besuch abstatten. Dort sind Modelle von Kaiserpfalz und Reichsstadt ausgestellt; es gibt Informationen zur Baugeschichte, zum Leben auf der Burg und zur Karriere Barbarossas. Zu empfehlen ist außerdem ein Spaziergang im waldreichen und schattigen Gebiet rund um die Burg. Von hier zu Fuß erreicht man auch das *Barbarossabad* mit nahe gelegener Minigolfanlage und Halfpipe zum Skaten. Beliebt bei Kindern ist auch das *Waldschwimmbad*. Überhaupt lädt der Wald oberhalb von Gelnhausen zur Erholung ein. Zu einem schönen kleinen Ausflug lockt beispielsweise der Panaromaweg, beste Aussichten auf die Stadt sind garantiert.

Kaiserpfalz und Museum
Burgmannenhaus
Burgstraße 14
63571 Gelnhausen
Tel. 0 60 51 / 38 05
geöffnet: März-Okt.
Di.-So. 10-17, Sa. 13-17 Uhr,
Mo. nach Voranmeldung,
Nov.-Feb. Winterpause
Kinder 1,30 €, Erw. 1,80 €,
Familienkarte 4,50 €

Barbarossabad
Barbarossastr. 44
63571 Gelnhausen
Tel. 0 60 51 / 24 01
geöffnet: Frühjahr-Sept.
tägl. 8-20 Uhr
Minigolfanlage

Waldschwimmbad
Am Herzborn
63571 Gelnhausen
Tel. 0 60 51 / 20 90
geöffnet: Frühjahr-Sept.
tägl. 9-20 Uhr
Minigolfanlage

Von Türmen und Hexen

Früher lag Gelnhausen an der wichtigen Handelsstraße von Frankfurt nach Leipzig. Vom einstigen Wohlstand zeugen noch die beiden schönen Marktplätze, einst Dreh- und Angelpunkt der Stadt. Hier hatten die Kaufleute ihre Kontore, hier wurden Neuigkeiten ausgetauscht. Im 13. Jahrhundert begannen die Bürger ihre Stadt zu befestigen. Vom inneren Befestigungsring, der einmal zehn Tore umfasste, steht noch das Haitzer und das Holztor. Die äußere Stadtmauer ist mit Holz- Ziegel-, Schiffstor und dem Buttenturm fast unversehrt erhalten. Frei steht der runde Hexenturm, der auch »Fratzen«- oder »Gackenstein« genannt wird. In ihm wurden die der Hexerei Beschuldigten eingesperrt. Gelnhausen gehörte zu den Orten, die eifrig diejenigen verfolgten, die sich angeblich der Zauberei verdächtig gemacht hatten. Die Stadt erinnert an diese dunkle Zeit. Bei der Marienkirche steht ein Denkmal für die Pfarrers-

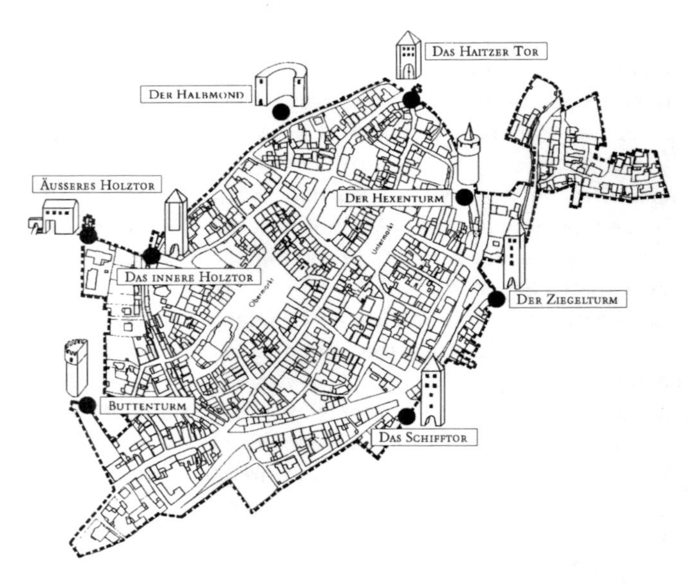

Alter Stadtplan von Gelnhausen

witwe Elisabeth Strupp, die Opfern beistand und schließlich selbst verdächtigt wurde. Das zweite ist beim Hexenturm. Es kann, wie der Turm auch, mit seiner Ausstellung von Folterinstrumenten, im Rahmen einer Stadtführung besichtigt werden.

Die Marienkirche ist eines der schönsten, noch in der Romanik begonnenen und in der Gotik vollendeten Gotteshäuser Hessens. Sie bestimmt das Bild der Stadt. Weithin sichtbar erhebt sie sich über dem Untermarkt, während das gotische Rathaus den Obermarkt mit den stattlichen alten Häusern aus Sandstein und Fachwerk schmückt.

Heimatmuseum Gelnhausen
Obermarkt 24
63571 Gelnhausen
Tel. 0 60 51 / 83 02 51
E-Mail: heimatmuseum @gelnhausen.de
geöffnet: Mo.-Fr. 8-12, 14.-16.30, Sa. 9-12, 14.30-16.00, So. 14.00-16 Uhr
Eintritt frei

Das *Heimatmuseum* zeigt Bodenfunde aus der Römerzeit, Objekte aus der Epoche der Staufer, Münzen und altes Handwerksgerät. Eine Abteilung ist den berühmtesten Bürgern der Stadt gewidmet: Phillip Reis, dem Erfinder des Telefons, und dem Dichter Johann Jacob von Grimmelshausen. Er beschrieb in seinem »Simplicissimus« die Schrecken des Dreißigjährigen Krieges, die er als Jugendlicher selbst hautnah erlebt hatte. Anschaulich gestaltet sind auch die Erlebnisführungen des Fremdenverkehrsamtes. Vor allem beim Barbarossa-Markt im März wird ein Stück Mittelalter wieder lebendig. Dann kommen Schausteller und führen alte Handwerkstechniken vor. Der Schelmenmarkt, das größte Heimatfest des Kinzigtales, wird in Gelnhausen im Oktober gefeiert.

Die Salinen von Bad Orb und das Kinderdorf

Orb besaß Salzquellen und eine Saline (s. Bad Nauheim, Bad Sooden-Allendorf). Das machte den Wohlstand der Stadt aus. In Orb wurde das »weiße Gold« der Eselskarawane anvertraut, die es Richtung Süden bis an den Main brachte. Ein Gradierwerk aus dem 19. Jahrhundert ist noch teilweise erhalten. Es diente früher zur Salzgewinnung. Dabei rieselte das salzige Wasser oder die Sole über Holzreiser und wurde durch Wind und Sonne getrocknet. Das Salz konnte so auf natürliche Weise eingedickt oder »gradiert« werden. Heute dient das Gradierwerk der Gesundheit. Das Klima, das hier herrscht, ist so gesund wie Meeresluft. Und so kamen seit 1900 die Menschen zur Kur nach Orb, das sich zu *Bad Orb* mauserte. Rings um das Städtchen mit seinem hübschen Ortskern und dem Kurpark gilt es die gute Spessartluft einzuatmen. Dabei wird vieles geboten: ein *Natur-Erlebnisbad*, der *Spessart-Wildpark* mit Damwild im Orbtal, die Fahrt mit der *Dampfkleinbahn*.

Bad Orb – Werbung GmbH – Gästeservice
63613 Bad Orb
Tel. 0 60 52 / 83 83
E-Mail:
kurgesellschaft@bad-orb.de
www.bad-orb.de

Natur-Erlebnisbad
Am Orbgrund
Tel. 0 60 52 / 80 18 54
www.bad-orb.de/
naturerlebnisbad
geöffnet: Mai-Sept.
tägl. 9-20 Uhr
Kinder 1,50 €, Erw. 3 €

Spessart-Wildpark
www.spessart-wildpark.de
geöffnet: tägl. bis
Einbruch der Dunkelheit
Eintritt frei

Von den vielen möglichen Ausflügen wollen wir einen hervorheben, der uns besonders gut gefallen hat. Er geht ins *Haseltal*, dorthin, wo sich der Spessart von seiner schönsten Seite zeigt. Ein über vier Kilometer langer Weg durch den dichten Wald führt am idyllischen Bachlauf des Haselbachs entlang. Angler haben am Haselweiher Position bezogen und warten darauf, dass ein Fisch anbeißt. Wiesen laden zum Ausruhen, Sonnen und Ballspielen ein, Grillplätze zur Zubereitung und Verzehr des Picknicks. Doch wer das Essen lieber serviert bekommt, der kehrt im hübschen Gasthaus »Jagdhaus Haselruhe« beim kleinen See und der Haselbachquelle zu Spessart-Spezialitäten ein.

Dampfkleinbahn Bad Orb
nach Aufenauer Berg
oder Aumühle
Fahrtzeiten: 4. April-31. Okt.
So. u. Feiertage 11 Uhr
ab Bad Orb
Kinder 3,50 € (einfach 2,50 €),
Erw. 7 € (einfach 5 €)

Haseltal
Weg ab Bahnhof,
dann markiert

Nicht weit von diesem schönen Platz entfernt entstand 1920 mitten im Wald das Kinderdorf Wegscheide. Unmittelbar nach dem Ersten Weltkrieg mit seinen Hungersnöten sollte es Frankfurter Kindern fernab der Großstadt Erholung bieten. Selbstbestimmtes Lernen durch eigene Erfahrung und Tun waren dabei wichtig. Wenn Schulklassen im *Landschulheim Wegscheide* heute eine Woche Ferien von der Schule machen, finden auf dem großen Gelände Naturerkundungen statt oder es werden zusammen mit einem Förster Ausflüge in die Spessartwälder und in die weitere Umgebung gemacht. Jedes Jahr im April veranstaltet die Wegscheide einen »Tag der offenen Tür« für interessierte Besucher.

Landschulheim Wegscheide
Tel. 0 60 52 / 25 08
Buchung über:
Stiftung Wegscheide
Seehofstr. 41
60594 Frankfurt
Tel. 0 69 / 61 28 45
Zufahrt: Landstraße
nach Burgsinn

Der Verein »Die Wegscheide mahnt« hat einen Gedächtnisweg eingerichtet, der auf die wechselvolle Geschichte des Landschulheimes hinweist. 1939 musste die Einrichtung nämlich schließen, sie wurde ein Kriegsgefangenenlager. Mehr als 20 000 Menschen hausten hier unter den erbärmlichsten Bedingungen, viele starben. Nach dem Krieg zogen dann wieder Schüler in die frei stehenden Häuser ein.

Steinau: Die Stadt der Grimms

Verkehrsbüro
Brüder-Grimm-Str. 70
36396 Steinau a. d. Straße
Tel. 0 66 63 / 9 63 10
Stadtführungen u.
Kinderführungen 32 €
Märchenführungen 37 €
E-Mail: verkehrsbuero.steinau
@t-online.de
www.steinau.de

Brüder-Grimm-Haus
Brüder-Grimm-Str. 80
36396 Steinau a. d. Straße
Tel. 0 66 63 / 7 60 5
E-Mail: brueder-grimm-haus
@steinau.de
geöffnet: Mitte Feb.-Dez.
tägl. 14-17 Uhr
Kinder 1,50 €, Erw. 2€

Marionettentheater
»Die Holzköppe«
Am Kumpen 2
(gegenüber Rathaus)
36396 Steinau a. d. Straße
Tel. 0 66 63 / 245
Vorstellungen: Sa., So. 15 Uhr,
f. Gruppen fast tägl.
Kinder 5 €, Erw. 6,50 €,
Familienkarte 25 €
Spielpause im Sommer
E-Mail: info@die-holzkoeppe.de
www.die-holzkoeppe.de

In Steinau geht nichts ohne die Grimms. Nicht verwunderlich, denn hier verbrachten die Wissenschaftler, Märchensammler, Maler und Theaterfreunde ihre Kindheit. Die Familie zog 1791 von Hanau (s. dort) nach Steinau »an der Straße«, so benannt nach dem alten Handelsweg von Frankfurt nach Leipzig. Die Grimms wohnten in einem stattlichen Fachwerkbau, das Amtshaus und Wohnung zugleich war. Heute beherbergt das *Brüder-Grimm-Haus* ein Museum. Besonders reizvoll sind im Erdgeschoss die rekonstruierte Küche und ausgestellte Skizzen mit Kinderbildnissen und Alltagsszenen des Malers Ludwig Emil Grimm. Das Obergeschoss zeigt eine Ausstellung zur Wirkungsgeschichte der Märchensammlung von Jacob und Wilhelm. Vater Grimm war eine geachtete Persönlichkeit. Als Amtmann hielt er Gericht, sorgte für Recht und achtete auf Einhaltung der Jagdordnung. Zur Bestrafung von Missetätern diente der »Schnappkorb«, ein Korb aus Weidengeflecht oder Metall, der an einem Seilzug über der Kinzig hing. Die Bösewichter wurden darin sitzend eingesperrt oder ins Wasser getaucht. Nicht weit vom Grimm-Haus bei der alten Herrenmühle hängt noch ein solches Gerät. Großvater Grimm war Pfarrer an der Katharinenkirche auf dem »Kump«. So nennen die Steinauer ihren schönen Marktplatz. Hier stehen auch das Rathaus, der Märchenbrunnen, das Burgmannenhaus und das Marstallgebäude. Früher war es der Pferdestall der Fürsten, jetzt beherbergt es die »Holzköppe«. So nennt sich das *Marionettentheater*, das – wie sollte es anders sein – hauptsächlich Märchenstücke nach Grimm spielt. Gegründet hat es Karl Magersuppe, der seit 1924 mit einem Wandertheater durch die Gegend zog und in Steinau heimisch wurde. Seine Kinder setzen mit großem Erfolg sein Werk fort.

Das *Steinauer Renaissance-Schloss* ist ein richtiges Märchenschloss mit Graben, Zugbrücke und hohem Turm, den man besteigen kann. Es war einmal eine Wasserburg und wurde später zu einem Jagdschloss der Fürsten von Hanau umgebaut. Heute sind dort das *Grimm-Museum* und eine *Marionettenausstellung* untergebracht. Das Museum zeigt Dinge aus dem Besitz der Familie, darunter Briefe der Kinder oder das handgeschriebene Kochbuch der Dorothea Grimm.

Renaissance-Schloss Steinau
mit Grimm-Museum u.
Marionettenausstellung
36396 Steinau a. d. Straße
Tel. 0 66 63 / 68 43
geöffnet: Di.-Do., Sa. u. So.
9-17 Uhr
Kinder 1,50 €, Erw. 2 €, mit
Führung: Kinder 2,20 €,
Erw. 3,20 €, Familie 5 €
(Führung 8,50 €)
Turm: Kinder 0,50 €;
Erwachsene 1 €

Unser Tipp zu einer Süßspeise, zubereitet nach einem Rezept aus dem Grimmschen Kochbuch: »Nehme 1 Maß Milch, tue darin ein paar Löffel voll Rosenwasser und lasse sie sieden. Nehme dann das Weiße von 8 bis 10 Eiern, klopfe sie zu einem dichten Schaum, rühre die siedende Milch allgemach darunter, reibe eine Zitrone an einem Stück Zucker ab, schabe selbige in die Milch, rühre es beständig und stelle es wieder zum Feuer und rühre immer fort, bis sie anfängt, dick zu werden, wie ein dünn Breilein. Schütte sie dann in eine Porzellanschüssel, stelle sie in den Keller und lasse sie ohne zu bewegen kalt werden. Und dekoriere sie dann nach eigenem Geschmack. «

In der Marionettenausstellung im Schloss sind Spielpuppen aus Deutschland, Japan, Indien und China, aber auch Bühnenbilder zu sehen. Am besten macht man eine Führung mit, da wird zusätzlich noch die schöne Schlossküche mit irdenem Geschirr gezeigt.

Stadtführungen gibt es in Steinau mit und ohne speziellen Märchenschwerpunkt. Bei Kinderführungen können die Kinder selbst aktiv werden und kleine historische Szenen nachspielen.

Steinau feiert im Februar zum Austreiben des Winters das Hutzelfest. Im Sommer gibt es ein Märchenfest im Amtshof beim Brüder-Grimm-Haus und das Backhausfest. Krönung ist im November der Katharinen-Markt zu Ehren der Heiligen, die das Stadtwappen schmückt. Er wird seit über 700 Jahren veranstaltet. Im Rahmen des Marktes gibt es auch einen Fanfaren- und Lampionumzug für Kinder.

Steinau war einst Zentrum des Töpferhandwerks, über 40 Werkstätten gab es hier. In Marjoß wird noch heute getöpfert. Es gibt dort die Möglichkeit, in *Töpfereien* zuzusehen, wie kunstvoll Gefäße auf der Scheibe gedreht werden. An der Straße nach Marjoß liegt auch der *Erlebnispark Steinau an*

Töpfereien:
Krüger, Steinau, Ringstr. 52,
Tel. 0 66 63 / 64 13 oder 51
Georg Ruppert,
Marjoß, Brückenauer Str. 21,
Tel. 0 66 60 / 30 4
Ruppert,
Marjoß, Distelbachstr. 24,
Tel. 0 66 60 / 12 24

Erlebnispark
Steinau a. d. Straße
Tel. 0 66 63 / 68 89
geöffnet:
Ende März-Mitte Okt. 9-18 Uhr
Besucher ab 90 cm Körpergröße 7 €, Erw. 8,50 €
www.erlebnispark-steinau.de

Sommerrodelbahn im Erlebnispark

der Straße. Er hält Erlebnisse ganz anderer Art bereit und lockt mit großem Fliegenpilz als Kettenkarussell, der 850 Meter langen Sommerrodelbahn, Wasserbobs, einer Kindereisenbahn, einem Streichelzoo, großen Spielplätzen, einem Weiher, einer Liegewiese, einem Kiosk und dem Parkrestaurant.

Steinaus Umgebung: Die Teufelshöhle

Die Teufelshöhle

Die *Teufelshöhle* ist Hessens einzige Tropfsteinhöhle. Entdeckt wurde sie so: Der Hirte Jox Mellman war mit seiner Herde unterwegs, als sich plötzlich, als hätte der Teufel seine Hand im Spiel, die Erde auftat und eine seiner Kühe beim Grasen verschluckte. Dies geschah 1594. Es sollte aber noch 350 Jahre dauern, bis sich ein Mensch in die Höhle hinabtraute. Heute vermag dieses geologische Naturdenkmal alljährlich viele Besucher zu faszinieren. Hier herrscht eine Durchschnittstemperatur von 10 Grad und die Wände sind feucht. Also bitte für den Einstieg warm anziehen. Im Inneren der Höhle, die nur mit einer Führung zu besichtigen ist, erwartet die Besucher eine Wunderwelt. Der Weg führt durch schmale Gänge, dann geht es zum nach oben offenen, unten fast runden Einstiegsraum von elf Metern Durchmesser, dem so genannten Dom. Der Nebenraum, die Kapelle, dient im Winter rund 300 Fledermäusen als »Hotel«. Bei all dem wirft das Licht eigenartige Schatten auf Stalaktiten und Stalagmiten. Das sind jene eigenartigen Gebilde, die vor rund 2,5 Millionen Jahren durch Kalkablagerungen, Regenwasser und Strudelbildungen entstanden sind. Sie haben bizarre Formen und erinnern an viele Dinge: an die Speiseröhre und den letzten Zahn des Teufels, an einen Bienenstock, eine Eule und einen Elefanten. Im Anschluss an den Besuch lohnt noch ein Waldspaziergang zum nahen Bergweiher. Dazu geht es unmittelbar hinter der Höhle den Berg hinauf.

Teufelshöhle
36396 Steinau a. d. Straße
Tel. 0 66 63 / 96 31 0
ca. 3 km nördlich an d. L 3179
geöffnet: Ostern-31. Okt.
Sa 13-19 Uhr, So u. Feiertage 10-19 Uhr, im Sommer werktags auch 13-17 Uhr
Kinder 1,50 €, Erw. 2 €,
nur mit Führung
Sondertermine beim Fremdenverkehrsamt buchen

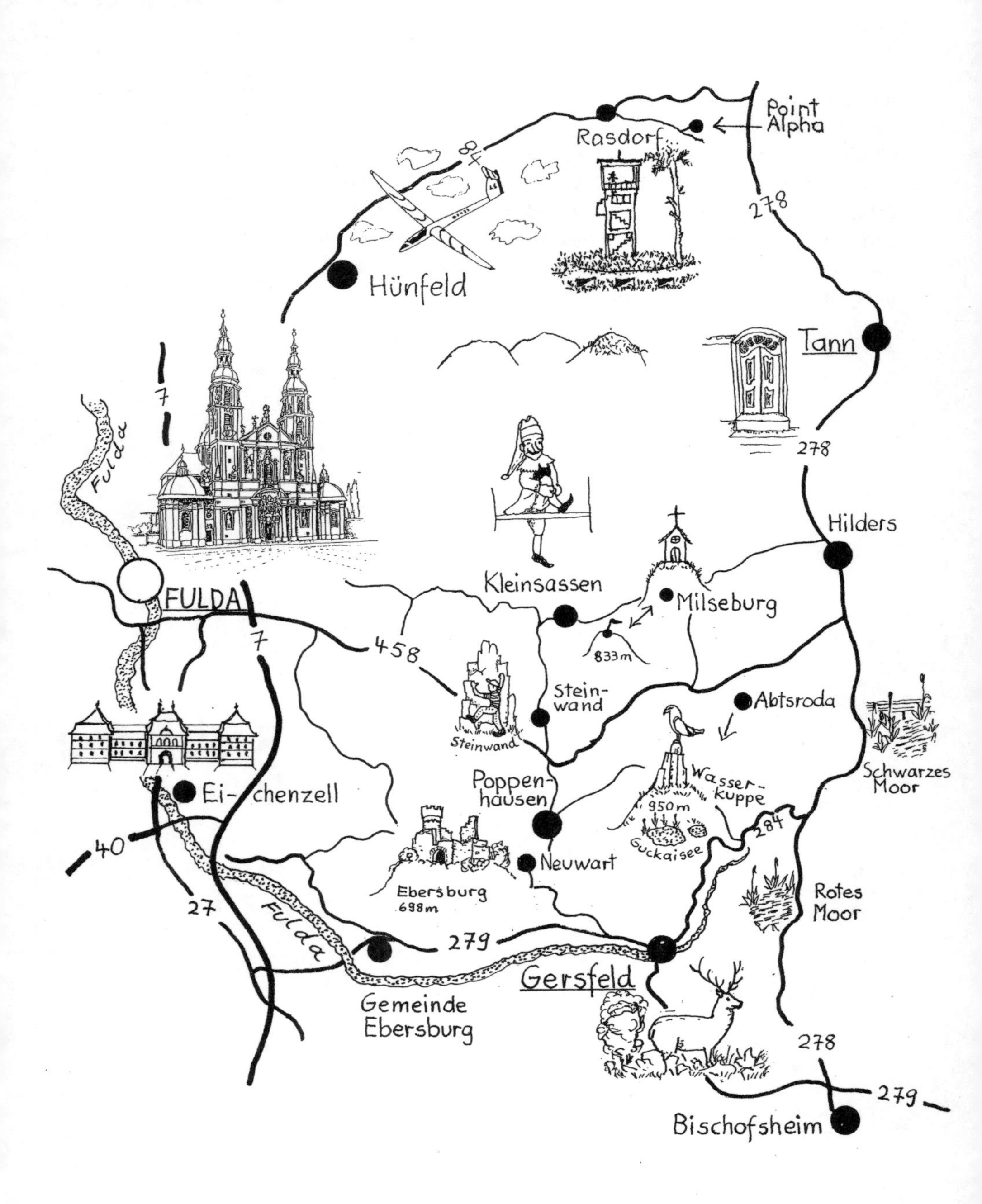
Point Alpha
Rasdorf
84
278
Hünfeld
Tann
7
Fulda
278
Hilders
FULDA
Kleinsassen
Milseburg
7
458
833m
Stein-wand
Abtsroda
Steinwand
Schwarzes Moor
Poppen-hausen
Wasser-kuppe
Ei-chenzell
950m
284
40
Guckaisee
Neuwart
Rotes Moor
27
Ebersburg 698m
Fulda
279
Gersfeld
Gemeinde Ebersburg
278
279
Bischofsheim

Die hessische Rhön

Bei Bibern und Fliegern

Durch die Rhön verlief früher die Grenze zwischen der BRD und der DDR. An die Zeit des Kalten Krieges erinnert Point Alpha, ein amerikanischer Beobachtungsposten zur Sicherung der westlichen Verteidigungslinie. In ihm wurde das *Grenzmuseum Point Alpha* bei Rasdorf an der B 84 eingerichtet, das über Verlauf und Sicherung der Grenze zwischen den beiden ehemaligen deutschen Staaten informiert. In der Rhön liegt der höchste Berg Hessens, die 950 Meter hohe Wasserkuppe. Hier entspringt auch der Fluss Fulda, der der Stadt ihren Namen gab. Entstanden ist diese Landschaft vor vielen Millionen Jahren, als feurige Vulkane Lavamassen ausspien und nach ihrer Erkaltung dunkelgraues Basaltgestein zurückließen. Manches, das mit dem Sport zu tun hat, kommt von hier. Otto Feick erfand das Rhönrad für gewagte gymnastische Übungen und der Traum Otto Lilienthals vom Fliegen nahm auf der Wasserkuppe mit Segelflugwettbewerben konkrete Formen an. Heute ist die Rhön vor allen Dingen bekannt als Natur- und Wanderparadies. Ihre Höhen und Täler weisen Moore, Wälder, Wiesen und kleine Seen auf. Seltene Tier- und Pflanzenarten wie Biber und Gemsen oder Silberdisteln und Knabenkraut sind hier heimisch. Die Rhön wurde deshalb 1991 von der UNESCO zum Biosphärenreservat ernannt, d. h., hier wird auf die Wechselwirkungen von Mensch und Natur geachtet, dem Menschen besondere Pflege der Umwelt abverlangt. Die *Hessische Verwaltungsstelle Biosphärenreservat Rhön* organisiert naturverbundene Exkursionen. Dabei kann man mit einer Schafsherde unterwegs sein, nachts den Fledermäusen nachspüren und Wildbäche erforschen. Wintersport wird natürlich auch groß geschrieben in einer Bergregion, die fast schon einen Tausender ihr Eigen nennt. Es gilt also im Sommer feste Schuhe, einen Rucksack für Proviant und Badezeug mitzunehmen, im Winter gehören warme Kleidung und die Skier noch dazu. Von Mai bis Oktober verkehrt an den Sonn- und Feiertagen von Gersfeld aus der *Hochrhön Busverkehr*, der die meisten Reiseziele im Dreiländereck zwischen Hessen, Thüringen und Bayern anfährt und auch Fahrräder befördert.

Fremdenverkehrsverband
Rhön e. V.
Wörthstr. 15
36037 Fulda
Tel. 0 6 61 / 60 06-305 (-318)
E-Mail: fvv-rhoen@t-online.de

Grenzmuseum Point Alpha
Tel. 0 66 51 / 91 90 30
geöffnet:
Apr.-Okt. tägl. 9-18 Uhr,
Nov. u. März tägl. 10-17 Uhr,
Dez.-Feb. Di.-So. 10-17 Uhr
Schüler 3 €, Erw. 4 €
E-Mail: Point Alpha@t-online.de
www.pointalpha.com

Hessische Verwaltungsstelle
des Biosphärenreservates Rhön
(Grönhoff Haus) Wasserkuppe
63129 Gersfeld
Tel. 0 66 54 / 96 12 – 0
E-Mail:
vwst@biosphaerenreservat-rhoen.de
www.biosphaerenreservat-rhoen.de

Hochrhön Busverkehr
OVF Verkaufsbüro
Am Bahnhof, Bad Neustadt
Tel. 0 97 71 / 62 62 0

Bonifatiusdenkmal

Tourismus und
Kongressmanagement
Bonifatiusplatz 1
Palais Buttlar
36037 Fulda
Tel. 06 61 / 1 02 18-13 u. -14
Kinderführungen und
Museumsrallyes ab 2,50 €
pro Kind
reduzierter Eintritt:
Museums-Pass f. mehrere
Museen, Schüler 8 €,
Erw. 9,50 €
E-Mail: tourismus@fulda.de
www.tourismus-fulda.de

Fuldaer Dom
Dommuseum u. Domschatz
Domplatz 5, 36037 Fulda
Tel. 06 61 / 87 207
geöffnet: April-Okt.
Di.-Fr. 10-17.30,
Sa., So. 12.30-17.30 Uhr
Nov.-März Di.-Sa. 10-12.30,
13.30-16, Sa., So. 12.30-16 Uhr
Kinder 1,30 €, Erw. 2,10 €
Jan. geschlossen
Domführer f. Kinder

Fulda: Von Mönchen und geistlichen Fürsten

Bonifatius ist in Fulda ein hoch geachteter Mann. Die Stadt ehrt ihn mit mehreren Denkmälern. Er kam im Auftrag des Papstes als angelsächsischer Missionar nach Friesland, Thüringen und nach 721 auch ins heutige Hessen. Bei Fritzlar (s. dort) fällte er eine heilige Eiche, welche die Germanen ihrem Gott Donar geweiht hatten. Der Legende nach wollte Bonifatius in Fulda beerdigt werden. Nach 744 war hier schon eine erste Basilika entstanden. Nach der Gegenreformation wurde dann der aufwendige Neubau des Fuldaer Doms errichtet, der den Sarkophag des heiligen Bonifatius birgt.

Fulda hat sich nach Rom um größten Einfluss auf die Christenheit des Abendlandes bemüht, entsprechend viele Kirchen gibt es hier. Eine der schönsten ist die Michaelskirche auf einem Hügel gleich beim Dom. Sie ist zugleich eine der ältesten Kirchen Deutschlands. Eine Vorstellung von der großen Prachtentfaltung und dem Reichtum des Fuldaer Bischofssitzes vermittelt das *Dommuseum*. Es beherbergt reich bestickte Messgewänder, kostbare Silber- und Goldarbeiten, Skulpturen und Reliquien.

Im zwölften Jahrhundert erhielt Fulda das Stadtrecht. Handwerker und Handelsleute hatten sich angesiedelt und

Der Fuldaer Dom

zum Schutz der Bürger waren Stadtmauern und Wachtürme gebaut worden. Von Letzteren steht heute noch der runde Hexenturm in der Kanalstraße nahe beim Dom. In diesem Viertel mutet Fulda mit seinem Fachwerk noch mittelalterlich an. Im 18. Jahrhundert hat dann die Stadt mit der Errichtung des Barockviertels voller großartiger Bauten ihr Gesicht verändert. Aufwendigster Bau ist das *Stadtschloss* der Fürstäbte. Etwas vom Luxus ihrer Lebensführung ist bei der Schlossbesichtigung mit seinem Spiegelkabinett spürbar. Die große Orangerie im schönen Schlossgarten diente der Züchtung tropischer Gewächse. Am Rande des Parks gibt es einen Irrgarten, den Kinder sicher gern ausprobieren werden. Es existieren auch ein Minigolf- und ein Spielplatz. Selbstverständlich verfügt die Residenzstadt auch über Schwimmbäder. Riesenbadespaß verspricht die *Rhön-Therme* in Künzell. Hier gibt es natürlich jeden Badekomfort, inklusive Spaßbecken und Wildwasserkanal. In Künzell hat auch das *Takka-Tukka-Abenteuerland* sein Hallenreich eröffnet. In der Indoor-Spielewelt kann bei jeder Jahreszeit gerutscht, geklettert und am Riesenspieleturm gehangelt werden. Auch Kindergeburtstage werden hier ausgerichtet. In Fuldas Innenstadt findet alljährlich Hessens größter Fastnachtsumzug am Rosenmontag statt – natürlich mit gesondertem Kinderumzug am Fastnachtssonntag. Von den vielen Fuldaer Märkten ist sicher der *Kinderflohmarkt* interessant, der von Mai bis Oktober an jedem ersten Samstag im Monat rund um die Stadtpfarrkirche stattfindet. Jedes Jahr im August/September feiern die Fuldaer ihr Wein- und Stadtfest. Ab Ende November kann man auf dem Weihnachtsmarkt heiße Maronen essen und sich vorher die Hände daran wärmen. Eine »lebende« Krippe und spezielle Märchenstunden für Kinder lassen dabei Kinderherzen höher schlagen. Genaueres weiß das Fuldaer Tourismusbüro. Es hat ein besonderes Angebot mit dem Namen »Kinderland« eingerichtet und veranstaltet Erlebnisführungen für kleine Leute in der Stadt und durch die Museen (s. dort).

Stadtschloss
36037 Fulda
geöffnet: Sa.-Do.10-18,
Fr. 14-18 Uhr
Kinder 2 €, Erw. 3 €
Gruppen ab 15: Kinder 1 €, Erw. 2 €

Minigolf im Schlossgarten
geöffnet: März-Okt. 10-22 Uhr

Bäder Park Hotel Rhön-Therme
Harbacher Weg 166
36093 Künzell
Tel. 06 61 / 39 70
Kinder ab 1,80 €, Erw. ab 8,70 €
geöffnet: Mo.-Sa.10-23 Uhr,
So. 9-22 Uhr
www.rhoen-therme.de

Takka-Tukka-Abenteuerland
Am Frankengrund 11
36093 Künzell
Tel. 06 61 / 2 92 66 11
geöffnet: Mo.-Fr. 14-19 Uhr,
Sa. u. So. 10.30-19.30 Uhr
Kinder ab 3,90 €, Erw. 2,90 €
die letzten 1,5 Stunden
halber Preis
www.takka-tukka.com

Kinderflohmarkt
Anmeldung: Frau Grünel
Tel. 06 61 / 9 02 93 26

Museen mit Herz

In der *Kinder-Akademie Fulda*, einem Museum zum Anfassen und Selbermachen, heißt es »Herz«lich Willkommen. Herzstück ist ein begehbares großes menschliches Herz, das 36 Quadratmeter Grundfläche hat, fünf Meter hoch und einma-

Das begehbare Herz in der Kinderakademie

Kinder-Akademie Fulda (KAF)
Mehlerstr. 4
36043 Fulda
Tel. 06 61 / 90 27 30
geöffnet: Mo.-Fr. 10-13, 14-17.30, So. 13-17.30 Uhr
Museum:
Kinder 4 €, Familien 12 €
Museum mit »Herz«-Führung:
Kinder 7 €, Familien 21 €
Bus 3, 5 und 6

lig in Europa ist. Die Besucherkinder können als Blutkörperchen durch seine Kammern gleiten. 1991 wurde die Kinder-Akademie nach amerikanischem Vorbild eingerichtet. Hier finden wechselnde Ausstellungen statt. Besonders attraktiv ist jeweils vor Ostern die Schau »Vom Ei zum Küken«, bei der die kleinen Besucher nicht nur zuschauen, wie die Küken schlüpfen, sondern auch mal eines halten dürfen. Geburtstag feiern, lesen, malen, zeichnen und basteln sind in der Kinder-Akademie ebenfalls möglich. Hungrige und Durstige erwartet das KAFé.

Vonderau-Museum
Jesuitenplatz 2
36041 Fulda
Tel. 06 61 / 92 83 50
Fax 06 61 / 92 83 15
geöffnet: Di.-So. 10-18 Uhr
Kinder 2 €, Erw. 3 €, Familienkarte 7 €,
Di. Eintritt frei
Anmeldung f. Führungen und Vorführungen im Planetarium:
Di.-Fr. 8.15-12 Uhr

Das *Vonderau-Museum* nimmt den Besucher mit auf eine spannende Reise durch die Kulturgeschichte von der Jungsteinzeit bis in unsere Gegenwart. Ein Schwerpunkt ist dem Kloster gewidmet, dem Fulda seine Entstehung verdankt; in einem zweiten geht es um Leben, Wohnen und Arbeiten im Wandel der Epochen. In der naturkundlichen Abteilung gibt es Informationen zu Fossilien, Sauriern und Vulkanen. Große Schaukästen, so genannte Dioramen, liefern einen guten Überblick über die verschiedenen Lebensräume, in denen bestimmte Pflanzen und Tierarten heimisch sind. Gut gefallen hat uns der Raum für Kinder, in dem sie Erkundungsbögen ausfüllen und malen können. Zum Museum gehört ein *Planetarium*, das einen spannenden Ausflug in die Weiten des

Weltalls bietet. Wer sich dann nach dem aufregenden Streifzug durch die Galaxien erholen möchte, geht nebenan ins Museumscafé mit der Kinderspielecke. Es wird auch ein Kinderfrühstück mit Hörnchen und Kakao serviert.

Im *Deutschen Feuerwehrmuseum* in der Fuldaaue wird die Entwicklung des Löschwesens gezeigt. Mussten bis zum Entstehen der freiwilligen Feuerwehren in 19. Jahrhundert die Bürger noch weitgehend selbst mit dem Ledereimer löschen, wurden in der Moderne Dampfspritzen, Sauerstoffgeräte und Gelenkmastfahrzeuge entwickelt, um Brände schnell und effektiv zu bekämpfen. Die Ausstellung ist geeignet, das Thema Brandschutz zu einem nachhaltigen Erlebnis zu machen. Kinder, für die auch eine Malecke vorhanden ist, dürfen probeweise schon mal einen Brandalarm auslösen. Der erwachsene Besucher kann testen, wie schwer es ist, die alte Löschpumpe zu bedienen. Neugierig geworden auf die Arbeit der Feuerwehr? Gleich beim Museum in der St.-Florian-Straße ist eine *Feuerwache*. Sie kann besichtigt werden. St. Florian ist übrigens der Heilige, der vor Feuer schützen soll.

Deutsches Feuerwehrmuseum
St. Laurentius-Str. 3
36041 Fulda
Tel. 06 61 / 75 017
geöffnet: Di.-So. 10-17 Uhr
Kinder 2 €, Erw. 3 €,
Familien 10 €
Stadtbus Linie 3, 4

Feuerwache
St.-Florian-Str.
36041 Fulda
Tel. 06 61 / 83 920
E-Mail: feuerwehr@fulda.de
mindestens 10 Personen n. Anmeldung

So manche Musikerkarriere begann mit dem ersten Spiel auf der Blockflöte. In der *Erlebniswelt Blockflöte* dreht sich alles um dieses schöne Musikinstrument. Von der Auswahl des Holzes zum Bau, über die Herstellung in einer gesonderten Werkstatt bis zum Experimentieren mit Klängen und Tönen auf verschiedenen Instrumenten reicht das Programmangebot. In weiteren Workshops können sich Kinder eine eigene Flöte bauen oder an einer klangvollen Märchenstunde teilnehmen. Alle Museen können mit Führungen besichtigt werden im Rahmen des »Kinderland«-Angebotes des Tourismusamtes (s. oben). Die Museen selbst bieten zusätzlich Schulklassenbetreuung und die Ausrichtung von Kindergeburtstagen etc. an.

Erlebniswelt Blockflöte –
Mollenhauer Blockflötenbau
Weichselstraße 27
D-36043 Fulda
Telefon: 06 61 / 94 67-0
Führungen nur nach Anmeldung
Werkstatt-Führungen
ab 3,50 € pro Person
E-Mail: info@erlebniswelt-blockfloete.de
www.erlebniswelt-blockfloete.de

Fuldaaue und Schloss Fasanerie

Die Fuldaaue, ein Naturschutzgebiet beim Fluss Fulda, ist ein großes schönes Parkgelände. Seit der Landesgartenschau 1994 dient sie als Rückzugsgebiet für Pflanzen und Tiere.

Die Fuldaaue präsentiert bei der Gaststätte Wiesenmühle das größte laufende Wasserrad Europas, sie lädt zum Spazierengehen am Flussufer und an den Teichen ein. Man kann auf gut ausgebauten Wegen Rad fahren, hoch zu Ross reiten oder *Kanutouren* auf der Fulda machen. Die Boote sind vor Ort

Kanutouren, Bootsverleih
»Auf und davon«
Karlstr. 13b
36037 Fulda
Tel. 06 61 / 76 46 4

Umweltzentrum Fulda e. V.
Johannisstr. 44
36041 Fulda
Tel. 06 61 / 97 09 79 0
geöffnet: Mo.-Do. 13-16 Uhr
Führungen auf Anfrage,
Preis auf Anfrage
Bus 1B
E-Mail:
umweltzentrum-fulda@gmx.de
www.umweltzentrum-fulda.de

auszuleihen. Das *Umweltzentrum Fuldaaue*, zu dem ein von Sonnenaufgang bis Sonnenuntergang offener Garten gehört, entwickelt Arbeitsmaterialien, gestaltet kleine Ausstellungen und berät zu Fragen von Bodenökologie bis Umweltschutz. Im Rahmen der Fortbildungsveranstaltungen finden auch Kurse für Schulklassen und spezielle Ferienprogramme statt. Dabei kann es um Wassererkundungen, ums Papierschöpfen, um das Färben mit Pflanzenfarben und den Bau von Nistkästen für den Garten gehen.

Unser Tipp: Wer auch gern etwas Grün zu Hause haben möchte, aber keinen eigenen Garten hat, kann ein kleines »Gewächshaus« etwa auf dem Fensterbrett einrichten. Superschnell wachsen Feuerbohnen oder Linsen. Die Bohnensamen gibt es für wenig Geld im Samengeschäft. Sie werden leicht angefeuchtet und auf Watte gelegt. Ähnlich mit den Linsen verfahren. Wenn die Feuerbohnen keimen, in einen Blumentopf tun, mit etwas Erde bedecken. Sie wachsen schnell, haben schöne Blätter und Blüten und irgendwann geht es dann an die Ernte. Das Gießen nicht vergessen.

Schloss Fasanerie
36124 Eichenzell
Tel. 06 61 / 94 86 0
www.schloss-fasanerie.de
geöffnet: April-Okt.
Di.-So. 10-17 Uhr,
Führungen jede Stunde.
Kinder ab 2,50 €, Erw. ab 5 €
Kinderführungen / Schlosscafé
Bus 3, 4, dann ca. 20 Min.
Fußweg

Hessens schönstes Barockschloss, das *Schloss Fasanerie*, liegt fünf Kilometer südlich von Fulda in Eichenzell. Es war Jagdschloss und Sommerwohnsitz der Fuldaer Fürstäbte. Weil es in seiner Nähe einen Tiergarten gab, in dem vor allem Fasane gehalten wurden, erhielt es den Namen »Fasanerie«. Fürstabt Adolf begann im 18. Jahrhundert den Ausbau zu einem prachtvollen Sommerschloss, das er mit einem schönen Park umgab. Heute streift der Besucher Filzpantoffeln über, wenn er bei einer Führung durch die reich mit Stuck verzierten Räume mit kostbaren Möbeln, Gemälden und einer bedeutenden Privatsammlung antiker Statuen geht.

Bei Rittern und anderen Fossilien

Einen Schnupperkurs in Sachen landschaftlicher Schönheit bietet der Besuch auf der Ebersburg auf dem 816 Meter hohen Ebersberg. Zur Zeit der Staufer wurde auf den Resten einer keltischen Ringwallanlage (s. auch Milseburg) mit dem Bau begonnen. Einst lebte das mächtigste Rittergeschlecht der Rhön hier, seit dem 15. Jahrhundert aber ist das Bauwerk mit den beiden wuchtigen Rundtürmen nur noch eine Ruine.

Neben dem schönen Ausblick von der Burg wirbt die Gemeinde *Ebersburg* mit einem gut ausgebauten Wanderwegenetz und speziellen Einrichtungen für Kinder: Ponyreiten, Ritterwochen mit Spielen und Wettbewerben, Brot backen nach altem Rezept. Es gibt Skaterrampen, einen Erlebnisspielplatz, eine Streetball-Anlage und Bolz- und Grillplätze.

Unsere nächste Station in der Rhön ist *Gersfeld.* Auf dem Weg dorthin geht es am 706 Meter hohen Wachtküppel vorbei. Gersfelds kinderfreundliche Seite offenbart sich beim *Hochwildschutzpark Ehrengrund* mit Streichelzoo und Freigehegen. Danach geht es weiter zum malerisch zwischen Hügeln und Wiesen liegenden *Poppenhausen*. Mit seinen verschiedenen Ortsteilen befindet es sich in unmittelbarer Nähe der Wasserkuppe, des Bergs der Segelflieger und Skifahrer. Die *Poppehuiser Bauernrunde* sorgt dafür, dass beim Städter echtes Landgefühl aufkommt: So wird zur Hofführung und Stallbesichtigung eingeladen, es wird »Backhausspaß im Feuerloch« versprochen und vorgeführt, wie aus frischen Eiern und Mehl Nudeln werden. Auch der Wunsch, einmal eine Nacht im Heubett zu verbringen, kann in Poppenhausen wahr werden. Wer das ausprobieren möchte, sollte einen Schlafsack und eine Taschenlampe mitbringen.

Auch Fossilienliebhaber werden in Poppenhausen ihre Freude haben. Im *Sieblos-Museum* sind Versteinerungen aus der Zeit vor 55 Millionen Jahren zu sehen. Für die Hobby-Geologen empfehlen wir außerdem den zehn Kilometer langen *geologischen Wanderpfad* in Abtsroda. Er beschreibt die wichtigsten Gesteine Hessens.

Hochwildschutzpark Ehrengrund

Tourismusbüro
Fremdenverkehrsverein
Ebersburg e.V.
Am Wasserweg 10
Mehrzweckhalle Thalau
36157 Ebersburg
Tel. 0 66 56 / 98 20

Kurverwaltung Gersfeld
Brückenstr. 1
36129 Gersfeld
Tel. 0 66 54 / 17 80
E-Mail: tourist-info
@gersfeld-rhoen.de

Hochwildschutzpark
Ehrengrund
36129 Gersfeld
Tel. 0 66 54 / 68 0
Geöffnet: Nov.-März 10-16,
April-Okt. 9-18 Uhr
Kinder 1,50 €, Erw. 2,50 €

Poppehuiser Bauernrunde
c/o Tourist-Information
36163 Poppenhausen
Von-Steinrück-Platz 1
Tel. 0 66 58 / 96 00 13
E-Mail: info@poppenhausen-wasserkuppe.de
www.poppenhausen-wasserkuppe.de

Sieblos-Museum
Von-Steinrück-Platz 1
Tel. 0 66 58 / 96 00 13
geöffnet: Mo.-Do. 8-16,
Fr. 8-15, So. 16-18 Uhr
Eintritt frei

Geologischer Wanderweg
Abtsroda

Bergsportschule Rhön
Tel. 0 6 61 / 48 23 0
www.bergsportschule-rhoen.de

Steinwand bei Poppenhausen

Mit Hessens schönstem Klettergarten geht es weiter im Poppenhausener Ortsteil Steinwand. Dort erhebt sich eine 28 Meter hohe steile Wand aus Phonolithfelsen. In der *Bergsportschule Rhön* können Kletterfans erlernen, wie eine solche Wand zu bezwingen ist.

Der Guckaisee, ein kleines naturbelassenes Badeparadies, liegt in Rodholz, ca. fünf Kilometer von Poppenhausen entfernt. Eine Gaststätte ist gleich nebenan. Vom Parkplatz Guckaisee aus führt ein botanischer Lehrpfad zum 875 Meter hohen Pferdskopf hinauf, einem pyramidenförmigen Seitengipfel der Wasserkuppe.

Moorgründe und Heidekraut

Rotes Moor
an der Hochrhönstraße
B 278 nördl. von Bischofsheim
Wanderweg von Gersfeld aus
geführte Wanderungen
durch die Fremdenverkehrsämter oder die Verwaltungsstelle Biosphärenreservat

Einst soll sich beim Sattel zwischen Wasserkuppe und Heidelstein ein Dorf befunden haben, das versunken sein soll. An seiner Stelle befindet sich heute in 800 Metern Höhe das *Rote Moor.* Seinen Namen bekam es vom Heidekraut, das an seinen Rändern reich blüht und sich im August rötlich färbt. Das Rote Moor ist heute Naturschutzgebiet und beherbergt viele seltene Pflanzen- und Tierarten. Ein großer Rundweg führt an einem See, an Tümpeln und Birkenauen und dem ehemaligen Torfabstich vorbei. Denn bis vor einigen Jahren wurde in der Rhön noch Torf abgebaut, der in Jahrtausenden aus den meterdicken Schichten feuchter Pflanzenablagerungen entstanden war. Er wurde als Brennmaterial oder zur Verbesserung der Bodenqualität in Gärten und Parks genutzt. Holzstege führen über das feuchte Areal und Infotafeln informieren über die hier heimische Artenvielfalt. Bitte nur auf vorgezeichneten Wegen gehen, um Tiere und Pflanzen nicht zu gefährden. Leicht kann man auch im sumpfigen Untergrund einsacken. Märchen und Gedichte berichten deshalb auch von Kindern, die sich im Moor verirrten oder gar umkamen. Das wurde dann dem bösen Treiben der Moorjungfern zugeschrieben, die als irrende Lichter über dem Moor zu sehen sein sollen – in Wahrheit sind für diese Erscheinungen chemische Prozesse verantwortlich, bei denen Gase frei gesetzt werden. Besonders stimmungsvoll ist der Moorbesuch im Herbst, wenn Nebel über den feuchten dunklen Flächen liegt.

Flugplatz Wasserkuppe

Wasserkuppe und Milseburg: Die höchsten Berge der Rhön

Auf der 950 Meter hohen Wasserkuppe steht das *Grönhoff Haus*. Hier werden Fortbildungen und Wanderungen auch für Kinder und Jugendliche organisiert. Naturverbunden auf einem hohen Berg zu übernachten, davon träumen nicht nur Pfadfinder und Scouts. Der Erlebnis- und Naturzeltplatz *Camp ErNa* macht das möglich. Er hat auf seinem Gelände zusätzlich noch ein Feuchtbiotop und einen Sinnespfad. Zelte und Isomatten werden gestellt und das Essen wird stilecht über dem Lagerfeuer gekocht. Apropos Essen. Nichtcamper müssen bei ihrem Besuch nicht darauf verzichten. Es gibt auf der Wasserkuppe Restaurant, und einen Kiosk und Souvenirshops.

Hessens höchster Berg ist Heimat der Segelflieger, seit um 1910 herum ein paar Sportbegeisterte auf der Wasserkuppe mit einfachen Apparaten die ersten Versuche unternahmen. Die Flieger fanden auf der kahlen Höhe den nötigen Aufwind. 1920 gab es dort den ersten Gleit- und Segelflugwettbewerb. Heute beherbergt die Wasserkuppe eine *Segelflugschule* und das *Deutsche Segelflugmuseum*. Es stellt vom »Hanggleiter«, wie ihn der große Flugpionier Otto Lilienthal nutzte, bis zum modernen Kunststoffflugzeug alles aus, was zum Segelflug gehört. Bei günstiger Wetterlage werden von der Wasserkuppe aus auch Passagierflüge unternommen. Gute Startbedingungen haben hier auch Drachenflieger. Zu Pfingsten treffen sich Flugmodellbauer zu einem Wettbewerb auf der Wasserkuppe.

Grönhoff Haus Wasserkuppe
Hessische Verwaltungsstelle
des Biosphärenreservates Rhön
63129 Gersfeld
Tel. 0 66 54 / 9 61 20
E-Mail: vwst
@biosphaerenreservat-
rhoen.de
www.biosphaerenreservat-
rhoen.de

Camp ErNa
Infos über: Deutsche Jugend
in Europa
Landesverband Hessen e.V.
36163 Poppenhausen-Rodholz
Tel. 0 66 58 / 91 90 01
Preise erfragen
www.wasserkuppe.de

Segelflugschule Wasserkuppe
Tel. 0 66 54 / 36 4
Mitfluggelegenheit: März-Nov.
(Segel- u. Motorflieger)
Preise erfragen
E-Mail: segelflugschule
@wasserkuppe.de
www.segelflugschule-
wasserkuppe.de

Deutsches Segelflugmuseum
Wasserkuppe
Tel. 0 66 54 / 77 37
geöffnet: April-Nov. tägl. 9-17,
Nov.-März tägl. 10-16.30 Uhr
Kinder 1 €, Erw. 2 €
www.segelflugmuseum.de

Sommerrodelbahn
Märchenwiese
Wasserkuppe
Tel. 0 66 54 / 63 2
geöffnet: ganzjährig außer bei
Skibetrieb 10-17 Uhr
Kinder 1,50 €, Erw. 2 €

Milseburg
am Fuße des Berges
ein Parkplatz und
oben ein Kiosk

Fast so schön wie fliegen ist die Fahrt mit der *Sommerrodelbahn* auf der Märchenwiese. Zweimal 700 Meter können hinuntergesaust werden! Im Winter ist echtes Rodeln und Skifahren angesagt. Das Skizentrum Wasserkuppe wartet mit vier Skiliften und einer Flutlichtanlage auf. Anfänger starten bei der Abfahrt an der Märchenwiese. Eine Halfpipe fordert das Können der Snowboarder heraus. Es werden auch Pferdeschlittenfahrten angeboten.

Die 835 Meter hohe *Milseburg* nahe beim Ort Kleinsassen ist die zweithöchste Erhebung der Rhön. Von weitem schon sichtbar, ragt sie aus der Ebene empor. Ein archäologischer Pfad begleitet den Wanderer hinauf. Auf den zerklüfteten Steilhängen vulkanischen Ursprungs errichteten die Kelten eine Fliehburg. Im Frühmittelalter folgte eine weitere Burg, die bereits im 12. Jahrhundert zerstört wurde. Auf ihren Mauerresten entstand eine kleine Kapelle für St. Gangolf, einen Märtyrer und christlichen Missionar. Sein Lieblingsplatz soll der Berg gewesen sein, der heute den Namen Milseburg trägt. An diesem Ort erwirkte er auch ein Wunder, denn aus dem trockenen Boden zu seinen Füßen entsprang mit einem Mal eine Quelle! Gangolf hat der Legende nach den Riesen Mils besiegt, der mit dem Teufel im Bunde stand und die Ausbreitung des Christentums verhindern wollte. Die Geschichte vom Tod des Riesen wird so erzählt: Die Frommen um Gangolf errichteten ein Kreuz auf einem Berg. Dieser lag nun genau gegenüber von dem Berg, auf dem der Riese hauste. Als dieser das christliche Zeichen sah, wurde er furchtbar zornig, nahm einen großen Felsbrocken und versuchte ihn gegen das Kreuz zu schleudern. In diesem Moment aber ging die Sonne auf und blendete ihn, sodass er das Gleichgewicht verlor. Im Fallen stürzte er auf seine Burg, deren Mauern zerbrachen und er wurde unter den Trümmern begraben. Der Stein aber, der das Kreuz treffen sollte, flog nicht sehr weit. Man nennt ihn »Teufelstein«. Er ist noch heute am Gipfel der Milseburg zu sehen. Auch Gangolfs Wasserquelle plätschert noch munter vor sich hin.

Brezeltag und Hutzelfeuer

Das *Traumtheater Kleinsassen* verzaubert mit Kindertheater die Gemüter der Kleinen. Gespielt wird von Ostern bis Herbst. Kleinsassen liegt unterhalb der Wasserkuppe und hat noch mehr zu bieten. In den Räumen einer alten Schule ist die

Kunststation eingerichtet, in der Künstler nicht nur aus der Region ihre Bilder und Skulpturen ausstellen.

Wichtigster Tag im Jahr ist für die Kinder in *Hilders* der 12. März, denn dann ist in Erinnerung an die Kinderprozession »Brezeltag«. Im Jahr 1635 fand an diesem Tag dort ein Bittgang von Kindern statt. Die Leute litten damals während des Dreißigjährigen Krieges großen Hunger und hatten Angst vor der Pest. Doch alles Beten und Singen hatte das Unheil nicht abhalten können. Erst die Kinderprozession rettete den Ort. Seitdem wird der Tag feierlich begangen und jedes Kind bekommt eine große süße Brezel.

Auch das im Ulstertal gelegene Städtchen *Tann* bemüht sich um die Belebung alten Brauchtums. Es gibt einen Maimarkt und ein Wirtefest am zweiten Sonntag im September. Dann wird im alten Backhaus gebacken und der Schmied stellt sein Handwerk vor. Das Wirtefest wird ausgerichtet im *Rhöner Museumsdorf*, einem Freilichtmuseum, in dem mit drei alten Höfen das Leben auf dem Lande im 19. Jahrhundert erfahrbar wird. Das *Rhöner Naturmuseum* am Marktplatz informiert über die Tier- und Pflanzenwelt der Region von der Steinzeit bis in die Gegenwart. Mit dabei sind Biber, Braunbär, Hirsche und Mufflons, die alle in der Rhön heimisch waren oder sind.

Im Herbst wird in vielen Orten in der Rhön ein Michaelismarkt abgehalten und in der Adventszeit folgen die Weihnachtsmärkte. Am Sonntag nach Fastnacht werden auf den Bergen der Rhön bis zu sieben Meter hohe Feuer, so genannte »Hutzelfeuer« entzündet, um den Winter zu vertreiben. Damit blieb ein alter vorchristlicher Brauch erhalten (s. Herbstein und Langenthal). Dafür sammeln die Kinder schon vorher trockenes Holz. Am frühen Abend wird mit Lampions durch den Ort gezogen und um Gaben »geheischt«. Früher war das getrocknetes Obst, also Hutzeln, heute ist oft auch Geld dabei.

Künstlerdorf Kleinsassen
mit Theater: Andreas Wahler
Julius-von-Kreyfelt-Str. 2a
36145 Hofbieber-Kleinsassen
Tel. 0 66 57 / 62 32
E-Mail: info@traumtheater-kleinsassen.de
www.traumtheater-kleinsassen.de

Hilders
Tourist-Information
Schulstr. 2
36115 Hilders
Tel. 0 66 81 / 91 91 99
E-Mail: Verkehrsamt-Hilders@t-online.de
www.rhoen.net/hilders

Verkehrsamt Tann
Kalkofen 6
36142 Tann
Tel. 0 66 82 / 16 55
E-Mail: info@tann-online.de
www.tann-tourist-info.de

Freilichtmuseum
Rhöner Museumsdorf und
Rhöner Naturmuseum
Schloßstr. 3
36142 Tann
www.tanner-museen.de
Tel. 0 66 82 / 89 77 oder 85 44
geöffnet: April-Okt.
tägl. 10-12, 14-17 Uhr
Kinder 2 €, Erw. 2,90 €

ROTHA
253
54
Dillenburg
Haiger
Dill
Donsbach
277
Bischoffen
255
Uckers-
dorf
Herborn
Aarstausee
45
414
255
Sinn
Gem.
Hohenahr
Driedorf
Rehe
Mademühlen
Greifenstein
Krombach-
Stausee
Beilstein
Ulmbach
talsperre
Ulm
Lahnpark
Allen-
dorf
bach
Kloster
Altenberg
49
WESTERWALD
Oberbiel
Burgsolms
WETZLAR
277
45
Braunfels
49
Lahn
TAUNUS

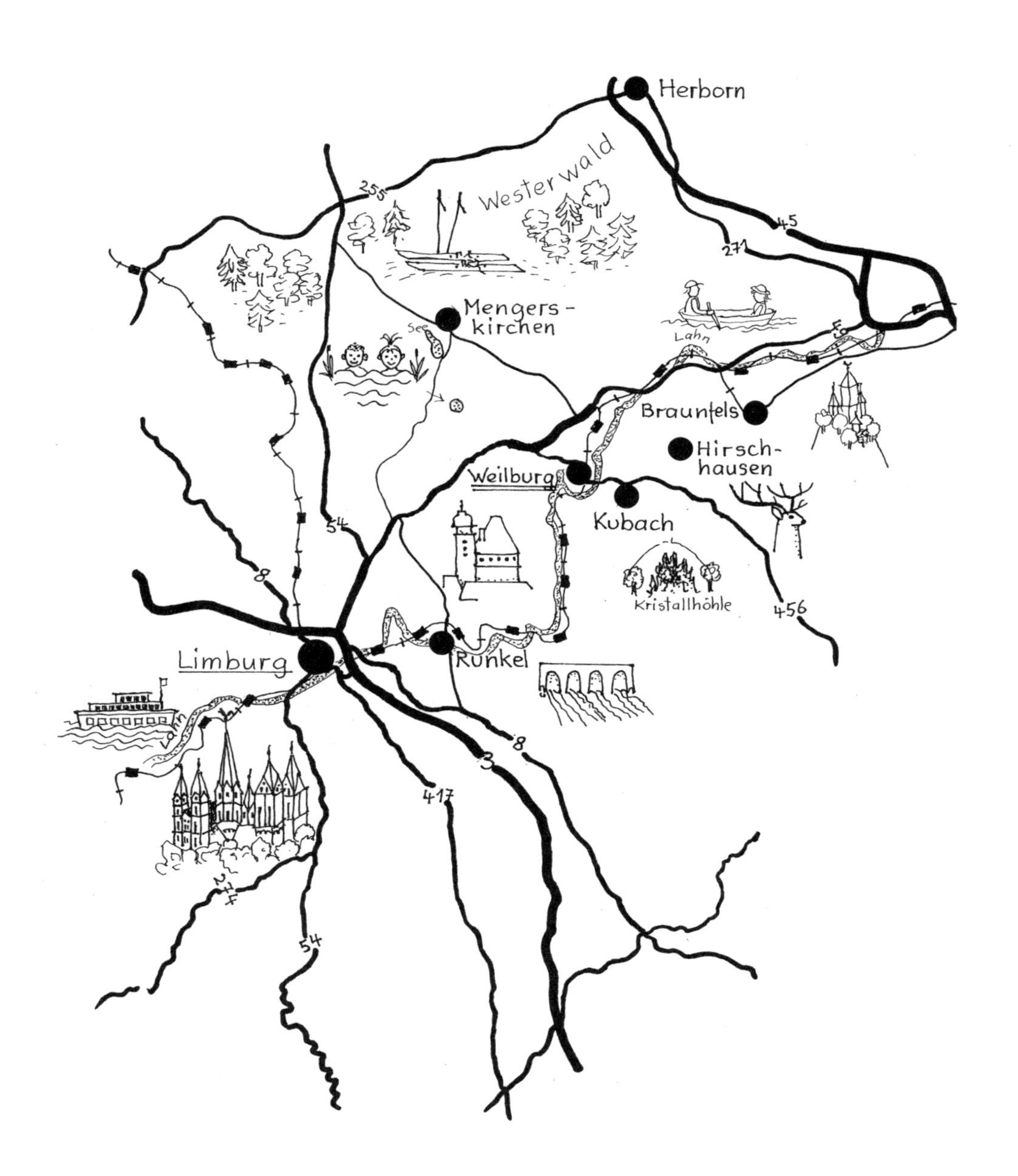
Herborn
Westerwald
255
45
271
Mengers-
kirchen
See
Lahn
Braunfels
Hirsch-
hausen
Weilburg
Kubach
54
8
Kristallhöhle
456
Limburg
Runkel
Lahn
8
3
417
274
54

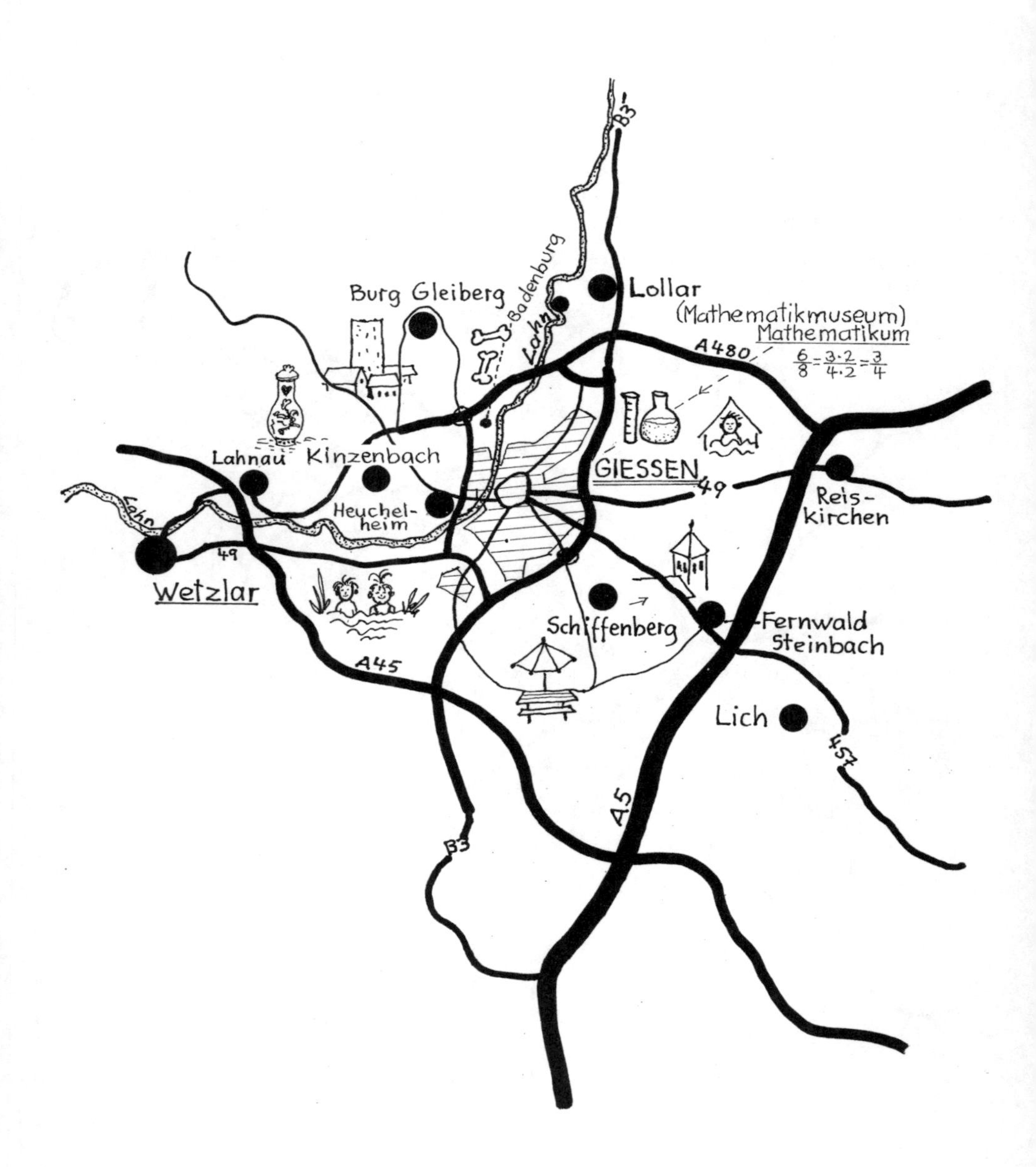

B3
Badenburg
Burg Gleiberg
Lollar
(Mathematikmuseum)
Mathematikum
$\frac{6}{8}=\frac{3 \cdot 2}{4 \cdot 2}=\frac{3}{4}$
Lahn
A480
Lahnau
Kinzenbach
GIESSEN
49
Reis-
kirchen
Heuchel-
heim
Lahn
49
Wetzlar
Schiffenberg
Fernwald
Steinbach
A45
Lich
457
A5
B3

An Lahn und Dill

Ein Paradies für Wasserfreunde

Die Region ist von vier Gebirgen umzogen, von Taunus, Westerwald, Rothaargebirge und Vogelsberg. Bodenfunde belegen, dass hier schon vor Jahrtausenden gesiedelt wurde. Die Kelten und die Römer haben Spuren hinterlassen und in der Neuzeit war der Eisenerzbergbau über Jahrhunderte hinweg eine wichtige Existenzgrundlage für die Bevölkerung an Lahn und Dill. Stillgelegte Gruben erinnern an diese Zeit. Burgen, Schlösser und Museen bezeugen eine wechselvolle Geschichte.

Lahntal Tourismus Verband
Karl-Kellner-Ring 51
35576 Wetzlar
Tel. 0 64 41 / 40 71 90 0
E-Mail: info@daslahntal.de
www.daslahntal.de

Verwaltung Mengerskirchen
Tel. 0 64 76 / 91 36 0
E-Mail: vorzimmer @mengerskirchen.de
Bus ab Limburg

Zwei Flüsse spielen in dieser Region eine Rolle: die Lahn und die Dill. Die Dill entspringt im Westerwald, ist 68 Kilometer lang und fließt bei Wetzlar in die Lahn. Diese wiederum kommt aus dem Rothaargebirge, hat eine fahrbare Länge von 235 Kilometern und mündet in den Rhein. Sie bildet die natürliche Grenze zwischen den Höhenzügen von Taunus und Westerwald. An der Lahn mit ihren idyllischen Ufern und ihrem vielfach geschwungenen Lauf lässt es sich auf dem Lahnhöhen- oder Lahnradweg gut wandern oder Rad fahren. Zugleich ist sie einer der beliebtesten Flüsse zum Kanufahren und Paddeln; zahlreiche Schleusen machen die Fahrt zu einem abwechslungsreichen Unternehmen. Bootsverleiher stellen die nötige Ausrüstung und bieten einen Rückholservice an. Auch Dampferfahrten sind auf der Lahn möglich.

Im Lahn-Dill-Kreis gibt es viele Seen. Der Wißmarer und der Heuchelheimer See bei Gießen laden zum Baden, Angeln und Surfen ein. In der üppig-grünen Landschaft des Dilltales liegen mehrere Stauseen. Beim Aartalsee bei Bischoffen/Hohenahr ist ein Teil des Sees Naturschutzgebiet. Ein Rundwanderweg führt durch das Gebiet, in dem über 50 Vogelarten nisten. Im übrigen See darf gebadet werden. Der Krombach-Stausee bei Driedorf-Mademühlen hat 100 Meter Badestrand, Möglichkeiten zum Surfen und einen Campingplatz. Dazu bietet der Lahn-Park bei Wetzlar mit gleich drei Seen und Badeständen die zweitgrößte zusammenhängende Seenfläche Hessens. Also: die Badehose nicht vergessen! Wer dagegen in der kalten Jahreszeit kommt, ist im Skigebiet »Knoten« bei *Mengerskirchen* richtig. Hier, auf den Ausläufern des Westerwaldes, liegt in 605 Metern Höhe oft noch Schnee, wenn es sonst überall schon taut. Abfahrtsski, Langlauf und Schlittenfahren sind möglich.

Gießen: Botanischer Garten und Klosterruinen

Touristik Information /
Stadthallen GmbH
Berliner Platz 2
35390 Gießen
Tel. 06 41 / 1 94 33
E-Mail: info@giessen-tipps.de
www.giessen-tourist.de

Mit der Burg Gießen begann im 12. Jahrhundert die Geschichte der Stadt, die heute über 73.000 Einwohner hat. Um die Burg herum ließen sich Handwerker nieder und wenig später erhielt die Ansiedlung Stadtrechte. Drei Jahrhunderte später wurde die Stadt an den Flüssen Lahn und Wieseck zu einer großen Festung ausgebaut. 1607 ist dann die Gießener Universität gegründet worden, die heute die zweitgrößte in Hessen ist und im Leben der Stadt eine wichtige Rolle spielt.

Gießen ist im Zweiten Weltkrieg stark zerstört worden. Hübsch anzuschauen sind immer noch das Zentrum mit dem Leibschen und dem Wallenfelsschen Haus. Beide waren Burgmannenhäuser und zählen zu den ältesten Fachwerkhäusern Hessens. In ihnen sind Ausstellungen zur Stadtgeschichte, zur Volkskunde und eine Abteilung für Vor- und Frühgeschichte zu sehen. Nur wenige Schritte weiter steht das »Alte Schloss«, dessen früheste Bauten auf das 14. Jahrhundert zurückgehen. In seinen Mauern hat das Oberhessische Museum mit vielen alten und modernen Bildern, Skulpturen und Möbeln Platz gefunden. An Wochenenden ist im *MuSEHum*, der Kinderakademie im Alten Schloss, immer etwas los. Bevor Kinder selbst zu Farbe und Pinsel greifen, erleben sie Dschungelabenteuer mit Rousseau, Sonnenuntergänge mit Monet oder

MuSEHum – Kinderakademie
im Alten Schloss
Oberhessisches Museum
Brandplatz 2
35390 Gießen
Anm.: Tel. 06 41 / 3 06 24 77
(Mo.-Fr. 8-12 Uhr)

Sammelbild »Aus dem Leben Liebig's«

unheimliche Geisterstunden mit Goya. Nicht immer vor Originalen, aber immerhin. Auch das *Stadttheater Gießen* bemüht sich mit Kindertheaterstücken und Workshops um den Nachwuchs.

Nicht weit vom Schloss entfernt liegen die Respekt einflößenden Gebäude der Universität mit dem *Botanischen Garten.* Landgraf Ludwig von Hessen hatte 1609 der noch jungen Uni ein Stück Land zur Errichtung eines Heilpflanzengartens überlassen. Inzwischen beherbergt der Garten nicht allein mehr Beete mit Rosmarin, Löwenzahn und Fingerhut. Zierpflanzen und seltene Bäume, von denen einige schon über 200 Jahre alt sind, kamen hinzu. In den Gewächshäusern gedeihen Bromelien, Bambus und Insekten fressende Pflanzen. Am Schwanenteich an der Wieseck im Osten der Stadt ist für Sommervergnügungen eine Rollschuh- und für den Winter eine Schlittschuhbahn vorhanden. Außerdem sind dort ein Spielplatz und eine Grillanlage, beim Messeplatz eine Halfpipe für Skateboardfans. Natürlich hat Gießen auch ein *Hallen-* und *Freibad* mit großer Wasserrutsche.

Vor den Toren der Stadt bietet der Schiffenberg mitten im Stadtwald viel Frischluft. Schon in der Jungsteinzeit vor 6000 Jahren war er besiedelt. Kelten, Römer, Karolinger lebten dort; ab dem 12. Jahrhundert wurde ein Kloster errichtet. Jetzt hat er seine große Zeit, wenn im Sommer bei der romanischen Kirchenruine Kulturveranstaltungen stattfinden, darunter auch welche für Kinder. Informationen gibt es bei der Touristik Information. Man kann die alten Mauerreste erforschen, im ehemaligen Klosterbezirk im Biergarten sitzen, am etwas weiter entfernten Grillplatz selbst etwas brutzeln oder nach Herzenslust wandern.

Stadttheater Gießen
35390 Gießen
Berliner Platz
Tel. 06 41 / 79 57 0
Fax 06 41 / 79 57 80
E-Mail: stadttheater-giessen.kiju@t-online.de
www.stadttheatergiessen.de

Botanischer Garten Gießen
Haupteingang: Sonnenstraße
geöffnet: Sommer 8-18 Uhr
ab Sept. 8-15.30 Uhr

Badezentrum Ringallee
Hallen- und Freibad
Gutfleischstr. 24
35390 Gießen
Tel. 06 41 / 7 08 14 47
Kinder 2 €, Erw. 3 €
Freibad: Mai-Sept.
tägl. 9-20 Uhr

Museen zum Staunen und Spielen

»Liebigs Fleisch-Extrakt« machte Justus von Liebig zwar nicht reich, aber berühmt. Dabei war diese Erfindung eigentlich ein Nebenprodukt der Forschertätigkeit des berühmten Chemikers. Als 1854 die Tochter eines Freundes schwer an Typhus erkrankt war und nichts essen und trinken konnte, nahm Liebig mageres Rindfleisch und erhitzte es in einer Lösung aus Salzsäure und Wasser. Nach stundenlangem Köcheln kam dabei ein Extrakt heraus, den er dem Mädchen löffelweise einflößte. Es war gerettet. Ein pfiffiger Unternehmer vermarktete dann mit großem Gewinn diese Idee in einer Fabrik in Uruguay. Bis dahin wurden nämlich in der Hitze Südamerikas bei der Schlachtung der großen Rinderherden nur die kostbaren Häute der Tiere verarbeitet, das Fleisch verdarb. Durch Liebigs Erfindung konnte nun auch das Fleisch der Tiere verwertet werden. Als Fleischextrakt in Würfelform wurde es nach Liebigs Tod zum Kassenschlager durch die Beifügung der bunten Sammelbilder mit Szenen aus seinem Leben.

Liebig-Museum
Liebigstr. 12
35390 Gießen
Tel. 06 41 / 76 39 2
geöffnet: Di.-So. 10-16 Uhr
Kinder 1,50 €, Erw. 2,50 €
Experimentalführungen für Gruppen zusätzl. 15 €

Gemessen an heutigen Standards wirkt Liebigs Wirkungsstätte vergleichsweise bescheiden. Doch hat er hier, gemeinsam mit seinen Mitarbeitern mit Kolben und Pipette hantierend, zwischen 1825 und 1852 die Grundlagen für die moderne chemische Forschung entwickelt. Zu sehen sind im *Liebig-Museum* in der Nähe des Bahnhofs der alte Lehrsaal, drei Laborräume und sein privates Schreibzimmer. Alles originalgetreu eingerichtet, als hätte es der große Forscher und Erfinder erst vor kurzem verlassen.

Direkt neben dem Liebighaus findet sich im ehemaligen Zollamt Gießen ein Museum der besonderen Art: das Mitmach-Museum namens *Mathematikum*. Hier wird allerdings nicht gerechnet. Unzählige Kniffelspiele warten auf neugierige Forscher, in kleinen Spiegelkabinetten vervielfachen sich

Im Mathematikum

Gegenstände ins Unendliche und mit Hilfe eines so genannten »Faxenspiegels« können Besucher sogar in der Luft schweben. Ein Computer im Mathematikum komponiert Musik nach dem »Musikalischen Würfelspiel« von Mozart. Jung und Alt können hier ausprobieren, wie einst Leonardo da Vinci eine Brücke völlig ohne Draht und Nägel zusammenbaute oder erfahren, welche Kugel schneller ist: die Kugel, die auf der geraden, oder diejenige, die auf einer gebogenen Bahn herunterkullert. Der große Publikumsliebling im Mathematikum ist aber mit Abstand die Riesenseifenblase, von der die Besucher sich umschließen lassen können. Mathematik kann Spaß machen und wer sich fragt, welche Formeln und Gesetze sich hinter einem Phänomen verbergen, findet im Mathematikum viele Informationen dazu.

Mathematikum
Liebigstr. 8
35390 Gießen
0641 / 96 97 97 0
geöffnet: Mo.-Fr. 9-18 Uhr, Do. bis 20 Uhr, Sa., So. und Feiertage 10-18 Uhr
Kinder 4 €, Erw. 6 €
Familien 12 €, Gruppen bitte anmelden
E-Mail:
info@mathematikum.de
www.mathematikum.de

Unser Schlaumach-Tipp: Wer 1 x 1 und 11 x 11 und 111 x 111 und 1111 x 1111 usw. multipliziert, kann leicht ins Staunen kommen: Durch das Malnehmen von Einsen erhält man in geordneter Reihe alle anderen Ziffern. Das und vieles mehr aus dem Reich der Zahlen steht in dem Buch »Der Zahlenteufel« von Hans Magnus Enzensberger, das im Deutschen Taschenbuch Verlag erschienen ist. Der Zahlenteufel erscheint Robert im Traum und er zeigt, was Mathematik wirklich ist: dass es eine vernünftige Struktur gibt und dass Mathematik sogar richtig unterhaltsam sein kann.

Gießen hat auch ein *Kindermuseum,* in dem Spielen erlaubt ist und viele Ausstellungsstücke angefasst werden dürfen. Der Rentner Wolfgang Magel hat es vor einigen Jahren eingerichtet. Die zwei Räume im Hinterhaus der Löberstraße sind von oben bis unten angefüllt mit altem und neuem Spielzeug, darunter zwei große Puppenhäuser mit allem Zubehör. Die Möbel dazu hat »Opa Wolfgang«, der über 40 Jahre als Schreiner tätig war, selbst gearbeitet. Einige haben sogar Intarsien. Zu bestaunen sind weiter ein Autosalon mit Spielzeugautos aus den Fünfzigerjahren, ein Karussell, alte Puppen und Puppenwagen und eine Sammlung mit Figuren aus Überraschungseiern.

Kindermuseum
Löberstr. 17a
35390 Gießen
Tel. 06 41 / 71 62 0
geöffnet: Di., Do. 14-17 Uhr u. nach Vereinbarung
Eintritt frei, kein Hinweisschild

Gießens Umgebung: Das Gleiberger Land

Die weithin sichtbar auf einem Basaltkegel thronende *Burg Gleiberg* gab der wald- und wasserreichen Region zwischen

Burg Gleiberg
Information:
Gleiberg-Verein e.V.
Tel. 06 41 / 83 42 8

Gießen und Wetzlar ihren Namen. Die Anfänge der Burg mit ihrem 30 Meter hohen Bergfried reichen in das 11. Jahrhundert zurück. Spätere Generationen veränderten und erweiterten die Burg, 1646 wurden große Teile zerstört. Übrig geblieben sind Wehrmauern, Burgkapelle und der große Wohntrakt. Im Innenhof laden Restaurant und Biergarten zum Verweilen ein. Der Blick zurück auf das fünf Kilometer entfernte Gießen und den westlich sich vor uns erhebenden *Dünsberg* ist großartig. Ihn umgibt das Geheimnis vergangener Kulturen. Er war schon in der Jungsteinzeit besiedelt, die dort ausgegrabenen Funde lassen Rückschlüsse auf eine wichtige keltische Anlage zu. In etwa einer Dreiviertelstunde Fußweg kann der Dünsberg erklommen werden; ein archäologischer Wanderweg mit Informationstafeln hilft, sich die Vergangenheit zu erschließen. Oben auf dem Gipfel gibt es einen Fernmeldeturm und gleich daneben eine Restauration mit Biergarten, Spielgeräten und Aussichtsturm.

Dünsberg
Information:
Dünsberg-Verein e.V.
Tel. 06 40 9 / 96 49
www.duensberg-verein.de

Im Gleiberger Land liegt die Gemeinde Heuchelheim. 1988 entstand durch die Initiative eines Vereins das *Heimatmuseum Heuchelheim* im ehemaligen Bahnhof. Zu sehen ist in den verschiedenen, mit Liebe wieder aufgebauten Werkstät-

Laden im Heimatmuseum Heuchelheim

ten, wie früher Schuhe hergestellt, Anzüge genäht, Bücher gedruckt, Wagenräder gebaut und Werkzeuge geschmiedet wurden. Wer davon träumt, einmal Lokomotivführer zu werden, kann im Stellwerksraum eine Schaffnermütze aufsetzen und auf dem Modell des Kinzenbacher Bahnhofs eine Lok rangieren. Ein weiterer Höhepunkt des Besuches im Heimatmuseum ist sicher der »Tante-Emma-Laden« aus den Fünfzigerjahren. Damals gab es noch fast alle Waren unverpackt. Linsen, Bohnen, auch Nudeln, Mehl und Zucker lagerten in großen Holzschubladen. Heute kann man als süßes Souvenir Bonbons erwerben, in Tüten zu 100 Gramm oder auch einzeln.

Heimatmuseum Heuchelheim
35452 Heuchelheim-Kinzenbach
Bahnhofstr. 30
Tel. 06 41 / 61 42 9
geöffnet: Mi. 15-17, So. 10-12 Uhr u. nach Absprache
Eintritt frei

Wetzlar: Die Stadt mit dem Dom, der keiner ist

Bei der Erkundung von Wetzlar mit seinen rund 53.000 Einwohnern beginnt man am besten auf den luftigen Höhen der Kalsmunt im Südwesten der Stadt. Sie bietet den schönsten Blick auf die Altstadt Wetzlars in der Lahnschleife. Zu sehen sind die alte Brücke aus dem 13. Jahrhundert, die mit Schiefer gedeckten Fachwerkhäuser und der Dom mit seinem Turm aus rotem Sandstein. Auch das moderne Wetzlar ist sichtbar: die Leica-Werke, Herstellungsort von Mikroskopen, Ferngläsern und Kleinbildkameras, und die beiden dicken grauen Zementsilos der Firma Buderus. Die Burg auf der Kalsmunt wurde übrigens im 12. Jahrhundert für Kaiser Friedrich Barbarossa erbaut (s. Gelnhausen). Von ihr steht noch der mächtige Bergfried.

Tourist-Information
Domplatz 8
35573 Wetzlar
Tel. 0 64 41 / 99 77 50
E-Mail: tourist-info@wetzlar.de
www.wetzlar.de

Treffpunkt in der Altstadt ist der Domplatz mit einer Zeile prächtiger barocker Wohnbauten. Besonders reges Treiben herrscht hier am Mittwoch- und Samstagmorgen, wenn Markt ist. Der Dom ging aus einer älteren Stiftskirche hervor, deren Reste aus dunklen Quadern erhalten blieben, weil den Stadtvätern Ende des 14. Jahrhunderts das Geld für ein ehrgeiziges Neubauprojekt ausging. So konnte nur ein Turm neu gebaut werden, der dann zum Wahrzeichen der Stadt wurde. Wetzlar war nie Bischofsstadt, der »Dom« ist also gar kein richtiger Dom. Trotzdem wurde die schöne gotische Hallenkirche schon immer so genannt. Sie ist etwas sehr Seltenes, eine Simultankirche, denn seit dem 16. Jahrhundert wird sie gemeinsam von evangelischen und katholischen Christen genutzt. Jede Konfession verfügt über einen eigenen Altar.

Spezielle Stadtführungen für Kinder und Jugendliche bietet die *Tourist-Information* an, die auch einen Flyer mit Tipps für

Phantastische Bibliothek
Friedrich-Ebert-Platz 3
35578 Wetzlar
Tel. 0 64 41 / 99 10 91
kostenlose Buchausleihe: Di. 14-17, Mi. 9-12, Do. 14-18 Uhr
E-Mail: phbiblwz@wetzlar
www.wetzlar.de/baf.phtm

Wetzlar mit Dom und Brücke

Zentrum für Literatur
Tel. 0 64 41 / 99 10 93
E-Mail: zfl@wetzlar.de
rechtzeitig anmelden

Hallenbad »Europa«
Frankfurter Str. 86
35578 Wetzlar
Tel. 0 64 41 / 99 57 00
geöffnet: Mo. 15-22,
Di.-Fr. 8-22, Sa. 10-18,
So. 9-13 Uhr
Kinder 1,50 €, Erw. 2,50 €
E-Mail: kontakt@enwag.de

Kanu-Club Wetzlar
Tel. 0 64 41 / 3 12 72

Stadt Aßlar
Tel. 0 64 41 / 80 30
E-Mail: info@asslar.de
www.asslar.de

Laguna Aßlar
Europastr. 1
35614 Aßlar
Tel. 0 64 41 / 80 71 00
geöffnet: Mo., Mi., Do. 10-22,
Di. 7-22, Sa., So. 10-19 Uhr
Kinder ab 2 Stunden 3 €,
Erw. ab 4 €, Familienkarte 7 €
E-Mail: info@laguna-asslar.de

diese Zielgruppe herausbrachte. Er informiert unter anderem über die Kindertheater-Vorstellungen im Rahmen der Wetzlarer Festspiele im Sommer. Beim Brückenfest im August wird an verschiedenen Stellen der Altstadt ein vielfältiges Musikprogramm mit Kleinkunst geboten. Kindertheater, Bastel-, Spiel- und Bewegungsangebote erwarten die jungen Besucher der »Kinderkulturtage«, die jeweils rund um die hessischen Herbstferien stattfinden. Etwas wirklich Einmaliges sind die »Wetzlarer Tage der Phantastik«. Dabei geht es mit Lesungen, Filmen und Diskussionen von der Science-Fiction-Literatur für Erwachsene bis zu Harry Potter für junge Leute. Ins Leben gerufen hat sie die *Phantastische Bibliothek*, die über die weltweit größte Sammlung von Fantasy-Literatur verfügt. Zu dieser Einrichtung gehört das *Zentrum für Literatur*, das rund um Bücher und Autoren Kurse für kreatives Schreiben für Schüler organisiert.

Auf Vergnügungen im Freien können Kinder in Wetzlar sich ebenso freuen. Gleich neben dem *Hallenbad* sorgt der Freizeitpark »Europa« für Abwechslung mit Rollschuhbahn, Minigolf, Kinderspielplatz, Tischtennisanlage, Bolzplatz, Liegewiese und großer Skateranlage. Das Flussufer der Lahn mit dem Wehr und den schönen Wiesen lädt zum Spaziergang und auch zu Paddeltouren ein. Der *Kanu-Club* unterhält dort einen Zeltplatz. Schön ist ebenso eine Radtour entlang der Lahn in Richtung Heuchelheimer Seen, Gießen oder Weilburg. Ein weiterer Abstecher führt nach *Aßlar* ins Dilltal, dessen Heimatmuseum und Erlebnisbad, die *Laguna Aßlar,* die Besucher zum Verweilen einladen.

Lotte und die Leiden des jungen Goethe

Der wohl berühmteste Gast Wetzlars war Johann Wolfgang Goethe. 1772 bezog er am Kornmarkt sein Quartier und arbeitete als junger Jurist für ein paar Monate am Reichskammergericht. Diese wichtige Institution war 1689 nach Wetzlar verlegt worden. Der Stadt brachte das Ansehen und Geld, sie wurde zur »Hauptstadt des Rechtes«. Goethe übrigens hatte an seiner Arbeit am Reichskammergericht nicht viel Spaß. Eher angetan war er von einem Mädchen, hübsch und jung, bedauerlicherweise aber schon mit einem anderen verlobt. Diese unglückliche Liebesgeschichte lieferte den Stoff zu einem Roman, der den 24-jährigen Goethe mit einem Schlag weltberühmt machte. Seine 1774 erstmals gedruckten »Leiden des jungen Werther« wurden in viele Sprachen übersetzt und berühren noch heute Leser.

Lottehaus und
Stadt- u. Industriemuseum
Lottestr. 8-10
35573 Wetzlar
Tel. 0 64 41 / 99 22 1
geöffnet: Di.-So. 10-13
u. 14-17 Uhr
Schüler 2 €, Erw. 2,5 €
E-Mail: museum@wetzlar.de
www.museum-wetzlar.de

In Erinnerung an Charlotte Buff, die Goethe zum »Werther« inspirierte, wurde in ihrem Geburtshaus das *Lottehaus* eingerichtet. Es liegt hügelauf ein paar Schritte vom Dom entfernt. Einige Möbel dort stammen noch aus dem Besitz der Familie, vieles wurde geschickt im Stil der damaligen Zeit ergänzt, auch die schöne Küche. Neben Ausgaben von Goethes »Werther« sind private Erinnerungsstücke von Charlotte Buff vorhanden, darunter Stickereien und ein Medaillon mit ihrem Haar.

Gleich neben dem Lottehaus befindet sich das *Stadt- und Industriemuseum* mit Grabungsfunden aus der Steinzeit und Ausstellungsstücken zur Stadt- und Industriegeschichte. Gemälde, Möbel und technisches Gerät informieren auch über den Bergbau in der Region und die vor Ort ansässigen Betriebe. Allen voran die Firma Leica, die berühmt wurde durch die Herstellung von Fotoapparaten.

Sinnespfad und Apfelmarkt

Die *Akademie für Natur- und Umweltschutz e.V.* in Wetzlar ist ein Zusammenschluss der wichtigsten Umweltorganisationen in Hessen. Sie bietet ein umfangreiches Veranstaltungsprogramm und unterstützt die Arbeit der Naturschützer vor Ort. Auf dem weiträumigen Gelände wurden Seminarräume mit einem Labor eingerichtet. In dem »Naturlehrgebiet« im Freien gibt es Gehölze, Stauden, einen Weiher, Biotope und einen Bauerngarten, eine Obstwiese und eine Wiese, auf der

Akademie für Natur- und
Umweltschutz e.V.
Friedenstr. 38
35578 Wetzlar
Tel. 0 64 41 / 92 48 00
Führungen:
Tel. 0 64 41 / 9 24 80 35
E-Mail: Info@nzh.akademie.de
www.nzh-akademie.de

Schafe grasen. Auf dem Wasserspielplatz können Kinder den Bachlauf selbst verändern. Ein Naturerlebnispfad lädt zur Entdeckungsreise ein, bei der das Erleben der Natur mit allen Sinnen im Mittelpunkt steht.

Natur pur bietet auch der »Apfelmarkt«, der auf dem Gelände der Akademie am letzten Samstag im September zwischen 10 und 18 Uhr stattfindet. Auf diesem großen Ökomarkt gibt es neben Theatervorstellungen und Kreativangeboten viele Stände mit Getränken und leckerem Essen. Ein besonderes Angebot: mitgebrachte Wasserproben werden auf ihre Qualität hin getestet. Das Gelände ist ganzjährig durchgehend geöffnet. Führungen bitte langfristig anmelden.

Solms: Unter Tage und im All

Wer dem Lauf der Lahn flussabwärts folgt, kommt in den Landkreis Weilburg-Limburg. Hier liegt auch, umgeben von Wald und vielen Wanderwegen, das Kloster Altenberg. Es wurde von einer Tochter der Heiligen Elisabeth von Marburg (s. dort) im 12. Jahrhundert gegründet, im 19. Jahrhundert dann aufgehoben. Besonders schön ist von hier oben der Blick auf die Lahnschleife. Von luftigen Höhen geht es jetzt tief in die Erde, nach Solms-Oberbiel in die *Grube Fortuna.*

Grube Fortuna

Die »Fortuna« wurde 1983 stillgelegt; sie war die letzte von mehr als 100 Gruben, die in der Region Wetzlar das begehrte Eisenerz vom Typ »Lahn-Dill« aus der Erde bargen. Vor der Besichtigung des Bergwerkes wird ein Schutzhelm aufgesetzt, danach fährt man mit dem Förderkorb in 150 Meter Tiefe ein. Die alte Akku-Grubenbahn bringt die Besucher dann durch die dunklen Stollen zum »Nordlager«. Dort setzt ein Führer Bohrhämmer und Fräsmaschinen in Gang: Ohrenbetäubend ist der Lärm, die Luft scheint kaum zum Atmen zu reichen und man ahnt, wie hoch Arbeitsdruck und -tempo waren.

Grube Fortuna
35606 Solms-Oberbiel
Tel. 0 64 43 / 82 46 0
geöffnet: März-Nov.
Di.-Sa. 9-17, So 10-18 Uhr,
letzter Einlass 16, bzw. 17 Uhr
Anmeldung erforderlich für Gruppen ab 10 Personen
Schüler 3 €, Erw. 5 €,
Familien 10 €
kostenloses museumspädagogisches Angebot
Begleitmaterialien im Internet:
www.grube-fortuna.de
E-Mail: Info@grube-fortuna.de

Wieder über Tage können diese Eindrücke in den historischen Betriebsgebäuden noch vertieft werden. Zu sehen sind alte Fotos, original Arbeitstrachten, Maschinen und die Waschkaue. Hinter der Grube Fortuna informiert zusätzlich ein vier Kilometer langer Erkundungs-Lehrpfad im Wald über die Erzgewinnung damals.

Eisenbahnfreunde werden vom »Feld- und Grubenbahnmuseum« bei der Zeche begeistert sein. Es beherbergt 30 historische Dampf-, Diesel-, Akku- und Druckluftloks, die an manchen Tagen über das Gelände fahren. Außerdem erwartet den kleinen Besucher ein großer Spielplatz und im »Zechenhaus« gibt es deftiges Essen für die ganze Familie.

»Fenster zum All« nennt der Sternwart liebevoll das Gebäude der *Sternwarte* in Burgsolms. Wenn er dann an einem klaren Abend durch eines der sechs Teleskope in den Sternenhimmel schaut und den neugierigen Zuschauern von Lichtjahren und der Milchstraße berichtet, geht ein Raunen durch den Raum. So aufregend ist es, etwas über Galaxien und Planeten

Sternwarte Burgsolms
Lindenstr. 11
35606 Solms-Burgsolms
Tel. 0 64 42 / 10 39
geöffnet: 1. u. 3. Di. im Monat ab 19.30 oder 20.30 Uhr
Sondertermine können vereinbart werden
E-Mail:
info@sternwarte-burgsolms.de
www.sternwarte-burgsolms.de

In der Sternwarte Burgsolms

zu hören und das Lichtermeer über sich zu bestaunen. Der Besuch der Sternwarte ist Höhepunkt eines Ausflugstages, bei besonderen Gelegenheiten wie Mond- oder Sonnenfinsternis kann auch in der Sternwarte übernachtet werden.

Braunfels: Ein märchenhaftes Schloss

Braunfelser Kur GmbH
Fürst-Ferdinand-Str. 4a
53619 Braunfels
Tel. 0 64 42 / 93 44 0
E-Mail:
touristinfo@braunfels.de
www.braunfels.de

Schloss Braunfels
Tel. 0 64 42 / 50 02
geöffnet: April-Okt.
tägl. 10-17, Nov.-März
Sa., So. 11-17 Uhr
Führung: Kinder bis 5 J. 2 €,
Schüler 3 €, Erw. 4 €,
Familie 12 €
Erlebnis & Pädagogik: ab 4 €,
Beitrag mind. 40 €
E-Mail:
info@schloss-braunfels.de
www.schloss-braunfels.de

Waldmuseum
Dr. Dr. Kanngießer
Hecksbergsweg 21
53619 Braunfels
Tel. 0 64 42 / 62 41
geöffnet: Mo.-Fr. 10-17 Uhr
u. nach Absprache
Eintritt frei

Wildpark Tiergarten
Tiergartenstr. 26
Tel. 0 64 42 / 50 02
geöffnet: tägl. 10-18 Uhr
Eintritt frei
www.schloss-braunfels.de

Segelflugplatz Braunfels
Am Aussichtsturm
Tel. 0 64 42 / 85 41

»Gespensterführungen«, »Turnierspiele« und »Zeitreisen durch die Geschichte« werden auf dem *Schloss Braunfels* für Kindergartenkinder und Schulklassen angeboten. Mit dabei ist ein Puzzle des Schlosses, bei dem alle Türme und Zinnen an die richtige Stelle zu setzen sind. Dabei kann jeder leicht nachvollziehen, welche baulichen Veränderungen das Schloss Braunfels erfuhr, bis es zum heutigen romantischen Märchenschloss wurde.

Ursprünglich war es eine Schutzburg aus dem 13. Jahrhundert, die für die Grafen von Solms errichtet wurde. Nach Bränden und Umbauten erhielt es um 1880 sein heutiges Aussehen mit vielen Türmchen und Zinnen. Zu sehen sind im Rittersaal und Jagdzimmer neben Möbeln und vielen Gemälden Turnier- und Kriegswaffen, Rüstungen, Schwerter und Spieße.

Auch der Braunfelser Marktplatz mit dem Brunnen im Zentrum ist es wert, genauer betrachtet zu werden. Wie Zeugen einer harmonisch erscheinenden Vergangenheit wirken die Fachwerkhäuser mit ihren Schieferdächern und dem bunten Blumenschmuck. An Festtagen treten Gaukler, Musiker, Feuerschlucker und Ritterspieler zu Pferd jeweils an einem Wochenende im Juni oder Juli auf.

Eine ungewöhnliche Sammlung von Insekten, Pflanzen, Steinen, Muscheln und vielem mehr bietet das *Waldmuseum Kanngießer*. Der Gelehrte Dr. Dr. Kanngießer sammelte all dies und verwandelte sein Haus in ein Museum. Zum »Inventar« gehört auch die Familie Schleifer, die das Erbe verwaltet und gerne durch die Sammlung führt.

Der fürstliche *Wildpark Tiergarten* beherbergt Rot-, Dam- und Muffelwild. Der Eingang ist bei der Gaststätte »Forsthaus Tiergarten«, zu der auch ein Spielplatz gehört. Zwischen 15 und 17 Uhr wird im Tiergarten das »Abendbrot« für die Tiere serviert. Das ist eine gute Gelegenheit, Wildschweine, Rehe und Ziegen ganz aus der Nähe zu betrachten, weil die Tiere dann ihre Scheu verlieren. Am besten also um diese Zeit zum Treffpunkt »Futterstelle« kommen. Um Braunfels herum gibt es rund 120 Kilometer markierte Wanderwege. Freibäder befinden sich im Braunfelser Stadtteil Altenkirchen, Ballonfahrten und Segelflüge sind vom *Segelflugplatz* aus möglich.

Weilburg: Grafen und Bergleute

Weilburg mit Schloss, Schlosskirche und barocker Stadt bilden heute eine der gelungensten städtebaulichen Ensembles in Hessen. Umschlossen von einem Bogen der Lahn entstand schon zu Beginn des 10. Jahrhunderts die Veste »Wilineburch«. Was so viel heißt wie eine auf Fels errichtete Burg. Sie liegt auf einem Felsrücken über dem Fluss und ist der Vorgängerbau des Weilburger Schlosses. In ihm hielten seit dem 14. Jahrhundert die Grafen von Nassau-Weilburg Hof, die zwar nur über ein kleines Fürstentum herrschten, ihre Residenz aber mit großer Pracht ausstatteten. Im Renaissance-Schlosshof mit seinem Kopfsteinpflaster fühlt sich der Besucher in die Zeit der Jagdgesellschaften und höfischen Feste versetzt. Beim Eintritt ins Innere, das in großen Teilen aus dem Barock stammt, werden Filzpantoffeln übergestreift. Vorgezeigt werden die große Küche, der Salon der Herzogin, der festliche Speisesaal und ein China-Kabinett. In einem anderen Kabinett steht eine große, 1,40 Meter tiefe Badewanne aus schwarzem Marmor, der an der Lahn bei Villmar abgebaut wurde (s. dort). Beim Spaziergang durch den nach französischem Vorbild angelegten Schlossgarten sieht man Statuen, kunstvoll geschnittene Buchsbaumhecken, Blumen-

Tourist Info
Mauerstraße 6
35781 Weilburg
Tel. 0 64 71 / 3 14 67
E-Mail:
tourist-info@weilburg.de
www.weilburg.de

Schloss Weilburg
Schlossplatz 3
35781 Weilburg
Tel. 0 64 71 / 22 36
Besichtigung mit Führung:
Di.-So. 10-15,
im Sommer 10-16 Uhr
Kinder 2,50 €, Erw. 3,50 €,
Familien 9,50 €

Schloss Weilburg

rabatten und hat einen schönen Blick auf die Lahn. In der ehemaligen Orangerie befindet sich heute ein Café.

Bergbau- und Stadtmuseum Weilburg
Am Schlossplatz 1
35781 Weilburg
Tel. 0 64 71 / 31 45 9
geöffnet: April-Okt.
Di.-So. 10-12, 14-17 Uhr,
Nov.-März nur an Werktagen
Kinder 2 €, Erw. 3 €,
Familien 7 €

Nach dem Schlossbesuch geht es dann zum *Bergbau- und Stadtmuseum* in der ehemaligen Kanzlei am Schlossplatz. Neben vielen Stücken und Informationen zur Heimatgeschichte ist eine vollständig eingerichtete alte Apotheke ausgestellt und in der Abteilung Bergbau wurde ein kompletter, 200 Meter langer Bergwerksstollen nachgebildet.

Deutsches Baumaschinen Modellmuseum
Brückenstr. 46
35781 Weilburg-Gaudernbach
Tel. 0 64 71 / 50 20
geöffnet: Mi. 14-18,
So. 9.30-12 Uhr,
für Gruppen auch sonst
Eintritt frei
E-Mail: museum@weilburg.de

Ein anderes, etwas außergewöhnliches Museum ist *das Deutsche Baumaschinen Modellmuseum* im Weilburger Ortsteil Gaudernbach. In Vitrinen und nachempfundenen Miniatur-Baustellen stehen mehrere hundert Baumaschinen-Modelle der letzten 20 Jahre, die manches Sammlerherz höher schlagen lassen.

Die Lahn gilt allgemein als Paradies für Wassersportler. Für *Bootstouren* ist Weilburg ein besonderer Höhepunkt. Hier gibt es einen Schiffstunnel mit zwei Doppelschleusen, der 1847 in vierjähriger Arbeit entstanden war. Er ist bis heute der einzige schiffbare Tunnel Deutschlands und galt damals als technisches Wunderwerk. Durch ihn konnten nun die Schiffe mit Pferden gezogen werden und so entfiel der aufwendige Gütertransport über die kilometerlange Lahnschleife. Doch schon bald wurden die kühnen Träume vom schnellen und kostengünstigen Warentransport mit Schiffen vom Bau der Eisenbahn überholt. Heute ist der Tunnel für den Freizeitspaß da. Die Wassersportler müssen dabei die Schleuse selbst bedienen. Da heißt es: kräftig kurbeln. Nach diesem kleinen Abenteuer kann ein preiswerter Übernachtungsstop auf dem Jugendzeltplatz gegenüber der Schleuse eingelegt werden. Eine spannende Sache ist auch ein Aufenthalt mit Kursen und praktischen Erprobungen im Jugendwaldheim. Es liegt nahe der Jugendherberge in Weilburg-Odersbach.

An der Lahn

Bootstouren und Bootsverleih:
Tel. 0 64 71 / 76 71
ein- und mehrtägige Touren im Angebot
Rückfahrt mit der Lahntalbahn
Infos auch über Tourist-Info Weilburg

Kinderkulturtage mit Theater und Clowns finden in Weilburg im März, Mai, September, November und Dezember statt. Während der Kinder- und Jugendfilmwochen rund um die Herbstferien werden im Filmtheater »Delphi« Kinderfilme gezeigt. Infos und Programme dazu gibt es bei der *Stadtjugendpflege*. Liebhaber der klassischen Musik kommen im Sommer zu den Festspielen im Weilburger Schloss von weither angereist. Seit 1998 finden auch Konzerte für Kinder statt. Ein herausragendes Ereignis ist das Ballonfestival am

Stadtjugendpflege Weilburg
Kruppstr. 4
35781 Weilburg
Tel. 0 64 71 / 78 18

zweiten Wochenende im August mit vielen verschiedenen Veranstaltungen in der Stadt. Mitfahren in der historischen Ballonflotte ist zwar sehr teuer, doch auch Zuschauen allein lohnt, wenn die bunten großen Gebilde über die Silhouette der Stadt gleiten. Zum Residenzmarkt am zweiten Oktoberwochenende kommen dann internationale Musikkapellen zum regen Markttreiben mit vielen Attraktionen.

Im Tiergarten und der Kristallhöhle

Przewalskipferde aus der Mongolei, Wisente und Elche leben im Wildpark Weilburg mit seinen uralten Eichen, dem Weiher, den Bachläufen, Wiesentälern und großen Gehegen. Schon vor über 400 Jahren hielt einer der Weilburger Grafen östlich der Stadt Damwild. Hundert Jahre später wurde das 92 Hektar große Gelände mit dem kostbaren Wildbestand für die Jagd der Grafen mit einer Mauer versehen. Heute erwarten den Besucher Rot-, Dam-, Muffel-, Schwarz- und Steinwild, Auerochsen, Luchse und Fischotter. Zusätzlich gibt es noch einen Pilz- und einen Baumlehrpfad. Sie sind geeignet, das Wissen über die Natur zu vertiefen. Am Weiher ist die Gaststätte »Hessenhaus« in einem gemütlichen alten Fachwerkhaus, daneben ein Kinderspielplatz. Der Besuch im Tiergarten lässt sich gut mit der Besichtigung der Kubacher Kristallhöhle verbinden. Ihre Entdeckung verdanken wir einem Lehrer. Der hatte vor noch gar nicht langer Zeit von einer »prächtigen Tropfsteinhöhle« gehört, deren Existenz den Bergleuten früherer Zeiten bekannt war, nur wussten sie ihre genaue Lage nicht. Der Lehrer ließ nicht locker. Berechnungen wurden angestellt und mit Suchbohrern und Spezialkameras konnte die Höhle schließlich im Oktober 1974 aufgespürt werden. Seit 1981 ist diese einzige deutsche Höhle mit Calcitkristallen, zugleich die höchste Schauhöhle Deutschlands, für Besucher geöffnet. Die *Kubacher Kristallhöhle* entstand in der Eiszeit. Beim Besuch der Höhle sollten warme Kleidung und eine Taschenlampe mitgenommen werden, der Schutzhelm wird gestellt. Dann geht es rund 350 Stufen in 45 Meter Tiefe hinab. Die 200 Meter lange Höhle birgt ein Feen- und Zauberreich, an dessen Grund sich ein kleiner See befindet. Die Kristalle an den Wänden sind aus Millionen Jahre altem Kalkstein und weisen unterschiedliche Farben und Formen auf. Manche ähneln Seesternen, weiß wie Milch, andere sind bräunlich. Sie

Tiergarten Weilburg
35781 Weilburg-Hirschhausen
Tel. 0 64 71 / 80 66
geöffnet: Sommer
tägl. 9-19 Uhr, im Winter
bis zur Dämmerung
Schüler 1,50 €, Erw. 3 €
Schulklassen pro Kind 1 €
Führungen: Hess. Forstamt
Weilburg, Tel. 0 64 71 / 39 07 5

Kubacher Kristallhöhle
35781 Weilburg-Kubach
geöffnet: April-Okt.
Mo.-Fr. 14-16,
Sa., So. 10-17 Uhr
Kinder ab 3 Jahre 0,50 €,
Schüler 2,50 € , Erw. 3,50 €
Anmeldung: Höhlenverein
Kubach e.V., Tel. u. Fax
0 64 71 / 94 00 0
zu erreichen über B 49 u.
B 456, Citybus ab Weilburg
www.kristallhoehle.de

hängen von der Decke herab oder scheinen aus dem Boden zu wachsen.

Die Entdeckungsgeschichte und die Entstehung der Kubacher Höhle ist im angegliederten Höhlenmuseum anschaulich dargestellt. Im Freilicht-Steinemuseum auf dem Plateau davor können Gesteinsarten aus verschiedenen Epochen betrachtet und angefasst werden. Es gibt einen Kiosk und ein Restaurant.

Runkel: Burgberg und Kanutour

Stadtverwaltung Runkel
Burgstr. 4
65594 Runkel
Tel. 0 64 82 / 91 61 0
E-Mail: Rathaus@runkel.de
www.runkel-lahn.de

Burgverwaltung Runkel
Schlossstr. 2
Tel. 0 64 82 / 42 22 o. 94 14 72
geöffnet
Karfreitag bis Ende Okt.
Di.-So. 10-17 Uhr
danach angemeldete Gruppen
Kinder 1,50 €, Erw. 3 €

Campingplatz Runkel,
Fahrradverleih
Tel. 0 64 82 / 56 26 91 10 22
Lahntours-Kanustation
Tel. 0 64 82 / 91 10 21
E-Mail: info@lahntours.de
www.lahntours.de

Marmorsteinbrüche
Führungen durch Mitglieder
vom Lahn-Marmor-
Museum e. V.
Tel. 0 64 84 / 14 71

In Runkel, 26 Kilometer lahnabwärts von Weilburg, erwartet den Reisenden ein Panorama, das seinesgleichen sucht: Am Fluss mit vierbogiger Brücke entstand ein Städtchen, dessen Häuser sich an den Burgberg lehnen. Aus ihm hervor wachsen das graue Mauerwerk und die drei mächtigen Türme der *Burg Runkel* empor. Die 1159 erstmals erwähnte Burg blickt auf eine wechselvolle Geschichte zurück. Sie gilt heute als eine der schönsten in Deutschland und entstand zur Sicherung des Lahnüberganges. Ein Teil des alten Burggemäuers existiert nur noch als Ruine. In einem anderen befindet sich ein Museum und ein Restaurant, im dritten wohnt der Graf zu Wied. Wenn oben auf dem Turm die Flagge weht, bedeutet dies: der Besitzer ist zu Hause. Zurück im Ort geht es wieder zur steinernen Brücke, die im Mittelalter weit und breit den einzigen befestigten Übergang über die Lahn bildete. Nicht weit von ihr ist der *Campingplatz.* Er hat einen eigenen Jugendgruppenbereich mit echtem Indianer-Tipi-Dorf, Feuerstellen und Fahrradverleih. Dort ist auch ein Anbieter von Kanutouren mit Verleih von Zelt- und Kochausrüstung zu finden. Ein schöner Spazierweg führt flussaufwärts an der Lahn entlang nach Villmar. Dort geht es weiter durch den Wald zu den *Marmorsteinbrüchen*, in denen vor allem im 18. Jahrhundert Marmor abgebaut wurde. Er wurde in Schlössern der Region verwendet (s. Weilburg), aber auch in die Ferne exportiert. Für das Empire State Building in New York und beim Bau der Moskauer U-Bahn wurde Lahnmarmor verbaut.

Limburg: Die Gottesstadt

Suchte der liebe Gott hier auf Erden eine Wohnstatt, er würde sich vielleicht den Limburger Dom auswählen. Fast wie eine kleine Stadt für sich mit Toren und Türmen wirkt das auf einem Lahnfelsen errichtete Gotteshaus, das als eine der schönsten Kirchen Deutschlands gilt. Die Stadt *Limburg* entstand am Übergang wichtiger Handelsstraßen über die Lahn. Um eine Burg herum wuchs im Mittelalter ein Ort mit Mauern, weiteren Kirchen und stattlichen Fachwerkhäusern, die oft mit Erkern und reichem Schmuck versehen sind. Ein Haus beispielsweise ist verziert mit den Darstellungen der Laster des Zorns, der Eitelkeit und der Fresssucht. Typisch für Limburg sind aber auch die Hallenhäuser, in deren Obergeschoss sich die Kontore der Kaufleute befanden. In der hohen Erdgeschosszone konnten die Gespanne einfahren und die Wagen mit Ware beladen werden. Limburger Tuche waren gefragt, die Woll- und Leineweber hatten ein gutes Auskommen, aber auch den Metzgern und Bäckern ging es gut. Die Bäckerei am Kornmarkt bietet Dinge an, die sicher schon früher sehr begehrt waren: Weiblein und Männlein, Hasen, Katzen und Eulen, alles aus Teig nach alten Vorlagen gebacken.

Städtisches Verkehrsamt
Limburg
Hospitalstr. 2
65549 Limburg
Tel. 0 64 31 / 20 32 22
E-Mail:
vvv-limburg@t-online.de
www.limburg.de

In Limburg wird gern gefeiert. Zu Ostern und an Sankt Martin vollzieht sich auf dem Platz vor dem Dom ein besonders eindrucksvolles Schauspiel, wenn ein großer Holzhaufen aufgeschichtet und ein Feuer angezündet wird. Am ersten Wochenende im Juni findet das Altstadtfest statt und am ersten Sonntag im September der »Große Limburger Flohmarkt«. Kleine und große Händler bevölkern dann den ganzen Innenstadtbereich.

Wer sich nach der Stadtbesichtigung und dem Besuch im Dommuseum auf einem Spielplatz austoben möchte, gelangt in fünf Minuten zu Fuß zum Tal »Josaphat«. Dort sind Rutschen, Wippen, Sandkästen und ein Teich mit Enten. Geruhsam geht es bei einer Schiffstour mit dem *Fahrgastschiff Wappen von Limburg* zu. Die Anlegestelle befindet sich in Limburg am Eschhöfer Weg. Beim Campingplatz an der Lahn gibt es einen Kanu- und Bootsverleih.

Fahrgastschiff
Wappen von Limburg
Fahrzeiten: Ostern-Mitte Okt.
Anmeldung u. Information:
Tel. 0 64 31 / 39 84
E-Mail: info@lahnschiffahrt.de

Burg Greifenstein: Bei den Glockengießern

Hoch über dem Dilltal ragen auf einem Bergrücken die Doppeltürme der *Burg Greifenstein* auf. Sie war einst die bedeutendste Wehranlage des Westerwaldes und Wohnsitz der Nassauer und Solmser Herren. Die Burgruine mit schroff aufragenden Mauern, Palas und Wehrgängen übt eine große Faszination auf den Besucher aus. Über Entstehung von Burg

Burg Greifenstein

Burg Greifenstein
mit Glockenmuseum
Talstr. 19
35753 Greifenstein
Tel. 0 64 49 / 64 60
geöffnet: tägl. 10-18, Nov.-März nur So. 10-17 Uhr
Kinder 0,50 €, Erw. 2,50 €,
Führungen anmelden:
Tel. 0 64 49 / 64 60
www.burg-greifenstein.net
www.glockenmuseum.de

und Ortschaft Greifenstein informiert das Burgmuseum. Der Namen von Stadt und Burg kommt vom »Greif«, dem Fabeltier, das aussieht wie eine Mischung aus Adler und Löwe und Symbol für Stärke und Klugheit ist. Er hält bei dem östlichen Turm mit dem spitzen Zeltdach als Wetterfahne die Wacht.

Interessant ist die so genannte »Rossmühle«, eingerichtet im größten Bollwerk der Burg, einem Geschützturm mit gewaltigen Mauern. Bei Belagerungen der Burg konnten ihre Bewohner sich ihr Korn selbst mahlen. Dann liefen dort Pferde im Kreis und setzten eine Mühle zum Mahlen von Getreide in Bewegung. In dem anderen Gebäude mit fast ovalem Grundriss und Kuppel, das selbst einem Klangkörper gleicht, ist heute das *Deutsche Glockenmuseum* untergebracht. Fast 50 Glocken aus neun Jahrhunderten sind ausgestellt, jede kann angeschlagen werden und jede klingt anders. Der Klang hängt einmal von der Größe der Glocke ab, aber auch von der Form und der Art des Metalls, aus dem sie gegossen wurde. Die meisten der ausgestellten Stücke kommen aus dem Besitz der Gießerei Rincker in Sinn, die besichtigt werden kann (s. unten).

Unser Tipp: Beim Besuch des Glockenmuseums eine Taschenlampe und einen kleinen Taschenspiegel mitnehmen. Damit lässt es sich gut von unten in die Glocken hineinschauen. Zu entdecken sind interessante Zeichen und Sprüche.

Nach dem Besuch lohnt ein Abstecher ins »Vogelschutzgehölz«, zu dem am Burggraben ein Weg hinabführt. Tafeln informieren über die hier nistenden Vögel. Außerdem ist noch ein Kräutergarten zu bestaunen.

Von der Burg Greifenstein aus ist es nicht weit ins Ulmtal zur Ulmbachtalsperre mit großem, flachem Badestrand und Campingplatz.

Gießerei Rincker und das Lied der Glocken

»Festgemauert in der Erden, steht die Form aus Lehm gebrannt«, so haben wir es in der Schule gelernt. Vielleicht hat sich ja Schiller bei den Rinckers kundig gemacht, als er seine berühmte Ballade dichtete. Bis auf das Jahr 1590 reicht die Familientradition der *Glockengießerei Rincker* zurück, seitdem gießen sie schon die Klangkörper aus Metall. In der Werkstatt im kleinen Ort Sinn an der Dill, wo die Rinckers seit einigen Generationen ihre Werkstatt haben, sind schon rund 20.000 Glocken gegossen worden. Die schwerste Glocke, die sie je hergestellt haben, wog 8.537 Kilogramm und hatte einen Durchmesser von 2,5 Metern! Das Land an Lahn und Dill war reich an Erzen und der Ort für die Werkstatt günstig gewählt.

Glocken- und Kunstgießerei Rincker
Wetzlarer Str. 23
35764 Sinn
Tel. 0 27 72 / 94 06-0
Besichtigungen:
Mo.-Do. 8-15 Uhr
3 € pro Person, ab 20 Pers. 2 €,
Anmeldung erforderlich
E-Mail: info@rincker.de

»Von der Stirne heiß, rinnen muß der Schweiß.« Glocken entstehen in mühsamer Kleinarbeit. Voraus gehen genaue Berechnungen, dann baut der Glockenformer einen Kern, der anschließend von einem Mantel umgeben wird. In die Hohlform zwischen Kern und Mantel fließt später beim Guss das heiße Metall. Ist der Guss vollendet, wird die neue Glocke auf ihren Klang hin überprüft. Glocken haben eine Lebensdauer von mehreren hundert Jahren. Sie begleiten unser Leben, indem sie uns durch ihr Geläut Kunde geben von der Uhrzeit, von Festen, Gottesdiensten, Geburten, Hochzeiten und Todesfällen.

Herborn und die »Hohe Schule«

Herborn bietet eines der hübschesten Städtebilder Hessens. Die 1000-jährige Stadt hat ganze Straßenzüge mit meist vierstöckigen Fachwerkhäusern, insgesamt über 400 Erker, Tore und Türen der Häuser sind reich mit Schnitzereien verziert, oft haben sie auch figürliche Motive. Imposant wirkt das Rathaus mit barocker, schiefergedeckter Haube. Schön verweilen lässt es sich in den Höfen bei der ehemaligen »Hohen Schule«, der früheren Universität. Dort, wo früher die

Heimatmuseum
Tel. 0 27 72 / 70 82 16
geöffnet: Di., Sa., So. 14-18 Uhr
oder nach Anmeldung
Kinder 0,50 €, Erw. 1,50 €,

Hallen-Wellenbad
Konrad-Adenauer-Str.
35745 Herborn
Tel. 0 27 72 / 57 17 98
geöffnet: Di., Do., Fr. 8-21 Uhr,
Mi. 6.30-19 Uhr
Sa., So. 8.30-18 Uhr
Kinder 3,40 €, Erw. 4,50 €

Vogelpark
Im Beilsbach
35745 Herborn-Uckersdorf
Tel. 0 27 72 / 4 25 22
geöffnet: April-Okt.
tägl. 9.30-18 Uhr
Kinder 2 €, Erw. 4 €
E-Mail:
info@vogelpark-herborn.de
www.vogelpark-herborn.de

Scholaren büffelten, ist heute das *Heimatmuseum* untergebracht. Es thematisiert die wichtige Rolle Herborns für Wissenschaft und Bildung, zeigt Funde aus der Keltenzeit, informiert über traditionelles Handwerk und über den Luftkrieg im Dillgebiet.

Als Freizeitangebote locken in Herborn das beheizte Waldschwimmbad und das *Hallen-Wellenbad.* Im Stadtteil Uckersdorf gibt es den *Vogelpark Uckersdorf*. Rund 100 einheimische und fremde Vogelarten sind auf dem drei Hektar großen parkähnlichen Gelände zu Hause. Es gibt einen Vogelschutzlehrpfad und Informationstafeln über die Zusammenhänge von Natur und Lebewesen. Spielplätze und ein Café sind auch vorhanden.

Dillenburg: Wilhelmsturm und Kasematten

Prinz Wilhelm von Oranien kam 1533 im Dillenburger Schloss zur Welt. Ihm zu Ehren wurde auf dem 295 Meter hohen Schlossberg der *Wilhelmsturm* errichtet, der das Wahrzeichen Dillenburgs wurde. Er steht auf den Resten des alten Schlosses, das bei der Belagerung durch die Franzosen im Jahre 1760 fast gänzlich abbrannte. Nur das alte »Stockhaus« gibt es noch. Es war früher ein Gefängnis, in dem ein ausgehöhlter Holzklotz, der »Stock«, stand. Straftäter wurden mit den Füßen darin eingespannt. Der berühmteste Gefangene, der in Dillenburg einsaß, war der Vater des Malers Peter Paul

Dillenburg um 1650

Rubens. Er büßte für sein Liebesverhältnis mit der Ehefrau Wilhelms von Oranien, kam aber nach zwei Jahren wieder frei.

Das Dillenburger Schloss verfügt über eine gewaltige Festungsanlage. Ihre unterirdischen Wehrgänge oder *Kasematten* sind die größten in Deutschland! Sie blieben bei der Zerstörung des Schlosses im 18. Jahrhundert weitgehend erhalten. Über 2000 Soldaten konnten sich in ihnen aufhalten. Enge Gänge und riesige Steingewölbe, die Bollwerke, wechseln einander ab. Dunkel und kalt ist es hier, Schritte und Worte hallen von den Wänden wider. So mancher Besucher hat dort unten das Gruseln gelernt. Die alten Dillenburger erzählen sich, dass in den Kasematten der Geist des alten Grafen umgehe. Zweimal im Jahr, so heißt es, irrt er kopflos, aber nichtsdestotrotz wild schreiend durch die Gänge. Garantiert geisterfrei und richtig schön ist der Besuch des Schlossberges beim Schlossbergfest, das alle zwei Jahre im September mit historischem Markt und Ritterkämpfen stattfindet. Sehenswert ist auch das »Wirtschaftsgeschichtliche Museum« in der *Villa Grün* unterhalb des Schlossberges. Dort gibt es eine Menge über den Bergbau, das Hütten- und Gießeisenhandwerk im Dillgebiet zu erfahren. Ungewöhnlich ist die Ausstellung von Küchen aus allen Zeiten, von einer aus der Zeit Wilhelms von Oranien bis zur modernen Einbau- und Flugzeugküche.

Tourist-Info Stadt Dillenburg
Hauptstr. 19
35683 Dillenburg
Tel. 0 27 71 / 80 21 0
Fax 0 27 71 / 80 21 21
E-Mail:
touristinfo@dillenburg.de
www.dillenburg.de

Wilhelmsturm und Kasematten
Am Schlossberg
35683 Dillenburg
Tel. 0 27 71 / 80 00 65
geöffnet: 1. April-1. Nov., Di.-So. 9-13, 14-17 Uhr
Kinder 1 €, Erw. 2 €
(mit Villa Grün)
Kasemattenführung ab 20 Personen
1,50 € pro Person

Villa Grün, Wirtschaftsgeschichtliches Museum
Am Schlossberg
35683 Dillenburg
Tel. 0 27 71 / 26 61 60
geöffnet: 1. April-1. Nov., Di.-So. 9-12, 13-17 Uhr
Kinder 1 €, Erw. 2 €

Hessisches Landgestüt und Kutschenmuseum

Die Stadt Dillenburg zieht sich entlang der Dill hin. In der Wilhelmstraße befindet sich im ehemaligen fürstlichen Marstall das *Hessische Landgestüt*. Schon vor über zweihundert Jahren wurde hier die so genannte »Dillenburger Ramnase« gezüchtet, ein tüchtiges Reit- und Wagenpferd. Heute beherbergt das Gestüt 70 Hengste, deren wichtigste Aufgabe zwischen März und Juli die Fortpflanzung ist. In den übrigen Monaten des Jahres werden sie im Reiten und Springen und der traditionsreichen Fahrkunst mit Kutschen trainiert. Bei einem Rundgang durch die barocken Gebäude der Stallungen bilden die Pferde die Hauptsehenswürdigkeit. Doch auch der Blick in die große Reithalle mit ihren riesigen Kristallkronleuchtern ist interessant, ebenso die alte Schmiede. Über 600 verschiedene Metallrohlinge hängen in der Werkstatt des

Hessisches Landgestüt
Wilhelmstr. 24
35683 Dillenburg
Tel. 0 27 71 / 89 83 0
geöffnet: Mo.-Fr. 8-12 u. 14.-16 Uhr, Sa., So. nur nach Anmeldung
Kutschenmuseum nach Anmeldung
Führungen für Gruppen werktags ab 10 Personen, sonntags ab 20 Personen
Kinder 1 €, Erw. 2 €
www.landgestuetdillenburg.de

Hengstparade in Dillenburg

Hufschmiedes, um jedem Pferd das »fußgerechte« Hufeisen anlegen zu können.

Gegenüber des Landgestüts werden auf dem Paradeplatz die Pferde trainiert. Er ist Schauplatz der jährlich stattfindenden »Hengstparade«, auch »Einspännerturnier« genannt. Zu sehen sind dann historische Schaunummern, Wagenrennen, Dressur-, Spring- und Fahrvorführungen. Mehrere Stunden dauern die Veranstaltungen und sie sind nicht nur etwas für Pferdenarren. In der Orangerie ist das *Kutschenmuseum* untergebracht, mit Ein- und Mehrspännern, Kutschen für die Jagd und für den Transport, für die Reise und für das Vergnügen.

Wildpark Dillenburg-Donsbach
Mühlstr.
35686 Dillenburg-Donsbach
Tel. 0 27 71 / 32 73 2
geöffnet: Sommer 8-20 Uhr,
Winter 10-16 Uhr
Kinder 1 €, Erw. 2 €,
Tierfutter 0,50 €

Wer nach diesem Besuch noch scheue Rehe beobachten, Hirsche, Wildschweine, Stein- und Gamswild bestaunen möchte, macht sich auf zum *Tierpark Dillenburg-Donsbach* mit seinem Streichelzoo. Die Tiere leben in großen Freigehegen und sind teilweise sehr zutraulich, vor allem, wenn sie gefüttert werden. Das Futter ist an der Kasse erhältlich.

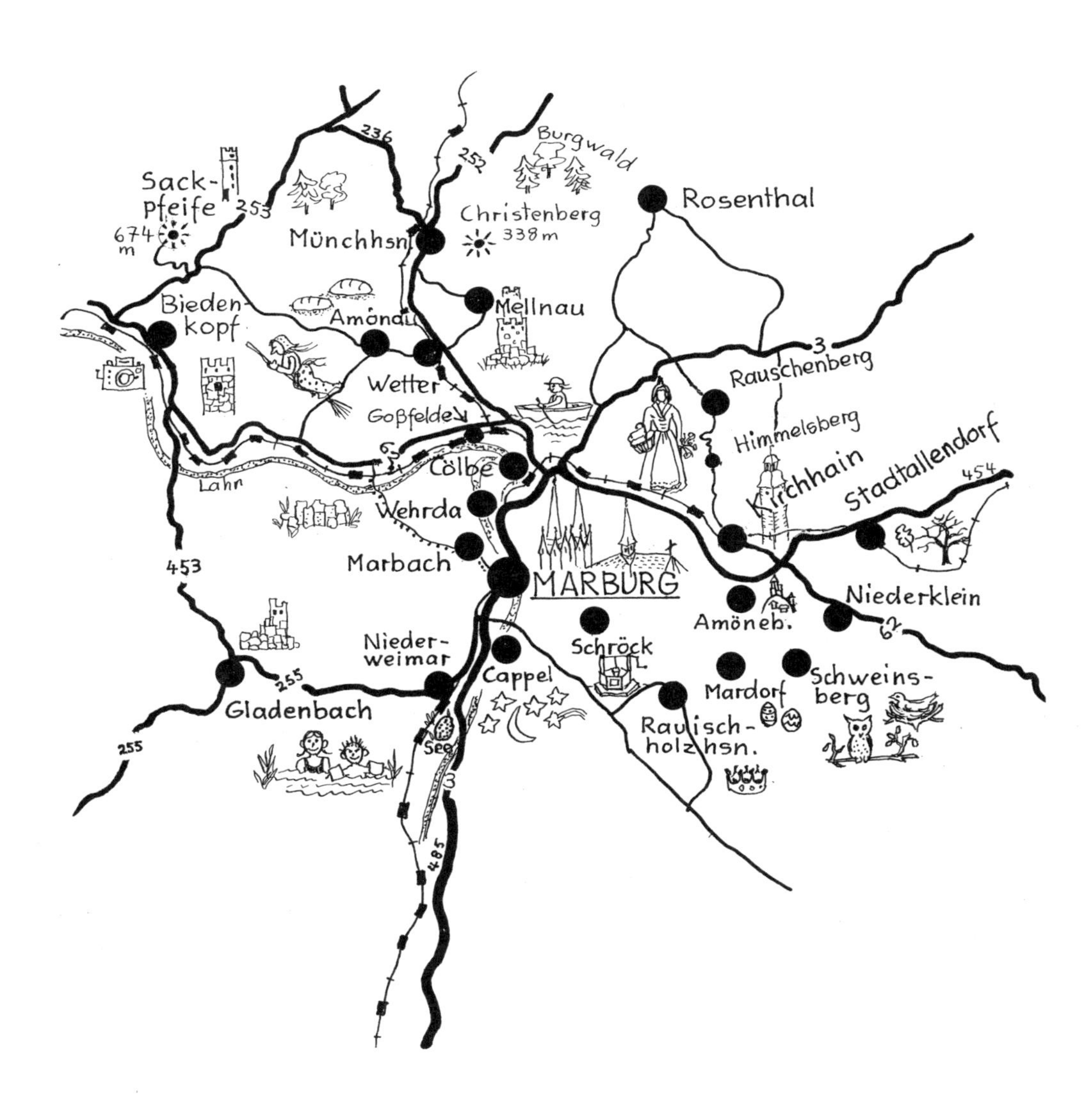
Burgwald
236
252
Sack-
pfeife
674
m
253
Rosenthal
Christenberg
338m
Münchhsn.
Mellnau
Bieden-
kopf
Amönau
Wetter
3
Rauschenberg
Goßfelde
Himmelsberg
Stadtallendorf
454
Kirchhain
Cölbe
Lahn
Wehrda
Marbach
453
MARBURG
Niederklein
Amöneb.
62
Schröck
Nieder-
weimar
Cappel
255
Schweins-
berg
Mardorf
Gladenbach
Rauisch-
holzhsn.
255
See
3
485

Marburg-Biedenkopf

Elisabethschrein in der Elisabethkirche

Tour GmbH
Marburg-Biedenkopf
Im Lichtenholz 60
35043 Marburg
Tel. 0 64 21 / 40 53 45
E-Mail: Tourismus@marburg-biedenkopf.de
www.marburg-biedenkopf-tourismus.de

Wasserwandern
c/o Lahntours Aktivreisen
Lahntalstr. 45
35096 Roth
Tel. 0 64 26 / 92 80 0
E-Mail: info@lahntours.de
www.lahntours.de

Angeln in der Lahn
Info: Angelshop Hamm
Am Biegen 17
35094 Lahntal-Goßfelden
Tel. 0 64 23 / 76 96

Landkreis mit einer Heiligen

Der Landkreis *Marburg-Biedenkopf* entstand 1974, als die beiden selbstständigen Regionen mit den Städten Marburg und Biedenkopf zusammengelegt wurden. Wald, Wiesen und Mittelgebirge bestimmen den Landstrich, durch den sich malerisch die Lahn schlängelt. Neben *Wasserwandern* mit Kajaks und Kanus kann hier einem besonderem Hobby nachgegangen werden, dem *Angeln*. Und auf den gut ausgebauten Radfahrwegen der Region wird nicht nur geradelt, sondern auch geskatet. In Marburg wirkte die Heilige Elisabeth, die 1207 als ungarische Königstochter zur Welt kam. Mit vier Jahren wurde sie verlobt und kam an den thüringischen Hof in Eisenach. Sie heiratete mit 14 Jahren, bekam drei Kinder und war bereits mit 20 Jahren Witwe, denn ihr Mann war auf dem Weg zum Kreuzzug ins Heilige Land verstorben. Elisabeth verzichtete nun auf allen Luxus und ging nach Marburg, um ein Spital zu gründen. Dort starb sie im Alter von 24 Jahren. Unmittelbar nach ihrem Tod setzten spontane Wallfahrten zu ihrem Grab ein. Nur vier Jahre später begann man mit dem Bau der Elisabethkirche und sie selbst wurde aufgrund ihres vorbildlichen Wirkens in einem schnellen Verfahren heilig gesprochen. Rund 600 Wunder soll sie in ihrem kurzen Leben bewirkt haben. In einem weniger bekannten verwandelte sie für arme Kinder Steine in Spielzeug. Das berühmteste ist wohl das Rosenwunder: Da wollte Elisabeth noch zu Lebzeiten ihres Mannes einmal Brot an die Armen verteilen. Sie wurde dabei von ihm überrascht, fürchtete seinen Zorn und griff zu einer Notlüge. Sie sagte, dass in dem Korb, den sie mit sich führe, Rosen seien. Als er nachschaute, lagen wirklich welche darin.

Elisabeth war über ihre Zeit hinaus bedeutsam. So ist es in Marburg letztlich ihr zu verdanken, dass die medizinische Versorgung schon früh besser geregelt war als anderswo. Kein Wunder also, dass Straßen, Schulen, Krankenhäuser und Kirchen in der Region Elisabeths Namen tragen. Hier entwickelte auch der Arzt Emil von Behring den Impfstoff gegen Diphtherie und rettete somit Tausenden von Kindern das Leben. Hier wurde außerdem ein Gymnasium für blinde und sehbehinderte Schüler eingerichtet. In Marburg liegen auch die Wurzeln Hessens. Sophie von Brabant, Elisabeths Tochter, begründete 1248 für ihren Sohn Heinrich I. die Landgrafschaft Hessen. Seit dieser Zeit schmücken die Löwen das hessische Wappen.

Marburg: Zeitreise in die Vergangenheit

Gäbe es Noten für Städte, dann müsste Marburg eine »Eins« bekommen. Die Universitätsstadt ist von viel Grün umgeben und bietet beste Möglichkeiten zum Wandern, Schwimmen und Kanufahren. Marburg hat eine moderne Unterstadt mit den Lahnwiesen, Kaufhäusern, Museen und dem Kunstverein. Am Pilgrimstein liegen Parkhäuser, ein großes Kino-Center und die *Tourismus GmbH*. Von dieser Straße kommt man superschnell mit kostenlosen *Fahrstühlen* in die Oberstadt. Die Fahrt mit ihnen gleicht einer Zeitreise von der Gegenwart in die Vergangenheit. Oben angekommen, taucht man ein in die beschauliche Atmosphäre der Altstadt. In ihr lebten und wirkten viele bedeutende Persönlichkeiten: die Geschwister Brentano, die Grimms, der Physiker Ferdinand Braun und der Maler Otto Ubbelohde. Er illustrierte die Märchen der Grimms und verwandte dabei Bildmotive aus Marburg und Umgebung. All dies und mehr kann man bei den interessanten Führungen erfahren, die die Tourismus GmbH anbietet. Es gibt welche für Kinder, bei denen historische Szenen in Verkleidung nachgestellt werden. Andere Führungen können speziell von Schulklassen gebucht werden. Darunter ist auch eine, die auf den Spuren der Brüder Grimm durch die Stadt führt. Eine weitere öffnet den Besuchern die Türen zur Aula der Alten Universität. Man erfährt dabei viel über Gründungsgeschichte und Wissenschaftsbetrieb der ersten protestantischen Universität, die Landgraf Philipp, ein Nachkomme der Heiligen Elisabeth, im Jahr 1527 gründete.

Marburg Tourismus & Marketing GmbH
Pilgrimstein 26
35037 Marburg
Tel. 0 64 21 / 99 12 – 0
E-Mail: mtm@marburg.de
www.marburg.de

Fahrstuhl am Pilgrimstein
gegenüber dem Lahncenter
7-1.30 Uhr
Benutzung kostenlos

Von der Altstadt aus geht es über die Reit- und Vettergasse mit ihren bunt geschmückten Fachwerkhäusern zum hübschen Steinweg. Er ist dreigeteilt, oben lag früher der Fahrweg, unten der Fußweg. Die Mitte, die »Plantage«, war mit Bäumen bepflanzt. Von hier aus sind es nur ein paar Schritte zu Marburgs Hauptsehenswürdigkeit, der *Elisabethkirche* oder E-Kirche. Ein Modell von ihr zum Tasten und Begreifen nicht nur für Blinde steht nahe beim Südportal. Sie ist die früheste gotische Kirche Deutschlands und eine der schönsten

Elisabethkirche
Elisabethstr.
35037 Marburg
geöffnet: April-Sept. 9-18, Okt. 10-17, Nov.-März 10-16, So. ab 11.15 Uhr
Kirche kein Eintritt, Museumsteil: Kinder 1,50 €, Erw. 2 €
Gruppen verbilligt
Kinderführungen:
Tel. 0 64 21 / 65 57 3
www.Elisabethkirche.de

überhaupt. 1235 wurde mit ihrem Bau begonnen. Der rote Sandstein für ihren Bau kam auf Ochsenkarren aus dem Steinbruch im nahe gelegenen Wehrda. 1283 wurde die Kirche geweiht, heute ist sie evangelisches Gotteshaus und Museum in einem. Die farbigen Glasfenster im Chor, die Wandmalereien, die vielen wertvollen Altäre, der reiche Skulpturenschmuck und die Grabdenkmäler der hessisch-thüringischen Landgrafen bilden eine Ausstattung von seltener Schönheit und Geschlossenheit. Ein besonderer Anziehungspunkt ist der vergoldete und mit Edelsteinen geschmückte Schrein der heiligen Elisabeth in der Sakristei. Die Reliefs darauf erzählen von ihrem wohltätigen und aufopferungsvollen Leben.

Marktplatz und Landgrafenschloss

Modell der Elisabethkirche

Marburger Camera Obscura
Projekt des
Fachbereichs Physik
der Universität
Tel. 0 64 21 / 2 82 13 15
geöffnet: April-Okt.
Mi., Sa., So. 14-16 Uhr
Eintritt kostenlos,
Spende erwünscht
Anmeldungen f. Gruppen
zwei Wochen vorher
E-Mail: Camera.Obscura
@physik.uni-marburg.de

Von der Elisabethkirche geht es nun zum Marktplatz im Herzen der Stadt. Auch hier gibt es ein Modell des gesamten Platzes zum Tasten und Fühlen für Blinde und Sehende. Der Platz selbst wird bestimmt von Fachwerkhäusern mit dem ehrwürdigen »Gasthaus zur Sonne«, dem Marktbrunnen und dem bald 500 Jahre alten Rathaus mit Giebeln, Treppenturm und Glockenspiel. Der Gockel darin kann mit den Flügeln schlagen und krähen. Er macht das jede Stunde, dazu bläst ein Trompeter.

Vom Marktplatz geht es zum *Schloss* hinauf. Auf dem Platz davor steht ein kleines sechseckiges Haus aus Holz, die *Marburger Camera Obscura*. Die Bezeichnung kommt aus dem Lateinischen und meint »Dunkle Kammer«. Die Camera Obscura gilt als Vorgänger unseres Fotoapparates und arbeitet ähnlich wie eine Lochkamera. Sie wurde seit der Renaissance vor allem von Künstlern und Wissenschaftlern zur getreuen Abbildung und Erforschung der Welt eingesetzt. Die Marburger Camera Obscura ist begehbar und liefert erstaunliche Perspektiven auf das Schloss, das Wahrzeichen der Stadt. Es ist auf einem Bergrücken hoch über der Stadt als gut befestigter und schon von weitem sichtbarer Wohnsitz für die Landgrafen von Hessen erbaut worden. Erstmalig um 1130 wurde eine »Marcburg« oder »Marburg« erwähnt, die zur Sicherung der Grenze nach Thüringen diente. Sophie von Brabant, die Tochter der heiligen Elisabeth, ließ die Burg zum Schloss ausbauen. Ihre Nachkommen errichteten den großartigen Fürstensaal und die Kapelle. Im 15. Jahrhundert kamen dann mit dem Wilhelms- und dem

Frauenbau die Teile hinzu, denen die Anlage ihr großartiges Erscheinungsbild verdankt. Heute beherbergt das Schloss das sehenswerte *Universitätsmuseum für Kulturgeschichte,* das neben vor- und frühgeschichtlichen Funden, Münzen, Möbeln, Kleidern, Gegenständen und Spielzeug aus der Region auch die Baugeschichte des Schlosses anhand von Modellen und Bildern dokumentiert.

Landgrafenschloss und
Universitätsmuseum
35037 Marburg
Tel. 0 64 21 / 28 22 35 5
geöffnet:
April-Okt. Di.-So. 10-18 Uhr,
Nov.-März Di.-So. 11-17 Uhr
Schüler 1 €, Erw. 2,60 €
Führungen: 0 64 21 / 20 12 96,
Kasemattenführungen:
April-Okt. Sa. 15.15 Uhr
ab Schlosshof
nach Anmeldung:
Tel. 0 64 21 / 9 91 20

Die Bedeutung der schönen Schlossanlage wird beim Schlendern durch den Park offenkundig. Unterirdische Gänge und Gewölbe dienten als Unterstand für Soldaten und zur Lagerung von Waffen. Dicke Mauern und Geschütztürme sollten sie vor Angriffen schützen. Ein Turm hat sogar vier Meter dicke Wände: Er entstand 1478 nördlich des Schlosses, erhielt später die Bezeichnung »Hexenturm« und wurde als Gefängnis genutzt. Rings um das Schloss herrscht an Sommerabenden eine besondere Stimmung. Dann schwirren hier in großen Scharen Fledermäuse herum. Kein Wunder, denn im Kellergemäuer des Schlosses wird das größte Vorkommen an Zwergfledermäusen Hessens vermutet. Im hinteren Teil des Schlossparks gibt es eine Freilichtbühne, auf der in der warmen Jahreszeit Open-Air-Kino, Konzerte und Theatervorstellungen geboten werden. Vom Park aus führen mehrere Wanderwege in den Marburger Forst. Gut verweilen lässt es sich im Gartenrestaurant »Bückingsgarten« mit schönem Blick auf die Altstadt.

Spielearchiv und Kindheitsmuseum

In Marburg werden Kindheitsträume wahr. Weil er als Kind gern Gesellschaftsspiele spielte, hat Bernward Thole hier das *Spiele-Archiv* gegründet. Mehr als 30.000 Spielkarten, Puzzles und elektronische Spiele, geordnet nach den Kategorien Würfelspiele, Glücksspiele, Legespiele, Denkspiele und Geschicklichkeitsspiele, gibt es in dem weltweit einzigartigen Archiv. Jedes Jahr wählt hier eine Jury das »Spiel des Jahres« aus. Die Mitarbeiter des Spiele-Archivs realisieren Ausstellungen, beraten Kindergärten, Jugendheime und Seniorenclubs und bieten praktische Hilfestellung an. Wer beispielsweise eine Spielanleitung verloren hat, kann sich an das Deutsche Spiele-Archiv wenden. Nicht weit davon entfernt ist das *Kindheits- und Schulmuseum.* Es ist nicht zuletzt deshalb entstanden, weil Charles Bary Hyams als Kind kein schönes Spielzeug

Deutsches Spiele-Archiv e.V.
Barfüßerstr. 2a
35037 Marburg
Tel. 0 64 21 / 62 72 8
E-Mail:
spiele-archiv@t-online.de
www.deutsches-spiele-archiv.de

Kinder um 1940

Kindheits- und Schulmuseum
Barfüßertor 5
35037 Marburg
Tel. 0 64 21 / 24 42 4
geöffnet: 15. April-15. Sept.
So. 10-13 Uhr
Schulklassen ganzjährig nach Vereinbarung
Sonderveranstaltungen
Eintritt frei

hatte. Als Erwachsener hat er dann gemeinsam mit seiner Frau dieses Museum eingerichtet. Ähnliches gab es bislang nur in England und Amerika! Viele der ausgestellten Gegenstände zu dieser Schau über Kindheit hat das Professorenpaar auf verstaubten Dachböden, in Kellern und im Abfall gefunden und gerettet. Dabei legten sie auch ein Archiv zur Sammlung und Erforschung jüdischer Kindheit an. Im ersten Raum ihres Kindheits- und Schulmuseums werden kleine Sonder-Ausstellungen rund ums Kinderbuch gezeigt. Im zweiten ist ein etwa 100 Jahre altes Kinderzimmer mit Kinderbett, Puppenwagen und Spielzeug aufgebaut. Zu sehen sind auch der Laden eines Puppendoktors und ein vollständig eingerichteter Klassenraum von anno dazumal im Untergeschoss der schönen alten Museums-Villa. Der Spielplatz am alten Lutherischen Kirchhof gegenüber des Kindheitsmuseums eignet sich gut als Pausenziel bei Stadt- und Museumsbesichtigungen.

Von Steinen und Skeletten

Mineralogisches Museum
der Philipps-Universität
Firmaneiplatz
35032 Marburg
Tel. 0 62 41 / 28 22 25 7
geöffnet: Mi. 10-13, 15-18, Do., Fr. 10-13, Sa., So. 11-15 Uhr
Eintritt frei

Steinesammler und Fans der Geologie sollten nicht versäumen, ins *Mineralogische Museum* gleich hinter der Elisabethkirche zu gehen. Es bietet in dem früher als Kornspeicher genutzten Gebäude große und kleine, glatte, runde, gezackte und geborstene Schätze. Ein großer Teil der rund 3000 Exponate stammt aus den hessischen Bergwerken und Hütten und wurde schon wissenschaftlich erforscht, als es die Landgrafen noch gab. Es sind aber auch Mineralien aus Indien und Namibia und Calcit aus Kasachstan dabei. Sogar Stein- und Eisenmeteoriten gibt es dort. Die Nachbildung des zweitgrößten gefundenen Goldnuggets ist ebenfalls zu bestaunen.

Die *Anatomische Sammlung* im Dachgeschoss des alten Pathologiegebäudes zeigt ein interessantes Stück Wissenschafts- und Medizingeschichte. Das Wort »Anatomie« kommt aus dem Griechischen und bedeutet »Aufschneiden«. Dementsprechend sind hier Dinge ausgestellt, die dem Körper entnommen und in einer Flüssigkeit haltbar gemacht wurden. Entstanden ist das Anatomische Museum, damit sich die Studenten der Medizin eine genaue Vorstellung vom menschlichen Körper und seinen Krankheiten machen konnten. Dazu dienten ihnen Modelle aus Wachs und Gips, Skelette und präparierte Organe. Nicht nur für Studierende empfehlenswert, auch für größere Kinder mit Interesse an Mensch und Natur.

Anatomische Sammlung
der Philipps-Universität
Robert-Koch-Str. 5
35039 Marburg
Tel. 0 64 21 / 28 67 01 1
geöffnet: 1. Sa. im Monat
10-12 Uhr
Semesterferien eingeschränkte Öffnungszeiten
Eintritt frei
Führungen für Gruppen nach Vereinbarung

Marburger Ramba-Zamba

Eine Kindermalschule, eine Ballett- und Tanzakademie und viele Kreativangebote bietet Marburg für Kinder das ganze Jahr über. In den Kinderclubs der Stadtteile gibt es Kurse zur Fotografie, Videofilme werden selbst hergestellt, man geht gemeinsam ins Kino und spielt Theater. Auch einen Mädchentreff, Computerclubs und ein Kinder- und Jugendparlament gibt es hier. Das *Amt für Jugendförderung* hat die Informationen dazu und zu dem Straßenfest am Ende der Sommerferien und zur Spielzeugbörse, die jeden ersten Sonntag im November veranstaltet wird.

Das *Marburger Schauspiel* verfügt mit dem »Theater am Schwanhof« über ein Studio- und Kindertheater und hat regelmäßig Vorstellungen für Kinder auf dem Programm. Schulklassen und Kindergruppen können nach vorheriger Anmeldung eine Führung durch das Theater mitmachen und gemeinsam mit dem Dramaturgen und den Schauspielern diskutieren. Zusätzlich heißt es dann noch jedes Jahr im Frühjahr: Bühne frei für die Hessische Kinder- und Jugendtheaterwoche. Neben vielen Vorstellungen werden Workshops und Diskussionen veranstaltet und ein Kindertheaterpreis vergeben. Ein zusätzlicher Spielort, an dem auch gelegentlich Kindertheater stattfindet, ist die ehemalige *Waggonhalle*. Früher drehte sich dort alles um die Eisenbahn, nun ist mit Restaurant und Büh-

Amt für Jugendförderung
35037 Marburg
Frankfurter Str. 21
Tel. 0 64 21 / 20 12 67

Hessisches Landestheater – Marburger Schauspiel
Am Schwanhof 68-72
350347 Marburg
Tel. 0 64 21 / 99 02 –0
Anmeldung f. Klassen:
Tel. 0 64 21 / 99 02 31
Preise für Kinder: 4-6 €,
Erwachsene ab 6 €
E-Mail: info@HLTh.de

Waggonhalle
Kulturzentrum e.V.
Rudolf-Bultmann-Str. 2a
35039 Marburg
Tel. 0 62 21 / 69 06 26
E-Mail: mail@waggonhalle.de

Kulturamt der Stadt Marburg
Markt 7
35035 Marburg
Tel. 0 64 21 / 20 13 75
E-Mail:
kulturamt@marburg-stadt.de
www.marburg.de

nenraum eine schöne alternative Spielstätte entstanden. Zusätzlich richtet das Kulturamt schon seit vielen Jahren das Kinderkulturfestival »Ramba-Zamba« mit Theatervorstellungen, Lesungen und Workshops aus. Die genauen Termine und das Programm bei der Jugendförderung erfragen.

Planetenlehrpfad und Botanische Gärten

Planetenlehrpfad
Bus 2 ab Hauptbahnhof,
Halt: Zuckerberg

Der *Planetenlehrpfad* macht für Blinde wie für Sehende die sonst kaum vorstellbaren Größenordnungen des Weltraumes erfahrbar. Modelle und Schautafeln können angefasst und betastet werden. An der Entstehung des Planetenlehrpfades waren 1994 Marburger Schüler eines Gymnasiums für Blinde und Sehbehinderte beteiligt. Inzwischen hat er mit dem Planetenlehrpfad in Kriftel (s. dort) sogar schon einen Nachahmer gefunden. Der etwa sechs Kilometer lange Pfad führt vom westlich gelegenen Vorort Cappel bis in die Nähe der Elisabethbrücke beim Hauptbahnhof. Auf das Planetensystem übertragen heißt das: Er geht von der Sonne, die im Maßstab 1:1 Milliarde dargestellt ist, über Merkur, Mars und Erde bis zu Pluto, dem Doppelplaneten. Dieser ist am weitesten von der Sonne entfernt. Botanische Gärten hat Marburg gleich zwei. Der *Alte Botanische Garten*, einer der ältesten Deutschlands, ist heute ein öffentlich zugänglicher Park. Er wurde zu

Alter Botanischer Garten
Marburg
Pilgrimstein
durchgehend geöffnet

Auf dem Planetenlehrpfad / Marburg

Lehr- und Forschungszwecken angelegt und beherbergt einen Teich und schöne alte Bäume. Sein Zugang ist in der Straße am Pilgrimstein unterhalb der historischen Altstadt. Der *Neue Botanische Garten* existiert seit 1977. Mit Farnschlucht, Rhododendronhain, einer Anlage für alpine Pflanzen und Schaugewächshäusern zur Pflanzenwelt der Tropen ist er einer der größten Deutschlands. Er liegt oben auf den Lahnbergen in Nähe der Kliniken.

Neuer Botanischer Garten
35037 Marburg
Karl-von-Frisch-Str.
geöffnet:
Mai-Sept. tägl. 9-18 Uhr,
Okt.-April So.-Fr. 9-15.30 Uhr
Eintritt frei, Bus 7, 8, 16

Wer schon hier oben ist, sollte noch einen Abstecher zur »Spiegelslust« machen. Von hier hat man einen herrlichen Ausblick über die Lahnberge und die Stadt Marburg. Das Landgrafenschloss sieht von hier aus wie das Spielzeug eines Riesen. Ein Gartenlokal mit eigenem kleinen Spielplatz trägt auch den Namen Spiegelslust in Erinnerung an den Freiherrn von Spiegel. Er hatte im 19. Jahrhundert dort ein hübsches Haus errichten lassen. 1890 kam dann noch der Aussichtsturm hinzu. Er ist 34 Meter hoch und hat in seinem Innern 171 Stufen. Turm und Restaurant sind Ausgangspunkt für viele schöne Wanderungen durch den Wald.

Wasser- und Wanderfreuden

Der Freizeittipp der Marburger Kinder ist etwas für stille Genießer: Beim Tretbootfahren die Beine im Wasser baumeln lassen, die Leute beobachten und dabei ein Eis essen. Die Boote dazu kann man beim *Ruder- und Tretbootverleih* mieten. Auch ein *Kanuverleih* findet sich beim *Campingplatz* an der Lahnaue. Die *Lahn-Tours* führen Klassenfahrten und Jugendfreizeiten mit dem Kanu auf der Lahn durch. Für Wanderfreunde ist ein Netz gut bezeichneter Wanderwege vorhanden. Ein Fahrradweg führt von Marburg aus über Cölbe hinaus durch das Flusstal. Die Firma *Velociped* vermietet Fahrräder, bietet ausgearbeitete Tourenvorschläge an und organisiert Fahrradwanderungen für Radler von »2 bis 80 Jahren«. Das *AquaMar* ist Frei- und Hallenbad zugleich und bietet jeden nur erdenklichen Badekomfort: Bodensprudler, Wasserfall, 63 Meter lange Großwasserrutsche, Saunateil, Gastronomie und große Liegefläche. Nur von Mai bis September ist der *Hotsport Seepark* zugänglich. Mit abgeteiltem Schwimm- und Surfbereich, Rutschbahn, Surf- und Paraglidingschule befindet er sich etwas südlich von Marburg an der B 3 bei den Baggerseen in Weimar-Niederweimar. Ebenfalls für Surfer

Ruder- und Tretbootverleih
Trojedamm 47
35037 Marburg
Tel. 0 64 21 / 13 18 0

Campingplatz
auf der Lahnaue
Trojedamm 47
35037 Marburg
Tel. 0 64 21 / 21 33 1
dort auch Kanuverleih

Lahntours Aktivreisen
mit Kanuverleih
Lahntalstraße 45
35096 Roth
Tel. 0 64 26 / 92 80 0
E-Mail: info@lahntours.de
www.lahntours.de

Velociped Fahrradreisen
Alte Kasseler Str. 43
35039 Marburg
Tel. 0 64 21 / 88 68 90
E-Mail: info@velociped.de
www.velociped.de

AquaMar Sport- und Freizeitbad mit Freibad
Sommerbadstr. 41
35037 Marburg
Tel. 0 64 21 / 30 97 84-0
E-Mail: aquamar@marburg-stadt.de

Hotsport Seepark
35095 Niederweimar
Tel. 0 64 21 / 12 34 5
www.hotsport.de

Naturfreundehaus
Steinkautenhütte
Emil-von-Behring-Str.
35041 Marburg-Marbach
Tel. 0 64 21 / 63 85 1
Bus 7 ab Elisabethkirche
Kontakt: Naturfreunde
OG Marburg
Tel. 0 64 21 / 2 35 24

freigegeben ist der östlich von Marburg gelegene See in Kirchhain. Im Winter sind Lahn und die Seen manchmal zugefroren. Wenn das Eis richtig fest ist, heißt es: Schlittschuhe anschnallen und losfahren.

Günstige Übernachtungsmöglichkeiten mit Matratzenlager, Zelt- und Spielplatz bietet das *Naturfreundehaus Steinkautenhütte*. Es liegt im Wald auf dem Bergrücken zwischen den Behringwerken und dem Marbacher Friedhof.

Brauchtum im Marburger Land

Hat man die Lahnberge östlich von Marburg überquert, kommt man ins Tal des Flüsschens Ohm. Unsere erste Station dort ist Schröck mit dem schönen Renaissancebrunnen, an dem die Heilige Elisabeth oft und gern verweilt haben soll. Danach geht es weiter nach Rauischholzhausen in der Gemeinde Ebsdorfergrund, wo bei Bauerngärten und Gehöften das echte Landgefühl aufkommt. Der Park dagegen mit dem Märchenschloss, das allerdings nur von außen zu bestaunen ist, erinnert an die Zeiten, als die Damen und Herren des Adels hier entlangspazierten.

Im Marburger Land wird noch altes Brauchtum gepflegt. Mit etwas Glück sieht der Reisende Frauen in Tracht. Sie tragen dann weiße Blusen, ein bunt besticktes Oberteil und weite Röcke in Blau oder Rot. Auch die kunstvoll mit Sprüchen und Zeichen verzierten Ostereier stellen eine Besonderheit dar. Die Eier wurden mit einer spitzen Feder »beschrieben« und waren nicht zum Verzehr gedacht, sondern dienten als

Ostereier aus dem Marburger Land

Geschenk für den Liebsten. Verschenkt wurden sie in der Osternacht. In *Mardorf* und *Cölbe* blieb diese Tradition erhalten. Cölbe hat sogar ein Eiermuseum. Deswegen lohnt sich ein Besuch in beiden Orten besonders vor Ostern zum Ostereiermarkt. Im Nachbarort *Schweinsberg* stellen die Fachwerkbauten mit dem »Kratzputz« etwas für diesen Landstrich sehr Typisches dar. Zur Verschönerung des Hauses wurden in den Verputz Blumen und geometrische Muster eingeritzt. Das Städtchen selbst weist auf einer Anhöhe die Reste der mittelalterlichen Burg der »Schenken von Schweinsberg« auf. Sie ist in Privatbesitz. Für alle zugänglich ist dagegen der große Kinderspielplatz am Fuße des Hügels. Und zentrales Tier im Ort ist nicht die Sau, wie man denken könnte. Weit wichtiger sind Schilfrohrsänger, Wiesenpieper und Bekassine. Diese Vögel leben hier im Schweinsberger Moor. Das größte Hochmoor Mittel- und Nordhessens ist Naturschutzgebiet sowie Brut- und Nistplatz vieler vom Aussterben bedrohter Vogelarten. Welche das sind, verrät die Informationstafel. Auch Zugvogelschwärme legen hier eine Rast ein, dementsprechend piept, zwitschert und gluckst es in Schilf und Wasser. Wer Feldstecher und Gummistiefel mitbringt, kann wahre Vogelforschergefühle bekommen. Landluft schnuppern können Kinder und Erwachsene dagegen in der *Ohäuser Mühle*, einem Schul- und Erlebnisbauernhof. Der Biolandbetrieb Ohäuser Mühle richtet Erlebnistage, Kindergeburtstage und Ferienfreizeiten aus und natürlich kann man dort die Mühle bewundern. Mühlen gab es in dem Gebiet des Marburger Landes früher viele, man schätzt die Zahl auf 200. Die meisten waren Getreide- und Mahlmühlen, sie waren wichtige Glieder in der Kette Korn–Mehl–Brot.

Mardorf /
Infos zum Ostereiermarkt
c/o Erfurtshäuser Trachten
u. Tanzverein
Bernhard Dörr
Kellmarkstr. 7
35287 Mardorf
Tel. 0 64 29 / 81 00 0

Eiermuseum Cölbe
Friedhofstr.
geöffnet: nach Vereinbarung
Info: Arbeitskreis Internat.
Folklore-Festival Marburg-Biedenkopf (AKIFF)
Heinz Wilhelm Wilke
Goldbergstr. 30
35091 Cölbe
Tel. 0 64 21 / 81 23 4

Schul- und Erlebnisbauernhof
Ohäuser Mühle
Ohäuser Mühle 2
35260 Stadtallendorf-Schweinsberg
Tel. 0 64 29 / 46 7
E-Mail: Omuehle@t-online.de

Amöneburg: Oppidum und Segelfliegen

Amöneburg ist die Hauptattraktion der Region. Von weither sichtbar ist der 365 Meter hohe Basaltkegel, auf dem die kleine Stadt Platz hat. Der Fernblick reicht von hier oben über das Ohmtal in den Ebsdorfergrund, zu den Lahnbergen und zum Biedenkopfer Land. Schon die Kelten hatten hier eine Siedlung, ein Oppidum, mit Wohnbauten und Wallanlagen errichtet. 721 gründete der christliche Missionar Bonifatius ein Kloster (s. Fulda und Fritzlar). Später ging dieses in den Besitz der Mainzer Erzbischöfe über, die Grund und Boden in den

Fremdenverkehrsamt
der Stadt Amöneburg
Schulgasse 2
35287 Amöneburg
Tel. 0 64 22 / 92 95-0 oder -24
E-Mail: Stadtverwaltung
@amoeneburg.de
www.amoeneburg.de

Museum Amöneburg
Schulgasse 2
35287 Amöneburg
Tel. 0 64 22 / 92 95 24
geöffnet: 15. April-15. Nov.
So. 14-18 Uhr
ansonsten Schlüssel bei der Stadtverwaltung
Kinder 0,50 €, Erw. 1 €

folgenden Jahrhunderten an die hessischen Landgrafen verloren. Burg und Stadt wurden dabei hart umkämpft. Von der einstigen Bedeutung der Stadtbefestigung kann man sich eine Vorstellung bei einem Rundweg auf den Wehrmauern machen, die fast noch geschlossen erhalten sind. Innerhalb der Mauern ist es der hübsche Marktplatz mit dem Martinsbrunnen, der zu einem längeren Verweilen einlädt, bevor man vielleicht dem *Museum Amöneburg* einen Besuch abgestattet. Es informiert über die Region und ihre Geschichte anhand von Ausgrabungsstücken, Informationstafeln und Modellen. Außerdem beherbergt es ein Naturschutz-Informationszentrum. Denn in der Region um Amöneburg befindet sich das älteste Naturschutzgebiet Hessens. Das Museums ist sonntags regulär geöffnet, unter der Woche kann man sich aber im Rathaus nebenan einen Schlüssel holen und hat freien Zutritt.

Segelflugplatz
c/o Flugsportvereinigung Blitz
Herr Schönwand
Tel. 0 64 22 / 24 07
Rundflüge:
April-Okt. Sa. u. So.
11 € pro Person

Der *Segelflugplatz* Amöneburg bietet Rundflüge an, und über Reiterferien gibt die Stadtverwaltung Auskunft. Nach dem Besuch auf dem Berg in Amöneburg kann man in der Ebene im Gartenrestaurant »Brücker« bei der Brücker Mühle einkehren. Diese Mühle ist eine der ältesten und bedeutendsten der Region. Die bereits 1248 erwähnte Mühle war 1994 noch in Betrieb. Die Umgebung Amöneburgs lockt außerdem mit ausgedehnten Wäldern, ausgebauten Wander- und Fahrradwegen. Beim benachbarten Kirchhain-Niederwald bietet das *Naturerlebnis Erlensee* mit seinen Schwarzerlen und den vielen wieder heimisch gewordenen Wasservögeln Natur der ursprünglichen Art. Im renaturierten Gebiet rund um den See wurden Spazierwege angelegt. Zusätzlich gibt es dort ein Leitsystem für Blinde und Sehbehinderte. Eine Akustikstation in einer Schutzhütte nahe am See hält CDs mit Hörbildern und Tierstimmen bereit.

Naturerlebnis Erlensee
Infos zu Gruppenführungen
Touristikservice Burgwald
Tel. 0 64 51 / 133 80 6

Jugendwaldheim und Schulbauernhof

Jugendwaldheim Roßberg e.V.
Forsthaus 1
35085 Ebsdorfergrund-Roßberg
Tel. 0 64 24 / 51 97
E-Mail: Jugendwaldheim-Rossberg@t-online.de

Der Natur auf die Spur kommen Schüler im Alten Forsthaus und auf dem Schulbauernhof Tannenhof. Das alte Forsthaus in Roßdorf in der Gemeinde Ebsdorfergrund wurde zu einem *Jugendwaldheim.* Gruppen lernen hier den Wald, seine Gewächse und Bewohner genau kennen. Dabei bauen sie sich beispielsweise aus Materialien der Natur ein »Waldzimmer«. Oder sie sind dabei, wenn ein Baum gefällt wird. Sie erleben dann seine Verarbeitung in der Sägerei und stellen anschließend selbst in der Werkstatt des Jugendwaldheimes einen Gegenstand aus Holz her.

Der *Schulbauernhof Tannenhof* liegt am Waldrand und verfügt über Ackerland, Wiesen- und Weidenflächen. Kühe, Muttersauen und ihre Ferkel, Hühner, Hasen und Katzen leben auf dem Tannenhof in artgerechter Haltung. Ganze Schulklassen erleben hier durch eigenes Tun aktiv unsere Umwelt. Die Kurse dauern fünf Tage. In Teamarbeit bereitet dann beispielsweise eine Hauswirtschafts- und Gartengruppe die Mahlzeiten zu, die Hof- und Feldgruppe ist für Gartenarbeit zuständig und in der Vieh- und Milchwirtschaftsgruppe versorgen die Schülerinnen und Schüler die Tiere und helfen bei der Zubereitung der Milchprodukte.

Schulbauernhof Tannenhof
Luise und Götz Hoffmann
Allertshäuser Str. 15
35469 Allendorf/Lumda
Tel. 0 64 07 / 90 59 01
Kurse 5 Tage,
32 € pro Kind pro Nacht
E-Mail: info@schulbauernhof-tannenhof.de
www.schulbauernhof-tannenhof.de

Die Region Burgwald: Märchenhafte Bilder

Was Frau Holle, Hans im Glück und Schneewittchen erlebten, haben wir gehört oder gelesen. Wie sie aussahen, wissen wir durch die Märchenbilder von Otto Ubbelohde. Er ist der Illustrator der Grimmschen Märchen schlechthin geworden. Für seine ab 1906 entstandenen Zeichnungen hat er Motive aus seiner märchenhaften Heimat gewählt, durch die es jetzt geht. Die Tour führt von Marburg aus in Richtung Norden in die Region *Burgwald.* Erste Station ist Goßfelden, seinerzeit eine beliebte Sommerfrische Marburger Bürger. Hier baute sich der angesehene Künstler und Professor Ubbelohde ein stattliches Haus. In dem Jugendstilgebäude sieht es fast so aus, als habe er sein Atelier erst vor kurzem verlassen. Alle Fragen zu seiner Person und seinen Bildern beantwortet seine Großnichte. Sie führt durch das Haus und hat noch viele persönliche Erinnerungen an ihren berühmten Maleronkel. Von Goßfelden aus führt die Straße nach Wetter und von da ist es nicht weit nach *Mellnau* mit seinem frei stehenden mächtigen Bergfried. Er bietet natürlich eine gute Aussicht und gehört ansonsten zu einer Burgruine aus dem 13. Jahrhundert. Otto Ubbelohde benutzte das Burgtor als Motiv für seine Illustrationen zum Märchen »Frau Holle«. Wer das Motiv ein wenig länger anschauen und bleiben will, kann das auch unterhalb der Burganlage in der Gaststätte »Mellnauer Hof«. Außerdem besitzt Mellnau einen Jugendzeltplatz. Das naheliegende Amönau inspirierte Ubbelohde zu einer Illus-

Märchenbild von Otto Ubbelohde

www.region-burgwald.de

Burgwald-Touristservice
Entwicklungsgruppe
Region Burgwald e.V.
Wolkersdorfer Str. 6
35099 Burgwald-Bottendorf
Tel. 0 64 51 / 71 38 06
im Angebot: Kinderführer durch die Region
E-Mail: info@burgwald-touristservice.de
www.burgwald-touristservice.de

Otto-Ubbelohde-Haus
35094 Lahntal-Goßfelden
geöffnet: Sa., So. 11-17 Uhr
u. nach Absprache:
Tel. 06 41 / 6 33 26
Eintritt frei, Spende erwünscht
E-Mail: info@lahntal .de
www.lahntal.de

Mellnau
Schlüssel zum Bergfried
bei Fam. Tittel:
Tel. 0 64 23 / 38 07 oder 39 62,
vorher anrufen

tration zu »Rapunzel« (s. auch Trendelburg). Als Vorbild für den Rapunzelturm diente ihm das kleine »Lusthaus« im Ort. Danach geht es weiter nach Münchhausen und zum vier Kilometer östlich des Ortes liegenden Christenberg. Ubbelohde hat sich auch hier umgeschaut. Das alte Küsterhaus war Vorbild für das Hexenhäuschen bei »Hänsel und Gretel«; der Friedhof mit der eindrucksvollen Kirche St. Martin taucht bei »Aschenputtel« auf.

Unser Tipp für diese Region: Ein Grimmsches Märchenbuch mit den Illustrationen Ubbelohdes (z. B. aus dem Insel Verlag) ins Reisegepäck nehmen. Der Maler hat außer den genannten Beispielen das Marburger Schloss, die Amöneburg und viele Orte mehr in seine Bilder aufgenommen. Auch die Trachten des Marburger Landes hielt er fest.

Der Christenberg ist nicht nur ein wunderbarer Aussichtspunkt mit guter Fernsicht, sondern ist auch baugeschichtlich interessant. Der mittelalterliche Name der Erhebung lautet »Kesterburg«. 388 Meter ist sie hoch und war schon in vorgeschichtlicher Zeit durch eine große Wallanlage befestigt. Im 3. und 4. Jahrhundert v. Chr. hatte hier vermutlich ein Keltenfürst seinen Sitz. Inmitten der Wallanlage steht noch die romanische St. Martinskirche mit Bauelementen vom 11. bis zum 19. Jahrhundert. Die Pfarrei Christenberg war im frühen Mittelalter von zentraler Bedeutung für das gesamte Lahntal, heute ist der Christenberg mit seiner Gaststätte Ausgangspunkt für Wanderungen durch den Burgwald. Er bildet das größte zusammenhängende Waldgebiet Hessens und stellt auch ein Paradies für Pferd und Reiter dar. Das kleine Heft »Burgwald. Entdecke die Geheimnisse«, herausgegeben vom Touristservice, weist Kinder auf die Besonderheiten hin, die es hier zusätzlich zu den üblichen Sehenswürdigkeiten zu entdecken gibt: Felsformationen in Form von Mäusen und Riesen im Wald oder ein kleiner Märchenpark bei Rauschenberg. Wir fanden es besonders schön in Himmelsberg, dem Nachbarort von Rauschenberg. Dort steht ein Naturdenkmal, das seinesgleichen sucht: eine vielleicht schon 1000-jährige Linde, deren knorrigem Stamm man das Alter durchaus ansieht. Ihr Durchmesser beträgt fast neun Meter, die Höhe 24 Meter. Unter ihr wurde Gericht gehalten, aber auch Tanzvergnügungen fanden statt. Dabei sollen die Musiker mit ihren Instrumenten auf den ausladenden Ästen Platz genommen und aufgespielt haben.

Wer Geschmack an der Region gefunden hat, darf das *Dorfmuseum Alter Forsthof* in Oberrosphe nicht versäumen. Darin geht es um Handwerk, Ackerbau und Viehzucht, Leben und Tod im Dorf. Eine gemütliche Stube mit Tante-Emma-Laden lädt zu Kaffee und selbst gebackenem Kuchen ein. Bei den Kinder-Aktionen wird Wäsche mit dem Waschbrett gewaschen und im Museumshaus Nr. 13 können Kinder stilecht im Stroh übernachten.

Dorfmuseum Alter Forsthof
Im Rosphetal 8
35083 Wetter-Oberrosphe
Kontakt:
Tel. 06 42 3 / 71 50
geöffnet: Ostersamstag
bis 3. Adventssonntag
Advent: Krippenausstellung
Sa., So. 14-18 Uhr
u. nach Vereinbarung
Kinder 1 €, Erw. 2 €,
Übernachtung im Heu 6 €

Biedenkopf: Grenzgang und Sackpfeife

Jetzt geht es durch das schöne Lahntal nach Nordwesten. Unser Ziel ist Biedenkopf mit seinem Landgrafenschloss und das Freizeitzentrum Sackpfeife. Wer im Sommer kommt, sollte in der Gemeinde Lahntal einen Abstecher zum Hof der Familie Geißel machen. Die Geißels richten, wenn das Wetter mitspielt, von Ende Juli bis September auf ihrem Feld ein *Mais-Labyrinth* ein. Lustig ist es dann, sich einen Weg durch die hohen grünen Stauden zu bahnen. Ganz Schnelle schaffen es in einer halben Stunde, bei anderen dauert es entschieden länger. Jeder Läufer nimmt dabei an einer Verlosung teil. Der erste Preis ist eine Fahrt mit einem Heißluftballon.

Maislabyrinth
Familie Geißel
35094 Lahntal-Sterzhausen
Wittgensteiner Str. 49
Tel. 0 64 20 / 72 73
E-Mail: BGeissel@t-online.de
an der B 62 am Ortsausgang
Sterzhausen Richtung
Marburg/Lahn

Alle sieben Jahre feiert *Biedenkopf* drei Tage lang mit Umzügen und viel Geselligkeit das Grenzgangfest. Es hat seinen Ursprung im Mittelalter, als es noch keine Landkarten gab, auf denen der Verlauf der Grenzen eindeutig ersichtlich war. Lediglich Urkunden und aufgestellte Grenzsteine markierten damals die Grenzen zwischen den Gemarkungen. Die Position dieser Steine konnte sich aber durch Stürme und Witterungseinflüsse verändern, manchmal wurden sie auch heimlich verschoben. Deshalb musste von Zeit zu Zeit geprüft werden, ob noch alles der rechten Ordnung entsprach. In Erinnerung daran wird auch 2005 das Grenzgangfest gefeiert. Mehr über den Brauch ist im *Hinterlandmuseum* im Schloss Biedenkopf zu erfahren. Darüber hinaus erfährt man viel über Handwerkskunst, um die Eisenindustrie und um die Brand- und Feuerbekämpfung. Außerdem nimmt die Darstellung der Geschichte des Schlosses, das zur Sicherung der Grenzen zwischen Hessen und Thüringen errichtet wurde, einen breiten Raum ein.

Touristinformation Biedenkopf
Hainwegstr. 63
35216 Biedenkopf
Tel. 0 64 61 / 95 01 0
E-Mail: stadt-biedenkopf
@t-online.de
www.biedenkopf.de

Hinterlandmuseum
Schloss Biedenkopf
35216 Biedenkopf
Tel. 0 64 66 / 92 46 51
geöffnet: 1. April-15. Nov.
Di.-So. 10-18 Uhr
Kinder 1 €, Erw. 2 €, Schulgruppen 0,50 € pro Kind

Schartenhof Eckelshausen
Obere Bergstr. 12
35216 Biedenkopf-Eckelshausen
Tel. 0 64 61 / 27 10
geöffnet: werktags 14-18 Uhr
Preise f. Vorstellungen:
Kinder 11 €, Erw. 16 €
E-Mail: info@schartenhof.de
www.schartenhof.de

Lahnauenbad Biedenkopf
Am Freibad 7
35216 Biedenkopf
Tel. 0 64 61 / 74 20 46
geöffnet:
Mitte Mai-Mitte Sept.
Mo.-Sa. 7.30-20, So. 8.30-20 Uhr
Kinder ab 2,50 €, Erw. ab 3 €

Badesee Perfstausee
direkt an der B 253
kein Eintritt

Freizeit- u. Wintersportzentrum Sackpfeife
Freizeit GmbH
Tel. 06 46 1 / 37 78 oder
Touristinformation Biedenkopf
Tel. 0 64 61 / 95 01 0

Rutschbahn-Öffnungszeiten:
nur bei trockenem Wetter
wochentags auf Anfrage,
Sa., So. 10-18 Uhr
Juli / August zusätzl.
Mo.-Fr. 13-18 Uhr
Kinder ab 2,50 €, Erw. 4 €

Biedenkopf selbst ist ein hübscher Ort mit Marktbrunnen, vielen schönen Fachwerkhäusern und Resten der alten Stadtbefestigung. Zu ihr gehört auch ein Hexenturm. Wasserratten treffen sich im *Lahnauenbad*, das idyllisch in einer großen Parkanlage am Fluss liegt. Beliebt ist auch der Badesee *Perfstausee* im Stadtteil Breidenstein. Badestrand, Liegewiese, Spielplatz und Wanderwege rund um den See machen ihn zu einem lohnenden Ausflugsziel. Im *Schartenhof* in Eckelshausen mit seinem Kunstgewerbeladen und kleinen Ausstellungen tanzen die Puppen. Kunstvoll gearbeitete Marionetten bewegen sich bei Aufführungen zu den Klängen klassischer Opern. Ein Erlebnis, nicht nur für große Musikfans. Zur *Sackpfeife,* der höchsten Erhebung weit und breit, geht es dann noch ein paar Kilometer weiter nördlich. 674 Meter misst der Hausberg Biedenkopfs mit dem Namen, der auf eine alte Flurbezeichnung zurückgeht. Zum Aussichtsturm windet sich die Straße in großen Kehren durch den Wald nach oben. Fahrrad fahren und Wandern sind im *Freizeitpark Sackpfeife* beliebte Vergnügungen in der warmen Jahreszeit. Die Berggaststätte hat eine große Freiterrasse, nicht weit davon entfernt ist ein Kinderspielplatz. Es gibt außerdem noch einen Streichelzoo, Autoscooter und Ponyreiten. Besonders beliebt aber ist die *Super-Rutschbahn*. Es geht dabei in einem Gleitschlitten 480 Meter bergab! Hinauf kommt man wieder mit einem Lift. In der kalten Jahreszeit dienen die Rutschbahnlifte als Transportmittel für die Wintersportler. Schlittenfahrer bevölkern dann die Hänge oder es werden die Skier auf den Loipen oder bei der Abfahrt im Flutlicht angeschnallt. Wer noch nicht sicher auf den Brettern ist, kann es oben in der Skischule lernen.

Wintervergnügen auf der Sackpfeife

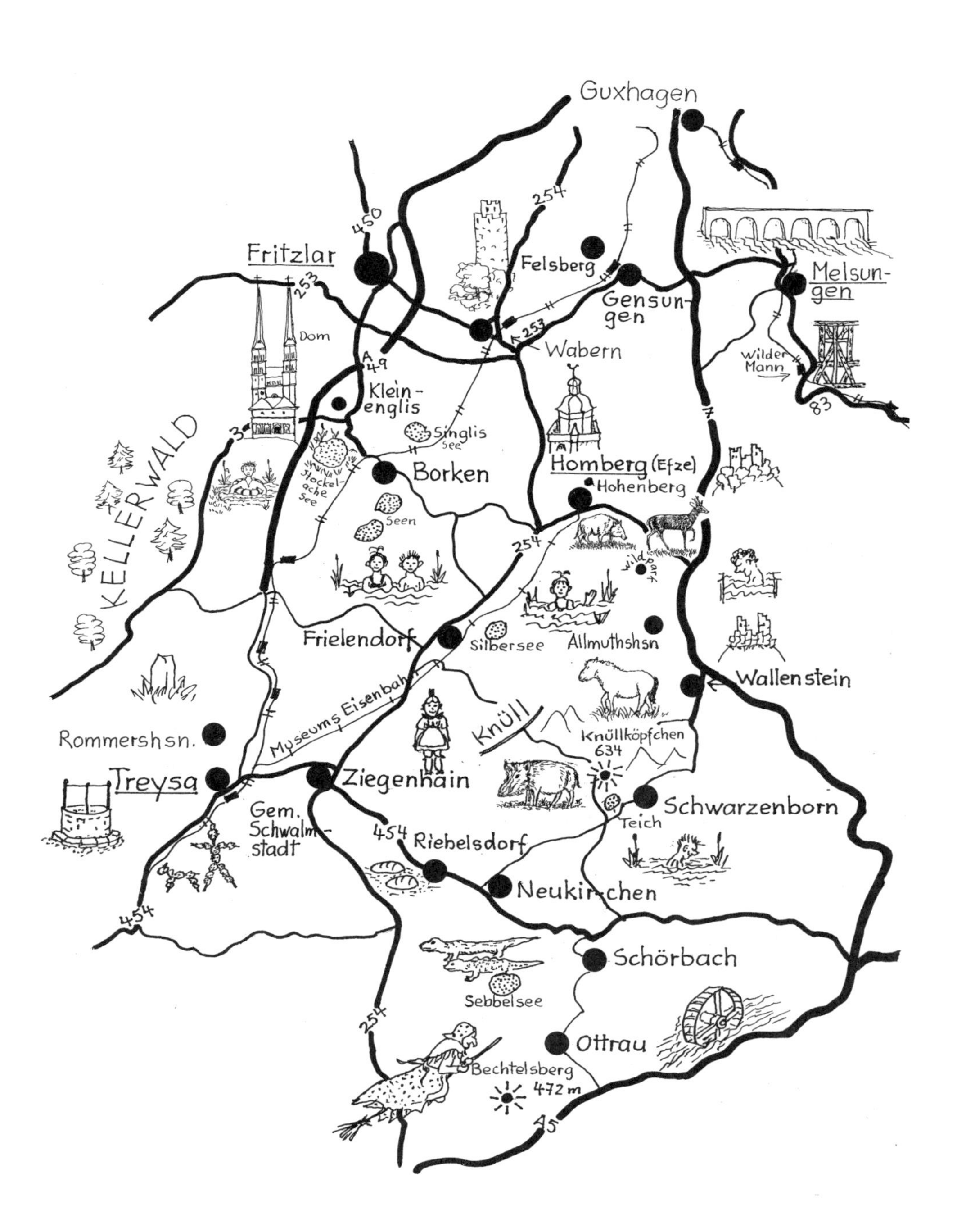
Guxhagen
254
450
Fritzlar
253
Felsberg
Melsungen
Gensungen
253
Wabern
Dom
A 49
Klein-englis
Singlis See
Wilder Mann
83
7
Borken
Stockelache See
Homberg (Efze)
Hohenberg
KELLERWALD
3
Seen
254
Wildpark
Frielendorf
Silbersee
Allmuthshsn
Wallenstein
Museums Eisenbahn
Knüll
Knüllköpfchen 634
Rommershsn.
Treysa
Ziegenhain
Schwarzenborn
Gem. Schwalmstadt
Teich
454
Riebelsdorf
Neukirchen
454
Schörbach
Sebbelsee
254
Ottrau
Bechtelsberg 472 m
A5

Touristik Service Bergland e.V.
Parkstr. 6
34576 Homberg / Efze
Tel. 0 56 81 / 77 54 80
E-Mail: kurhessisches-bergland@t-online.de
www.kurhessisches-bergland.de

Schwalm-Touristik e.V.
Paradeplatz 7
34613 Schwalmstadt-Ziegenhain
Tel. 0 6 91 / 7 12 12
E-Mail: schwalmstadt @t-online.de
www.schwalmstadt.de

Mondstermer-Kirmes
Wochenende
um den 18. Oktober
Gemeindeverwaltung Ottrau
Neukirchener Str. 1
34633 Ottrau
Tel. 0 66 39 / 96 09 17

Salatkirmes
zwei Wochen nach Pfingsten
Verkehrsbüro der Schwalm
Paradeplatz 7
34613 Schwalmstadt-Ziegenhain
Tel. 0 66 91 / 71 21 2
E-Mail: Schwalmstadt @t-online.de
www.schwalmstadt.de

Harlekinade
Gemeindeverwaltung Wabern
34590 Wabern
Landgrafenstr. 9
Tel. 0 56 83 / 50 09-0
E-Mail: wabern@t-online.de
ww.wabern.de

An Schwalm und Eder

Im Land der Rotkäppchen

An einem Festtag in der Schwalm ist es möglich, vielen Rotkäppchen zu begegnen. Diese waldreiche Region kannten die Brüder Grimm sicher gut, schließlich hatten ihre Großeltern in Weißenborn gelebt. Wölfe gibt es zwar heute nicht mehr in der Schwalm, wohl aber die kleinen Mädchen mit den roten Kappen. Ob allerdings das Grimmsche Rotkäppchen ein rotes Häubchen wie das Schwälmer »Betzel« getragen hat, ist nicht sicher. Es wird, wie der Männerhut mit den drei Spitzen, zur Schwälmer Tracht getragen. Während der Hut an den »Alten Fritz«, den König von Preußen, erinnert, kann einem die Kleidung der Frauen ruhig »spanisch« vorkommen. Sie wurde wirklich von der Mode abgeschaut, die vor Jahrhunderten die Damen am Hof im weit entfernten Madrid trugen.

Festtage gibt es in der Schwalm viele. Zum Schmunzeln ist der Ursprung der *Mondstermer-Kirmes* in Ottrau. Dort hatte man einmal, man glaubt es kaum, den Mondschein für eine Feuersbrunst gehalten und die Feuerwehr gerufen! Die kam dann auch angestürmt, um dem Mond zu Leibe zu rücken. Das berühmteste Fest der Region, das seit 1728 gefeiert wird, ist die *Salatkirmes* in Schwalmstadt-Ziegenhain. Begleitet wird es von einem großen Trachtenfestzug und eigenem Kinderumzug. Landgraf Karl hatte sich damals dieses Fest ausgedacht, um in einer Krisenzeit die Schwälmer Bauern zum Kartoffelessen zu bewegen. In Deutschland aßen die Leute als »Beilage« immer noch Brot, Hirse und Roggen, obwohl schon Jahre zuvor spanische Seefahrer die Kartoffel aus Südamerika mitgebracht hatten. Um seinen Leuten die vitaminreiche Kost schmackhaft zu machen, lockte der Fürst sie zur Salatkirmes. Salat kannten die Bauern. Zur gewohnten Speise gab es dann Kartoffeln. Noch mehr zu feiern gibt es im schönen Park des barocken Landgrafenschlosses in Wabern. Dort findet jeweils an einem Wochenende im Juli die *Harlekinade* statt, das größte »Comedy-Festival« in Hessen. Jongleure, Pantomimen, Varieté- und Zirkuskünstler stehen zur Freude der großen und kleinen Zuschauer dann auf der Bühne. Und zum Abschluss des Jahres wird ab dem dritten Advent wieder nach Ziegenhain zum Weihnachtsmarkt eingeladen. Mit Märchenaufführungen frei nach Grimm und vielen Leckereien aus der Schwalm.

So fest wie Ziegenhain

»Schwalm« ist der Name des Flüsschens, das sich durch die Region schlängelt. »Schwalmstadt« heißt heute die Gemeinde, die aus einigen Dörfern und den Städten Ziegenhain und Treysa entstanden ist. So wie andere Städte einen Marktplatz haben, hat Ziegenhain seinen Paradeplatz. Er war im 18. Jahrhundert Sammelplatz für diejenigen Männer, die ihr Landesherr, der Landgraf von Hessen, als Soldaten verkaufte. Sie sollten unter englischer Flagge im amerikanischen Unabhängigkeitskrieg kämpfen. Das war ein gutes Geschäft für den Landgrafen. Mit dem Geld finanzierte er aufwendige Schlossbauten in Kassel (s. dort). Lange Zeit war Ziegenhain eine uneinnehmbare Wasserfestung mit starken Bollwerken, von denen heute noch der innere Wassergraben existiert. Wenn man in Hessen etwas als ganz sicher bezeichnen wollte, hieß es: »So fest wie Ziegenhain«. Als »fest« gilt die Anlage immer noch. Es ist ein Gefängnis mit Hochsicherheitstrakt und in ganz Hessen bekannt geworden durch einen aufsehenerregenden Coup. Mit einem gestohlenen Panzer wurden die Stahltore von außen gerammt und eine Gruppe von Häftlingen befreit. Nicht ganz so spektakulär geht es dort im Winter zu. Wenn das Wasser im Festungsgraben fest zugefroren ist, kann man prima Schlittschuh laufen.

Im *Museum der Schwalm*, gleich nebenan, steht ein Modell der ehemaligen Festungsanlage. Beliebt beim Publikum ist insbesondere die ausgestellte Hochzeitstracht der Schwälmer. Wie die Leute eingerichtet waren, wie sie aus Flachs Leinenstoff hergestellt haben und was sie gegen Mäuseplagen unternahmen, ist auch zu erfahren. Außerdem gibt es die Nachbildung eines Meteoriten, der 1916 für große Aufregung sorgte. Die Stelle, an der er aufschlug, ist in Treysa-Rommershausen zu besichtigen. Dorthin führt vom Sportplatz aus ein ausgeschilderter Weg durch den Wald.

Museum der Schwalm
Paradeplatz 1
34613 Schwalmstadt-Ziegenhain
Tel. 0 66 91 / 38 93
geöffnet: Di.-Fr. 10-12, 15-17, Sa., So. 11-12, 15-17 Uhr
im Sommer: Sa., So. 10-17 Uhr
Kinder 0,50 €, Erw. 2 €
Advent: Weihnachtsmarkt im Museum
Ostern: Ostereierausstellung

Treysa und der Buttermilchturm

Der »Buttermilchturm« in *Treysa* ist das Aushängeschild der Stadt. Wie er zu seinem Namen kam, davon berichtet eine Sage: Treysa wurde einmal belagert. Die Feinde konnten die Stadt aber nicht einnehmen und beschlossen, sie auszuhungern. Eines Tages sahen sie, dass der mächtige Kirchturm im Ort plötzlich schneeweiß war. »Wir haben den Turm mit But-

Treysa Fremdenverkehrsamt
siehe Schwalmstadt
www.schwalm-touristik.de

termilch angestrichen!« riefen die Treysaer ihren Belagerern zu. Worauf diese bei sich meinten: »Wenn sie noch so viel zu essen haben, dass sie ihren Kirchturm mit Buttermilch anstreichen können, ziehen wir lieber wieder ab.« In dieser Geschichte steckt, wie meistens bei solchen Sachen, ein Körnchen Wahrheit. Kriege hat es wirklich gegeben, mit Milch kam der Turm wahrscheinlich auch in Berührung. Fakt ist nämlich, dass zur besseren Haltbarkeit des Anstrichs den Farben früher Kasein als natürliches Bindemittel beigemischt wurde. Dieses Kasein ist auch in Sauer- oder Buttermilch enthalten.

Der Buttermilchturm gehört zur »Totenkirche«, so genannt nach dem Friedhof, der sich früher neben dem Gotteshaus befand. 1830 schlug der Blitz in die Kirche ein, seitdem ist sie nur noch als Ruine erhalten. Sie gibt den stimmungsvollen Hintergrund für die Freilichtbühne ab, auf der auch Märchenaufführungen für Kinder stattfinden. Im *Internetcafé im Jugendzentrum* können Kinder ab fünf Jahren, wenn ein Großer sie begleitet, chatten, surfen, mailen oder einfach ein Schriftstück erstellen. Senioren sind ebenso willkommen. Am Wochenende werden Kinder- und Jugendfilme gezeigt.

Internetcafé
Schwalmstadt Grotte
im Jugendzentrum »Die Burg«
Burggasse 6
34613 Schwalmstadt-Treysa
Tel. 0 66 91 / 96 68 77
geöffnet: Mo., Di., Do. 15-22,
Mi. u. Fr. bis 22 Uhr
E-Mail: kontakt@internetcafé-schwalmstadt.de
www.Internetcafé-Schwalmstadt.de

Treysa liegt auf einem Bergrücken über dem Zusammenfluss von Schwalm und Wiera und war im Mittelalter ein bedeutendes Handelszentrum. Die Stadt hat innerhalb ihrer gut erhaltenen Stadtmauern einen hübschen Kern mit altem Rathaus und Fachwerkhäusern am Marktplatz. Neu sind die großen Figuren zu den Grimmschen Märchen bei Stadtsparkasse und Volksbank, alt dagegen ist der Brunnen mit dem »Johannesmann«. Er erinnert an Johannes Ruhland, der einst für die Stadt eine Wasserleitung baute. Ihm zu Ehren findet jedes Jahr Ende Juni das Johannesfest statt. Schön ist auch die »Hutzelkirmes« am zweiten Wochenende im August, die eine lange Tradition hat. Dann tragen die Leute Tracht in den Farben Schwarz, Grün und Rot. »Hutzel« ist ein anderes Wort für getrocknetes Obst. Die Äpfel und Birnen dafür wachsen auch auf den Streuobstwiesen im *Naturlehrgebiet Treysa*. Bei einem Spaziergang durch die weitläufige Anlage mit Teichen, Hecken, Bauerngarten, Bienenstand und Heilpflanzenbeet ist zu jeder Jahreszeit etwas zu entdecken. Im Informationszentrum wird dann das eigene Schauen durch die Theorie ergänzt.

Naturlehrgebiet Treysa
Wiegelsweg 3
34613 Schwalmstadt-Treysa
Tel. 0 66 91 / 23 77 7
geöffnet: Mo.-Fr. 10-14,
So. 14-18 Uhr

Beim Türmer von Neukirchen

Neukirchen liegt am Rande des Knüllwaldes. Wie alle anderen Städte hatte auch Neukirchen früher einen Turmwächter. Während unten die Tor- und Nachtwächter Wache hielten, passte oben der Türmer auf und blies im Notfall das Signalhorn. In luftiger Höhe hatte er eine kleine Wohnung und beschaulich schien das Leben dort gewesen zu sein. Turmführer Hans-Walter Grünberg steigt freitags mit Interessierten die 34 Meter über 132 Stufen zur Türmerwohnung hinauf. Dabei geleitet er kleine und große Menschen vorbei an Uhrwerk und Glocken in die enge, genau wie früher eingerichtete Türmerwohnung. Auf der Maßwerkgalerie im Freien bietet sich dann in der Sommerzeit nicht nur ein wunderbarer Ausblick, der Turmführer, übrigens in historischer Tracht, führt auch die Signale vor, mit denen früher vor Feuersbrünsten gewarnt wurde. Gleich gegenüber der Kirche, am Marktplatz Nr. 10, hat Neukirchen ein *Märchenhaus*. Innen zeugen die hübschen Dekorationen schon von den Märchen, richtig stimmungsvoll aber wird es, wenn die Märchenerzählerin ihrem Publikum die Geschichten von Rotkäppchen oder Hans im Glück vorträgt. Noch mehr Tradition wird im Stadtteil Riebelsdorf gepflegt. Im *Alten Backhaus* wird noch wie früher Steinofenbrot oder leckerer Schwälmer Schmandkuchen gebacken. »Ein- und Ausschießen« nennt man es, wenn die Laibe in den Backofen geschoben oder herausgeholt werden. Neukirchen hat ein schönes *Schwimmbad,* es lassen sich auch gut Wanderungen unternehmen. Ein Wanderweg führt beispielsweise zu den Wasserfällen bei Christenröde oder zum Angelteich in Rückershausen.

Der Berg der Hexen

Sanft gewellte Hügel, dichte Wälder und abgelegene Dörfer erwarten den Besucher im Süden der Region. Zugleich liegt eine reiche geschichtliche Tradition vor ihm: Der 472 Meter hohe Bechtelsberg bei Ottrau wird auch »Riese der Schwalm« genannt. Hier soll es früher eine germanische Kultstätte gegeben haben. Seine Bergspitze, die »Rumpelskuppe«, gilt als die Wohnung der Göttin Berchta. Sie hat Ähnlichkeit mit Frau Holle (s. Meißner) der Grimmschen Märchen. Auch Berchta belohnt fleißige und straft faule Mädchen. Zur Walpurgisnacht, heißt es, lädt sie die Hexen zu einer wilden Feier auf

Walter Flach, früher Türmer von Neukirchen

Kurverwaltung Neukirchen
Am Rathaus 10
34626 Neukirchen / Knüllgebirge
Tel. 0 66 94 / 80 81 0 oder 2
E-Mail: Kurverwaltung @neukirchen.com
www.neukirchen.com

Nikolaikirche
Am Marktplatz
kostenlose Turmbesteigung: Fr. 16 Uhr
Anmeldung bei der Kurverwaltung

Märchenhaus und Märchenerzählerin
Anmeldung bei der Kurverwaltung, Gruppe 20 €

Schwimmbad Neukirchen
Freibad (Juni-Aug.)
geöffnet: Mo.-Fr. 9-20 Uhr, Sa., So. 9-19 Uhr
Kinder 1 €, Erw. 2 €
Hallenbad geöffnet: Di.-Fr. 8-12 (außer Do.) u. 15-20, Sa. 9.30-16, So. 8-12 Uhr
Kinder 1,50 €, Erw. 2,50 €

Altes Backhaus
34626 Riebelsdorf
Backbetrieb und Brotverkauf: Mo.-Fr.
Backhausführung mit Probe 8 € pro Person
Anmeldung: Kurverwaltung
Tel. 0 66 94 / 80 81 0

den Bechtelsberg ein, der deshalb auch »hessischer Blocksberg« genannt wird.

Steinmühle
Familie Kurz
34633 Ottrau-Schorbach
Tel. 0 66 28 / 10 18
1 km außerhalb,
der Weg ist ausgeschildert
Führungen f. Gruppen
nach Voranmeldung
Kinder 1 €, Erw. 1,50 €
Mühlenfest: kein Eintritt

Die idyllisch gelegene alte *Steinmühle* bei Ottrau-Schorbach mutet wie der Schauplatz vieler Märchen an. Sie ist heute ein Mühlenmuseum. Hier könnte Krabat wohnen, der Held aus dem gleichnamigen Buch Otfried Preußlers. Wenn sich das große Wasserrad am Bach in Betrieb setzt, rumpelt es mächtig und der ganze Mühlenapparat wackelt. Früher hat der Müller hier das Korn für die Bauern gemahlen, jetzt setzt er das Mühlrad nur noch für Besucher in Gang. Das macht er auch am zweiten Pfingsttag, wenn das Mühlenfest ausgerichtet wird. Nicht weit von Schorbach liegt mitten im Wald der Sebbelsee, dessen Wasser sich in einem ehemaligen Steinbruch angesammelt hat. Entsprechend steinig ist das Ufer. Man kann dort zwar nicht baden, dafür aber mit etwas Glück Molche und Ringelnattern beobachten.

Das Knüllköpfchen

In dem waldreichen Gebiet zwischen Neukirchen und Homberg hat vieles das Wort »Knüll« im Namen. Homberg wird zum Beispiel auch »Knüllstadt« genannt. Eine Theorie besagt: »Knüll« kommt von »knüllen«. Vor langer Zeit, als es im heutigen Hessen noch feuerspeiende Vulkane gab, breitete sich glühende Lavamasse aus und schob Sandstein und Muschelkalk zusammen, »knüllte« sie sozusagen. Die glühende Masse ist dann erstarrt und hat die vielen Basaltkuppen des Knüllgebirges gebildet. Eine davon ist das »Knüllköpfchen«, mit 634 Metern die höchste Erhebung. Kommt man von Ferne und sieht es auf den »Schultern« der anderen Berge, dann kann man mit etwas Fantasie wirklich meinen, es ähnele einem Kopf. Steigt man dann auf seinem Gipfelplateau auf den Aussichtsturm, wird einem ein weites Panorama eröffnet. Der Blick reicht bis nach Thüringen und von den Gebirgen Hessens sind Meißner, Vogelsberg und Taunus sichtbar. Im Sommer lädt das Gebiet zu ausgedehnten Wanderungen ein, in schneereichen Wintern führen Loipen durch das Gelände. Auch Abfahrtsski ist möglich.

Boglerhaus
c/o Jugend- u.
Freizeiteinrichtungen
Schwalm-Eder-Kreis
Parkstr. 6
34576 Homberg/Efze
Tel. 0 56 81 / 77 52 36
Übernachtung ab 16 €
E-Mail:
info@freizeit-schwalm-eder.de
www.freizeit-schwalm-eder.de

Eine gute Übernachtungsmöglichkeit am Knüllköpfchen bietet das *Boglerhaus*. Dort werden auch Freizeiten für Kinder und Jugendliche angeboten. Ansonsten gibt es viele Höfe, die Reiterferien und einen Urlaub auf dem Bauernhof anbieten. Kutsch- und Planwagenfahrten sind möglich und die Nostalgie-Eisenbahn *Freizeit-Express* fährt in aller Gemütlichkeit durch die schöne Landschaft.

Schwarzenborn in der Nähe des Knüllköpfchens ist mit knapp 1500 Einwohnern die kleinste Stadt Hessens. Die Schwarzenborner waren, ähnlich wie die Schildbürger, bekannt für ihre ausgefallenen Streiche. Durch eine Posse soll auch der *Knüllteich* oder Schwarzenbörner See entstanden sein. Den Schwarzenbornern war eines Tages ein Wort entfallen. Als sie schließlich verzweifelt in der Erde danach gruben, entstand ein großes Loch, das sich mit Wasser füllte. Damit haben die Bürger eine gute Tat begangen, denn der See bietet heutzutage schöne Bade- und Surfmöglichkeiten.

Auf dem Weg zum großen Wildpark der Region Knüll lohnt eine Rast bei der Burgruine Wallenstein. Zur Burg gehören eine Gaststätte, ein Spiel- und ein Campingplatz. Der kleine See mit dem *Naturbad »Burg Wallenstein«* lockt zum Schwimmen und Planschen. Im *Wildpark Knüll* bei Homberg-Allmuthshausen läuft Rot-, Dam- und Muffelwild frei auf dem circa 50 Hektar großen Gelände herum. Wildpferde, Wisente, Waschbären, Pfauen, Luchse und Ziegen leben dagegen in den 26 Gehegen. Der Streichelzoo, ein Abenteuerspielplatz, ein Naturlehrpfad, der Aussichtsturm und das Restaurant Jagdbaude sorgen dafür, dass der Besuch zu einem rundum

Freizeit-Express
Bernd Schade
Beiseförther Str.
34593 Knüllwald-Niederbeisheim
Fahrt 10 € pro Person
unternimmt auch Kutsch- u. Planwagenfahrten
E-Mail: freizeit-express.b.schade@t-onlline.de
www.freizeit-express.de

Knüllteich
geöffnet: Mai-Sept.
Eintritt frei

Naturbad »Burg Wallenstein«
Tel. 0 56 86 / 26 2
geöffnet Mitte Mai-Sept.
tägl. 10-20 Uhr
Kinder 0,60 €, Erw. 1,10 €
Standplatz f. Zelt, Wohnwagen 7 € pro Tag

Wildpark Knüll
bei Homberg-Allmuthshausen
Tel. 0 56 81 / 28 15
geöffnet: Kernöffnungszeit 10-16 Uhr,
im Sommer 9-18 Uhr
Kinder ab 1,60 €,
Schüler 2,60 €, Erw. 3,60 €
E-Mail:
wildpark-knuell@t-online.de
www.wildpark-knuell.de

Im Wildpark Knüll

gelungenen Erlebnis wird. Der Park verfügt über ein »Naturzentrum« mit einer ständigen Ausstellung über die Kulturlandschaft Knüll. Das Zentrum bietet spezielle Tierbeobachtungen, Vogelstimmenführungen und Exkursionen für Kindergruppen und Schulklassen an. Rund um die fleißigen Honigsammler geht es dann im *Lebendigen Bienenmuseum* in Niederbeisheim. Das liegt östlich von Homberg an der B 487. Hier gibt es eine ständige Präsentation zum Thema Wabe und Honig. Zusätzlich werden Erlebnistage und Kindergeburtstage ausgerichtet und bei Ausflügen geht es mit dem Fangnetz in die Natur, um Pflanzen und Tiere zu bestimmen oder es werden Bachläufe und Biotope erforscht.

Lebendiges Bienenmuseum
34593 Knüllwald-Niederbeisheim
Beiseförther Str.12
Tel. 0 56 85 / 49 9
E-Mail: Bienenmuseum-Knuellwald@web.de
www.lebendiges-bienenmuseum.de

Frielendorf, Borken und das »braune Gold«

Die Braunkohle in Nordhessen entstand vor 30 bis 40 Millionen Jahren, in den letzten vier Jahrhunderten wurde sie abgebaut. Die Entdeckung der Kohlevorkommen bei Frielendorf schreibt man einem Maulwurf zu, der beim Buddeln im Erdreich Kohleteilchen zu Tage förderte. Eine Jagdgesellschaft beobachtete dies, man grub und dies war die Geburtsstunde der Braunkohleförderung. Heute noch zeugen die durch den Tagebau entstandenen Seen von der Förderung des »braunen Goldes«. Der sieben Kilometer lange Bergbau- und Naturlehrpfad führt an den wichtigsten früheren Abbaustätten vorbei. Der größte dieser ehemaligen Abbauorte in Frielendorf ist der Silbersee mit dem großen *Ferienwohnpark Silbersee*. Ein Indianer-Abenteuerspielplatz, Minigolf, eine Minidampfeisenbahn, Restaurant und Laden sind vorhanden, beim See ist Wassersport in jeder Form möglich. Ein Laden ganz anderer Art befindet sich im Ort selbst. Viele Kinder kennen nur noch den Einkauf im Supermarkt mit Computerkassen. Hier kann man erleben, wie gemütlich Einkaufen zu Omas und Opas Zeiten war. Ohne Gedrängel, mit einem kleinen Schwätzchen. Im Museumsladen stehen hinter dem alten Ladentisch Gewürze, Kernseife und andere Waren. Alles ohne umweltschädliche Verpackung. Zugleich informiert der *Museumsladen Frielendorf* über die Zeche im Ort, über Handwerk und ländliche Hauswirtschaft.

Ferienwohnpark Silbersee
34621 Frielendorf
Tel. 0 56 84 / 74 72
E-Mail: silbersee.frielendorf@t-online.de
www.silbersee.notrix.de

Museumsladen Frielendorf
Hauptstr. 51
34621 Frielendorf
Tel. 0 56 84 / 78 27
(Verkehrsverein)
geöffnet: Di., Do. 15-17 Uhr
Kinder u. Erw. 0,50 €

In *Borken* fand man die Kohle vor mehr als hundert Jahren beim Brunnenbohren. Von da an bestimmten Braunkohlebergbau und die Verarbeitung der Kohle zu Strom den Alltag der Stadt. Zwölf Stunden arbeiteten die Bergleute, oft blieben sie auch die ganze Woche zur Förderung »unter Tage«. Sogar Kinder waren eingesetzt. Weil sie klein waren, konnten sie in den niedrigen Stollen in die entferntesten Winkel vordringen, um Kohle oder Erze in Förderwagen abzutransportieren. Wie beschwerlich die Arbeit war, wird im Besucherstollen des *Hessischen Braunkohle und Bergbaumuseums* vorstellbar, in den man richtig »einfährt«. Unten angekommen werden Original-Bergbau-Maschinen unter großem Getöse in Betrieb gesetzt. Mutige Kinder dürfen mit Hand anlegen. Man sieht Arbeitsgeräte wie die »Froschlampe«, die wirklich ein wenig einem Frosch gleicht und nur wenig Licht spendet, oder den engen »Teufkübel«. »Teufe« ist die Bezeichnung der Bergmänner für Tiefe. Mit ihm wurden die Bergleute früher an einem Seil in den tiefen Schacht hinuntergelassen.

Nach einem schweren Grubenunglück rauchen seit 1991 die Schlote des Kraftwerks der PreussenElektra nicht mehr; der Kohleabbau bei Borken ist eingestellt worden. Doch das Kraftwerk wurde nicht abgerissen, es ist Teil des großen Freizeitmuseums »Industriekultur«, das in der Stadt entsteht. Dazu gehört der »Braunkohle Rundweg«, der auf 32 Kilometern durch das gesamte Gebiet führt. Ein Ausflug, der sich auch in Teilstrecken lohnt. Inzwischen gibt es in Borken auch den *Themenpark »Kohle und Energie«*. Das ist ein Freilichtmuseum rund um den Tagebau und die Stromerzeugung. Riesige Schaufelbagger, Kohlemühlen und Turbinen legen auf dem großen Gelände am Rande des Städtchens ein Zeugnis von der einstigen Betriebsamkeit in der Region ab. Der Besucher wird fachkundig geführt, zusätzlich gibt es Informationstafeln, die sich teilweise direkt an Kinder wenden. Höhepunkt ist sicher die Fahrt mit der Museumseisenbahn. Der Landschaftspark enthält auch das *Naturschutzinformationszentrum »Borkener Seen«*. In den ehemaligen Gruben sammelte sich Wasser an und Seen bildeten sich. Der auf diese Weise entstandene Borkener See ist einer der größten Hessens und ist Naturschutzgebiet. Er bietet Lebensraum für seltene Tier- und Pflanzenarten. Kraniche legen hier auf ihrem Flug nach Süden eine Pause ein – ein besonderes Schauspiel, wenn die Schar den Himmel schwarz färbt. Baden und Surfen ist am Singliser See bei Borken-Singlis erlaubt. Am Ufer liegt das Küstenwachtboot KW18 der Bundesmarine, das besich-

TOURIST info Borken
Bahnhofstr. 33
34582 Borken
Tel. 0 56 82 / 80 82 71
E-Mail:
touristinfo@borken-hessen.de
www.hessennet.de/Borken

Hessisches Braunkohle
und Bergbaumuseum
Rathaus 7
34582 Borken
Tel. 0 56 82 / 57 38
geöffnet: Di.-Sa.14-17,
So. 12-17 Uhr
Führungen nach Vereinbarung
Kinder 0,80 €, Erw. 2,50 €,
Familienkarte 4,50 €
Kombikarte mit Themenpark:
Kinder 3,50 €, Erw. 5 €,
Familie 10 €
E-Mail: bergbaumuseum
@borken-hessen.de
www.braunkohle-
bergbaumuseum.de

Themenpark
»Kohle und Energie«
und Naturschutz-Informations-
zentrum »Borkener See«
geöffnet: 1. So. vor Ostern bis
31. Oktober, Di.-Sa. 14-17 Uhr
(1. Führung)
So. 12-17 Uhr (letzte Führung),
im Winter eingeschränkte
Besichtigungen
Führungen: ca. 1½ Stunden,
Rundfahrt mit Besucherbahn
1 € pro Person
Kinder 1,25 €, Jugendl. 2,50 €,
Erw. 3,50 €, Kombikarte mit
Bergbaumuseum ab 5 €,
Familienkarte 10 €
E-Mail und Internetadresse
s. Bergbaumuseum
Anmeldung für Führungen:
TOURIST info Borken
Tel. 0 56 82 / 80 82 71

Am Borkener See

Naturbadesee Stockelache
Badebetrieb:
1. Mai-30. Sept., 9-19.30 Uhr
Tageskarte Kinder 1,50 €,
Erw. 2,50 €, Saisonkarte
Kinder 15 €, Erw. 30 €

tigt werden kann. Der Naturbadesee *Stockelache* bei Borken-Kleinenglis ist ein Badeparadies mit Schwimminseln, Riesenrutsche, Abenteuerspielplatz und Grillplätzen.

Homberg/Efze: Spuk auf der Burg Hohenberg

Touristinfo-Homberg
Marktplatz 20
34576 Homberg/Efze
Tel. 0 56 81 / 93 91 61
Infos über Führungen,
u.a. auch Turmführungen
E-Mail:
touristinfo.homberg-efze
@t-online.de
www.homberg-efze.de

Marienkirche
tägl. von 10-17 Uhr geöffnet

Schon von weitem sieht man die Burg Hohenberg hoch über *Homberg* liegen. In der Stadt lenkt die gotische *Marienkirche* die Blicke aller auf sich. Erhaben und mächtig steht sie auf einem Sockel über dem so genannten »Möbelwagen«, den lang gestreckten Marktbuden früherer Zeiten. Homberg, am Flüsschen Efze gelegen, war einmal eine reiche Stadt. Die Wollindustrie, Webereien und der Handel mit Wein sorgten für klingende Münze in den Kassen der Händler. Voller Stolz stellten die Bürger ihren Wohlstand zur Schau und errichteten rund um den Markt für sich große dreigeschossige Fachwerkhäuser mit Erkern und Giebeln. Eines der schönsten ist das »Gasthaus zur Krone« von 1480, ein anderes, nicht minder schön, das ehemalige Hochzeitshaus. Es beherbergt das *Heimatmuseum* der Stadt, das viel Informatives über Handwerk, Stadtgeschichte und die Eisengewinnung in der Region zeigt. Erlebnisorientierte Führungen bietet die Touristinfo an. Bis zu zwei Meter dicke Mauern und sieben Türme sicherten die Stadt. Allerdings blieb nur der Pulverturm im Süden erhalten. Zur Burg, die seit dem 12. Jahrhundert den Rittern von Hohenberg gehört, geht es von der Stadt aus durch das

»Pförtchen«, das Torhaus. Dann führt ein Zickzackweg zehn Minuten lang durch den Wald zur *Burg Hohenberg*, die wiederum durch feste Mauern gesichert war. Im Innern der mächtigen Anlage gibt es als besondere Anziehungspunkte den Bergfried, der eine wunderbare Aussicht bietet, und das Brunnenhaus. Der Brunnen war verschüttet, wurde aber wieder freigelegt. Mit seinem 150 Meter tiefen Schacht ist er einer der tiefsten Burgbrunnen Deutschlands. Ansonsten haben die einstigen Bewohner wenig Spuren hinterlassen. Nur eine »weiße Frau« soll hier umhergehen und auch ein Geist treibt sein Unwesen im burgeigenen Verlies. Harmlos sind dagegen die Ritter, Gaukler und Marketenderinnen, die im Sommer die Bühne im Hof bevölkern. Schmackhaft ist das Essen, das in den Burgbergstuben serviert wird. Gefeiert wird in Homburg natürlich auch. In den hessischen Sommerferien, jeweils am 31. Juli, findet ein Märchentag für Kinder statt. Für sie gibt es auch besondere Stadt-, Kirchen- oder Burgführungen. Besonders beliebt ist die zur Türmerwohnung in der Marienkirche. Schwimmvergnügungen sind im *Freibad am Erlenborn* mit 60 Meter langer Riesenrutsche und im Bewegungsbad in Hülsa möglich. Zwischen Hülsa und Wallenstein liegt auch die Lochbachklamm. Diese Felsschlucht ist über Holzstege für den Besucher erschlossen. Über 17 Brückchen kann man dabei gehen, zwischendurch ausruhen und die wildromantische Landschaft genießen.

Heimatmuseum
Pfarrstr. 26
34576 Homberg/Efze
Tel. 0 56 81 / 36 67 oder 24 70
geöffnet: Mi. 14.30-16.30,
Sa., So. 10-12, 14.30-16.30 Uhr
Führungen nach Absprache
Kinder 0,50 €, Erw. 1,50 €

Burg Hohenberg
Führungen nach Absprache u.
Infos zur Sommerbühne
Touristinfo
Tel. 0 56 81 / 93 91 61

Freibad am Erlenborn
geöffnet: Mitte Mai-Sept./Okt.
Tel. 0 56 81 / 99 41 43
Bewegungsbad in Hülsa
Mo. geschlossen
Tel. 0 56 81 / 99 41 43
Tageskarten Kinder: 1,30 €,
Erw. 1,80 €

Unser Bastel- und Technik-Tipp: Man kann mit einem einfachen Blatt Papier eine Brücke über zwei Pfeilern aus Gläsern oder Tassen bauen. Dazu einfach einen Papierbogen DIN A4 im Zickzack-Verfahren an der schmaleren Seite in ca. 1,5 cm breite Streifen knicken, auf die »Brückenpfeiler« legen und ein Glas oder sogar eine Flasche auf das geknickte Papier stellen: Hält!

Fritzlar: Eine Stadt mit viel Geschichte

Wer weiß schon, dass unser Wort Donnerstag mit dem Gott Donar zusammenhängt, den die alten Germanen verehrten. Er war der Gott des Donners, der Winde und der Wolken, von dem die Fruchtbarkeit der Äcker abhing. Diejenigen, die an ihn glaubten, provozierte 723 der anglo-irische Missionar Bonifatius (s. Amöneburg und Fulda) mit einem Gottesurteil. Er

Touristinformation
Zwischen den Krämen 5
34560 Fritzlar
Tel. 0 56 22 / 98 86 43
E-Mail: touristinfo@fritzlar.de
www.fritzlar.de
Stadtführungen für Kindergruppen, u.a. mittelalterliche Erlebnisführung und Nachtwächterführung

Jugendzentrum Fritzlar
Tel. 0 56 22 / 98 86 43
Infos zu Freizeitaktivitäten und Kinderferienspielen

Dom St. Petri und Domschatz
34560 Fritzlar
Tel. 0 56 22 / 99 99 0
geöffnet: Mo. 14-16 bzw. 17 Uhr (Sommerzeit)
Di.-Fr. 10-12, 14-16 o. 17 Uhr,
Sa. 10-12 u. 14-16.30 Uhr
So. 14-16.30 Uhr
Schüler 1 €, Erw. 2 €

Regionalmuseum Fritzlar
Am Hochzeitshaus
34560 Fritzlar
Tel. 0 56 22 / 79 85 97
geöffnet: Di.-Fr. 10-12, 14-17,
Sa. 10-12, Sa. u. So. 14-16.30 Uhr
Dez.-Ostern geschlossen
Kinder 0,50 €, Erw. 1,50 €

fällte in der Gegend des heutigen *Fritzlar* eine Donar geweihte heilige Eiche – der gefürchtete »Donner« blieb aus, nichts passierte. Die Heiden wurden daraufhin getauft, das Christentum hielt Einzug in die Region. Das soll sich auf dem Büraberg zugetragen haben, nicht weit vom heutigen Fritzlar entfernt. Doch auch die Existenz der Stadt selbst ist mit Bonifatius in Verbindung zu bringen. An der Stelle, an der er seine erste Kirche bauen ließ, entstand eine kleine Ansiedlung. Als dann Karl der Große dort eine Pfalz errichten ließ, wuchs der Ort rasch. Oft hielten sich nun in Fritzlar Kaiser und Könige auf, die dem romanischen *Sankt-Petri-Dom* aus rotem Sandstein kostbare Kunstgegenstände stifteten. Deshalb beherbergen Dom und Domschatz auch heute noch große Schätze.

Im Mittelalter war Fritzlar Münzprägestätte, der Handel blühte. Übrig geblieben aus dieser Zeit sind die schönen Fachwerkhäuser am Marktplatz mit dem Rolandsbrunnen und dem Rathaus, das als das älteste Deutschlands gilt. Nicht weit davon entfernt ist auch das Hochzeitshaus. Früher wurde im Haus gefeiert – mindestens drei Tage, oft auch eine Woche konnte eine solche Festlichkeit dauern. Heute ist das frühere Hochzeitshaus das *Regionalmuseum* mit Informationen zur Stadtgeschichte und Funden aus der Vor- und Frühgeschichte, zum Beispiel aus einem reich ausgestatteten fränkischen Grab. Bei den dienstags stattfindenden Kursen kann man Feuer wie bei den alten Germanen entfachen oder wie in der Jungsteinzeit Mehl mit einem Tuffstein mahlen.

Auf der Eder

Die frühere Bedeutung Fritzlars ist auch an der Wehrmauer zu erkennen, neun der einst 23 Türme stehen noch. Von diesen aus haben sich die Wächter mit den um Fritzlar liegenden Warten durch Signale verständigt, um die Stadt vor anrückenden Feinden zu schützen. Der wichtigste Wehrturm ist der 35 Meter hohe *Graue Turm*, der höchste erhaltene seiner Art. In ihm war ein Verlies, in das die Gefangenen von oben durch das »Angstloch« hinuntergelassen wurden. Eine Tür gab es nicht. Ihr kärgliches Essen und ein wenig Wasser bekamen sie durch das Loch gereicht. Nicht weit vom Grauen Turm entfernt steht der Pranger. Verurteilte wurden hier festgekettet und öffentlich zur Schau gestellt. Heutzutage geht es friedlicher zu. Klettert man auf den Turm hinauf, hat man einen schönen Blick über die Stadt und in die Umgebung. Ein anderes Freizeitvergnügen bietet der Besuch im *Eder-Auen-Erlebnisbad*. Die Eder fließt vor den Toren der Stadt. Bei der Holzbrücke hinter dem Wehr befinden sich eine schöne Wiese und ein Volleyballplatz. Zum Wehr gelangt man auf dem sogenannten Mühlenberggrabenpfad. Das ist ein schön angelegter Lehrpfad, der am jahrhundertealten Mühlengraben entlang führt. Wer will, kann von hier aus sogar weiter bis zum Edersee (s. dort) wandern oder radeln. Auf dem Stadtberg Fritzlars, dem Eckerich, steht die Eckerich Warte, ein früherer Wachturm vor den Mauern der Stadt, heute ein schönes Ziel für eine kleine Tour. Ein weiteres Ausflugsziel ist der Büraberg, auf dem Bonifatius die Eiche gefällt haben soll. Im Vorort Züschen befindet sich ein Steinkammergrab aus der Jungsteinzeit. Durch das runde Loch in einer der Wände sollen, so glaubte man, die Seelen der Toten entwichen sein. Zwischen Züschen und Altendorf steht auch ein geheimnisvoller Riesenstein. Er war Opferplatz und wurde als Sonnenobservatorium genutzt. So sieht man zur Wintersonnenwende am 21. Dezember in einer zum Teil von Menschenhand geschaffenen Felsspalte, die Sonne aufgehen.

Grauer Turm
geöffnet: April-Okt.
9-12, 14-17 Uhr
Eintritt: 0,25 €

Eder-Auen-Erlebnisbad
Tel. 0 56 22 / 79 82 90

Felsberg: Burgen und Bienen

Angeln, Campen, Schwimmen, Ponyreiten und Radfahren kann man in *Felsberg*, der Stadt, die gleich drei Burgen auf einen Streich bietet: die Altenburg, die Heiligenburg und die Felsburg. Die Felsburg oberhalb des Städtchens Felsberg ist die am besten erhaltene Burg von den dreien. Alle sind vor

Verkehrsverein,
Stadtverwaltung
Vernouillet-Allee 1
34587 Felsberg
Tel. 0 56 62 / 50 20
E-Mail:
stadtverwaltung@felsberg.de
www.felsberg.de
alle drei Burgen u. der Kunstpfad können mit einer Führung erlebt werden
Infos: Verkehrsverein Felsberg

vielen hundert Jahren auf steilen Basaltkegeln an der Eder errichtet worden, um die Grenzen zwischen Thüringen und Hessen zu sichern. Sie haben eine bewegte Geschichte, waren hart umkämpft und sind nur noch als Ruine erhalten. Wobei die Felsburg immerhin noch Mauern, eine Kapelle und den Bergfried auf hohem rundem Sockel aufzuweisen hat. Er gleicht einem Butterfass mit Stampfer aus früheren Zeiten. Die Altenburg ist die kleinste der drei Burgen. Sie liegt an der Mündung der Schwalm in die Eder. Die Burg auf dem Heiligenberg im Felsberger Stadtteil Gensungen war auf 400 Metern Höhe gebaut. Heute lockt auf dem Berg nicht nur das alte Gemäuer, sondern moderne Objekte der bildenden Kunst. Am Heiligenberg beginnt der Kunstpfad »Ars Natura«. Ihn schmücken 15 Kunstwerke aus natürlichen Materialien. Diese sind fantastisch oder eher bizarr anmutende Gebilde aus Holz, Steinen und anderen natürlichen Materialien. Wer danach noch Zeit und Lust hat, dem raten wir zu einem Besuch im *Bienenkundlichen Museum*. Es befindet sich im Naturschutzgebiet zwischen Gensungen und Heßlar in den Räumen eines ehemaligen Klosters. Zu dem Komplex gehören noch die Reste der Kirche, der Klostergarten und Wiesen, die den fleißigen Honigsammlern mit Pflanzen und Blüten reichlich Nahrung bieten. Das Zentrum ermöglicht unter anderem durch eine Glasscheibe den direkten Blick in den Wabenbau eines Bienenvolkes. Ungefähr 50.000 Bienen wohnen in einem Bienenstock! Um ein Kilogramm Honig herzustellen, fliegen sie mehrere Millionen Blüten an. Auch die komplizierte Sprache der Bienen wird hier bei einer Führung erklärt. Mit verschiedenen ausgetüftelten Tänzen, Schnarren und Wackeln mit dem Hinterteil teilen sie sich mit, wo der beste Nektar zu holen ist.

Bienenkundliches Museum
34587 Felsberg-Gensungen
kostenlose Führungen:
Mai-Mitte Sept.
Anmeldung: Herbert Schmidt,
Tel. 0 56 62 / 46 88 8
www.biv-felsberg.de

Melsungen: Bartenwetzer und Wilder Mann

Kultur und Tourist Info e. V.
Kasseler Str. 44
34212 Melsungen
Tel. 0 56 61 / 92 11 00
E-Mail:
tourist-info@melsungen.de
www.melsungen.de

Den Rundgang durch *Melsungen* startet man am besten bei der alten Fuldabrücke mit den sechs Bögen, über die früher die Kaufleute in die Stadt kamen. Die Brücke stellte eine wichtige Verbindung zwischen zwei bedeutsamen Handelsstraßen her. Auf ihr stehen zwei lebensgroße Figuren aus Metall, die »Bartenwetzer«. Sie heißt deshalb auch »Bartenwetzerbrücke«. »Barte« ist ein alter Name für die Axt. Die Holzfäller wetzten oder schärften früher ihre Äxte an dem Sandstein der

Brücke, bevor sie in den Wald gingen, um Bäume zu fällen. Spuren davon sind noch heute zu sehen. Am Rathaustum zeigt sich jeden Tag um 12 und um 18 Uhr ein geschnitzter Bartenwetzer. Auch er schärft seine Axt an einem Stein.

Häuser aus Fachwerk wurden in Melsungen und anderswo so gebaut: Zuerst gab es einen Rahmen aus Holz, der dann mit Zweigen, Latten, Lehm oder Backsteinen gefüllt wurde. Er hatte verschiedene Verstrebungen, die in Hessen oft die Form einer Figur haben und deshalb »Wilder Mann« oder »Hessenmann« genannt werden. Ihn gibt es mit dickem Kopf oder kopflos. Unser Vorschlag für das an Fachwerk reiche Melsungen: Wie wäre es mit einem Stadtrundgang auf der Suche nach dem »Wilden Mann«? Ihn zu erkennen, braucht es ein bisschen Fantasie. Aber es klappt schon. Die Zimmerleute haben übrigens den »Wilden Mann« nicht aus einer Laune heraus erfunden, um möglichst originell zu bauen, sondern weil diese Verstrebungen die Häuser stabiler machen.

»Wilder Mann«

Doch genug von Holz und Fachwerk. Für Vergnügungen im Freien locken die Fuldaauen mit ihrem Grün. Schön sind auch Boots- oder Floßfahrten auf dem Fluss. Ungetrübten Badespaß bietet das schöne und beheizte *Waldschwimmbad*. Daneben befindet sich auch ein Spielplatz, eine Minigolf- und eine Gartenkegelanlage. Zur Waldgaststätte Rose in Melsungen-Röhrenfurth gehört ein kleiner *Tierpark* und ein Spielplatz. Es werden auch Ponyreiten und Fahrten mit Kutsch- und Planwagen angeboten. Ausflüge führen von Melsungen aus ins Fuldatal nach *Morschen* zum ehemaligen Zisterzienser-Kloster Haydau oder nach *Spangenberg*. Dort liegt hoch über dem hübschen Fachwerkstädtchen das Schloss mit dem Jagdmuseum.

Waldschwimmbad
Dreuxallee
34212 Melsungen
Tel. 0 56 61 / 32 00
geöffnet: Mai-Mitte Sept.
tägl. 8-19.30 Uhr

Das Hallenbad ist zur Zeit
geschlossen, Umbau zum
Spaß- und Erlebnisbad
Neueröffnung Okt. 2005

Tierpark und
Waldgaststätte Rose
34212 Melsungen/Röhrenfurth
Tel. 0 56 62 / 43 31
ganzjährig geöffnet

Gemeindeverwaltung
In der Haydau 8
34326 Morschen-Altmorschen
Tel. 0 56 64 / 9 49 40
Infos zu Floßfahrten
auf der Fulda

Spangenberg GmbH
Tel. 0 56 63 / 72 97
Jagdmuseum
geöffnet: April-Okt.
Sa. u. So. 14-17 Uhr
Schüler 0,50 € , Erw. 1 €,
Familien 3 €

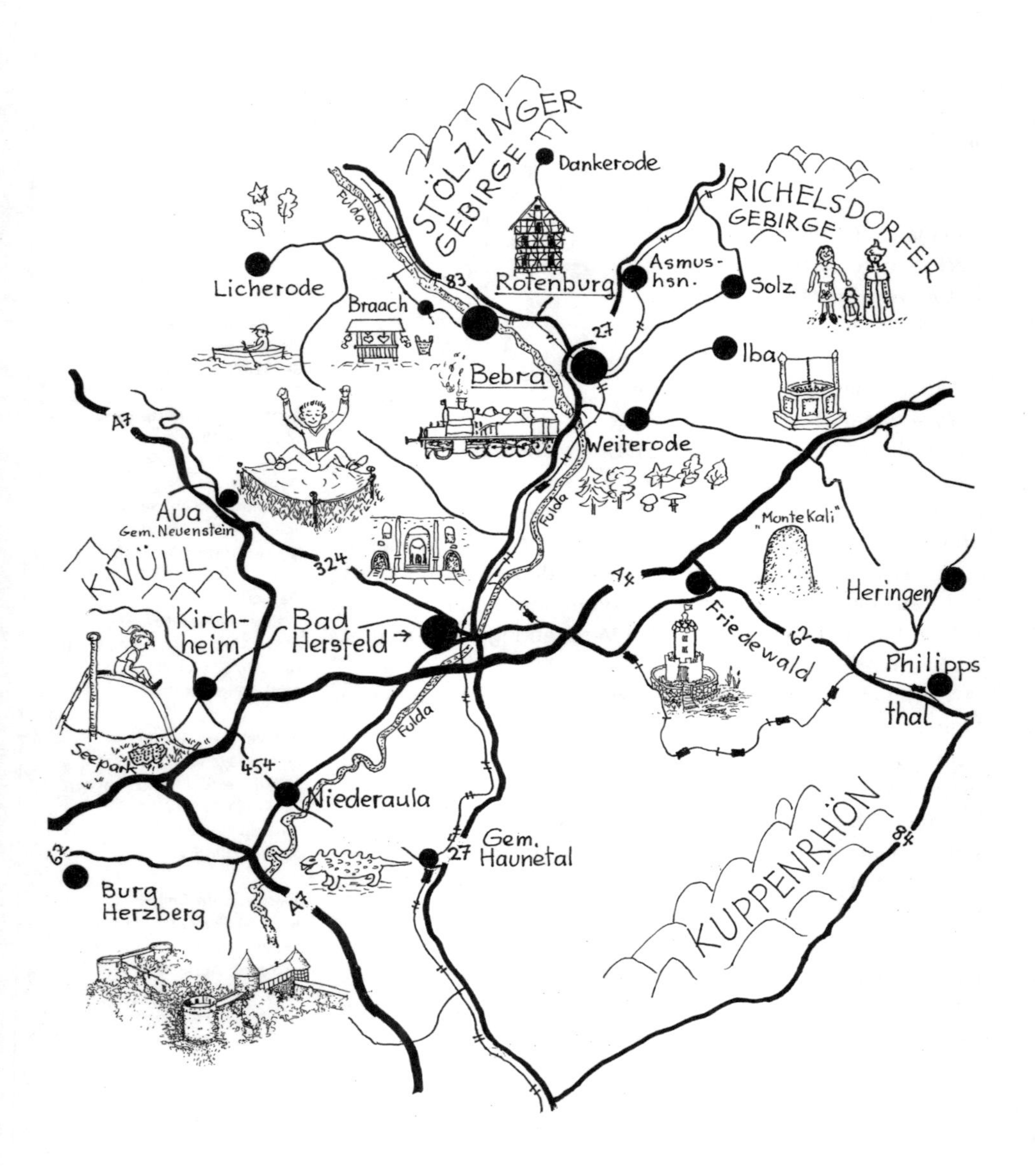
STÖLZINGER GEBIRGE
Dankerode
RICHELSDORFER GEBIRGE
Fulda
Licherode
Braach
83
Rotenburg
Asmus-hsn.
Solz
27
Bebra
Iba
A7
Weiterode
Aua
Gem. Neuenstein
"Monte Kali"
KNÜLL
324
A4
Heringen
Kirch-heim
Bad Hersfeld
Friedewald
62
Philippsthal
Seepark
454
Niederaula
KUPPENRHÖN
62
Gem. Haunetal
84
Burg Herzberg

A7
524
Bahnhof Eichenberg
80
Werra
Berlepsch
Ziegenhagen
Witzenhausen
27
Ludwigstein
Lindewerra
Sickenberg
Asbach
Kaufunger Wald
Hundelshsn.
Grüner See
Bad Sooden-Allendorf
Kaufungen
7
451
Großalmerode
Meißner
Kasseler Kuppe
754m
Salz
Vockerode
Abterode
Germerode
Hess.-Lichtenau
Grotte
249
Werra
Eschwege
452
7
Kasseler Kuppe
Naturschutzgebiet
Frau Holle Teich
Kalbe
MEISSNER
Stinksteinwand
Meißnerhaus
Kitzkammer
HR Rundfunkstation
Hoher Meißner Lokal
Naturschutzgebiet
27
Sontra
400

Waldhessen und Naturpark Meißner – Kaufunger Wald

Unterwegs in Waldhessen

Touristic-Service-Waldhessen
Friedloser Str. 6
36251 Bad Hersfeld
Tel. 0 66 21 / 62 04 44
E-Mail: info@waldhessen.de
www.waldhessen.de

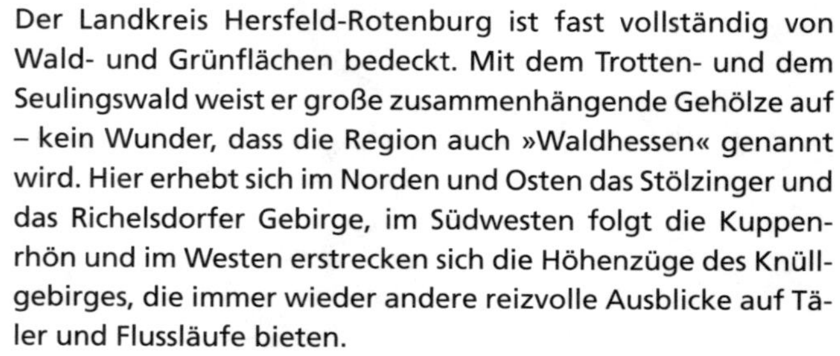

Der Landkreis Hersfeld-Rotenburg ist fast vollständig von Wald- und Grünflächen bedeckt. Mit dem Trotten- und dem Seulingswald weist er große zusammenhängende Gehölze auf – kein Wunder, dass die Region auch »Waldhessen« genannt wird. Hier erhebt sich im Norden und Osten das Stölzinger und das Richelsdorfer Gebirge, im Südwesten folgt die Kuppenrhön und im Westen erstrecken sich die Höhenzüge des Knüllgebirges, die immer wieder andere reizvolle Ausblicke auf Täler und Flussläufe bieten.

Forst- und Landwirtschaft waren früher hier bestimmend, aber auch Bodenschätze wie Kupfer und Kobalt wurden abgebaut. Wahrzeichen im östlichen Teil der Region sind noch heute die weißen Berge aus Salz-Abraumhalden, die beim Kalibergbau entstanden. Im waldhessischen Teil des Knüll-Gebirges erhebt sich der Eisberg, mit 636 Metern der höchste Berg der Region. Wie sein Name vermuten lässt, kann man hier in der kalten Jahreszeit gut Ski fahren und rodeln. Die beiden wichtigsten Flüsse in Waldhessen sind die Werra und die Fulda. Letztere schlängelt sich durch das ganze Gebiet und teilt es mittendrin in zwei fast gleich große Teile. Der Fluss lädt zu Floß- und Bootsfahrten ein. An seinen Ufern kann man gut wandern und radeln. Altes Brauchtum ist in Waldhessen noch vielfach erhalten. Vielerorts wird in den Backhäusern Brot wie zu Urgroßmutters Zeiten gebacken und die Frauen tragen noch Tracht: schwarze Käppchen, bunte Tücher, weiße Blusen und bestickte Röcke. Burgen, schmucke Dörfer und interessante Städte wie die Festspielstadt Hersfeld oder das mittelalterliche Rotenburg erwarten den Besucher. Museen, Feste, Theater und Musik tun ein Übriges, um den Aufenthalt in diesem Landstrich so angenehm wie möglich zu machen.

Die Burg Herzberg

Die *Burg Herzberg* bei Breitenbach am Herzberg bildet den grandiosen Auftakt zu einer Reise durch die Region. Sie ist die größte Höhenburg Hessens und liegt inmitten von Wäldern auf einer steilen Basaltkuppe. Sie stammt aus dem 13. Jahrhundert und wurde später zu einer Art Landfeste ausgebaut,

Burg Herzberg

um die Handelsstraße zu schützen, die von Frankfurt über Alsfeld nach Thüringen und Sachsen führte. Die Burg war zu ihrer Zeit praktisch uneinnehmbar und galt als so sicher, dass in ihr sogar ein Teil der Reichskleinodien aufbewahrt wurden. Heute liegt sie da wie aus dem Bilderbuch, originalgetreu restauriert. Innerhalb ihrer schützenden Mauern ist ein weitläufiges Terrain mit gotischer Kapelle, Rittersaal, Gerichtsturm und Verlies, alter Burgschmiede und Waffenkammern zu besichtigen. Das alte Gemäuer bietet einen hervorragenden Blick in die Ferne, während die Burgschänke deftige Speisen im Angebot hat, um rittermäßig Hunger und Durst zu stillen. Viel Trubel herrscht hier oben bei den alljährlich veranstalteten Ritterturnieren und dem Frühjahrsmarkt. Stiller geht es zu im *Freizeitzentrum Silbersee* bei Breitenbach mit Angelteichen, Spiel-, Grill- und Campingplatz.

Rund zehn Kilometer nördlich von Breitenbach liegt der Ort *Kirchheim*. Er erhält seine Anziehungskraft durch den Seepark mit kleinem Stausee, Hallenbad und mehreren Feriendörfern. Abenteuerspielplätze, Trampolin- und Minigolfanlage, Rollschuhbahn und Grillhütten vervollständigen das reiche Angebot an Freizeitmöglichkeiten. Ein historischer Dampfzug von 1899 dient als Gästekindergarten und der Campingplatz *Camp Seepark* veranstaltet Stockbrotbraten, Ponyreiten und Abenteuercamps für Schulklassen und Kindergruppen.

Wer genug von Abenteuern in der Natur hat, kann sich der Kultur widmen. In der *Scheune an der Aula* ist ein mit Liebe zusammengetragenes kleines Museum zum bäuerlichen All-

Burg Herzberg
36287 Breitenbach a. Herzberg
Tel. 0 66 75 / 28 7 u. 14 01
geöffnet: tägl. außer Mi.
11 Uhr bis Einbruch
d. Dunkelheit
Kinder 1,50 €, Erw. 2 €
E-Mail:
Stiftung@burg-herzberg.de
www.burg-herzberg.de

Touristik-Service Breitenbach
Infos zum Freizeitzentrum
Silbersee
Tel. 0 66 75 / 55 1

Touristik-Service Kirchheim
Hauptstr. 2a
36275 Kirchheim
Tel. 0 66 25 / 91 95 95
E-Mail: info@kirchheim.de
www.kirchheim.de

Camp Seepark
36275 Kirchheim
Tel. 0 66 28 / 15 25
Zeltlager Kinder ab 4 €
Betreuungsangebote
ab 1 € pro Person

Scheune an der Aula
Im Wiesental 19
36275 Kirchheim
Tel. 0 66 25 / 51 28
geöffnet: So. 14-18 Uhr
u. nach Absprache
Eintritt frei, Spenden erwünscht

tag entstanden, zu dem auch eine komplett eingerichtete Stellmacherei gehört. In ihr wurden früher Wagen, Schubkarren und anderes Gerät aus Holz hergestellt. Ein behagliches Café wartet auch auf die Gäste. Hier wird ein buntes Veranstaltungsprogramm geboten: Kinder können sehen, wie früher gewaschen, gebacken und gearbeitet wurde.

Bad Hersfeld: Die Mückenstürmer und Lullus

Touristik-Information
Am Markt 1
36251 Bad Hersfeld
Tel. 0 66 21 / 20 12 74
E-Mail: touristikinfo.hef.@t-online.de
www.bad-hersfeld.de
Infos zu Stadtführungen

Einmal herrschte in Hersfeld große Aufregung: Rauchwolken beim Kirchturm! Die Bürger meinten, es würde brennen, und unternahmen alles, um das Feuer zu löschen. Wasser wurde geholt und zum Turm geschleppt. Doch die eifrigen Brandwächter mussten feststellen, dass es kein Rauch war, sondern ein Mückenschwarm, der sie genarrt hatte. Seitdem haben die Hersfelder ihren Spitznamen weg: »Mückenstürmer« heißen sie. Anfangs war ihnen das peinlich, inzwischen gönnen sie sich auf dem Linggplatz ein Mückenstürmerdenkmal und jedes Jahr am ersten Augustwochenende feiern sie ihr »Mückenstürmerfest«. Dann gibt es in der Fußgängerzone Aktionen für Kinder, Leckereien und viel Trubel. Noch wichtiger aber ist hier das Lullusfest. Es gilt als ältestes Volksfest Deutschlands und erinnert an den Bischof Lull, einen Schüler von Bonifatius (s. Amöneburg, Fulda und Fritzlar). Lullus

Lullusfest in Bad Hersfeld

gründete hier ein Kloster, dem Hersfeld letztendlich sein Entstehen verdankt. Gefeiert wird das Fest in der Woche um den 16. Oktober, den Todestag des Bischofs. Den Hersfeldern ist das Fest ähnlich wichtig wie anderen die Fassenacht oder der Karneval. Eingeläutet wird die Festwoche mit Riesenrad und vielen Buden von der ältesten, um 1080 gegossenen Glocke Deutschlands. Sie hängt im *Katharinenturm* und darf nur zum Lullusfest geläutet werden. Festauftakt ist der Umzug am Sonntag, an dem die jüngsten Bürger Hersfelds mit Lampions teilnehmen. Am Montag wird dann auf dem Marktplatz ein riesiges Feuer angezündet, das eine Woche lang brennt. Welche Bedeutung das Kloster einst hatte, zeigt die Größe der romanischen *Stiftsruine*. Über 100 Meter lang sind Chor und Langhaus, über 50 Meter misst das Querhaus. Es heißt, die Stiftsruine aus dem 12. Jahrhundert sei die größte ihrer Art. Im Siebenjährigen Krieg lagerten hier die Franzosen Kriegsmaterial. Damit das kostbare Gut nicht dem Gegner in die Hände fiel, vernichteten sie es. Dabei wurden nicht nur Kirche und Stiftsbezirk Opfer der Flammen, auch große Teile der Stadt brannten ab. Leben kam erst wieder in das alte Gemäuer mit der Gründung der *Hersfelder Festspiele*. Im Sommer wird nun alljährlich das Langschiff zum Zuschauerraum, der Chor der Kirche zu einer großartigen Kulisse für Schauspiel- und Operninszenierungen, darunter im Vorfeld auch ein Märchenstück für Kinder. Bleibt die Scherzfrage: »Warum sind so viele deutsche Schauspieler im Sommer erkältet?« Antwort: »Sie haben an den Bad Hersfelder Festspielen teilgenommen.« Im alten Mauerwerk der Stiftsruine ist es nämlich selbst im Sommer oft eiskalt und es ist ratsam, zur Vorstellung eine warme Decke mitzunehmen.

Katharinenturm
Besteigung 1. Fr. des Monats
Anmeldung b. Touristik-Information

Stiftsruine
Zugang durch das Museum
Besichtigung bei Proben nicht möglich,
immer zugänglich ist der Park

Kartenzentrale Festspiele
Tel. 0 66 21 / 20 13 60

Festspielaufführung in der Stiftsruine

Hersfelder Stadtrundgang

Der Stadtrundgang in Hersfeld führt über den Marktplatz mit seinen schönen Fachwerkhäusern aus der Renaissance zum historischen Viertel bei der gotischen Stadtkirche. Dort ist auch das alte Rathaus, vor dem der Lullusbrunnen steht. Auch Reste der mittelalterlichen Befestigung sind noch vorhanden. Suchen und Finden bei einem Rundgang erleichtert der »Stadtbegleiter«, der für kleine Besucher in der Touristik-Information kostenlos bereitliegt. Wer Lust hat, kann bei diesem Rundgang zwei Museen besuchen. Eines ist dem Herrn

Konrad-Duden-Museum
Neumarkt 31
36251 Bad Hersfeld
Tel. 06 62 1 / 91 81 60
geöffnet: So. 15-17 Uhr
Eintritt frei

gewidmet, der ab 1876 Lehrer und dann Direktor des städtischen Gymnasiums war: Konrad Duden, der Verfasser des gleichnamigen Nachschlagewerkes, dessen Bedeutung durch die Jahre hindurch bestehen blieb. Das *Konrad-Duden-Museum* befindet sich im ehemaligen Direktorenhaus seiner Schule am Neumarkt.

Museum Bad Hersfeld
Im Stift 6 a
36251 Bad Hersfeld
Tel. 0 66 21 / 75 77 4
geöffnet:
Di.-So. 10-12, 15-17 Uhr
Eintritt frei,
Zugang zur Stiftsruine

Das *Museum der Stadt Hersfeld* hat Räume im ehemaligen Klosterkomplex bezogen. Die schönen Wandmalereien in der einstigen Kapelle der Benediktinermönche erinnern noch an ihre frühere Funktion. Die Präsentation des Museums umfasst Abteilungen zur Geschichte des Stifts und zur Entwicklung der Stadt Hersfeld von den Anfängen bis zur Industrialisierung. Besonderes Gewicht liegt dabei auf der handwerklichen Produktion, insbesondere bei der Herstellung des so genannten »Blaudruckes«. Dabei wird Stoff mit Modeln, einer Art Stempel, blau bedruckt.

JahnPark im Geistal
frei zugänglich

Ist nach den Museumsbesuchen ein Kontrastprogramm nötig, eignet sich der *JahnPark*, nordwestlich der Innenstadt. Er ist ein Freizeit- und Sportzentrum für Alt und Jung. Kindern bietet er eine große Spielarena, Stationen zur Entfaltung der Sinne, ein »grünes Klassenzimmer« und Asphaltflächen für Inliner und Rollschuhe. Zum Schwimmen und Planschen empfehlen wir den Besuch im *Aqua Fit Bad* mit Riesenrutsche und Kinderbecken. Für eine Erkundung der Fulda, die etwas außerhalb vom Stadtkern dahinströmt, können Boote bei einem Bootsverleih gemietet werden. Rad- und Wanderfreunde werden Spaß haben mit dem guten Wegenetz rund um die Stadt und in ihren waldbestandenen Bergen.

Aqua Fit Bad
Kolpingstraße
36251 Bad Hersfeld
Tel. 0 66 21 / 76 49 6
geöffnet:
Di.-Sa. 9-21, So. 9-20 Uhr
Kinder ab 1,80 €, Erw. 3 €,
vier Stunden: Kinder 2,50 €,
Erw. 5 €

Im Land der weißen Berge

Tourist-Information
Waldhessisches Werratal
Dickesstr. 1
36266 Heringen (Werra)
Tel. 0 66 24 / 51 27
oder 91 94 13
E-Mail:
tourismus@heringen.de
www.heringen.de

Der Kilimandscharo ist bekanntlich der höchste Berg Afrikas. Der »Kalimandscharo«, auch Monte Kali genannt, liegt in *Heringen*. Weiß wie die schneebedeckte Spitze eines Vulkans glänzt er in der Sonne. Er ist um die 200 Meter hoch und besteht aus Salz, das aus mehreren hundert Metern Tiefe aus dem Boden gefördert wird. Diese Salze blieben zurück, als vor rund 250 Millionen Jahren die Meere austrockneten und auch große Flächen der heutigen Bundesrepublik bedeckten. Im »Land der weißen Berge« im mittleren Werratal ist der Monte Kali der höchste seiner Art. In Heringen befindet sich auch die größte Kalihalde im Bergbaurevier an der Grenze zu Thü-

Der »Monte Kali« bei Heringen

ringen. So wie hier, wird auch im benachbarten Philippsthal seit über 100 Jahren Kalisalz gefördert, das im Wesentlichen zur Produktion von Düngemitteln dient.

In Heringen sollte man am besten zuerst zum *Werra-Kalibergbau-Museum* gehen, das mit Maschinen, Modellen und Filmen faszinierende Einblicke in die Welt des Bergbaus bietet. Eine kleine Ausstellung speziell für Kinder ist innerhalb der Museumsschau vorhanden. »Kali« und »Kaline« erklären dabei, worum es geht. Es gibt auch ein Memoryspiel und Malsachen. Im Anschluss an den Museumsbesuch bietet sich eine kleine Tour mit dem Auto an. Sie umfasst elf Stationen zum Thema Industrialisierung. Es geht vorbei am Schacht Heringen, eine weitere Station ist das Naturschutzgebiet »Rohrlache« mit Quellen, aus denen natürliches Salzwasser sprudelt. Die Rohrlache dient vielen Vögeln als Brut- und Nistplatz. Die Rundfahrt endet wieder am Museum. Im Rahmen einer Führung kann man nun den Monte Kali besteigen, ein ungewöhnliches und lohnendes Erlebnis. Die Karten dazu gibt es im Museum. Weniger außergewöhnlich, dafür aber nicht minder vergnüglich dürfte ein Besuch im *Frei- oder im Hallenbad* sein. Von Wasser umgeben ist die *Wasserburg Friedewald* mit ihren vier mächtigen Eckrundtürmen. Die Burg gehörte einst den Landgrafen von Hessen und wurde 1762 von den Franzosen zerstört. Von Heringen aus lohnt ein Besuch dort, obwohl man nur noch eine Ruine vorfindet. In einem Flügel des ehemaligen Schlosses befindet sich ein Heimatmuseum, in dem man sich über typische Handwerksberufe und die Geschichte des Kalibergbaus informieren kann.

Werra-Kalibergbau-Museum
Dickesstr.1
36266 Heringen
Tel. 0 66 24 / 91 94 13
geöffnet: Sommer:
Mo.-So 10-12, 14-18 Uhr,
im Winter bis 17 Uhr
Kinder 1,70 €, Erw. 2,60 €,
Familien 5,70 €
Monte Kali nach Anmeldung:
Kinder 2,30 €, Erw. 3 €,
Familie 7 €
E-Mail:
Kalimuseum@Heringen.de
www.Heringen.de/kultur

Freibad
Am Steinberg
Tel. 0 66 24 / 54 14 1
geöffnet: Mai-Okt. 9-20 Uhr
Tageskarte Kinder 1 €,
Erw. 2,50 €

Hallenbad
Dickesstr. 18
geöffnet: Okt.-März 9-20 Uhr
Kinder ab 1,80 €, Erw. 3,50 €

Wasserburg Friedewald mit
Heimatmuseum
Am Schlossplatz 2
36289 Friedewald
Tel. 0 66 74 / 84 59
geöffnet: März-Okt. 13-17 Uhr
Kinder 0,25 €, Erw. 0,50 €

Bebra: Stadt der Biber

Touristik-Service
Rathaus
36179 Bebra
Tel. 0 66 22 / 50 11 39
E-Mail: info@bebra.de
www.bebra.de

Bebra verdankt seinen Namen den Bibern, die an diesem Landstrich im Fuldatal in großer Zahl lebten. Der Name Bebra setzt sich aus dem Wort »Biber« und der keltischen Bezeichnung für Wasser »aho« zusammen, also »Biberaho«. Daraus wurde das 796 zum ersten Mal schriftlich erwähnte Bebra. Über 1000 Jahre dauerte es von da an, bis Bebra den Anschluss an die große Welt erhielt. Auf einer der ersten Strecken in Deutschland fuhr ab 1849 die Kurfürst-Friedrich-Wilhelm-Nordbahn, von Kassel über Bebra nach Halle. Eisenbahninteressierte werden schnell das Wahrzeichen der Stadt finden, den *Wasserturm* auf dem »Solzer-Berg«. Der Turm von 1910 diente früher dazu, die Lokomotiven mit Wasser aufzutanken. Heute ist er ein Industriedenkmal und beherbergt das *Eisenbahnmuseum*. Von einem alten Fahrkartenschrank über Signalanlagen bis zu Uniformen reichen die Ausstellungsstücke. Bei der kleinen Modelleisenbahnanlage dürfen die jungen Besucher auch schon mal das Startzeichen geben. Zu den Öffnungszeiten des Museums fährt, außer bei Dauerregen, die historische Schmalspureisenbahn im Viertelstundentakt als »Wasserturm-Express« rund um den Turm.

Wasserturm mit Eisenbahnmuseum

Wasserturm u.
Eisenbahnmuseum
Am Wasserturm 1
36179 Bebra
Tel. 0 66 23 / 79 64
geöffnet: April-Sept. jeden 1. So. im Monat 10-17 Uhr,
Eintritt frei
Sondertermine n. Absprache
Dampflokfahrten auch am 3. Okt. u. 6. Dez.

Wer sich weniger für Technik, dafür aber traditionelles Holzspielzeug aus dem Erzgebirge und aus Thüringen interessiert, ist im *Spielzeugmuseum* im Ortsteil Bebra-Solz gut aufgehoben. In einem der ältesten Fachwerkhäuser des Ortes ist Spielzeug aus der Zeit von 1900 bis 1940 ausgestellt. Der zweite Stock hält eine Puppenausstellung bereit. In ihrer Freizeit sind die Kinder aus Bebra in dem beheizten *Freibad* mit Wasserrutschen und großer Grünanlage zu finden. Das Naherholungsgebiet Fuldaaue bei Breitenbach ist zu jeder Jahreszeit interessant: im Sommer zum Segeln, Surfen, Schwimmen und Rudern oder im Winter zum Schlittschuhlaufen.

Spielzeugmuseum Solz
Burgring 15
36179 Bebra-Solz
Tel. 0 66 27 / 77 6
geöffnet: April-Okt.
So. 14-17 Uhr
Kinder 0,50 €, Erw. 2 €

Freibad
Annastr. 17
36179 Bebra
Tel. 0 66 22 / 44 17 3
geöffnet: Mai-Okt. 9-20 Uhr

Weiterode: Kräutergarten und Erlebnispfad

Wozu man Anis oder Beifuß verwendet, das zeigt der *Kräutergarten* in Weiterode. Er liegt oberhalb des Burgrainplatzes und beherbergt Wildkräuter, Gewürz- und Heilpflanzen. Pflanzen spielten in der Medizin früher eine große Rolle, und noch heute wird beispielsweise das Gift vom Stolzen Fingerhut, dem digitalis purpurea, zur Heilung von Herzerkrankungen eingesetzt. Wer einen längeren Ausflug machen möchte, findet in der Nähe des Kräutergartens die *Grillhütte Burgrainplatz*, zu der ein Abenteuerspielplatz gehört. Hier beginnt auch der vier Kilometer lange Waldlehrpfad durch den Seulingswald. Er hält viel Interessantes über das Leben der Pflanzen und Tiere bereit und ist gleichzeitig ideal zum Wandern. Der *Naturerlebnisweg Iba* ist insgesamt elf Kilometer lang und hat unter anderem folgende Stationen: einen Fuß-Fühlpfad, das Insekten-Nisthaus und einen Bienen-Schaukasten.

Kräutergarten
Bebra-Weiterode
Führungen: Tel. 0 66 22 / 31 38

Grillhütte Burgrainplatz
Vermietung durch den Heimatverein
Tel. 0 66 22 / 20 21

Naturerlebnisweg Iba
geführte Gruppenwanderungen
Tel. 0 66 / 23 91 77 14
www.naturerlebnisweg.de

In Weiterode empfehlen wir auch noch einen kleineren Ausflug zur Friedrichshütte. Jacob und Wilhelm Grimm, die Märchensammler, haben sich hier oft aufgehalten. Ihr Schwager war Bergrat in der Friedrichshütte. Das ist eine Kupferschmelze, die Landgraf Friedrich 1732 gegründet hatte. In ihrer besten Zeit waren in der Hütte 700 Personen beschäftigt; 1.000 Zentner Kupfererz wurden jährlich abgebaut. Heute beherbergt der Fachwerkbau ein gemütliches Gasthaus, umgeben von einem großen Garten. Dort stehen auch die Linde und der Sandsteinbrunnen, an dem sich die Grimms trafen. Ihrem Aufenthalt in Weiterrode verdanken wir wahrscheinlich die Überlieferung einiger Märchen, darunter auch das mit dem Titel »Die klugen Leute«.

Die Rotenburger und ihr Spitzname

Die Rotenburger wurden auch »Bornschisser« genannt. Was »Schisser« bedeutet, ist klar, und »Born« ist eine alte Bezeichnung für Brunnen. Wie es zu dem Namen kam? Vor vielen Jahren schon gab es nicht weit von Rotenburg entfernt die Rodinburg. Einmal belagerten Söldner Stadt und Burg. Die Bürger überlegten, wie sie die Feinde loswerden könnten. Schließlich hatten sie eine Idee: Sie schütteten Jauche in die Quelle, aus der das Trinkwasser für den Burgbereich gespeist wurde. Um die Sache gründlich zu bewerkstelligen, schlichen sie sich auch noch zur Burg und erledigten kurzerhand ihr Geschäft in den Burgbrunnen. Dank des verseuchten Trinkwassers flohen die Besetzer panikartig. Die Rotenburger aber waren stolz, ihr Problem auf eine so »natürliche« Art gelöst zu haben.

Verkehrs- und Kulturamt
der Stadt Rotenburg
Weingasse 3
36119 Rotenburg a. d. Fulda
Tel. 0 66 23 / 55 55
oder 19 43 3
E-Mail:
verkehrsamt@rotenburg.de
www.rotenburg.de

Weihnachtspyramide in Rotenburg

Rathaus-Glockenspiel
9.31 Uhr, 11.31 Uhr,
15.31 Uhr, 18.31 Uhr

Kreisheimatmuseum
Rotenburg
Äußerer Schlosshof
36199 Rotenburg
Tel. 0 66 23 / 81 77 8 (79 o. 80)
geöffnet: Juni-Sept.
Mi.-Fr. u. So. 14-17 Uhr,
Okt.-Dez. Mi., Fr. u. So. 14-17 Uhr
Museumssuchspiele
für Kindergruppen
Kinder 0,50 €, Erw. 1 €

Puppen- und
Spielzeugmuseum
36199 Rotenburg
Bürgerstr.1
Tel. 0 66 23 / 41 60 0
geöffnet: Mi.-So. 14-18 Uhr,
zwischen 15. Jan. u. 28. Feb.
geschlossen
Kinder 1 €, Erw. 2,50 €
www.rotenburg.de/info/
spielmuseum.htm

Kuckucksmarkt
in Rotenburg-Braach
letztes Wochenende
Mai-Okt. 10-18 Uhr

Rotenburg liegt idyllisch an der breit dahinströmenden Fulda. Die Altstadt mit ihren Fachwerkbauten, Wehrtürmen und Mauern geht auf das 12. Jahrhundert zurück, die Neustadt auf der linken Seite des Flusses wurde 1340 gegründet. Unser Rundgang beginnt im Zentrum der alten Stadt. Hier stehen dicht beieinander die gotische Stadtkirche St. Jacob und das hübsche Rathaus mit seinem *Glockenspiel*. Von hier aus geht es dann zum Renaissance-Schloss der Landgrafen von Hessen-Rotenburg, in dem heute das *Kreisheimatmuseum* untergebracht ist. In den Sammlungsbereichen Vor- und Frühgeschichte wird deutlich, wie die Gegend in der Permzeit, also vor mehr als 250 Millionen Jahren, ausgesehen hat. Höhepunkt dieser Sammlung ist eine Sandsteinplatte mit den Fußspuren winziger Dinosaurier! Daneben gibt es eine landwirtschaftliche Abteilung und im Dachgeschoss ist die Naturkunde zu Hause. Nach dem Besuch im Museum geht es zum Flussufer mit seinem Wehr und der Schleuse – aus der Zeit, als die Fulda noch schiffbar war. Eine Brücke führt über die Fulda zur Neustadt hinüber, die mittlerweile auch schon über 600 Jahre alt ist. Dort lohnt es sich, durch die alten Gassen zu schlendern. Für Spielzeugliebhaber von anno dazumal empfehlen wir noch den Abstecher ins *Puppen- und Spielzeugmuseum* mit Ausstellungsstücken aus der Zeit des Biedermeiers bis zum Zweiten Weltkrieg.

Feste werden in Rotenburg natürlich auch gefeiert. Das Heimat- und Strandfest am ersten Wochenende im Juli lockt mit Kinderflohmarkt, Wettspielen, Auftritten von Musikgruppen, Märchenerzählern und Gauklern. Auf dem *Kuckucksmarkt*, einer Art Bauernmarkt im Rotenburger Stadtteil Braach, wird von der typisch hessischen »alen Worscht« über Kartoffeln, Käse, Schinken so ziemlich alles aufgefahren, was unser Bundesland an Kulinarischem zu bieten hat. Holzspielzeug und Töpferwaren sind ebenso im Angebot und Kindern wird ein Unterhaltungsprogramm geboten. Für sie dürfte außerdem der Floh- und Kleintiermarkt interessant sein. Der Weihnachtsmarkt in Rotenburg findet an drei Adventswochenenden statt. Dann steht hier die größte Weihnachtspyramide Deutschlands. Sie ist mit Sternsingern, Hirten, Maria, Josef und den Engeln sage und schreibe 16,16 Meter hoch und wiegt 17 Tonnen. Parallel zum Weihnachtsmarkt wird in der Jakobskirche eine schöne Krippen-Ausstellung gezeigt.

Fuldaböckchen und Biotope

Die vielleicht originellste Art, sich auf dem Wasser fortzubewegen, ist eine Fahrt mit dem so genannten *Fuldaböckchen.* So hießen früher die Frachtflöße, die für den Gütertransport auf der Fulda eingesetzt wurden. Man nannte sie Fuldaböckchen, weil sie schnell wie ein Bock auf den Wellen der Fulda dahinsprangen. Das Fuldaböckchen heute liegt flach im Wasser, hat ein großes Dach und mehrere Leute haben Platz darauf. Eine Reise damit bis nach Bebra (s. dort) ist geruhsam und gesellig zugleich. Individualisten ziehen dagegen vielleicht eine Fahrt im Paddelboot oder Kanu vor. Der Bootsverleih beim *Campingplatz* am Lahnufer macht es möglich. Hier werden auch Fahrräder vermietet, Wanderungen und Planwagenfahrten organisiert. Zum Schwimmen geht es dann in das *Waldschwimmbad*.

Fuldaböckchen / Floßfahrten
Infos: Verkehrs- und Kulturamt

Campingplatz mit Bootsverleih
direkt an der Fulda
36619 Rotenburg
Tel. 0 66 23 / 55 56

Waldschwimmbad
geöffnet: Mai-Okt.
tägl. 10-20 Uhr
Tageskarte Kinder 1,50 €,
Erw. 2,50 €

Wander- und Waldliebhaber werden sich im Rotenburger Stadtwald wohlfühlen. Tierfreunden sei das *Wildgehege* im Heienbachtal empfohlen, in dem man Rot- und Damwild, Ziegen und Wildschweine bestaunen kann. Kleine und große Pferdeliebhaber können Reiterferien auf Reiterhöfen verbringen. Über Adressen und Preise informiert das Verkehrsamt.

Wildgehege
im Heienbachtal bei Rotenburg
tägl. frei zugänglich

Schulklassen und Gruppen beherbergt das *Ökologische Schullandheim Licherode* mit eigenen Biotopflächen, Amphibienschutzteichen und Solaranlage. Das Schullandheim liegt nordwestlich von Rotenburg nahe dem Knüllgebirge. Die Schülerinnen und Schüler werden bei ihren Ausflügen in die Natur von einem Umweltpädagogen begleitet, bei »Waldwochen« wird der Wald mit allen Sinnen erlebt, bei den »Wasserwochen« geht es um die Erkundung von Teich und Bach.

Ökologisches Schullandheim
Licherode
Lindenstr. 14
36211 Alheim
Tel. 0 56 64 / 94 86 0
5-Tage-Programm 110 €
pro Schüler
www.oekonetz-licherode.de

Naturpark Meißner-Kaufunger Wald

Der Hohe Meißner gilt als »König« der nordhessischen Berge. Früher hieß er »Wißner« oder »Weißner«, was so viel wie »Weißmacher« oder »Schneebringer« bedeuten mag. Weiß vom Schnee ist es hier früher im Jahr und länger als anderswo in Hessen. Mit Liften und Langlaufstrecken ist der Meißner für Ski- und Schlittenfreunde ein wahres Paradies. Sein langer, nach allen Seiten steil abfallender Bergrücken ist 754 Meter hoch und entstand vor vielen Millionen Jahren durch Vulkanausbrüche. Die Lava, die dabei aus der Erde kam, wurde mit der Zeit zu dunklem Basaltgestein. Lange Zeit spielten in

der Region der Braunkohlebergbau und die Salzgewinnung eine große Rolle. Auch die Kupferförderung blühte. Inzwischen sind die Gruben stillgelegt und können teilweise besichtigt werden. Zusammen mit dem Kaufunger Wald, der sich im Nordwesten anschließt, wurde der »Naturpark Meißner-Kaufunger Wald« gebildet. Er ist mit seinen Wäldern, Mooren, Bergwiesen und Heidelandschaften eines der größten Naturschutzgebiete Deutschlands, das mit einem Netz von Wanderwegen erschlossen ist. Weil hier früher Pferde gezüchtet wurden, sind heute noch viele Reiterhöfe vorhanden. Sie bieten Planwagenfahrten und Kinderferien mit und ohne Eltern an. Langeweile kommt also bei einem Besuch des Kreises nicht auf. Seine Hauptstadt, das über 1000 Jahre alte Eschwege, liegt östlich vom Meißner an einer Schleife der Werra. Der Ort besitzt eine hübsche Fachwerk-Altstadt, ein Landgrafenschloss mit schönem Schlossgarten und einen »Frau-Holle-Teich«. Eschweges Wahrzeichen ist der »Dietemann«. Die Dietemänner wachten in früherer Zeit über die Sicherheit der Eschweger Bürger. Zu jeder vollen Stunde zeigt sich heute einer an der Uhr im Schloss und bläst in sein Horn. Noch mehr los ist in Eschwege beim Jugendkulturfestival *Openflair*, das auch ein eigenes Kinderprogramm bietet. Am besten entspannen kann man im *Freizeit- und Erholungszentrum Werra-Meißner-Kreis*. Angeln, Campen, Schwimmen, Surfen – das alles ist dort an den großen Seen möglich.

Tourist-Information
Hospitalplatz 16
37269 Eschwege
Tel. 0 56 51 / 33 19 85
E-Mail:
stadtverwaltung@eschwege.de
www.eschwege.de

Openflair-Festival
erstes Wochenende im Juli
Informationen:
Tel. 0 56 51 / 30 42 10

Freizeit- und
Erholungszentrum
Werra-Meißner-Kreis
Betriebsgemeinschaft FEZ
Söderweg 10
37276 Meinhard
Tel. 0 56 51 / 62 00
oder 22 27 2

Im Reich der Frau Holle

Um den Meißner ranken sich viele Legenden. Er galt als rau, unwegsam und war kaum besiedelt. Wenn sein Gipfel von Wolken oder Nebel umhüllt ist, kann man meinen, Erscheinungen von Geistern oder Feen zu sehen. In Vorzeiten, als der Berg germanisches Heiligtum war, wurde dort die Göttin Freya verehrt. Sie ist für Liebesglück und Kindersegen zuständig und gilt als Ahnfrau der Frau Holle des Grimmschen Märchens, die im Winter ihre Betten ausschüttelt, damit es auf der Erde schneit.

Etwas von der Mythologie der Alten hat sich erhalten. Der Holunder beispielsweise war bei den Germanen der Göttin Freya geweiht. Ihre Nachfolgerin, die Holle oder »Holde Frau«, übernahm den »Hollabusch« gleich mit. Holunder wuchs früher im Wald, heutzutage ist er in Gärten oder an Wiesenrändern zu finden. Seine weißen Blüten bilden große Dolden, die Früchte reifen von Mai bis Juli.

Unser Getränke-Tipp: Holunder selbst pflücken oder beim Ökobauern der Region kaufen. Schnell hat man einen leckeren Göttertrank gebraut. Aus den schwarzen Holunderbeeren Saft pressen und dann mit anderen Getränken mischen. Gut schmeckt auch Holunderkompott.

Frau Holle begegnet man am Meißner sehr oft. Am sichersten am Frau-Holle-Teich. Ein dunkler Basaltfelsen ragt hinter dem Teich herauf, er ist von Moorwiesen umgeben, Schilf wächst an seinen Ufern und an seiner Oberfläche blühen Wasserrosen. So wundert es nicht, dass auf seinem Grund das prächtige Zauberschloss der Frau Holle mit seinem großen Blumengarten vermutet wird. Manche behaupten sogar, sie schon gesehen zu haben. Früher baten die Frauen die Frau Holle um Kindersegen. Dazu gingen sie zum Teich und legten dort Blumen und Geschenke nieder. Man stellte sich vor, dass Frau Holle in ihrer Wohnung am Grunde des Sees die Seelen der ungeborenen Kinder hütet.

Vom Märchen in die Gegenwart führt der rund 2,5 Kilo-

Frau-Holle-Teich auf dem Hohen Meißner

Waldlernpfad
Start: Parkplatz »Frau-Holle-Teich« an der L 3242

meter lange *Waldlernpfad.* Er beginnt am Teich und hält auf Hinweistafeln Informationen bereit über den Wald und seine Bewohner, aber auch über den Schutz der Umwelt.

Ein anderer Spaziergang vom Holle-Teich aus führt zur »Kalbe« mit schönem Blick über die Wälder bis nach Thüringen und zum Harz. Bei der Kalbe liegen eine ganze Anzahl eckiger, manchmal fast quadratischer Gesteinsblöcke: Frau Holle soll auch hier ihre Finger im Spiel gehabt haben. Der Sage nach verwandelte sie untreue Männer in Kälber oder Steine. Nicht weit von der Kalbe entfernt ist die »Stinksteinwand«, die ihren Namen zu Recht trägt. Hier entzündet sich unter dem Basalt die darunter liegende Braunkohle. Der Geruch dringt durch das lockere Gestein und riecht nach Schwefel.

Nicht nur untreue Männer, auch das untreue und eitle weibliche Geschlecht wurde von der Holle bestraft. Sie verwandelte sie in Katzen, die ihr den ganzen Tag lang dienen mussten und am Abend in die Katzen- oder »Kitzkammer« kamen. Die Kitzkammer ist eine Felshöhle, in der Basaltsäulen liegen, und sicher eines der eindrucksvollsten Naturdenkmäler des Meißners. Sie befindet sich unterhalb des Ausflugslokals *Hoher Meißner* im südlichen Teil des Gebietes. Auf der Terrasse des Lokals kann man bei leckerem Kuchen die Fernsicht genießen oder beim Grill- und Spielplatz in der Nähe eine Pause einlegen. Nicht weit entfernt steht ein Fernseh-

Kitzkammer am Hohen Meißner

und Hörfunksender des Hessischen Rundfunks, der die Region mit Programmen versorgt.

Ein Radio gibt es sicher auch im *Jugendwaldheim*. Wer länger bleiben will, kann dort übernachten. Das Jugendwaldheim bietet rund fünftägige Kurse zum Thema »Lebensraum Wald«. Dazu werden Waldrallyes im nahen Schulwald durchgeführt, der Sinnesgarten erprobt oder auch ein stillgelegtes Bergwerk besucht. Gleich in der Nachbarschaft befindet sich das *Naturfreundehaus Meißnerhaus* an der Südwestseite des Meißners. Es ist ideal für Familienferien, Freizeiten und Klassenfahrten. Schulklassen und Jugendgruppen wohnen ebenso gern im *Jugenddorf Meißner* oberhalb des Ortes Vockerode. Informationen dazu erteilt das Meißnerhaus.

Jugendwaldheim
Hoher Meißner
Auf dem Gehege
37235 Hess. Lichtenau-
Hoher Meißner
Tel. 0 56 02 / 63 74

Naturfreundehaus
Meißnerhaus
Auskunft: Anneliese Hupfeld
Marktstr. 4
37269 Eschwege
Tel. 0 56 51 / 69 90

Jugenddorf »Hoher Meißner«
Auskunft: Kochsberg 1
37276 Meinhard
Tel. 0 56 51 / 74 91 00

Germerode: Wildpark und Grubenfahrt

Am Südhang des Meißner-Gebirges liegt der Ort Germerode. Neben dem Besucherbergwerk »Grube Gustav« und der romanischen Klosteranlage hat der Luftkurort einen *Wild- und Erholungspark.* Wildtiere fast jeder Art leben hier, genauso friedlich wie die Vögel in ihren Gehegen und die Fische in den beiden Teichen. Im Park gibt es einen großen Spielplatz, eine überdachte Grillhütte und die Gaststätte Jägerstube. Im »Waldwichtelhaus« wird durch Sehen, Fühlen, Riechen, Hören erspürt, wie das komplexe Biosystem Wald funktioniert. Durchs Mikroskop betrachtet sehen Käfer und Blätter fantastisch aus; es gibt Klangkörper aus verschiedenen heimischen Holzarten zum Musikmachen. Wanderfreunde vergnügen sich auf den vielen Wanderwegen, die im Luftkurort Germerode am Fuße des Hohen Meißners vorhanden sind.

Von Germerode aus lohnt sich auch ein Abstecher zur ehemaligen Bergarbeitersiedlung Abterode. Sehenswert im Ort ist die gotische Pfarrkirche. Räuberbanden haben ihr zugesetzt, Langhaus und Chor zeigen noch die Spuren der Räuberei. Schön ist ebenfalls der alte Friedhof bei der Kirche. Vom Ort aus führt eine Straße zum *Besucherbergwerk Grube Gustav* im Höllental. Über 400 Jahre lang wurde in der Kupferschiefermine das kostbare Erz abgebaut. Im alten Stollen werden dem Besucher fachmännisch Fördermaschinen und Gesteinsarten erklärt. Das Wort Höllental kommt übrigens nicht von »Hölle«, sondern wieder von Frau Holle!

Wild- und Erholungspark
Meißner-Germerode
ab Germerode ausgeschildert
Tel. 0 56 57 / 75 91
geöffnet: April-Okt.
Di.-So. 10-18 Uhr,
Nov.-März Sa., So. 10-17 Uhr
15. Dez.-15. Jan. geschlossen
Kinder 1 €, Erw. 3 €

Besucherbergwerk
Grube Gustav
im Höllental
Tel. 0 56 51 / 31484
geöffnet: 15. März-31. Okt.
Di.-So. 13-16 Uhr
Extratermine für Gruppen
nach Voranmeldung
Kinder 2 €, Erw. 3 €
Führungsdauer: ca. 1 Stunde

Bad Sooden-Allendorf: Am Brunnen vor dem Tore

Tourist Information
Bad Sooden
Landgraf-Philipp-Platz 1
37242 Bad Sooden-Allendorf
Tel. 0 56 52 / 95 87 18
E-Mail: tourist-info@bad-sooden-allendorf.de
www.bad-sooden-allendorf.de

Salzmuseum im Söder Tor
Tel. 0 56 52 / 41 07
geöffnet: Mi., So. u. Feiertag
14-17 Uhr
Gruppen nach Vereinbarung
Kinder 0,50 €, Erw. 1 €

Werratal Therme
Am Gradierwerk
37242 Bad Sooden-Allendorf
Tel. 0 56 52 / 95 87 80
geöffnet: tägl. 9-22.30 Uhr
Kinder 3,90 €, Erw. 5,50 €

Grenzmuseum Schifflersgrund
37318 Asbach-Sickenberg
Tel. 03 60 87 / 9 84 09
geöffnet: Nov. bis Feb.
Mo.-Fr. 10-16 Uhr
Sa. u. So. 13-16 Uhr
März bis Okt.
Mo.-So. 10-17 Uhr
Erw 2,50 €, ermäßigt 2,00 €
Kinder bis 14 J. frei
Führung ab 15 Pers. 15,00 €
E-Mail: GreMu1991@aol.com
www.grenzmuseum.de

Salz war in *Bad Sooden-Allendorf* das A und O des Lebens. Früher galt es als etwas sehr Wertvolles. Die Prise Salz gehörte früher nicht nur auf den Tisch der Wohlhabenden, sondern fand sich in größeren Mengen auch in ihren Vorratskammern. Da es noch keine Kühlschränke und Gefriertruhen gab, wurde nämlich alles, was länger halten sollte, eingesalzen. Gewonnen wurde das kostbare Gut schon vor über 2000 Jahren aus Salzquellen. Das salzhaltige Wasser kam in großen Pfannen auf ein Feuer. Es musste dann so lange kochen, bis das Wasser verdampft war und nur noch das Rohsalz zurückblieb. Zu Beginn des 19. Jahrhunderts verlor die Salzgewinnung an Bedeutung. Seitdem rieselt das salzige Nass über die großen Reisigwände des Gradierwerkes im alten Salinenbereich, um Krankheiten zu kurieren (s. die Bäder Karlshafen, Nauheim, Orb). Das *Salzmuseum* im Ortsteil Sooden lädt zu einer unterhaltsamen Reise durch die Geschichte des weißen Goldes ein. Mit dem Salz hat auch das Brunnenfest an Pfingsten zu tun. Da kann man miterleben, wie aus 1000 Liter kochendem Salzwasser 80 Pfund Salz werden. Auch Kinder dürfen umrühren helfen. Salzwasser mit Wellen gibt es in der *Werratal Therme,* die zur Behandlung der Kurgäste und auch zum Freizeitspaß da ist.

Vor den Toren der Allendorfer Altstadt steht der alte Zimmersbrunnen, der als Vorbild für das berühmte Volkslied »Am Brunnen vor dem Tore« gedient haben soll. Besucher sollten es mit dem Liedtext halten und im Städtchen etwas verweilen und träumen. Fachwerk vom Feinsten wird geboten, ein idyllisches Flussufer an der Werra und viele Ausflugsmöglichkeiten in die waldreiche Umgebung. An der nahen ehemaligen deutsch-deutschen Grenze zu Thüringen erinnert das *Grenzmuseum Schifflersgrund* an die jüngste Geschichte. Hier blieb ein Stück DDR-Mauer mit Wachtturm erhalten.

Witzenhausen und die Kirschen

Tourist Information
Ermschwerder Str. 2
37213 Witzenhausen
Tel. 0 55 42 / 60 01 0
E-Mail: tourist-information@witzenhausen.de
www.witzenhausen.de

In *Witzenhausen* werden nicht, wie man vielleicht meinen sollte, ständig Witze erzählt. Vielmehr soll der Name der Stadt in Verbindung mit dem Bischof »Witta« stehen. Woraus dann eben Witzenhausen wurde, das berühmt ist für seine Kirschen. Wegen des milden Klimas gedeihen sie besonders gut und so reiht sich Plantage an Plantage. Über 150.000

Kirschblüte bei Witzenhausen

Kirschbäume sind es, die im Frühjahr die Landschaft mit ihrer Blüte in Weiß tauchen und um die Erntezeit zum Selberpflücken einladen. Im Juli ist dann die Kesper- oder Kirschenkirmes, eröffnet von ihrer Majestät, der Kirschenkönigin. Dann fließt aus dem Marktbrunnen Kirschsaft und in den Restaurants gibt es als Beilage zu fast allen Speisen Kirschen, selbst zum Steak. Aufregend ist das »Kesperkernweitspucken«, bei dem jeder mitmachen kann. Dabei stellen sich alle in einer Reihe auf und versuchen mit aufgeblasenen Backen die Kerne so weit wie möglich zu spucken. Der oder die Beste bekommt einen Preis. Die richtig schöne große Kirsche am Werraufer ist übrigens nicht zum Essen da. Sie gehört zum Projekt »Kunst am Werratal-Radweg«, einer Freiluftgalerie zur Freude nicht nur der Radler.

In Witzenhausen reifen auch Orangen, Zitronen und Bananen. Das *Gewächshaus für tropische Nutzpflanzen* mit rund 300 verschiedenen Pflanzenarten macht einen umweltfreundlichen Kurzausflug in die Zonen des Äquators möglich. Leider nur angemeldeten Gruppen steht das *Museum für Völkerkunde* offen. Es verdankt seinen Ursprung Landwirten, die Masken, Schmuck und Gebrauchsgegenstände als Souvenirs aus den Tropen mitbrachten. Gewächshaus und Museum gehen auf die Kaiserzeit zurück, als Deutschland noch Kolonien hatte. Damals wurde in Witzenhausen deutsches Personal für die Tropen ausgebildet. Heute kommen viele Menschen aus anderen Kontinenten hierher, um an den Instituten, die die Universität Kassel unterhält, Landwirtschaft zu studieren.

Gewächshaus für tropische Nutzpflanzen
Steinstr. 19
37213 Witzenhausen
Tel. 0 55 42 / 98 12 31
geöffnet:
Mi., Fr., Sa., So.14-16 Uhr
Samstag 15 Uhr Führung
Eintritt frei, Führung Kinder u. Erw. 1,50 €

Museum für Völkerkunde
Steinstr. 19
37213 Witzenhausen
Tel. 0 55 42 / 50 26 29
geöffnet: April-Okt.
nur für Gruppen nach Vereinbarung

Mineralwasser-Frei- u. Hallenbad
Am Sande (Bürgerhaus)
37213 Witzenhausen
Tel. 0 55 42 / 50 86 1
Freibad (beheizt): geöffnet
Mai-Sept. tägl. 9-19 Uhr
Hallenbad: geöffnet
Sept.-Mai tägl. außer Do., unterschiedliche Zeiten

Campingplatz Werratal
Sigrid Rudolph
Am Sande 11
37213 Witzenhausen
Tel. 0 55 42 / 14 65
auch Boots- und
Fahrradverleih

Abkühlung nach so viel Tropenluft bringt ein erfrischendes Bad im *Freibad* oder eine Kanufahrt auf der Werra. Ein Boots- und Fahrradverleih ist beim *Campingplatz*. Radfahrer können auf dem Radweg an der Werra bis nach Thüringen oder nach Niedersachsen radeln. Wer lieber Rollschuh fährt, ist auf der Rollschuhbahn »An der Schlagd« gut aufgehoben.

Jugendburg und Erlebnispark

Jugendburg Ludwigstein
Herbergsbetrieb und
Tagungsstätte
37214 Witzenhausen-
Wendershausen
Tel. 0 55 42 / 50 17 10
E-Mail:
jubiludwigstein@t-online.de
www.jugendburg-
ludwigstein.de

Einmal in einer richtigen Burg aufwachen, im Morgenlicht von hoch oben ins Tal schauen und im Rittersaal speisen: Dieser Traum wird wahr in der *Jugendburg Ludwigstein.* Die noch von den hessischen Landgrafen gegründete Burg wurde 1920 vom Jugendverband der »Wandervögel« übernommen. Sie ist heute Jugendherberge und Archiv der deutschen Jugendbewegung. Die Jugendburg gilt als beliebtes Ziel für Klassenfahrten, Wochenendfreizeiten und Bildungsveranstaltungen. Drinnen lockt ein Hallenbad, rund um die Burg befinden sich Spielwiesen, ein Zeltplatz und Grillmöglichkeiten. Auch für Gäste, die nicht auf der Burg wohnen, werden Burgführungen mit Erkundung von Turm und Verlies angeboten.

Auf der gegenüberliegenden Werraseite, und damit schon in Thüringen, liegt die mächtige Burg Hanstein und sechs Kilometer weiter das romantische Schloss Berlepsch. Es soll Ähnlichkeit mit dem Schloss von König Drosselbart aus dem Märchen haben.

Ziegenhagen ist ein kleiner ruhiger Ort neun Kilometer

Jugendburg Ludwigstein

von Witzenhausen entfernt. Gäbe es hier nicht den *Erlebnispark Ziegenhagen* am Rande des Naturparks Meißner-Kaufunger Wald, kaum ein Reisender würde den Ort kennen. So aber kommen zum alten Rittergut am Teich Fans von Oldtimern und Achterbahn. Für Kinder gibt es ein Märchenreich, ein Karussell, Abenteuer- und Familienspielplätze, Riesenrad und Rutsche. Der Park mit Tiergehege, Restaurant und Museumsteil mit einer volkskundlichen Sammlung ist weitgehend rollstuhlgerecht gestaltet.

Erlebnispark Ziegenhagen mit Auto- u. Motorradmuseum
37217 Witzenhausen-Ziegenhagen
Tel. 0 55 45 / 24 6
geöffnet: 19. März-30. April 10-17, 1. Mai-21. Aug. 9.30-18, 1. Sept.-23. Okt. 10-17 Uhr
Sept. Mo. u. Fr. geschlossen
Kinder u. Senioren 7,75 €, Erw. 9,25 €
www.erlebnispark-ziegenhagen.de

Oberkaufungen: Vom Gang der Rösser

Weithin sichtbar über der Altstadt von Kaufungen, steht der bedeutende romanische Bau des Benediktinerinnenstiftes, das der Legende nach so entstand: Kaiserin Kunigunde und ihr Mann Heinrich II. besaßen in Kaufungen einen Königshof. Als Kunigunde 1017 schwer erkrankte, gelobte sie an der Stelle der Pfalz ein Kloster zu bauen. Sie wurde gesund, der Königshof verschwand und wenig später stand an seiner Stelle das Stift. Herr Wroz, Leiter des *Regionalmuseums »Alte Schule«*, organisiert Führungen in die Stiftskirche zum Heiligen Kreuz und er weiß dabei viele interessante Dinge aus der Vergangenheit zu berichten. Im Museum gibt es einen historischen Klassenraum und schönes altes Spielzeug. Außerdem verfügt es über einen Kolonialwarenladen, eine Bauernstube mit Küche und verschiedene Werkstätten. Zusätzlich sind Mineralien und Gerätschaften aus der Bergbautätigkeit ausgestellt. Denn Kaufungen, schon zu Kassel gehörend, liegt an einem Gebiet mit großem Braunkohlevorkommen. 1823 begann man mit der Kohleförderung. Es war Schwerstarbeit, den Förderwagen aus dem im Berg gelegenen Schacht in die Höhe zu ziehen. Doch dies leisteten nicht Menschen, sondern Pferde in einem sogenannten Göpelwerk. Sie liefen im Kreis und zogen dabei einen Balken hinter sich her, der eine große Kurbelwelle in Gang setzte. Auf diese Welle wickelte sich das lange Seil auf, an dem der Wagen mit der Kohle aus dem Berg geholt wurde. Über dem Schacht errichtete man ein 14 eckiges Holzhaus, das heute das *Bergwerkmuseum* ist. Bei der Führung erfährt man eine Menge über die Mühen des Bergbaus.

Gemeindeverwaltung Kaufungen
Leipziger Str. 463
34260 Kaufungen
Tel. 0 56 05 / 80 20

Regionalmuseum »Alte Schule«
Schulstr. 33
34260 Kaufungen-Oberkaufungen
Tel. 0 56 05 / 73 07
geöffnet: Mi., Do., Sa. 14-17, So. 10-17 Uhr, für Gruppen nach Absprache
Schüler 0,50 €, Erw. 1 €
Führungen nach Anmeldung, auch in die Stiftskirche

Einen Besuch wert ist auch der Erholungs- und Freizeitpark Steinertsee zwischen Ober- und Niederkaufungen. Er entstand in einer ehemaligen Kohlegrube. Heute sind auf dem

Bergwerkmuseum mit Göpelwerk
Freudentalstr.
34260 Kaufungen-Oberkaufungen
Tel. 0 56 05 / 73 07
geöffnet: April-Okt. So. 10-12 Uhr und nach Voranmeldung
Schüler 0,50 €, Erw. 1,50 €

Gelände Feuchtbiotope, kleine Teiche für Frösche und Molche und Vogelschutzgehölze angelegt. Seltene Vogelarten, vor allem Wasservögel, haben hier ihren Lebensraum. Baden sollte man im Steinertsee nicht, er hat gefährliche Strömungen. Dafür gibt es genügend andere Möglichkeiten, um sich zu vergnügen. Im Winter mit Rodeln und Schlittschuhlaufen, im Sommer am Kinderspielplatz oder auf den Grünflächen und der Liegewiese. Es gibt eine Grillhütte, einen Radfahrhügel, Reitwege und zwei Reitervereine. Die vielleicht größte Attraktion ist die Freilichtanlage des Modellbahnclubs Kassel. Auf etwa 1000 Metern Gleisen fahren dort von Ostern bis September/Oktober Miniaturdampfloks. Mitfahren ist möglich, Eisenbahnfreunde kommen deshalb von weit her.

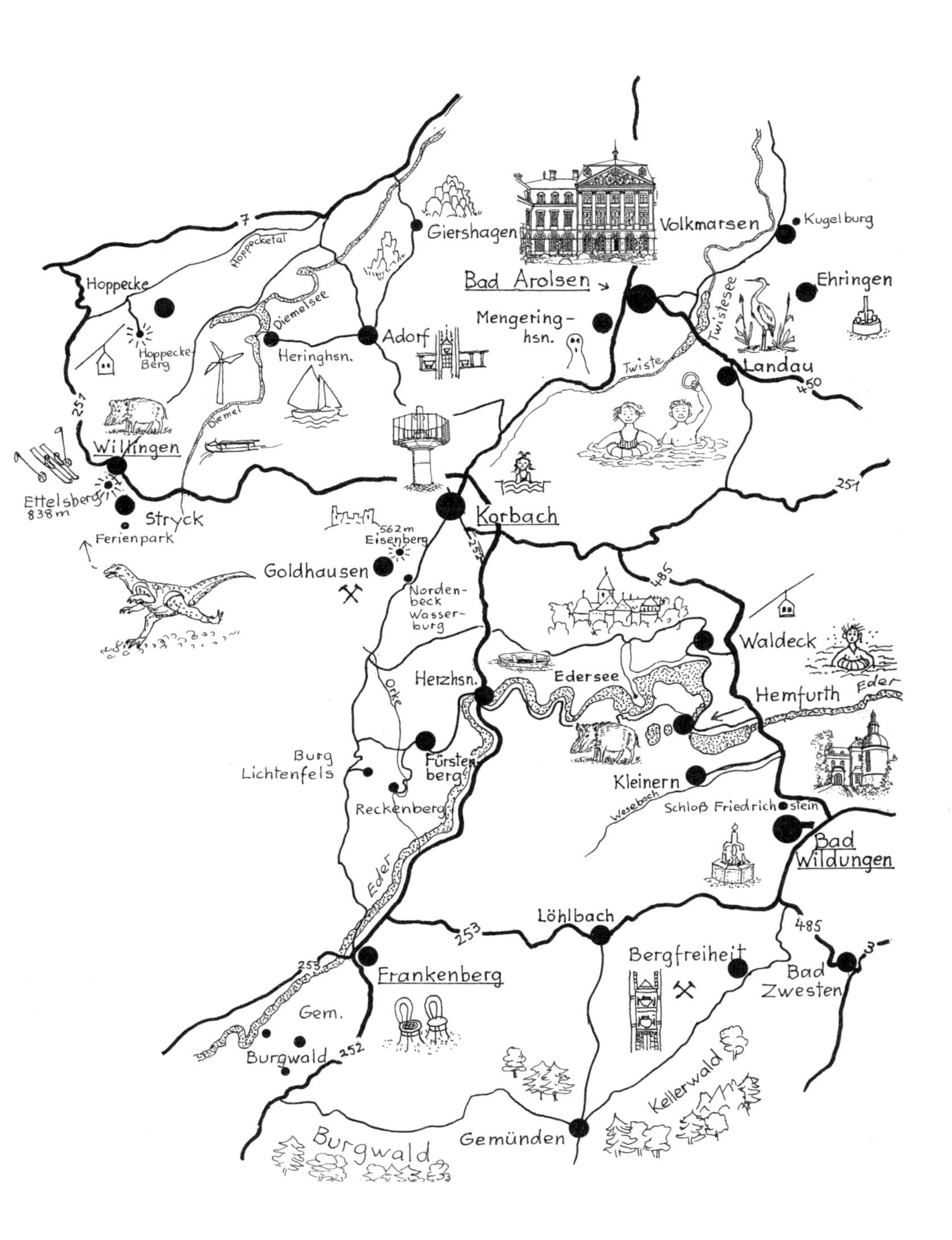

7
Hoppecketal
Giershagen
Volkmarsen
Kugelburg
Hoppecke
Diemelsee
Adorf
Bad Arolsen
Mengering-
hsn.
Twistesee
Ehringen
Hoppecke-
Berg
Heringhsn.
Twiste
Landau
450
251
Diemel
Willingen
Ettelsberg
838 m
Stryck
Ferienpark
562 m
Eisenberg
Korbach
252
251
Goldhausen
Norden-
beck
Wasser-
burg
485
Waldeck
Herzhsn.
Edersee
Hemfurth
Eder
Orke
Burg
Lichtenfels
Fürsten-
berg
Reckenberg
Kleinern
Wesebach
Schloß Friedrichstein
Bad
Wildungen
Eder
Löhlbach
253
485
253
Frankenberg
Bergfreiheit
Bad
Zwesten
3
Gem.
Burgwald
252
Kellerwald
Gemünden
Burgwald

Landkreis Waldeck-Frankenberg

Ederbergland Touristik
Waldeck e.V.
Untermarkt 12
35066 Frankenberg
Tel. 0 64 51 / 71 76 72
E-Mail: info@ederbergland-touristik.de
www.ederbergland-touristik.de

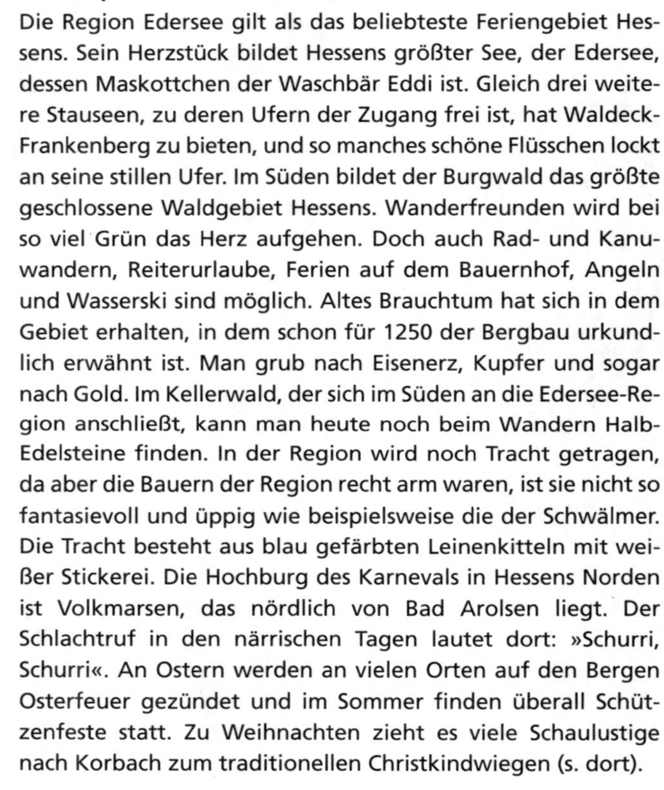

Wasser, Wald und Bodenschätze

Die Region Edersee gilt als das beliebteste Feriengebiet Hessens. Sein Herzstück bildet Hessens größter See, der Edersee, dessen Maskottchen der Waschbär Eddi ist. Gleich drei weitere Stauseen, zu deren Ufern der Zugang frei ist, hat Waldeck-Frankenberg zu bieten, und so manches schöne Flüsschen lockt an seine stillen Ufer. Im Süden bildet der Burgwald das größte geschlossene Waldgebiet Hessens. Wanderfreunden wird bei so viel Grün das Herz aufgehen. Doch auch Rad- und Kanuwandern, Reiterurlaube, Ferien auf dem Bauernhof, Angeln und Wasserski sind möglich. Altes Brauchtum hat sich in dem Gebiet erhalten, in dem schon für 1250 der Bergbau urkundlich erwähnt ist. Man grub nach Eisenerz, Kupfer und sogar nach Gold. Im Kellerwald, der sich im Süden an die Edersee-Region anschließt, kann man heute noch beim Wandern Halb-Edelsteine finden. In der Region wird noch Tracht getragen, da aber die Bauern der Region recht arm waren, ist sie nicht so fantasievoll und üppig wie beispielsweise die der Schwälmer. Die Tracht besteht aus blau gefärbten Leinenkitteln mit weißer Stickerei. Die Hochburg des Karnevals in Hessens Norden ist Volkmarsen, das nördlich von Bad Arolsen liegt. Der Schlachtruf in den närrischen Tagen lautet dort: »Schurri, Schurri«. An Ostern werden an vielen Orten auf den Bergen Osterfeuer gezündet und im Sommer finden überall Schützenfeste statt. Zu Weihnachten zieht es viele Schaulustige nach Korbach zum traditionellen Christkindwiegen (s. dort).

Der Edersee: Blaues Auge im Waldecker Land

Der Edersee erscheint von oben betrachtet wie ein blauer, lang gezogener Punkt in einer zumeist grünen Landschaft. Das Wasser, das die Eder und ihre Zuflüsse in den Stausee transportieren, ist so sauber und klar, dass man damit sogar Bier braute. 1908 wurde mit dem Bau der rund 400 Meter langen und 47 Meter hohen Staumauer begonnen, um den Wasserstand der Weser zu regulieren und das Edertal vor Hochwasser zu schützen. Es entstand die größte im damaligen Kaiserreich gebaute Talsperre mit einem 27 Kilometer langen und bis zu einem Kilometer breiten See, dessen Wasser Häuser und Höfe überflutete. Bei großer Hitze und Trockenheit

Edersee mit Schloss Waldeck

oder im Herbst, wenn der Wasserstand sinkt, tauchen die Überreste der Dörfer Asel, Berich und Bringhausen wieder auf. In der kalten Jahreszeit ist der See oft zugefroren und wird so zu einer riesigen Schlittschuhbahn. Im Sommer, wenn das Wasser über 20 Grad warm ist, gilt er als Paradies für Schwimmer, Segler und Surfer. Beim Hineingehen sind Badeschuhe sinnvoll, angesichts der spitzen Steine am Ufer. Die *Personenschiffahrt Edersee* fährt quer über den See und nimmt auch Fahrräder mit, auch Rollstuhlfahrer kommen problemlos an Bord. Die Schiffe legen an zahlreichen Stellen des Sees an, eines schippert, wenn der Wasserstand ausreicht, sogar bis nach Herzhausen an der Mündung der Eder. Wer sein Boot lieber selber lenken will, kann sich an einen der Tret-, Ruderboot-, Kanu- und Kajakverleiher wenden oder an eine Segel- oder Surfschule. Sie verleihen auch Surfbretter und bieten Segelkurse schon für Kinder ab sechs Jahren an. Motorboote (Elektroboote ausgenommen) sind auf dem Edersee übrigens nicht erlaubt. Die Adressen der Bootsverleiher kennt die *Edersee Touristic GmbH*. Sie informiert auch über Fahrradverleiher, Kutsch- und Planwagenfahrten und über den Fahrplan der Ausflugdampfer. Außerdem kennt sie die Termine von »Komm mach mit«, dem täglichen bunten Sommer-Kinderprogramm in der Ferienregion Edersee. Sechs Wochen lang werden Naturerkundungen angeboten, ebenso Kinderkino und Besichtigungen.

Personenschiffahrt Edersee
Ederseerandstr. 8b
34513 Waldeck-West
Tel. 0 56 23 / 54 15
E-Mail: personenschiffahrt-edersee@t-online.de
www.personenschiffahrt-edersee.de
Rundfahrten:
ab Ende März-Ende Okt.
Kinder ab 3,50 €, Erw. ab 5 €,
Fahrräder 1 €

Edersee Touristic GmbH
Sachsenhäuser Str. 10
34513 Waldeck
Tel. 0 56 23 / 99 98 0
E-Mail:
edersee-info@t-online.de

Edertal-Hemfurth: Geballte Energie

Edersee-Kraftwerke
34549 Edertal-Hemfurth-Edersee
Tel. 0 56 23 / 94 80
Führungen: April-Okt.
Di.-Sa. für Gruppen
9.30, 11.30 u. 14.30 Uhr
bitte vorher anmelden
Eintritt frei

Der Spaziergang über die gewaltige Staumauer bei Edertal-Hemfurth ist ein Erlebnis. Kaum vorstellbar, was passieren würde, wenn sie bräche! Immerhin fasst der See rund 200 Millionen Kubikmeter Wasser. Mit dem Wasser wird Strom erzeugt. Das erste *Kraftwerk* wurde 1915/16 in Betrieb genommen, und in die Stuben und Fabriken des Landkreises hielten Glühbirnen und Elektromotoren Einzug. Die modernste Anlage ist das Pumpspeicherwerk Waldeck II. Hier wird nachts Wasser zur Stromerzeugung in ein höher gelegenes Speicherbecken gepumpt. Das Werk Waldeck II liegt in einer Kaverne, also in einer tief in den Berg gebauten künstlichen Höhle, und gilt als das größte dieser Art auf der Welt. Der Zugang in die Kaverne hinein führt durch einen langen Stollen. Eine Führung durch das Pumpspeicherwerk dauert etwa anderthalb Stunden. Sie schließt die Besichtigung des Informationszentrums »Energie« mit ein.

Unser Tipp: Auch aus einer Zitrone kann man Energie gewinnen. Dazu muss man nur zwei unterschiedliche Metalle, Kupfer (etwa eine Büroklammer aus Kupfer) und Eisen (einen Eisennagel), in eine Zitrone stecken. Verbindet man die beiden Metalle durch Draht miteinander, setzt das in der Zitrone einen chemischen Prozess in Gang und es fließt Strom. Hält man nun ein Fahrradbirnchen an die Drähte, leuchtet es, solange in der Zitrone die Säure »fließt«. Schließt man einen Kopfhörer an die Drähte an, knackt es!

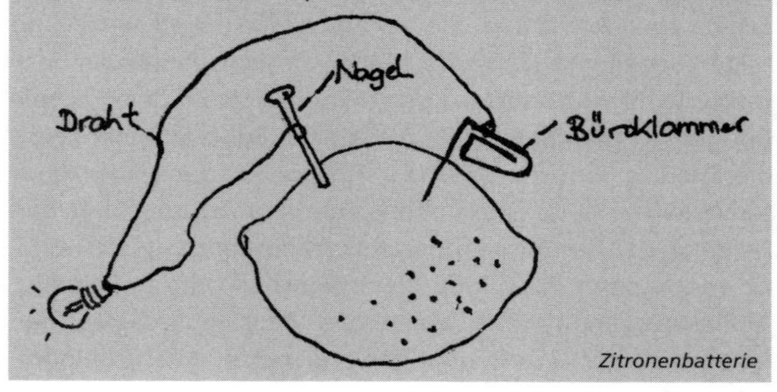

Zitronenbatterie

Nach der Besichtigung des Industriedenkmals schlagen wir einen Besuch auf dem Peterskopf vor, wo sich ein Hochspeicherbecken befindet. In den Sommermonaten fährt eine

Standseilbahn hinauf. Der Einstieg ist gleich hinter dem Kavernenkraftwerk. Von oben hat man einen herrlichen Blick über den gesamten Edersee.

Standseilbahn
Tel. 0 56 23 / 94 803 90
oder 293
Fahrzeiten stündlich:
Karfreitag-Okt. Di.-So.
Bergfahrt 11-17 Uhr
Talfahrt 11.15-17.15 Uhr
Preise auf Anfrage

Bei Hemfurth gibt es gleich zwei Spielplätze: den Abenteuerspielplatz »Am Rebachstrand« direkt am See und den Wasserspielplatz *Aquapark Hemfurth* an der Westseite der Staumauer. Auf dem Wasserspielplatz können Kindern nach Herzenslust mit Wasser, Sand und anderen Materialien »matschen«. Es gibt dort auch Teiche, Hängebrücken, einen Wasserfall, unter dem man durchlaufen kann und viele Wasserspiele. Parkplätze und Restaurants sind ganz in der Nähe.

Aquapark Hemfurth
An der Staumauer
34549 Edertal-Hemfurth-Edersee
geöffnet: Ostern bis Okt.
Eintritt frei

Von der Staumauer aus ist man in einer Viertelstunde zu Fuß im *Wildpark Edersee*. Er liegt im so genannten Bericher Holz oberhalb des Sees in Richtung Bringhausen. Dort laufen Wildschweine, Steinböcke, Auerwild, Wisente, Wildpferde, Waschbären, Luchse und sogar Wölfe umher. Manche der Tiere lassen sich füttern und streicheln. Eine besondere Attraktion ist die Greifvogelstation mit Adlern, Uhus, Falken und Geiern. Im Informationszentrum erfährt der Besucher außerdem Wissenswertes über die Natur, den Wald und die Tiere.

Wildpark Edersee
von Edertal-Hemfurth
in Richtung Bringhausen
Tel. 0 56 23 / 43 70
geöffnet: Mai-Okt. tägl. 9-18,
Nov.-Feb. tägl. 11-16,
März-April tägl. 10-18 Uhr
Kinder 2 €, Erw. 3,50 €,
Schulklassen pro Person 1,50 €
Greifvogelschau 16. Feb.-15. Nov., Flugvorführungen
11 u.15 Uhr (außer Mo.)

Waldeck: Das Schloss an der Waldecke

Hoch über dem Edersee liegt das *Schloss Waldeck,* neben der Staumauer das wichtigste Wahrzeichen des Edersees. Eine *Seilbahn* fährt zum Burgberg hinauf. Wie das Schloss zu seinem Namen kam, erzählt folgende Legende: Ein stolzer Ritter zog einst durch das Edertal und fragte einen Schäfer, ob er wohl einen schönen Platz für eine Burg wisse. Der wollte nicht gestört werden und antwortete deshalb nur kurz: »an der Waldecke«. Der Ritter folgte dem Hinweis und baute an der genannten Stelle eine Burg, die dann »Waldeck« hieß. Nach ihr wurde später auch die Stadt benannt.

Die Burg war und ist Wohnsitz der Waldecker Grafen und diente in der Vergangenheit verschiedenen Zwecken: Sie war Zuchthaus, Gericht, Lagerhaus und Försterei. Heute beherbergt sie ein Hotel und Restaurants. Ein Verlies und einen Burgbrunnen gibt es übrigens auch noch. Eine Ausstellung befasst sich mit der Nutzung des Gebäudes als Zuchthaus. In einer nachgebauten Zelle steht ein Prügelbock, der ein anschauliches Zeugnis vom Rechtsempfinden der damaligen Zeit gibt.

Schloss Waldeck
mit Burgmuseum
34513 Waldeck
Tel. 0 56 23 / 58 90
geöffnet: Ostern-Okt.
9-18.30 Uhr, Führungen
alle 30 Min.
Kinder 2 €, Erw. 3 €

Waldecker Bergbahn
34513 Waldeck
Tel. 0 56 23 / 53 54
Fahrzeiten: tägl. 9-17 Uhr
Einfache Fahrt: Kinder 1,60 €,
Erw. 2,50 €, Hin u. Rückfahrt
2,40 bzw. 3,50 €

Edersee Touristic GmbH
Tel. 0 56 23 / 99 98 0

Freibad Freienhagen
Waldeck-Freienhagen
Tel. 0 56 34 / 45 0
geöffnet: Mai-Sept. 9-19 Uhr
Kinder 1,20 €, Erw. 3 €

Ökologische Forschungsstation
Reiherbachstr. 13
34513 Waldeck-Nieder-Werbe
Tel. 0 56 34 / 48 0

Sommerrodelbahn Edersee
34513 Waldeck-Nieder-Werbe
Tel. 0 56 34 / 66 46
geöffnet: Ostern-Ende Okt.
tägl. 9.30-ca. 19 Uhr,
bei Sonnenschein im Winter
ab 11.30 Uhr
Kinder 1,40 €, Erw. 2 €,
Zehnerkarte 7 bzw. 10 €

In den Sommermonaten ist im Schloss viel los. Es werden Ritterspiele mit eigenem Programm zur Unterhaltung der kleinen Gäste veranstaltet. Auch über Angebote und Termine in der Stadt Waldeck gibt die *Edersee Touristic* Auskunft.

Unser Benimm-Tipp: Wie wäre es daheim mit einem Rittermahl? Und das mit echten Ritter-Tischsitten?: 1. Man bedecke sich mit einem Latz, um sich nicht zu bekleckern. 2. Das Essen wird auf hölzernen Brettern serviert. 3. Gibt es Suppe, wird gemeinsam aus einem Napf geschlürft, Schmatzlaute sind erlaubt. 4. Wird Braten gereicht, gibt es nur ein Messer für alle, man nimmt ansonsten die Finger. 5. Zur Mahlzeit kommt Brot auf den Tisch, damit tunkt der zünftige Ritter Soße und Speisereste auf. 6. Auf der Tafel stehen Schälchen mit Wasser und Leintücher, um anschließend die Hände zu reinigen.

Ideal zum Spielen und Entspannen ist die »Welt der Sinne« direkt am See in Waldeck, mit Kräutergarten und großem Aktionsbereich mit Riesenrutsche. Für die jüngsten Besucher gibt es einen riesigen Kletterwald aus naturbelassenem Eichenholz. Einsteigen kann man über Indianerleitern, Sprossen, Kletternetze und Stangen. Ein Steg aus Gurten und eine große Drehscheibe fordern den Gleichgewichtssinn heraus. Wer bei schönem Wetter lieber baden möchte, kann das im modernen *Freibad* im Stadtteil Freienhagen.

Etwas über das Leben im Bach erfahren, an einer Fledermaus-Exkursion oder Naturerlebnisspielen teilnehmen, das kann man in der *Ökologischen Forschungsstation Waldeck* im Ortsteil Waldeck-Nieder-Werbe. Schulklassen, Kinder- und auch Erwachsenengruppen sind willkommen. Die Veranstaltungen finden meistens im Freien statt und man sollte an wetterfeste Kleidung denken. Nieder-Werbe hat noch eine weitere Besonderheit: die *Sommerrodelbahn*. Sie hat eine Fahrstrecke von 850 Metern und jede Menge Kurven. Direkt neben der Bahn ist ein Imbiss.

Bad Wildungen: Weltbad mit Schloss

Prunkvolle Bauten aus der Jugendstilzeit in *Bad Wildungen* erinnern heute noch an die Zeit, als Prominente, Adlige und Großindustrielle aus aller Welt sich in der Stadt aufhielten.

Schon im späten 15. Jahrhundert wurde die positive Wirkung der Sauerbrunnen hier entdeckt. Seit dieser Zeit kommen Kranke zu den Heilquellen, ein russischer Zar war auch schon da. Inzwischen hat Wildungen ein modernes Freizeitbad, das *Heloponte*. Dies und der weitläufige Kurpark mit Brunnen und üppigem Blumenschmuck macht das Städtchen zum Anziehungspunkt, seit es sich in der Gründerzeit vom ruhigen Ort zum Weltbad mauserte.

Ein *Kurmuseum* gibt es in Bad Wildungen auch. Hier wird die Geschichte des Kurbetriebs und seine Bedeutung für den Ort vorgestellt. Medizinische Geräte sind auch dabei: zum Beispiel ein Blasenstein-Zertrümmerer. Dieses Gerät wurde von einem Bad Wildunger Kurarzt erfunden. Das Museum ist informativer und unterhaltsamer, als sein Name es vermuten lässt.

Die Altstadt von Bad Wildungen liegt auf einem Hügel. Ihr besonderer Schatz ist die evangelische Stadtkirche mit den Fürstengräbern und dem kostbaren Flügelaltar vom Meister Conrad von Soest aus dem Jahr 1403. Über die Geschichte der Region erfährt man viel im *Schloss Friedrichstein*. Es steht auf einer Bergkuppe und gehörte den Fürsten von Waldeck. Ausgestellt sind eine Gesteinssammlung, historische Waffen und Orden, alte Jagdgeräte und die »Türkenbeute«. Das sind Gegenstände, die Landgraf Karl von Hessen-Kassel von einem Feldzug gegen die Türken mitgebracht hatte.

Magistrat der Stadt
Bad Wildungen
Bürgerbüro
Am Markt 1
34537 Bad Wildungen
Tel. 0 56 21 / 70 13 20
www.badwildungen.de

Heloponte Freizeitbad
Hallen- und Freibad
Stresemannstr. 2
34537 Bad Wildungen
Tel. 0 56 21 / 16 00
geöffnet: Di.-Do., Sa., So. 8-22,
Mo. ab 14 Uhr
Kinder ab 1 € (1 Std.),
Erw. ab 2 € (1 Std.)

Kurmuseum
Brunnenallee 1
34537 Bad Wildungen
Tel. 0 56 21 / 72 94 2
geöffnet: tägl. 14-17 Uhr
Kinder frei, Erw. 1 €

Schloss Friedrichstein
Museum und Gesteins-sammlung
34537 Bad Wildungen
Tel. 0 56 21 / 55 39
geöffnet: Di.-So. 10-13,
14-16 Uhr
www.schlossfriedrichstein.de

Bergfreiheit: Kupfer und Edelsteine

Im Urfftal südlich von Bad Wildungen liegt mitten im Kellerwald der Ort Bergfreiheit mit einer kleinen Bergarbeitersiedlung. Früher war das ein richtiges »Industriegebiet«, an die tausend Mann waren im 16. und 17. Jahrhundert hier tätig. Mit besonderen Privilegien, den »Freiheiten«, wurden die Bergleute angelockt: freie Wahl von Bürgermeister und Rat, Gerichtsbarkeit und Gewährung von Schacht- und Stollenrecht. Heute ist dort der Eisenerz- und Kupferbergbau eingestellt. Als Museum erhalten blieb das an der Straße nach Fischbach gelegene heutige *Besucherbergwerk*. Durch niedrige und schmale Gänge geht es tief in die Erde hinab. Dunkelheit und Enge herrschen vor. Wie in vielen anderen Gruben auch, arbeiteten in Bergfreiheit ebenfalls Kinder im Stollen. Da sie kleiner waren, kamen sie in den engen Schächten bes-

Besucherbergwerk
Bad Wildungen-Bergfreiheit
Tel. 0 56 26 / 59 2
geöffnet:
Mai-Okt. Di.-So. 14-16,
Nov.-April Do.-So. 14-16 Uhr
Gruppen nach Absprache
Kinder 1 €, Erw. 2,50 €

Kupferbergwerk in Bergfreiheit

Museum Altes Bergamt
Kellerwaldstr. 20
34537 Bad Wildungen
Tel. 0 56 21 / 79 01 10
geöffnet:
April-Okt. Do 16-17 Uhr
Gruppen nach Absprache
Eintritt frei

Edelsteinschleiferei Lange
Im Urfftal 9
Bad Wildungen-Bergfreiheit
Tel. 0 56 26 / 34 3
geöffnet:
normale Verkaufszeiten
Schleiferei: Mo.-Fr. 15-17,
Sa.10-13 Uhr,
Gruppen nach Absprache
Eintritt frei

ser als die Erwachsenen voran. Mit diesen Kinderarbeitern sollen die Zwerge in dem Märchen von Schneewittchen und den sieben Zwergen etwas zu tun haben. Das jedenfalls fand ein Märchenforscher heraus. Er meinte, solche Kinderarbeiter, die früh alterten und im Wachstum zurückblieben, hätten Pate gestanden für die netten Zipfelmützenmänner des Märchens. Vielerlei Dinge, die mit dem Bergbau in der Region Kellerwald zusammenhängen, wurden im *Museum Altes Bergamt* zusammengetragen. Neben dem Kupfer gab es aber noch andere Kostbarkeiten in der Region: Quarzsteine mit bunter Bänderung, so genannte Achate. Noch heute werden diese Wunderwerke der Natur in der *Edelsteinschleiferei Lange* bearbeitet. Man kann dabei zuschauen und die schönsten Exemplare sind ausgestellt. Außerdem gibt es dort eine Reptilienausstellung; diese sind nämlich das Hobby von Herrn Lange.

Kloster Haina: Heimat der Familie Tischbein

Kloster Haina
Info-Tel. Herr Helbig
Tel. 0 64 56 / 24 5
geöffnet: April-Okt. 11-17 Uhr
Schüler 1 €, Erw. 1,50 €
E-Mail:
wilhelmhelbig@t-online.de
www.kirche-haina.de

Die Zisterzienser errichteten ihre Klosterbauten immer in großer Abgeschiedenheit (s. Kloster Eberbach im Rheingau). Dies war auch der Fall beim *Kloster Haina* im Wohratal, mit dessen Bau zu Beginn des 13. Jahrhunderts begonnen wurde. Das Kloster wurde dann 1527 im Zuge der Reformation aufgelöst. Landgraf Philipp der Großmütige (s. Marburg) wandelte es in ein Krankenhaus für die Landbevölkerung um, in das auch Menschen mit seelischen Krankheiten aufgenommen wurden. Ein für die damalige Zeit sehr weitblickendes Konzept!

Haina ist heute psychiatrisches Krankenhaus. Vom Kloster selbst sind die großartige Klosterkirche, der Kreuzgang und der Kreuzgarten zu besichtigen. Außerdem erinnert Haina an die Familie Tischbein, die über Generationen hinweg Maler hervorbrachte. Großvater Johann Heinrich Tischbein war als Bäckermeister nach Haina gekommen. Sein Sohn war Kunsttischler, fünf seiner Enkel wurden Künstler. Darunter auch Heinrich Wilhelm Tischbein, der spätere Goethefreund. Er kam in dem weiß gestrichenen *Tischbein-Haus* zur Welt, das heute als kleines Museum an die berühmte und produktive Familie erinnert. Heinrich Wilhelm fertigte am »schiefersteinernen« Tisch seiner Großmutter die ersten Bilder an. »Mich nannten sie den Maler, weil ich einmal an die Wand mit Kohle eine Zeichnung gemacht hatte: Hirsche und wilde Eber... Dies war bewundert, man beschloß, ich sollte ein Maler werden und deshalb teilten sie mir denn selber immer den größten Raum am Tische zu«.

Tischbein-Haus Haina
Wilhelm-Tischbein-Str.
35114 Haina (Kloster)
Tel. 0 64 56 / 92 97 43
geöffnet: April-Okt. Di.-So.
11-17 Uhr, Spende
Führungen nach Anmeldung,
auch am Wochenende

Frankenberg: Sitzgelegenheiten unter Dampf

Frankenberg ist heute das wirtschaftliche Zentrum des oberen Edertals. Doch auch schon im Mittelalter spielte der Handel in der Fachwerkstadt eine große Rolle. Das Rathaus mit seinen zehn Türmen zeugt vom Selbstbewusstsein der Bürger Frankenbergs. Mit einem neuzeitlichen Produkt aus der Stadt ist jeder sicher schon einmal in Berührung gekommen: Hier wurde nämlich 1889 die *Stuhlfabrik Thonet* gegründet. Zu einer Zeit, als Möbel in der Regel noch einzeln vom Schreiner gemacht wurden, stellten die Brüder Thonet Stühle schon industriell als Massenware her. Dazu wurde Buchenholz unter Dampf erhitzt und gebogen. Heraus kamen die »Bugholzstühle«. Einige davon wurden richtig berühmt und standen in Caféhäusern und in manchem Ess- und Wohnzimmer. Heute hat die Firma ihren Stammsitz in Kassel und liefert Stühle in alle Welt. Im firmeneigenen Museum sind alte und neue Stücke zu bewundern. Für Gruppen oder Schulklassen ist auch ein Blick auf die Produktion möglich. Um Industriegeschichte geht es auch im *Dampfmaschinenmuseum Frankenberg*. Zusammengetragen wurde mit Dampframmen und Lokomobiles, die in der Landwirtschaft und Industrie eingesetzt wurden, eine interessante Schau rund um die größte funktionstüchtige Dampfmaschine Deutschlands. Die ausgestell-

Fremdenverkehrsamt
Stadthaus, Obermarkt 7-13
55066 Frankenberg
Tel. 0 64 51 / 50 51 13
E-Mail: info@frankenberg.de
www.frankenberg.de

Thonet Museum
Michael-Thonet-Str. 1
35066 Frankenberg
Tel. 0 64 51 / 50 80
geöffnet: Mo. 10-12, 14-17,
Mi., Fr. 14-17 Uhr
Eintritt frei, Führungen nach
Vereinbarung
www.thonet.de

Thonet-Stuhl

Dampfmaschinenmuseum
Frankenberg
Otto-Stoelcker-Str. 19
Unternehmenspark Nord
35066 Frankenberg
Tel. 0 64 51 / 71 32 03
Führungen nach Anmeldung
www.dampfmaschinenmu-
seum-frankenberg.de

Jugendtreff Bootshaus
Hengstfurt 1
35066 Frankenberg
Tel. 0 64 51 / 71 68 24
E-Mail:
jugendtreff@frankenberg.de

Kanutouren und Verleih
Waltraud Vöhl
Am Pfarracker 10
35066 Frankenberg
Tel. 0 64 51 / 2 33 39
E-Mail:
kanu-voehl@t-online.de
www.eder-fulda-tour.de

ten Maschinen stammen aus der Zeit von 1890 bis 1945 und werden zum Teil in Funktion vorgeführt.

Durchaus aktuell ist das Angebot für Kinder ab acht Jahren im *Jugendtreff Bootshaus*. Dort werden Kurse in Street- und Breakdance angeboten, es wird gekocht und im Mädchenclub debattiert. Wer lieber in der Natur unterwegs ist: Bei Frankenberg gibt es ein Wildgehege, in dem Schwarzwild, Rot- und Damwild lebt. Viele Tiere sind inzwischen so an die Menschen gewöhnt, dass sie sich streicheln lassen. Täglich um 15 Uhr erhalten sie ihr Futter. Der Ederhöhenweg führt durch das Gelände des Wildgeheges. Wanderfreunde sind überhaupt gut dran in Frankenberg. 32 Rund- und Streckenwege verzeichnet der Ort am Burgwald. Eine *Kanutour* auf dem Flüsschen Eder bis zum Edersee ist ein besonderes Freizeiterlebnis.

Rathaus in Frankenberg

Korbach: Ein Rathaus mit zwei Eingängen

In *Korbach* gab es eine alte Stadt und eine neue Stadt, die durch eine Mauer getrennt waren. Im Jahr 1377 wurden beide Städte miteinander vereint. Genau auf der Grenze aber errichteten die Bürger ein Rathaus, das einen Eingang für die eine und einen für die andere Stadthälfte bekam. Die Korbacher waren wohlhabende Kaufleute. Da, wo Geld ist, herrscht auch Angst vor Dieben. Wurde früher ein Langfinger erwischt, musste er zur Abschreckung an den Pranger. In Korbach steht der Pranger im früheren Zentrum der Altstadt am »Alten Marktplatz«. Doch die Stadt hat auch noch Schöneres als ein Marterinstrument zu bieten. Stolz ist man hier auf die Brunnen, auch »Kümpe«, genannt, und die großen Hallenkirchen St. Nikolai und St. Kilian. Viel über den Alltag und das Leben in Stadt und Region erfährt man im *Museum Korbach*. Beispielsweise, dass die Korbacher gewissermaßen eine eigene Währung besaßen, den »Korbacher Pfennig«. Die Farbe Gelb spielt im Museum eine wichtige Rolle. Sie weist in jedem Raum auf Objekte und Texte hin, die speziell für Kinder und Jugendliche geeignet sind. So gibt es Informationen über die im Umland gefundenen, rund 250 Millionen Jahre alten Fossilien. Spannend ist auch die Geschichte der Goldgräber am Eisenberg. Der Berg liegt nicht weit entfernt beim Dörfchen Goldhausen, wo man früher nach Gold suchte. Das Museum Korbach organisiert neben Führungen durch das eigene Haus auch welche auf die Waschhalden der Goldsucher und zur Ruine der Burg Eisenberg. Von Burgturm aus hat man eine schöne Aussicht über das Waldecker Land.

Blick über Korbach

Einen virtuellen Ausflug in die Geschichte speziell für Kinder bietet Korbach auf seinen Internetseiten. »Procy«, ein

Tourist Information
Rathaus, Stechbahn 1
34497 Korbach
Tel. 0 56 31 / 53 23 2
Fax 0 56 31 / 53 32 0
E-Mail: info@korbach.de
www.korbach.de

Museum Korbach
Kirchplatz 4 (Kilianskirche)
34497 Korbach
Tel. 0 56 31 / 53 28 9
geöffnet: Di.-Sa. 11-16.30 Uhr
Schüler 1,80 €, Erw. 3 €,
Familien 8 €
www.korbach.de/museum

frühgeschichtliches Tier in einer Mischung aus Dinosaurier und Dackel, führt dort durch die Jahrhunderte. Ein wirklicher Ausflug zu echten Burgen ist auch nicht zu verachten und Korbachs Umgebung ist reich an diesen alten Gemäuern. In der Nähe ist die Burg Lichtenfels und bei Nordenbeck gibt es eine mittelalterliche Wasserburg. Noch etwas südlicher, im Orketal bei Fürstenberg, folgt in schöner Landschaft das Schloss Reckenberg.

Feste werden in Korbach natürlich auch gefeiert. Jeweils am zweiten Oktoberwochenende findet hier ein mittelalterlicher Markt statt. Handwerker, Künstler und fahrendes Volk füllen dann die Innenstadt. Viele Fremde kommen auch am Heiligen Abend in die Stadt. Dann wird bei St. Kilian der alte Brauch des Christkindwiegens feierlich begangen. Von der luftigen Höhe des Kirchturms der Kilianskirche erklingen Weihnachtslieder und es werden, um das Christkind symbolisch in den Schlaf zu wiegen, Laternen an langen Seilen hin und her geschwenkt. Eine für Auge und Ohr gleichermaßen schöne Inszenierung.

Willingen: Bergwerksstadt und Sportparadies

Tourist Information Willingen
Waldecker Str. 12
34508 Willingen
Tel. 0 56 32 / 40 11 80
Fax 0 56 32 / 40 11 50
E-Mail:
willingen@willingen.de
www.willingen.de

Besucherbergwerk Schiefergrube Christine
Schwalefelder Str. 28
34508 Willingen
Tel. 0 56 32 / 62 98
Führungen ab 8 Pers.:
Mi.-Sa. 10, 11, 15 u. 16 Uhr,
So. 10 u. 11 Uhr
u. n. Vereinbarung
Kinder 1,30 €, Erw. 2,60 €

Willingen liegt im »Upland« oder »Oberland«. Manche sagen auch »Hessisches Sauerland« dazu. Hier wurde beim Häuserbau Schiefer verwandt, der seit 1859 in den Bergwerken zutage gefördert wurde. Heute wird mangels Rentabilität kein Schiefer mehr abgebaut. Geblieben ist das *Bergwerk Christine*, das besichtigt werden kann. Seine Stollen ziehen sich über mehrere Stockwerke tief in den Berg hinein. Bei acht Grad ahnt der Besucher, wie hart und kalt die Arbeit unter Tage war, und zur Besichtung sollte man sich warm anziehen.

Das gilt auch für den Wintersport, der in Willingen alles andere in den Schatten stellt. In dem Ort entstand ein großes Wintersportstadion, in dem 38.000 Besucher Platz finden. Dazu kam der moderne Schanzenkopf der Sprungschanze, der als architektonische Meisterleistung gilt. So ist Willingen in aller Munde, wenn in jedem Jahr die besten Skispringer beim Weltcup von der Mühlenkopfschanze in die Tiefe des Tales springen. Das Tal wird übrigens Paradies genannt. Im Winterparadies Willingen stehen aber auch für diejenigen, die erst noch Profis werden wollen, zahlreiche Skischulen und Lif-

te bereit. Wer gern auf Langlaufskiern die Gegend erkundet, kann das auf rund 90 Kilometern Loipe tun. Eine führt auch an der berühmten Mühlenkopfschanze vorbei. Und weil Rodeln nicht nur im Winter schön ist, darf natürlich auch die *Sommerrodelbahn* im Skigebiet nicht fehlen. Sie ist 700 Meter lang. Auch nicht versäumen sollte man eine Fahrt mit der *Seilschwebebahn* hinauf zum 838 Meter hohen Ettelsberg. Im Winter werden die Skier mitgenommen und nach einer Stärkung in »Sigis Hütte« geht es durch die großen Waldgebiete zurück in den Ort. Im Sommer locken schöne Spazierwege und ganz besonders der Gang in die Blaubeeren. Unterhalb des Ettelsberges liegt ein *Wild- und Freizeitpark*. Er ist eine Mischung aus Zoo und Wildgehege; dort leben viele heimische Tiere wie Wildschweine und Rothirsche, aber auch Bären, Affen, Papageien und Strauße. Einen Streichelzoo und einen Märchenpark gibt es auch und abgerundet wird das Ganze durch ein Oldtimer-Museum, den Spielplatz, die Seilbahn, eine Parkeisenbahn und das Waldkino. Auch der Besuch im *Lagunen-Erlebnisbad* in Willingen ist ein Erlebnis. Viel Informatives über die Natur, die Pflanzen- und Tierwelt hält das ökologische Informationszentrum *Haus der Natur* in der Nähe des Bahnhofs. bereit. Dort wird auf 400 Quadratmetern Ausstellungsfläche in Bildern und kurzen Texten sehr anschaulich die Wechselbeziehung zwischen Lebewesen und Umwelt im Bereich des Naturparks Diemelsee gezeigt. Um noch mehr Natur geht es dann im oberen Strycktal südwestlich des Ortes. Hier beginnt ein Naturschutzgebiet mit Hochmoor. Zur Vegetation gehören Erlen, Birken und seltene Pflanzen wie Korallenwurz, Kriechweide, Fieberklee und verschiedene Orchideenarten. Führungen durch das Gebiet macht ein Förster.

Sommerrodelbahn
Schwalefelder Str. 5
34508 Willingen
Tel. 0 56 32 / 96 69 77
geöffnet: tägl. ab 9 Uhr

Seilschwebebahn Ettelsberg
Zur Hoppecke 5
34508 Willingen
Tel. 0 56 32 / 67 15
Fahrzeiten: tägl. 9-17 Uhr
Kinder 3 € (4 €),
Erw. 4,50 € (6,50 €)

Wild- und Freizeitpark
Willingen
Am Ettelsberg
34508 Willingen
Tel. 0 56 32 / 69 19 8
geöffnet: tägl. 9-18 Uhr
(Dez.-März 10-16 Uhr)
Kinder bis 3 Jahre frei,
danach 5,50 €, Erw. 8 €
www.freizeitpark.de

Lagunen-Erlebnisbad
Auf dem Hagen
34508 Willingen
Tel. 0 56 32 / 969430
geöffnet: tägl. 9-23 Uhr
Kinder ab 3,50 €, Erw. ab 6,70 €
www.treffpunkt-ettelsberg.de

Haus der Natur
In den Kämpen
34508 Willingen
Tel. 0 56 32 / 40 11 80
Fax 0 56 32 / 40 11 50
geöffnet: 1. Mai-31. Okt.
Mo., Di., Do. 10-12 u. 15-17,
Sa., So. 15-17, Nov.-April
Mi., Sa. 15-17, in den Ferien
Mo., Di., Do. 10-12 u. 15-17 Uhr
Eintritt frei

Naturpark Diemelsee

Hochwasserkatastrophen an Diemel und Weser führten zu Beginn des 20. Jahrhunderts zum Bau der Diemeltalsperre. Sie liegt inmitten des heutigen Naturparks Diemelsee. Die Staumauer des Sees hat eine Länge von 220 Metern und eine Höhe von 42 Metern. In einem Kraftwerk hinter der Staumauer treibt das Wasser zwei große Turbinen zur Stromerzeugung an. Aber auch rund um den See wird Energie gewonnen: Dort stehen fast 40 große Windkraftanlagen, die

Tourist Information Diemelsee
Kirchstr. 6
34519 Diemelsee-Heringhausen
Tel. 0 56 33 / 91 13 3

Besucherbergwerk Grube Christiane

Diemelsee-Heringhausen
Tel. 0 56 33 / 99 22 11

Hallen- u. Bewegungsbad Diemelsee
Kirchstr. 6
34519 Diemelsee-Heringhausen
Tel. 0 56 33 / 91 13 5
geöffnet: Mo.-Fr. 9-12, 14-22, Sa. 8-12, 14-20, So. 8-20 Uhr
Kinder 2 €, Erw. 3,30 €

Ausflugsschiff auf dem Diemelsee
Tel. 0 29 91 / 64 41

Besucherbergwerk Christiane
Straße Diemelsee-Adorf
Richtung Bredelar/Padberg
Tel. 0 56 33 / 58 40
geöffnet: April-Okt. Mi. 14-17, Sa. 13-17, So. 10-17 Uhr
Kinder 2 €, Erw. 4 €
E-Mail: info@grube-christiane.de

Briefmarke Arolsen

umweltfreundlich Strom produzieren und markante Akzente in die Landschaft setzen. Der Diemelsee ist ein beliebtes Ausflugsgebiet für Wasserfreunde, Segler und Angler. Das kostenlose Strandbad bietet eine Wasserrutsche und einen großen Spielplatz. Ein Kiosk hält Leckereien bereit, Tret-, Ruder- und Elektroboote können gemietet werden. Hit im Sommer ist eine Seerundfahrt mit dem Ausflugsschiff. Es hält an der Staumauer und in Heringhausen. Dort findet sich ein Miniaturpark mit zahlreichen Bauwerken im Kleinformat aus der Region Waldeck-Frankenberg. Nach Heringhausen zieht es im Winter auch die Badelustigen. Sie packen Handtuch und Badeanzug ein für einen Aufenthalt im *Hallen- und Bewegungsbad.*

Am Rande des Naturparks Diemelsee liegt Adorf, was so viel heißt wie »Dorf am Wasser«. Rund um den Ort zeugen Klippen und Bodenaufschlüsse von der 300 Millionen Jahre alten Erdgeschichte. Diese waren und sind Fundorte mit Überresten aus vorgeschichtlicher Zeit. Auch heute finden Hobby- und Berufsgeologen dort noch Fossilien. Insbesondere die Klippe an der Straße nach Adorf-Giershagen ist ein geologisch bedeutsames Naturdenkmal. Mineralienfreunde wandern zu den stillgelegten Coelestingruben bei Wirmighausen, benannt nach dem Heiligen Coelestin. Am Rand von Adorf wurde vom 13. Jahrhundert bis fast in die Gegenwart hinein Eisenerz abgebaut. In der ehemaligen *Grube Christiane* eröffneten 1986 frühere Bergleute ein *Besucherbergwerk*. Auf einer 1,2 Kilometer langen Untertagestrecke werden Technik und Arbeitsbedingungen unter Tage erläutert. Im angeschlossenen Bergbaumuseum sind weitere interessante Informationen zu erhalten und zahlreiche Mineralien zu sehen.

Bad Arolsen: Zu Besuch beim Fürsten

Bad Arolsen ist ein Städtchen, das am Reißbrett entstand. Die Straßen sollten symmetrisch verlaufen und immer in Bezug stehen zum *Residenzschloss*. Erhalten blieb ein Ensemble im Stil des 18. Jahrhunderts mit hübschen barocken Beamtenhäusern, aufgereiht entlang der geraden Schlossstraße. Eines davon, das Schreibersche Haus, ist heute Museum und mit seinem prächtigen Festsaal zu besichtigen. Im Schloss lebt noch heute der »Fürst zu Waldeck und Pyrmont« mit seiner Familie.

Das Gebäude ahmt den Palast des Sonnenkönigs von Versailles bei Paris nach und wurde nach 1710 erbaut. Zwar fiel es ein wenig kleiner aus als sein berühmtes Vorbild, steht jenem aber in der Prachtentfaltung nicht nach. Besonders schön sind der »Steinerne Saal«, die Schlosskapelle und die große Bibliothek. Im Westflügel werden regelmäßig Kunstausstellungen gezeigt. Der Schlosspark darf betreten werden.

Arolsen war auch eine Stadt der Künste. Der klassizistische Bildhauer Christian Daniel Rauch wurde hier geboren. Auch sein Geburtshaus wurde als kleines Museum hergerichtet. Im ehemaligen Marstall, dem *Rauch-Museum*, sind kostbare Originalgipsmodelle und Plastiken aus Marmor und so genanntem Biskuitporzellan ausgestellt. Das Stammhaus der Handwerker- und Künstlerfamilie Kaulbach steht in der gleichnamigen Straße. Johann Wilhelm Kaulbach war Hofschreiner bei den Waldecker Fürsten. Das *Kaulbachhaus* zeigt Werkzeuge, Möbel und Bilder rund um die Kaulbachs. Für Kinder gibt es dabei allerlei zu erforschen und zu entdecken.

Viel mit Theater und Musik haben die Arolser Barockfestspiele zu tun, die immer zwischen Ende Mai und Anfang Juni stattfinden. Anfang August folgt dann der schon seit bald 300 Jahren begangene, viertägige Kram- und Viehmarkt. Er ist der größte Jahrmarkt in Nordhessen und Umgebung.

Ein Stadtteil von Bad Arolsen ist Mengeringhausen mit seinen vielen gut erhaltenen Fachwerkhäusern. In der alten Burg befindet sich heute ein Hotel, in dem auf Bestellung der Burggeist erscheint. Ein prima Erholungsort ist das *Freizeitbad Arobella*. Wie üblich mit langer Röhrenrutsche, Kleinkinderbereich, Strömungskanal etc. Das gilt auch für den »Weißen Stein« mit Grillhütte, Angelteich, Waldsport- und Naturlehrpfad. Vom *Flugplatz* aus, hoch über Bad Arolsen, starten Flüge über das Waldecker Land und auch Fahrten mit dem Heißluftballon. Ein gutes Ausflugslokal gibt es dort oben auch.

Der Twistesee: Treffpunkt der Ausdauersportler

Wenige Kilometer vor Bad Arolsen im Bereich des Stadtteils Wetterburg liegt der *Twistesee*, ein künstlicher See, der wie Eder- und Diemelsee zum Schutz gegen Hochwasser entstand. Der Twistesee gilt als eine der saubersten Talsperren Deutschlands, frei von jeglicher Abwassereinleitung. Nicht

Gäste- und Gesundheitszentrum
Rauchstr. 2
34454 Bad Arolsen
Tel. 0 56 91 / 89 44 0
E-Mail: ggz@bad-arolsen.de
www.bad-arolsen.de

Residenzschloss Arolsen
Schlossstraße
34454 Bad Arolsen
Tel. 0 56 91 / 89 55 0
www.schloss-arolsen.de

Christian Daniel Rauch-Geburtshaus
Rauchstr. 3
Informationen zu allen Museen: Tel. 0 56 91 / 62 57 34
Tageskarten f. alle Museen:
Kinder 3 €, Erw. 5 €

Schreibersches Haus / Kaulbachhaus
Kaulbachstr. 3
34454 Bad Arolsen
geöffnet: Mi., Sa., So.
14.30-17 Uhr
Kinder 0,50 €, Erw. 1 €
www. museum-bad-arolsen.de

Freizeitbad Arobella
Schlesienstr. 23
34454 Bad Arolsen
Tel. 0 56 91 / 80 62 00
geöffnet: Mo.-Fr. 6.30-8 Uhr,
So.-Do. 10-22 Uhr,
Fr., Sa. 10-23 Uhr,
Kinder: 1,50 €, Erw. 3,10 €,
Familienkarte 8,70 €

Flugplatz Mengeringhausen
Lünnenberg 70
34454 Bad Arolsen
Tel. 0 56 91 / 25 17

Strandbad Twistesee
Bad Arolsen-Wetterburg
Tel. 0 56 91 / 35 31
oder 89 44 0

nur deshalb eignet er sich bestens zum Schwimmen. Nahezu überall kann man hier baden, nicht nur am kostenlos zugänglichen Sandbadestrand mit großer Liegewiese, Umkleidekabinen, Rutsche und Wasserpumpe. Paddeln, Rudern, Surfen und Wasserski sind erlaubt, Motorboote dagegen verboten. Im Winter friert der See oft vollständig zu. Dann heißt es die Schlittschuhe anziehen und vielleicht auch die Eishockeyschläger rausholen.

Rund um den See führt ein sieben Kilometer langer Rad- und Wanderweg, und auch die großen Waldgebiete der Gegend sind ideal für Wanderungen und Waldläufe. Der Twistesee ist daher bekannt als Ausdauersport-Zentrum. Immer wieder finden hier Volkswanderungen, Marathon- und Triathlon-Wettkämpfe statt. Das Vorstaubecken im Süden des Sees ist Naturschutzgebiet. Dort lassen sich das ganze Jahr hindurch seltene Vögel beobachten. Wer einmal an einem ganz besonderen Ort essen und trinken möchte: Im Überlauftrichter direkt vor der Staumauer befindet sich ein Restaurant.

Roth-
westen
83
3
Wahn-
hausen
HABICHTSWALD
KASSEL
Herkules
251
A7
Wilhelmshöher Allee
Orangerie
Schloß
Druseltalstraße
Löwen-
burg
Aue
Buga-See
Heiligen-
rode
Bhf
DOCUMENTA
7
A44
A49
Hoof
Museums
520
nach
Naumburg
Eisenbahn
Hessencourrier
Baunatal
Fulda
A7
83
Werra
Fulda
Gux-
hagen

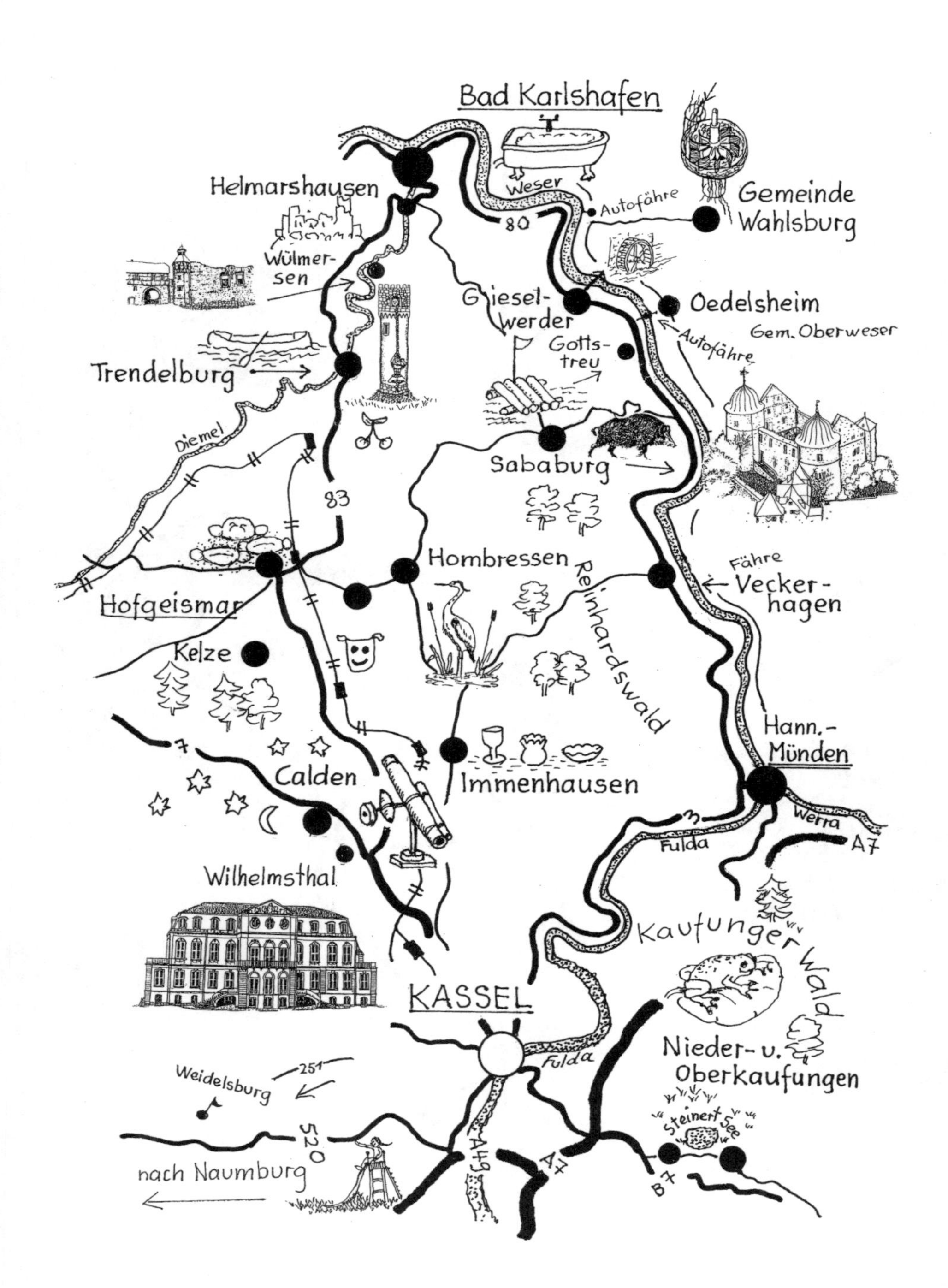
Bad Karlshafen
Helmarshausen
Weser
80
Autofähre
Gemeinde
Wahlsburg
Wülmer-
sen
Giesel-
werder
Oedelsheim
Gem. Oberweser
Autofähre
Gotts-
treu
Trendelburg
Diemel
Sababurg
83
Hombressen
Reinhardswald
Fähre
Vecker-
hagen
Hofgeismar
Kelze
7
Calden
Immenhausen
Hann.-
Münden
Werra
Fulda
A7
Wilhelmsthal
Kaufunger Wald
KASSEL
Fulda
Nieder- u.
Oberkaufungen
Weidelsburg
251
"Steinert See"
520
nach Naumburg
A49
A7
B7

Kassel und Kassel Land

Herkules – Wahrzeichen von Kassel

Kassel ist mit 200.000 Einwohnern heute die Metropole Nordhessens. Ein fränkischer Königshof mit Namen »Chassalla« wird erstmals im Jahr 913 erwähnt, später residierten hier Landgrafen und Kurfürsten. Mit großartigen Bauten prägten sie das Aussehen der Stadt – zum großen Teil übrigens bezahlt mit dem Verkauf von Soldaten. »Ab nach Kassel« ist ein bekannter Spruch: Zwangsweise angeworben, mussten Männer aus ganz Hessen in fremden Heeren kämpfen. Ihre Verschiffung nach Amerika erfolgte von Karlshafen aus (s. dort, bzw. Ziegenhain). Um 1800 hatten die Franzosen in Kassel kurz das Sagen, danach war die Stadt vorübergehend fest in preußischer Hand. Während dieser Zeit entstanden viele große Fabriken, in denen Eisenbahnwaggons und Waffen gebaut wurden. Diese Industriezweige gaben den Ausschlag für die Zerstörung der gesamten Innenstadt während des Zweiten Weltkrieges im Oktober 1943.

Herkules

Kassel Tourist-GmbH
Obere Königsstraße 15
34117 Kassel
Tel. 05 61 / 70 77 07
E-Mail:
tourist@kassel-tourist.info
www.kassel.de
spezielle Kinderführungen

Tourist Information
im ICE-Bahnhof
Willy-Brandt-Platz 1
34131 Kassel-Wilhelmshöhe
Tel. 05 61 / 34 05 4

Löwenburg
Bergpark Wilhelmshöhe
34131 Kassel
Tel. 05 61 / 31 68 02 44
geöffnet:
März-Okt. Di.-So. 10-17,
Nov.-Feb. Di.-So. 10-16 Uhr
Mittagspause 12-13 Uhr
Schüler 2,50 €, Erw. 3,50 €,
Familienkarte 8,00 €,
Wilhelmshöhe kompl. 12 €
Bus 23, Halt: Löwenburg

Unser Besuch beginnt im größten Bergpark Europas, in Kassel-Wilhelmshöhe. Im Zusammenspiel von Natur, Architektur und Skulpturenschmuck bildet er eine großartige barocke Anlage. Zwischen Seen, alten und seltenen Bäumen und Wiesenhängen sind kleine Tempel, Grotten, eine Eremitage, die Teufelsbrücke und die *Löwenburg* versteckt. Diese wurde 1793 mit Türmen, Wehrgängen, Zugbrücke und Fallgitter durch Landgraf Wilhelm IX. schon als Ruine geplant und gebaut und ist heute ein Museum. Besonders sehenswert ist hier die Rüstkammer mit den vielen Waffen und Rüstungen, aber auch die Möbel und Bilder und das Prunkgrab des Landgrafen sind interessant. Das *Schloss Wilhelmshöhe* geht auf den Landgrafen und späteren Kurfürsten Wilhelm I. zurück. Nach Wilhelm sind auch Schloss und Park benannt. Das Schloss Wilhelmshöhe war die große Sommerresidenz, ein kleineres Gegenstück steht in Wilhelmsthal in Calden (s. dort). Nur im so genannten Weißensteinflügel des Schlosses sieht man noch Teile der alten aufwendigen Ausstattung mit Schlaf-, Esszimmer und fürstlichem Bad mit schwarzer Marmorbadewanne. Die übrigen Räume in Wilhelmshöhe werden als Museum genutzt. Sie beherbergen antike Plastiken und eine Gemäldegalerie alter Meister, darunter auch Werke

Herkules und Oktogon
Schlosspark 3
34131 Kassel-Wilhelmshöhe
geöffnet: 15. März-15. Nov.
tägl. 10-17 Uhr
Tram 3, Bus 12, Halt: Druseltal,
dann Bus 43, Halt: Herkules

Museum Schloss Wilhelmshöhe
Schlosspark 1
34131 Kassel
Tel. 05 61 / 31 68 00
geöffnet: Di.-So. 10-17 Uhr
Schüler 2,50 €, Erw. 3,50 €,
Familienkarte 8,00 €,
Wilhelmshöhe kompl. 12 €
Tram 1, Halt:
Wilhemshöhe/Park
www.museum-kassel.de

Wasserspiele
Bergpark Wilhelmshöhe
Betriebszeiten:
Himmelfahrt-3. Okt.
Mi., So. 14.30-15.30 Uhr
Beginn am Herkules
Juni-Sept. am 1. Sa. im Monat
um 22 Uhr beleuchtet

Kurhessen Therme
Wilhelmshöher Allee 361
34131 Kassel
Tel. 05 61 / 31 80 80
geöffnet: tägl. 9-23 Uhr
Kinder bis 6 Jahre frei,
Schüler u. Erw. 1½ Stunden
12 €, Tageskarte 25 €
Linie 1, Halt: Kurhessen Therme

Kleintierzoo am Rammelsberg
Tel. 05 61 / 31 33 51
geöffnet: Mo.-Fr. 14-18,
Sa., So. 9-18 Uhr
vorm. nach Vereinbarung
Spende erwünscht
Linie 1, Halt: Kunoldstraße

Rembrandts. Das »Höchste« in Wilhelmshöhe aber ist im wahrsten Sinne des Wortes der *Herkules*, der am Ende des Bergparks über allem als das Wahrzeichen Kassels steht. Der schwerste Mann der Welt ist über neun Meter groß, seine Füße sind 1,50 Meter lang, sein Brustumfang beträgt fünf Meter. Der Held des Altertums stützt sich auf eine Keule, über der das Fell eines Löwen hängt, den er der Sage nach mit bloßen Händen erwürgt hat. Errichtet wurde die Kupferfigur 1713 im Auftrag des Landgrafen Karl, der in Herkules ein Vorbild sah. Der Wilhelmshöher Held steht auf einem 63 Meter hohen achteckigen Sockel, dem »Oktogon«.

Unser Hör-Tipp zu Herkules: Die aufregenden Abenteuer des antiken Helden kann man miterleben beim Hören seiner Lebensgeschichte. Dimiter Inkiow hat sie für Kinder neu erzählt. Wirklich schön in Szene gesetzt sind sie auf der CD und MC, die bei Igel-Rekords erschienen ist.

Zu Füßen des Kasseler Herkules finden großartige *Wasserspiele* statt. Über Kaskaden, das sind hohe Steinstufen, stürzt das Wasser hinab und speist die rund 50 Meter hohe große Fontäne im Teich. Zweimal pro Woche ist sie jeweils im Sommer zu sehen. Ein Schauspiel, für das rund 1.200 Kubikmeter Wasser benötigt werden! Beim »Park- und Lichterfest« am vierten Samstag im August sind die Wasserspiele natürlich auch zu bewundern. Zusätzlich findet ein Laternenumzug statt; abends gibt es ein großes Feuerwerk.

Wasserspiele ganz anderer Art bietet die *Kurhessen Therme* im Stadtteil Wilhelmshöhe am unteren Ende des Parks. Das nicht ganz billige Thermalsolebad wartet mit einer Wasser-Erlebniswelt auf, die in zwei Stunden kaum zu durchschwimmen ist. Kein eigenes Schwimmbad dagegen haben die Waschbären im nahe gelegenen *Kleintierzoo am Rammelsberg*, sie scheinen es aber auch nicht sonderlich zu vermissen. Wie die Hasen, Enten, Schafe und Affen erfreuen sie die Herzen der Besucher.

Kunst und Kurioses in Kasseler Museen

Heute ist Kassel mit seiner Hochschule eine Stadt der Kunst. Hier findet die *documenta* statt, weltweit die wichtigste Ausstellung moderner Kunst. Manches von den vergangenen documenta-Ausstellungen ist in der Stadt geblieben, beispielsweise die riesige Spitzhacke von Claes Oldenburg an der Fuldaaue oder die Figur des Himmelstürmers von Jonathan Borofsky vor dem KulturBahnhof im Kasseler Hauptbahnhof.

Ausstellungsorte der documenta, die 2005 ihr 50. Jubiläum feiert, sind das Kasseler Fridericianum, die documentahalle und andere Plätze in der Stadt. Alle fünf Jahre, das nächste Mal 2007, wird eine documenta organisiert. Dann gibt es auch für Kinder spezielle Aktionen zu Malerei, Fotokunst und Video. Zwischen den documenta-Ausstellungen zeigt die Kunsthalle im Fridericianum wechselnde Ausstellungen. Das Fridericianum ließ Landgraf Friedrich um 1770 als ersten öffentlich zugänglichen Museumsbau auf dem Kontinent errichten. Davor waren Museen Privatangelegenheiten von Königen, Fürsten und reichen Sammlern gewesen.

Ebenfalls aus dem 18. Jahrhundert und aus dem Besitz der hessischen Landgrafen stammt der Grundstock des *Naturkundemuseums*. Das »Naturalienkabinett« ist die älteste erhaltene systematische Pflanzensammlung Europas. Diese und eine Gesteinssammlung wurden um zahlreiche andere Schwerpunkte erweitert. Das Museum zeigt außerdem große Lebensrauminszenierungen, in denen Bisam, Braunbär und Rothirsch in ihrem natürlichen Umfeld präsentiert werden. »KiM«, Kinder im Museum, heißt es am Dienstagnachmittag bei kostenlosem Eintritt. Kinder können dann Mineralien bestimmen und züchten oder Dino-Kuscheltiere basteln. Bitte vorher anmelden.

Wie lebten steinzeitliche Jäger und Sammler, welche Waffen benutzten sie? Wo siedelten die Kelten, wo die Germanen? Wie haben die Bauern ihre Äcker bearbeitet, als es noch keine Traktoren gab? Diese und viele andere Fragen werden im *Hessischen Landesmuseum* beantwortet. Rund 400.000 Jahre Geschichte sind im Schnelldurchgang erlebbar. Nach Anmeldung können Schulklassen bei ihrem Besuch Feuersteinklingen schneiden und mit Feuersteinen ein Feuer entfachen.

Kassel und die Grimms gehören zusammen. In Kassel besuchten Jacob und Wilhelm das Gymnasium und hier fanden sie später eine Anstellung als Wissenschaftler und Bibliothekar. Die Brüder Grimm begannen hier auch, die nur mündlich weitergegebenen Märchen zu sammeln und aufzuschreiben. Die meisten übrigens hörten sie von der Gastwirtstochter Do-

Der Himmelstürmer

Documenta
Museum Fridericianum und documentahalle
Friedrichsplatz 18
34117 Kassel
Tel. 05 61 / 70 72 72 0
Tram 1-9, Halt: Friedrichsplatz

Naturkundemuseum
im Ottoneum
Steinweg 2
34117 Kassel
Tel. 05 61 / 7 87-40 66
geöffnet: Di.-So. 10-17 Uhr
Schüler 1 €, Erw. 1,50 €
Tram 1-9, Halt: Friedrichsplatz
www.naturkundemuseum-kassel.de

Hessisches Landesmuseum
Brüder-Grimm-Platz 5
34117 Kassel
Tel. 05 61 / 31 68 03 00
geöffnet: Di.-So. 10-17 Uhr
Kinder 2,50 €, Erw. 3,50 €,
Familienkarte 8 €
Tram 1-9, Halt: Rathaus

Brüder-Grimm-Museum
Schöne Aussicht 2
34117 Kassel
Tel. 05 61 / 78 72 03 3
geöffnet: tägl. 10-17 Uhr
Kinder 1 €, Erw. 1,50 €
Bus 12, Tram 1-9, Halt: Rathaus
www.grimms.de

rothea Viehmann aus dem nahen Dorf Niederzwehren. 1812 erschien der erste schmale Band der Grimmschen Märchen, von Jahr zu Jahr kamen neue hinzu. Mittlerweile gibt es unzählige Auflagen in vielen verschiedenen Sprachen. Das *Brüder-Grimm-Museum* in Kassel zeigt Bücher, Handschriften, Bilder und andere Erinnerungsstücke. Kinder erkunden es am besten bei einer Führung.

Museum für Sepulkralkultur
Weinbergstr. 25-27
34117 Kassel
Tel. 05 61 / 91 89 30
geöffnet:
Di.-So. 10-17, Mi. bis 20 Uhr
Schüler 2 €, Erw. 4 €,
Familienkarte 7 €
Tram 1-9, Halt: Rathaus
www.sepulkralmuseum.de

Vielen von uns fällt es schwer, über den Tod zu sprechen, umso wichtiger ist das *Museum für Sepulkralkultur*. Das Wort »Sepulkral« kommt aus dem Lateinischen und bedeutet Grabmal. Entsprechend sammelt dieses einmalige Museum alles, was mit dem Tod und der Bestattung von Menschen zu tun hat, und richtet in seinem Haus interessante Sonderausstellungen aus. Das Museum sollten Eltern mit größeren Kindern besuchen.

Straßenbahnmuseum
Betriebsbahnhof
Sandershäuser Str.
Tel. 05 61 / 30 89 47 8
geöffnet: 1. Sonntag im
Monat, 10.30-16.30 Uhr
Kontakt: Klaus Peterzelka
Hansteinstr. 4, 34121 Kassel
E-Mail: webmaster@strassenbahnmuseum-kassel.de
www.kvg-inside.de

Bitte Platz nehmen zu einer Fahrt in die Vergangenheit heißt es im *Straßenbahnmuseum Kassel*. Schon vor mehr als 100 Jahren tourte eine Dampfbahn mit den gelben Wagen durch die Stadt. Im Museum sind außer den Fahrzeugen auch Uniformen, Fotoalben und alte Fahrscheine zu bewundern. Es gibt einen Souvenirshop und eine Cafeteria. Einmal monatlich werden Oldtimerfahrten organisiert. Sie starten am Fuße des Bergparks Wilhelmshöhe.

Die Karlsaue: Barockpark mit Kulturzelt

Die Karlsaue ist nach Landgraf Karl benannt. Schon seine Vorgänger hatten auf dem Gelände bei der Fulda eine Orangerie zur Zucht tropischer Früchte angelegt. Um 1700 ließ Karl diese umbauen, machte ein Schloss daraus und wählte es als Sommerresidenz. Heute ist in den luftigen Räumen das *Museum für Astronomie und Technikgeschichte* untergebracht. Von der goldenen Planetenuhr aus dem Jahr 1561 über die Hochdruckdampfpumpe von Denis Papin bis zum ersten Computer von Konrad Zuse wird hier der geschichtliche Bogen gespannt. Zum Museum gehört ein *Planetarium*. Auf seine zehn Meter breite Kuppel wird der Sternenhimmel mit seinen verschiedenen Sternbildern projiziert. Vor dem Museum beginnt auch der Planetenwanderweg (s. Kriftel, Marburg), der durch die Karlsaue führt und noch mehr zur Erweiterung des Horizonts beträgt. Seine Stationen gehen von der Sonne bis Pluto.

Museum für Astronomie
und Technikgeschichte
In der Orangerie, Karlsaue 20 c
34117 Kassel
Tel. 05 61 / 31 68 05 00
geöffnet: Di.-So. 10-17 Uhr,
Vorführungen Di., Do., Sa. 14,
Mi., Fr., So. 15 Uhr
Kinder unter 10 Jahren frei,
Erw. 3,50 €, Museum mit
Planetarium: Erw. 5 €
Tram 1-9, Halt: Friedrichsplatz

Die Karlsaue selbst hat noch weitgehend ihren Charakter

als Barockpark mit Wasserkanälen und reichem Skulpturenschmuck bewahrt. Sie geht in die eher als Landschaftspark gestaltete Fuldaaue über und lädt zu hübschen Spaziergängen ein. Auch die »Blumeninsel Siebenbergen« mit vielen schönen und seltenen Pflanzen befindet sich hier. Ein Wasserspielplatz ist nahe der Gärtnerplatzbrücke vorhanden und im Sommer lädt ein Badesee in der Fuldaaue zum Schwimmen ein. Weil der See zur Bundesgartenschau 1981 künstlich angelegt wurde, heißt er auch »Buga-See«. Das Bade-, Spiel-, Surf- und Sonnenvergnügen ist hier kostenlos.

In den Sommermonaten steht an der Fuldaaue das »Kulturzelt«, in dem unter anderem auch Theaterstücke, Lesungen und Musik für Kinder angeboten werden. Ende Juli oder Anfang August findet das Wasser- und Altstadtfest »Zissel« statt. Früher war es eine Art Erntedankfest für die Schiffer, heute ist es die größte Kirmes in Nordhessen. Auf der Fulda und an ihren Ufern herrscht dann mit Riesenrädern, Gauklern und Schaulustigen viel Trubel. Es gibt einen Bootskorso und das nächtliche Fuldaschwimmen mit brennenden Kerzen und Feuerwerk. Wie es zu der eigenartigen Bezeichnung für das Fest kam und was diese bedeutet, ist nicht geklärt. Wahrscheinlich hängt sie mit der Redewendung »Geld verzisseln«, also Geld ausgeben, zusammen.

Theater, Filme und Bücher für Kinder

Das *Kasseler Kinderbüro* sieht sich als Schaltstelle für Projekte, an denen Kinder und Jugendliche beteiligt sind. Rund 20 dieser Projekte werden pro Jahr realisiert. Dazu gehören ein Kasseler Kinder- und Jugendstadtplan, Foren und Aktionen zur Veränderung und Verschönerung von Spielplätzen und Wohnvierteln. Natürlich ist das Kinderbüro auch Anlaufstelle, wenn es um Informationen geht, die Kinder betreffen. Man kann hier zum Beispiel erfahren, wo in Kassel für die kleinen Leute der Bär tobt.

Das *Staatsheater* spielt im »TiF« oder Theater im Fridericianum Stücke für Kinder. Zusätzlich zum Repertoire gibt es ein reichhaltiges theaterpädagogisches Angebot mit Probenbesuchen, Diskussionen und Lesungen. Zu besonderen Spielaktionen trifft sich dienstags der Teenclub I für Kinder von 10 bis 13 Jahren, der Teenclub II ist mittwochs für die ab Vierzehnjährigen da.

Kasseler Kinderbüro
Haus der Jugend
Mühlengasse 1, 34125 Kassel
Tel. 05 61 / 78 75 25 4
geöffnet: Mo.-Do. 10-17,
Fr. 9-13 Uhr
Bus 18, 19, Tram 3, 4, 6, 7, 8,
Halt: Altmarkt

Staatstheater Kassel
Friedrichsplatz 15
Tel. 05 61 / 10 94 22 2
Spielstätte für Kinder- und
Jugend: TiF oder Theater
im Fridericianum
Theaterpädagogische Angebote
Sabine Simon, Elke Kremer
Tel. 05 61 / 10 94 40 0
E-Mail:
Kjt@staatstheater-kassel.de
www.staatstheater-kassel.de
Tram 1-9, Halt: Friedrichsplatz

Kasseler Figurentheater im
Kulturhaus Dock 4
34117 Kassel
Tel. 05 61 / 49 14 128
Kinder ab 3 €, Erw. 5 €
www.kasseler-figurentheater.de

Kindertheaterbürooo
Kirchweg 66, 34119 Kassel
Tel. 05 61 / 71 06 89
www.kindertheaterbuerooo.de

Filmladen
Goethestr. 31, 34119 Kassel
Tel. 05 61 / 70 76 40
Linie 7, Halt Goethestraße
www.filmladen.de

Kinder- und Jugendbücherei
Oberste Gasse 24, 34117 Kassel
Tel. 05 61 / 78 74 05 4
geöffnet: Mo.-Do. 13-18,
Fr. 9-13 Uhr
Linie 1-9, Halt: Königsplatz

Hessencourrier e.V. Kassel
Kaulenbergstr. 5
34131 Kassel
Tel. 05 61 / 35 92 5
Kassel-Naumburg: Kinder
einfache Fahrt 7 €, Erw. 13 €
E-Mail: info@hessencourrier.de
www.hessencourrier.de

Passagierschiffe
Rehbein-Linie Kassel
Anlegestelle »Die Schlagd/
Rondell« an der Karlsaue
Tel. 05 61 / 18 50 5
Fahrzeiten: Karfreitag-15. Sept.
Bus 18, 19, Tram 3, 4, 6, 7, 8,
Halt: Altmarkt
Termine und Fahrten
im Internet:
www.fahrgastschiffahrt.com

Personenschiffahrt Söllner
Anlegestelle »Die Schlagd/
Rondell« an der Karlsaue
Tel. 05 61 / 77 46 70
ab 1. Mai regelmäßige
Fahrzeiten
Termine und Fahrten
im Internet:
www.personenschiffahrt.com

Raum für freie Gruppen bietet das städtische Kulturhaus am »Dock 4« gleich beim Museum Fridericianum. Hier spielt das witzige »Theater Lakupaka«, das »Spielraumtheater« und das *Kasseler Figurentheater.* Über die Termine der genannten Theatergruppen in Kassel und in Nordhessen informiert das *Kindertheaterbürooo.* Kinderkino wird täglich um 15.15 Uhr im *Filmladen* gezeigt. Dort wird auch das Kinderfilmfest organisiert, das im Frühjahr und im Herbst stattfindet. Zehn Tage lang werden dann täglich mehrere Filme gezeigt, der erste schon frühmorgens zur besten Schulzeit. Leseratten versorgt die *Kinder- und Jugendbücherei* mit Stoff. Über die Buchausleihe hinaus werden Einführungen für Kindergartengruppen und Schulklassen angeboten. In den Sommerferien gibt es eine Woche lang ein Kreativ-Programm rund um das Buch. Vergleichbare Aktivitäten während der Ferien richten die Kasseler Jugendhäuser aus.

Freie Fahrt und Leinen los

Der *Hessencourrier* ist eine fahrende Museumseisenbahn, das Personal trägt historische Uniformen. Die Dampfloks sind um die 50 Jahre alt, die Waggons stammen zum Teil noch aus dem 19. Jahrhundert. Gemächlich rattert der dampfbetriebene Bummelzug in den Sommermonaten über die eingleisige Schienenstrecke von Kassel aus in Richtung Westen. Ziel ist das 30 Kilometer entfernte Naumburg im Habichtswald. Die Fahrt dauert bis zu zwei Stunden, denn der Courrier hält oft. Blumenpflücken während der Fahrt ist allerdings verboten! In Naumburg (s. dort) angekommen, warten noch einige interessante Dinge auf den Besucher.

Beim alten Kasseler Hafen an der Karlsaue ist die Abfahrt der *Passagierschiffe*. Ihre dampfgetriebenen Vorgänger tuckerten schon 1707 über die Fulda. Die Route der Ausflugsdampfer führt vorbei an den Ausläufern des Kaufunger Waldes durch das abwechslungsreiche Fuldatal. Es werden mehrere kleine Ortschaften passiert; Fahrtende ist am Stausee bei Wahnhausen. Ein besonderes Erlebnis ist dabei das Passieren einer Schleuse mit einem Höhenunterschied von bis zu 8,5 Metern. Wer möchte, kann an den Anlegestellen aussteigen, Besichtigungen machen, wandern und spielen. Es werden auch längere Fahrten bis nach Hannoversch Münden angeboten, wo die Fulda in die Weser mündet. Von dort geht es dann noch weiter bis nach Bad Karlshafen (s. dort). Zurück nach Kassel kommt man mit dem Bus oder der Bahn oder am nächsten Tag wieder mit dem Schiff. Räder werden kostenlos auf dem Schiff befördert. So kann ein Stück des Weges als Radwanderung gestaltet werden. Schön ist es auch, einen Teil oder die ganze Tour mit dem Paddel- oder Ruderboot zurückzulegen.

Märchenhaftes Nordhessen

Mit viel Grün verabschiedet sich Nordhessen von seinen Besuchern: mit dem Kaufunger Wald im Osten, dem Habichtswald im Westen und dem Reinhardswald im Norden. In den Mittelgebirgen dieser Region wurde früher nach Kupfer und sogar nach Gold gegraben, während sich in den dichten Wäldern Glashütten befanden. In Immenhausen und Bad Karlshafen wird noch heute mundgeblasenes Glas hergestellt. Aus Kalk, Pottasche und Sand besteht die Glasmasse, die später bei großer Hitze vom Glasbläser in die richtige Form gebracht wird. Forscher sind der Ansicht, dass das Märchen vom Schneewittchen mit dem »Spieglein an der Wand« und ihrem gläsernen Sarg nicht zufällig in einer Region entstanden sei, in der die Glasherstellung auch heute noch eine große Rolle spielt. Überhaupt ist so mancher Fleck in diesem Gebiet mit einem Märchen verbunden. Nicht umsonst führt die Deutsche Märchenstraße, die von Hanau nach Bremen führt, ein gutes Stück durch den Landkreis Kassel. Zusätzlich hat man hier noch einen Märchenlandweg mit Wanderwegen eingerichtet, der an 25 Ortschaften der Region vorbeiführt.

Region Kassel e.V. Touristik
und Regionalentwicklung
Bahnhofstr. 26
34349 Hofgeismar
Tel. 0 56 71 / 50 75 30
E-Mail:
info@region-kassel-land.de
www.region-kassel-land.de

Im 17. Jahrhundert holte Landgraf Karl Flüchtlinge aus Frankreich hierher, die wegen ihres Glaubens verfolgt wurden. In vielen kleineren Orten wie Gottstreu, Gewissenruh und Carlsdorf ist die Erinnerung an die Geschichte der Hugenotten noch lebendig. In Kelze wird mit einem Fest an ein besonderes Ereignis aus dieser Zeit erinnert. Bei der Flucht aus Frankreich soll ein kleines Mädchen verloren gegangen sein. Nach langem Suchen fanden es die Eltern wieder. Aus Freude darüber feiern seither die Bewohner von Kelze ein Fest mit einem Umzug, in dessen Mittelpunkt ein kleines Mädchen als Festkönigin steht. Sie wird von den anderen Mädchen des Dorfes gewählt.

Die Weidelsburg und der Dörnberg

In der Region Habichtswald haben Orte wie Zierenberg, Wolfhagen oder Naumburg noch weitgehend ihren ländlichen Charakter und ihr historisches Erscheinungsbild bewahrt.

Die vielleicht netteste Art, nach Naumburg zu kommen, ist die Fahrt mit dem *Hessencourrier* (s. Kassel). Eisenbahninteressierte werden bei Ankunft den Besuch im Eisenbahnmuseum am Bahnhof nicht versäumen wollen. Wer länger bleiben will, macht noch einen Ausflug zum Informationszentrum *Raum für Natur*. Dort kann die Natur ganz wörtlich gemeint »begriffen« werden. In einem Erlebnisraum wird gespielt, angeschaut und getestet. Es geht um die Themen Landschaft, Geschichte und Kultur und natürlich auch um Tiere, Pflanzen, Wasser und Klima.

Hessencourrier
Tel. 05 61 / 35 92 5

Raum für Natur
Hattenhäuser Weg 10
34311 Naumburg
Tel. 0 56 25 / 79 09 13
Erlebnisraum geöffnet
nach Vereinbarung
u. zu den Fahrtzeiten
des Hessencourriers

Die nicht weit entfernte *Weidelsburg* auf dem Weidelsberg ist die mächtigste Burgruine Nordhessens. Die fast rechteckige Anlage der Wehrburg wurde aus dicken Basaltsteinen errichtet. Eine von Türmen verstärkte Ringmauer schützte die Kernburg, deren große Wohntürme abweisend in den Himmel ragen. Die Burg sicherte die Grenze zwischen Thüringen und Hessen und hat eine wechselvolle Geschichte. Nach einer Legende hat sich dort einmal etwas Besonderes zugetragen: Während einer Belagerung baten die Frauen die Feinde der Burg, diese verlassen zu dürfen. Sie würden auch nur das mitnehmen, was ihnen teuer sei und was sie tragen könnten. Die Belagerer stimmten zu und die Frauen zogen hinaus. Auf ihren Rücken trugen sie ihre Männer und Liebsten.

Weidelsburg
frei zugänglich
an der B 251 bei Ippinghausen

Zierenberg mit dem ältesten noch erhaltenen Fachwerkrathaus von 1430 eignet sich gut, um einen Ausflug auf den Hohen Dörnberg, den Hausberg Kassels, zu unternehmen. Er ist mit 578 Metern der höchste Berg der Region. Der Weg führt am Schwimmbad und am Campingplatz vorbei nach oben. Auf seinem Basaltplateau hat sich eine besondere Vegetation erhalten. Hier wachsen auf dem so genanntem Kalkmagerrasen Pflanzen wie das Große Windröschen, die Flockenblume oder der Enzian. Um den Segelflugplatz herum (wenn nicht viel los ist, darf man auch schon mal mitfliegen) grasen Schafe und weiden Kühe. Zum Wandern ist der Dörnberg ideal. Viele Wege führen durch den an das Plateau angrenzenden dichten Wald. Hauptattraktion sind die bizarren Felsformationen auf dem Dörnberg, die »Helfensteine« und

Zierenberg
Verkehrsbüro
der Stadt Zierenberg
Poststr. 20
34289 Zierenberg
Tel. 0 56 06 / 51 91 25
E-Mail: ralph.homberger
@stadt-zierenberg.de
www.stadt-zierenberg.de

die »Wichtelkirche«. Letztere soll so entstanden sein: Ein Wichtelkönig warb einst um ein hübsches Zierenberger Mädchen. Nach anfänglichem Zögern gab sie seiner Werbung nach, allerdings unter der Bedingung, dass er sich zum Christentum bekennen solle. Er stimmte zu und alles wurde für die Hochzeit vorbereitet. Das Wichtelvolk errichtete über der Quelle des Heilerbachs auf dem Dörnberg eine Kirche. In der Mitsommernacht bei strahlendem Mondschein war es dann so weit. Die Hochzeit sollte gehalten werden und das Paar hielt Einzug. Der Braut war die Sache jedoch nicht geheuer und anstatt des Jawortes brachte sie nur ein »Nein« zustande. Da gab es ein mächtiges Rumpeln, alle Lichter erloschen und anstelle der hell wie Bergkristall strahlenden Kirche stand nur noch der nackte Felsen da. Seitdem trägt der Fels den Namen Wichtelkirche und sein Aussehen erinnert wirklich an eine Kirche.

Wichtelkirche auf dem Dörnberg

Schloss u. Schlosspark
Wilhelmsthal
34379 Calden
Tel. 0 56 74 / 68 98
geöffnet:
März-Okt. Di.-So. 10-17,
Nov.-Feb. Di.-So. 10-16 Uhr
Kinder 2,50 €, Erw. 3,50 €,
Familienkarte 8 €

Calden: Rokokoschlösschen und Sternwarte

Wenn dem Landgrafen Wilhelm im Sommer sein prächtiges Schloss in Kassel (s. dort) zu groß erschien, zog er sich nach *Schloss Wilhelmsthal* in Calden zurück. Seine dort ab 1742 errichtete »bescheidenere« Bleibe sah so aus: Stuck an den Wänden, geschliffene Spiegel, Parkett aus edlen Hölzern und erlesenes Mobiliar. Im Untergeschoss war die riesige Küche untergebacht, in den Räumen darüber hielten sich die Herrschaften auf. Ihre Räume schmückt auch eine »Schönheitsgalerie« mit über 50 Gemälden von Leuten, die seinerzeit den Ton angaben. Umgeben ist das Ganze von einem weitläufigen Park mit Teich, Kanal, Springbrunnen und Grotte, mit hübschem Figurenschmuck und altem Baumbestand. Calden ist ein kleines Juwel und besonders schön ist es hier im Frühjahr, wenn die vielen Kirschbäume blühen.

Sternwarte Calden
Schachtener Weg
34379 Calden
Tel. 0 56 74 / 72 76
Ab 18 Uhr Vorträge
in der A.-Schweitzer-Schule
geöffnet: bei klarem Himmel,
im Winter Fr. ab 20.30,
Sommer Fr. ab 21.30 Uhr
u. bei besonderen
Himmelsereignissen

Im Ort Calden kommt man dem Weltraum mit seinen Gestirnen ganz nahe. In der *Sternwarte* stehen unter einer runden Kuppel Spiegelteleskope und Fernrohre. Im Freien sind weitere Fernrohre montiert. Betreut wird die Sternwarte vom privaten »Astronomischen Arbeitskreis Calden«. Seine Mitglieder machen den Blick in die Tiefe des Weltalls möglich. Sie machen übrigens auch Vorführungen im Planetarium des Museums für Astronomie und Technikgeschichte Kassel (siehe dort). Etwas außerhalb des Ortes befindet sich der Flugplatz Calden. Hier können Kurse im Segelfliegen absolviert werden.

Tourist-Information
Märchenland Reinhardswald
Markt 5, 34369 Hofgeismar
Tel. 0 56 71 / 50 70 40 0
E-Mail:
Stadt-Hofgeismar@t-online.de
www.hofgeismar.de
www.reinhardswald.de

Stadtmuseum Hofgeismar
Petriplatz 2, 34369 Hofgeismar
Tel. 0 56 71 / 47 91 od. 34 76
geöffnet: Mo., Di., Do. 10-12,
Mi. 15-18, Fr. 17-19,
So. 11-13, 15-18 Uhr
Eintritt frei

Hofgeismar: Stutewecken und Osterhasenumzug

Für die Geschichte, warum die Kinder in *Hofgeismar* bis heute zu Ostern ein kleines Geschenk erhalten, gab es einen schlimmen Anlass. Ein Hofmeister hatte es einmal auf eine reiche und schöne junge Witwe abgesehen, fand aber, dass ihr Sohn seinen Plänen im Wege stünde. Also nahm er den Jungen mit in den Wald und brachte ihn um. Kinder fanden den Leichnam und überbrachten der Mutter die schreckliche Nachricht. Aus Trauer über den Verlust und zum Dank an die Kinder gab sie ihr Vermögen her und stiftete den Kindern den »Stutewecken«. Das ist eine Art süßes Brötchen, das noch immer alljährlich am Ostersonntag verteilt wird. Auf diesen Brauch folgt der Osterhasenumzug mit buntem Kinderprogramm. Auch der Hofgeismarer Weihnachtsmarkt mit Märchenvorstellungen, Zaubereien und Kindertheater ist etwas Besonderes.

Zu allen Zeiten Spaß macht die Erkundung der Altstadt im Rahmen einer Rallye. Unterlagen dazu gibt es bei der Stadtverwaltung und dann heißt es, Rathaus, Hochzeitshaus, Sälbertor und die Reste der Stadtmauern finden! Beim Besuch im *Stadtmuseum* am Petriplatz überrascht die rekonstruierte Töpferwerkstatt mit all dem vielen Zubehör. Außerdem gibt es noch eine Abteilung für Vor- und Frühgeschichte und zur Stadtentwicklung. Ein weiterer Bereich ist den hugenottischen Glaubensflüchtlingen und den jüdischen Bürgern gewidmet. Im *Apothekenmuseum* im »Steinernen Haus« wurde die alte »Hirsch-Apotheke« mit ihrem Apothekergarten wieder originalgetreu eingerichtet. Im Innern der Apotheke sieht man eine Fülle von Gegenständen, die früher zur Herstellung von Arzneimitteln gebraucht wurden. Denn die Heilkunst spielte in Hofgeismar seit dem 18. Jahrhundert eine große Rolle. Beim »Gesundbrunnen« etwas außerhalb der Stadt wurde gekurt. Heute ist dort die Evangelische Akademie untergebracht. Im Park beim runden Brunnentempel und dem kleinen See kann man einen hübschen Spaziergang unternehmen.

Auch Schwimmbäder fehlen in Hofgeismar nicht. Das *BaP*, das Bad am Park, lohnt bei jeder Jahreszeit. Im Sommer lockt im Ortsteil Kelze ein *Waldschwimmbad.* Für Tierliebhaber gibt es im Ortsteil Hombressen einen *Vogel- und Tierpark*.

Apothekenmuseum
Steinernes Haus,
Apothekenstr.
34369 Hofgeismar
Tel. 0 56 71 / 73 7
geöffnet: Mo., Di., Do. 10-12,
Mi. 15-18, Fr. 17-19,
So. 11-13, 15-18 Uhr
Kinder 1 €, Erw. 2 €

BaP, Bad am Park
Schöneberger Str. 16
34369 Hofgeismar
Tel. 0 56 71 / 92 07 91
ganzjährig geöffnet:
Mo.-Fr. 7.30-21 Uhr,
Sa., So. 9-21 Uhr
Schüler 1,50 €, Erw 3 €

Waldschwimmbad Kelze
Hofgeismar-Kelze
Tel. 0 56 71 / 89 40
geöffnet: Mai-Sept.
tägl. 10-19 Uhr
Kinder 0,50 €, Erw. 1 €

Vogelpark Hombressen
34369 Hofgeismar-Hombressen
Tel. 0 56 71 / 64 15
jederzeit frei zugänglich

Trendelburg: Rapunzel und Trendula

Schon von weitem grüßen die Mauern, Dächer und der dicke runde Turm der *Trendelburg*, des Wahrzeichens des gleichnamigen Fachwerkstädtchens. Zwar hat die Burg ihren Namen von der Riesin Trendula, doch ihre berühmteste Bewohnerin war »Rapunzel« aus den Grimmschen Märchen mit ihrem langen goldenen Zopf. In der ehemaligen Wehrburg befinden sich heute ein Restaurant und ein Hotel. Im Café kann man die schöne Atmosphäre im Innenhof und die Aussicht über die Zinnen genießen.

Den Rapunzelturm besuchen Kinder auch bei einem speziellen *Stadtrundgang*: Dabei erzählt der Führer mehr über die Riesin Trendula. Spannend ist auch die abendliche Märchenwald-Exkursion zur Drachenhöhle. Sie dauert etwa zwei Stunden und man sollte dazu feste Schuhe anziehen.

Der Ort Trendelburg liegt malerisch an der Diemel. Er hat einen Campingplatz, ein Freibad und Reiterhöfe. Übernach-

Tourist Information
Trendelburg
Marktplatz 1
34388 Trendelburg
Tel. 0 56 75 / 74 99 18
Information zu den
Stadtrundgängen:
Fremdenverkehrsamt
Hofgeismar
Tel. 0 56 71 / 99 90 34
E-Mail: verkehrsamt
@trendelburg.de
www.trendelburg.de

Wasserschloss Wülmersen
34388 Trendelburg
Tel. 0 56 75 / 15 23
E-Mail: auf-fellinger@web.de
Agrarhistorisches
Aktionsmuseum
geöffnet: werktags 8-15 Uhr,
Eintritt frei
Übernachtung für Gruppen
mit Selbstversorgung
Pro Person ab 7,20 €

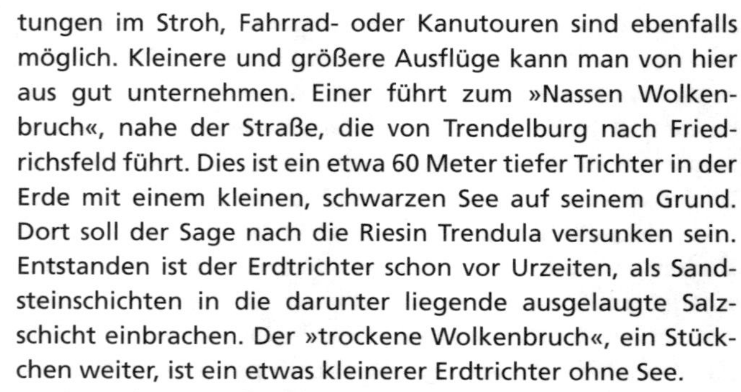

tungen im Stroh, Fahrrad- oder Kanutouren sind ebenfalls möglich. Kleinere und größere Ausflüge kann man von hier aus gut unternehmen. Einer führt zum »Nassen Wolkenbruch«, nahe der Straße, die von Trendelburg nach Friedrichsfeld führt. Dies ist ein etwa 60 Meter tiefer Trichter in der Erde mit einem kleinen, schwarzen See auf seinem Grund. Dort soll der Sage nach die Riesin Trendula versunken sein. Entstanden ist der Erdtrichter schon vor Urzeiten, als Sandsteinschichten in die darunter liegende ausgelaugte Salzschicht einbrachen. Der »trockene Wolkenbruch«, ein Stückchen weiter, ist ein etwas kleinerer Erdtrichter ohne See.

Ein anderer Ausflug führt zum *Wasserschloss Wülmersen*. Hier werden Träume wahr. Man kann in einem echten Schloss schlafen und dies dazu noch für wenig Geld. Das Herrenhaus an der Diemel mit Scheune, Schmiede, Brauhaus und Ställen wurde zur Jugendbegegnungsstätte ausgebaut. Im ehemaligen Schafstall ist das Agrarhistorische Aktionsmuseum untergebracht. Jedes Jahr gibt es eine neue Wechselausstellung, beispielsweise eine zum Thema Milch.

Reinhardswald und Sababurg

Dornröschenschloss Sababurg

Dornröschenschloss Sababurg
Im Reinhardswald
Familie Koseck
34369 Hofgeismar-Sababurg
Tel. 0 56 71 / 80 80
geöffnet: März-Okt.
tägl. 10-17 Uhr
Besichtigung:
Kinder 0,50 €, Erw. 1 €
Restaurant tägl.
ab 11 Uhr geöffnet
E-Mail: dornroeschenschloss
@sababurg.de
www.sababurg.de

Graf Reinhard gehörten einst Land, Dörfer und Höfe zwischen den Flüssen Diemel und Weser. Er soll ein Spieler gewesen sein und einmal sein ganzes Hab und Gut verspielt haben. Doch bevor der Graf seinen verlorenen Besitz abgab, bat er darum, noch einmal sein Land bestellen und abernten zu dürfen. Es wurde ihm erlaubt und Reinhard säte überall Eicheln und Bucheckern aus. Da Bäume aber bekanntlich viele Jahren brauchen, bis sie gefällt werden können, blieb das Land noch lange in Graf Reinhards Besitz. Auf diese Weise ist der Legende nach der Laubwald des Reinhardswaldes entstanden. Er bildet nun mit 1000-jährigen Eichen, mächtigen Buchen, Erlen, Birken und Ebereschen den ältesten und größten »Urwald« Europas. Denn der Wald bleibt schon seit vielen Jahren sich selbst überlassen und wächst ebenso dicht und üppig wie die Urwälder in Übersee. Der Besuch hier ist ein besonderes Naturerlebnis.

Mitten im Reinhardswald liegt die märchenhafte *Sababurg*. Sie hat ihren Namen von der Riesin Saba und gilt als Heimat von Dornröschen, der wohl bekanntesten Gestalt der Grimmschen Märchen. Die Sababurg war seit dem 16. Jahrhundert Jagdschloss der Landgrafen von Hessen. Von der einstigen Anlage gibt es noch den großen Rittersaal und ein geheimnisvolles Kellergewölbe. Dort unten, direkt unter einem der mächtigen Rundtürme, soll einmal ein Silberschatz versteckt gewesen sein. Heute haben dort Theaterstücke, Märchen- und Musikaufführungen ihren Platz, organisiert vom privaten Verein *SabaBurgTheater.* Im Sommer wird zusätzlich auf einer Freilichtbühne gespielt. In der Sababurg gibt es ein Hotel und ein Standesamt für Märchenhochzeiten. Auch ein Restaurant ist da. Die Sababurg ist ein beliebtes Ausflugziel und rund drei Millionen Besucher kommen pro Jahr dorthin.

SabaBurgTheater
Tel. 0 56 71 / 13 92

Der *Tierpark* bei der Sababurg ist einer der ältesten zoologischen Parks auf dem Kontinent. Landgraf Wilhelm IV. ließ ihn im Jahr 1571 einrichten. Umschlossen war er anfangs von einer mächtigen Dornenhecke, später wurde eine Mauer gebaut. Nach dem Tod des Landgrafen fiel der Tiergarten in einen langen Schlaf. Gute 400 Jahre später wurde er wieder »wachgeküsst« und zu neuem Leben erweckt. Seit dieser Zeit unterstützen die Mitarbeiter vor allem die Arterhaltung der Tiere, die in grauer Vorzeit in Europas Wäldern gelebt haben. Im Tierpark sind Wisente, Auerochsen, Wildpferde, Rentiere, Hirsche, Damwild, Wölfe und Füchse zu sehen, aber auch viele Vogelarten fühlen sich hier heimisch. In einem alten Fachwerkhaus ist außerdem ein Forst- und Jagdmuseum eingerichtet. Es informiert über den Wald und die ökologisch sinnvolle Nutzung der Natur. Wer wissen will, wie aus Holz Holzkohle wird, kann einem Köhler bei der Arbeit zusehen. Lämmer, Ziegen und Hasen streicheln ist im Kinderzoo angesagt. Natürlich gibt es auch einen Spielplatz, Ponys und eine Mini-Eisenbahn. Besondere Attraktion ist die Greifvogelanlage. In der Sommerzeit kann man die Vögel dort außer montags mehrmals am Tag im Freiflug beobachten.

Tierpark Sababurg
Tel. 0 56 71 / 8 00 12 51
geöffnet: Nov.-Feb. 10-16,
März u. Okt. 9-17,
April u. Sept. 8-19 Uhr
Kinder ab 5 Jahren ab 2 €,
Erw. ab 3,50 €, Familienkarte ab 10 €
www.tierpark-sababurg.de

Bad Karlshafen: Die nördlichste Stadt Hessens

Karlshafen ist eine Stadt, die am Zeichentisch entworfen wurde. Landgraf Karl von Hessen-Kassel ließ sie vor mehr als 300 Jahren am Zusammenfluss von Diemel und Weser errichten. Sein Land hatte durch Kriege und Hungersnöte gelitten und so holte er die Hugenotten, Glaubensflüchtlinge aus Frankreich, nach Karlshafen. Diese versprachen eine Belebung von Gewerbe und Wirtschaft. Für sie ließ er eine quadratisch an-

Kurverwaltung Karlshafen
Rathaus, Hafenplatz 8
34385 Bad Karlshafen
Tel. 0 56 72 / 99 99 24

Deutsches
Hugenotten-Museum
Am Hafenplatz 9a
Bad Karlshafen
Tel. 0 56 72 / 14 10
geöffnet: März-Dez.
Di.-Fr. 9-12, 14-17,
Fr., Sa. 14-17, So. 11-17 Uhr
Schüler 2 €, Erw 3 €
www.hugenottenmuseum.de

gelegte Stadt bauen, die heute in ihrem Kern noch weitgehend erhalten ist. Das *Deutsche Hugenottenmuseum,* in einer ehemaligen Tabakfabrik untergebracht, dokumentiert anschaulich die Geschichte der Verfolgung im Heimatland und ihre Ansiedlung in Hessen.

Kristall Weserbergland-
Therme Bad Karlshafen
Kurpromenade 1
34385 Bad Karlshafen
Tel. 0 56 72 / 92 11-0
geöffnet: tägl. 9-22 Uhr
Kinder ab 2 €, Erw. ab 8 €
E-Mail: info@kristall-weserbergland-therme.de
www.kristall-weserbergland-therme.de

Krukenburg
Tel. 0 56 72 / 13 09
34385 Bad Karlshafen-Helmarshausen
geöffnet: April-Okt.
tägl. 10-18 Uhr
Kinder 0,50 €, Erw. 1 €

Neben Karlshafen plante der Landgraf den Bau eines Kanals von Karlshafen nach Kassel, um bei der Weserschifffahrt Zölle beim Passieren fremder Gebiete zu sparen. Karlshafen sollte ein bedeutender Binnenhafen werden, doch über die Hafenbauten im Zentrum hinaus gedieh das Projekt nicht. Als 30 Jahre später eine Sole tief in der Erde entdeckt wurde, wandelte sich Karlshafen zu einer Salzstadt mit Gradierwerken, Siedehäusern und Pumpstationen. Jahre später wurde dann auf den Kurbetrieb umgestellt (s. die Bäder Nauheim, Orb, Sooden-Allendorf). In Bad Karlshafen spazieren seither die Kurgäste durch den Kurgarten und vergnügen sich im Heilwasser der *Kristall Weserbergland-Therme.* Sie wird mit Sole-Mineralwasser aus der Gesundheit versprechenden Quelle versorgt. Ein Hallenbad gibt es südlich von Bad Karlshafen im Ortsteil Helmarshausen. Dort liegt auch die Ruine der über 1000 Jahre alten *Krukenburg.* Sie hat ihren Namen – wen wundert's, in dieser Gegend voller Märchen- und Sagengestalten – von einem Riesen. Helmarshausen liegt auch an der Diemel. Man kann bequem am Fluss entlang dorthin spazieren oder radeln. Auch per Kanu kommt man gut dort an. Ähnlich gemütlich geht das von Bad Karlshafen aus an der Weser entlang. Schön ist auch hier die Fahrt mit dem Paddelboot oder einem Personenschiff auf dem Fluss.

An der Weser: Mühlen und Wasserkraft

Gemeindeverwaltung
Oberweser
Brückenstr. 1
34399 Oberweser
Tel. 0 55 72 / 93 73 14

Freilichtmuseum Mühlenplatz
Tel. 0 55 72 / 15 10
geöffnet: April-Sept.
tägl. 10-18,
1.-15. Okt. tägl. 10-17 Uhr
Kinder 0,75 €, Erw. 1,50 €

45 Kilometer schöne Weser-Flusslandschaft liegen zwischen Bad Karlshafen und Hannoversch Münden, das schon zu Niedersachsen gehört. In dem kleinen Ort Gieselwerder legen die Ausflugsschiffe an. Wenn der Fluss genügend Wasser führt, mindestens eine Handbreit unterm Kiel, fahren sie von hier aus gemütlich flussab- oder aufwärts. Wer selbst steuern will: Im Ortsteil Gottstreu-Weißehütte werden Boote vermietet und Floßfahrten angeboten. Gieselwerder selbst hat außer einer alten Mühle und den Resten einer Wasserburg noch eine andere Attraktion: Im *Freilichtmuseum Mühlenplatz* sind rund 50 der schönsten Gebäude der Welt im Miniatur-

Freilichtmuseum Mühlenplatz bei Gieselwerder

format nachgebaut. Der Bühnenbildner Richard Wittich hat sie von 1969 bis 1981 in liebevoller Heimarbeit maßstabsgetreu nachgebaut: Mühlen, Häuser, Kirchen, Burgen, Schlösser, darunter Neuschwanstein, die Wartburg oder die Fachwerk-Rathäuser aus Michelstadt, Alsfeld und Melsungen.

Lohnend ist auch ein Abstecher auf die andere Seite der Weser. Man gelangt von Gieselwerder aus über die Weserbrücke dorthin oder nimmt die Fähre. Drüben kommt man in der Gemeinde Lippoldsberg mit seiner ehrwürdigen romani-

Auf der Weserfähre

EAM-Live-Museum Lippoldsberg
Wahlsburg, Am Mühlbach 15
Informationen über:
Gemeinde Lippoldsberg
37194 Wahlsburg-Lippoldsberg
Herr Jährmann
Tel. 0 55 72 / 93 78 11

EAM-Energie AG
Abt. Öffentlichkeitsarbeit
Tel. 05 61 / 9 33 10 54
www.eam.de

schen Klosterkirche an. Zur Gemeinde gehört auch Wahlsburg. Dort stehen modernste Wasserkraftanlagen. Im *EAM-Live-Museum* der Energie-Aktiengesellschaft Mitteldeutschland (EAM) kann der Besucher aus nächster Nähe verfolgen, wie auf umweltfreundliche Art Strom erzeugt wird. Früher befanden sich hier die Klostermühle, eine Schmiede, ein Eisenhammer-Werk und ein Sägewerk. Angetrieben wurden und werden die Maschinen durch das Wasser des Mühlengrabens, das vom Flüsschen Schwülme abgeleitet wird.

Feste / Veranstaltungen

Fastnacht

Besondere Züge in Büdingen (108), Fulda (143) und Seligenstadt (130)
Rosenmontag: Umzug mit Tanz des »Bajaß«, Herbstein 115
Fastnachtsdienstag: Winteraustreiben in Langenthal 16
Sonntag nach Fastnacht: Hutzelfest in der Rhön 151

Februar

Hutzelfest, Steinau a. d. Straße 137

März

Barbarossamarkt, Gelnhausen 134
Brezeltag in Hilders 150, 151

Ostern

Stuteweckentag, Hofgeismar 256
Osterhasenfest, Hofgeismar 256
Osterfeuer, Limburg 171
Ostereiermarkt, Cölbe u. Mardorf 186, 187
Ostermarkt, Ronneburg 132
Ostermarkt, Veste Otzberg 26

April

Dippemess, Frankfurt 60
Walpurgisfeuer, Veste Otzberg 26

Mai

Maimarkt, Tann 151

Pfingsten

Ritterfest, Auerbacher Schloss 32
Brunnenfest, Bad Sooden-Allendorf 224
Wäldchestag, Frankfurt 60
Bienenmarkt, Michelstadt 22
Mühlenfest, Ottrau 198
Salatkirmes, Schwalmstadt-Ziegenhain 194

Juni

Festspiele, Bad Hersfeld 213
Spielfest, Bad Nauheim 204
Altstadtfest, Büdingen 108
Brüder-Grimm-Märchenfestspiele, Hanau 127
Dampfmaschinentage, Großauheim 127, 128
Ausschussfest, Laubach 114
Altstadtfest, Limburg 171
Johannesfest, Schwalmstadt-Treysa 196
Kulturtage für Kinder, Wiesbaden-Freudenberg 72

Hessische Sommerferien

Ritterfest, Auerbacher Schloss 32
Bad Homburger Sommer 92
Lamboyfest, Hanau 125
Kinderfest, Ronneburg 132
Märchenfest, Steinau a. d. Straße 137
Kindersommer in Wiesbaden 71

Juli

Pferdemarkt und Zuchtviehschau, Beerfelden 18
Wiesenmarkt, Erbach 20
Openflair-Festival, Eschwege 220
Brüder-Grimm-Märchenfestspiele, Hanau 127
Märchentag Homberg/Efze 203
Zissel, Kassel 251
Rosenfest, Bad Nauheim-Steinfurth 101
Heimat- u. Strandfest, Rotenburg 218
Harlekinade, Wabern 194
Kirschenkirmes, Witzenhausen 225

August

Kram- u. Viehmarkt, Bad Arolsen 243
Mückenstürmerfest, Bad Hersfeld 212

Laternenfest, Bad Homburg 93
Mainfest, Frankfurt 60
Museumsuferfest, Frankfurt 60
Brüder-Grimm-Märchenfestspiele, Hanau 127
Park- u. Lichterfest, Kassel 248
Lichterfest, Laubach 114
Ramba-Zamba, Marburg 183
Hutzelkirmes, Schwalmstadt-Treysa 196
Ballonfestival Weilburg 168, 169

September

Gallus-Markt mit Kirmes, Büdingen 108
Dippemess, Frankfurt 60
Museumsuferfest, Frankfurt 60
Töpfermarkt, Lauterbach 117
Großer Flohmarkt, Limburg 171
Burgfest, Ronneburg 132
Wirtefest, Tann 151
Apfelmarkt und Brückenfest, Wetzlar 164

Oktober

Lullusfest, Bad Hersfeld 212, 213
Drachenfest, Bad Nauheim 104
Halloween, Burg Frankenstein 42, 43
Gespenster-Spektakel, Eppstein 90
Schelmenmarkt, Gelnhausen 134
Mittelalterlicher Markt, Korbach 240
Kalter Markt, Ortenberg 109
Burgfest, Ronneburg 132
Mondstermer-Kirmes, Ottrau 194
Reichelsheimer Märchen- u. Sagentage 15
Residenzmarkt, Weilburg 169

November

St. Martinsfeuer, Limburg 171
Katharinen-Markt, Steinau a.d. Straße 137
Puppenspielfestival, Wiesbaden 71

Advent

Weihnachtsmärkte in verschiedenen Orten, u.a.:
Erbach, Frankfurt, Fritzlar; Hofgeismar (256), Laubach, Michelstadt, Veste Otzberg, Ronneburg, Rotenburg, Schlitz, Schwalmstadt-Ziegenhain (194)
24. Dezember: Christkindwiegen in Korbach 240

Silvester

Silvesterwürfeln, Laubach 114

Reiseziele

Archäologische Stätten

Altkönig, Keltische Ringwälle, Taunus 89, 90
Englischer Garten, römische Funde, Eulbach 20, 21
Dünsberg, Keltische Anlagen, Gleiberger Land 160
Glashütten, mittelalterliche Glashütte, Taunus 84
Glauberg, Keltische Funde, Wetterau 106, 107
Grube Messel, Funde der Tertiärzeit, bei Darmstadt 47
Heidetränk Oppidum, Keltische Funde, Taunus 88
Römerkastell Hainhaus, Odenwald 21
Römische Villa Haselburg, Hummetroth, Odenwald 23
Steinerwald, Römischer Hafen, Rhein 31
Saalburg, Römische Funde, Taunus 93, 94
Würzberg, Funde vom Odenwald Limes 21

Badeseen

Aartalsee, Bischoffen/Hohenahr 155
Badesee, Bensheim 27
Badesee Weimar, Niederweimar 185
Bärensee bei Hanau 127
Birkensee, Hanau 127
Bruchsee, Fürth 29
Buga-See, Kassel 251
Diemelsee 241, 242
Edersee, Waldeck 230, 231
Fuldaaue bei Bebra 216
Gederner See 109
Groß-Krotzenburger See 128
Guckaisee, Poppenhausen 148
Hattsteinweiher, Usingen 96
Kinzigsee 127
Klein-Krotzenburger See 128
Knüllteich, Knüll 199
Königssee Zellhausen 130
Großer Woog, Darmstadt
Krombach-Stausee, Lahn 155
Lahn-Park bei Wetzlar 155
Langener Waldsee 66
Mainflinger See, Mainhausen 130
Naturbad »Burg Wallenstein«, Knüll 199
Naturbadesee Silbersee, Frielendorf 200
Naturbadesee Stockelache, Borken-Kleinenglis 202
Nidda-Stausee, Schotten 111
Ober-Mooser See, Vogelsberg 109, 110
Perfstausee, Biedenkopf 192
Schultheisweiher, Offenbach 124
Riedsee bei Riedstadt 45
Singliser See, Borken-Singlis 201
Stausee, Bad Soden-Salmünster 122
Twistesee, bei Bad Arolsen 243, 244
Ulmbachtalsperre, Greifenstein-Beilstein 173

Berge

Altkönig, Taunus 90
Bechtelsberg, Schwalm 197, 198
Böllstein, Odenwald 15
Büraberg, Fritzlar 205
Christenberg, Münchhausen 190
Dörnberg, Zierenberg 254, 255
Dünsberg, Gleiberger Land 160
Ebersberg, Rhön 146
Eisberg, Waldhessen 210
Ettelsberg, Willingen 241
Großer Feldberg, Taunus 88, 89
Hoher Dörnberg, Habichtswald 254
Hoher Meißner 219-223
Hoherodskopf, Vogelsberg 112

Kleiner Feldberg, Taunus 89, 90
Knüllköpfchen, Knüll 198-200
Melibokus, Bergstraße 28
Milseburg, Rhön 150
Pferdskopf, Rhön 148
Pferdskopf, Taunus 97
Sackpfeife, Biedenkopf 192
Taufstein, Vogelsberg 112
Wachtküppel, Rhön 147
Wasserkuppe, Rhön 149, 150

Bergwerke, Höhlen

Besucherbergwerk, Bad Wildungen-Bergfreiheit 235, 236
Besucherbergwerk Christiane, Diemelsee-Adorf 242
Besucherbergwerk Christine, Willingen 240
Besucherbergwerk Grube Gustav, Abterode / Meißner 223
Besucherbergwerk Grube Ludwig, Wald-Michelbach 16
Grube Fortuna, Solms-Oberbiel 164, 165
Kubacher Kristallhöhle, Weilburg-Kubach 169
Räuber-Leichtweiß-Höhle, Wiesbaden 77
Schieferbergwerk Christine, Willingen 240
Teufelshöhle, Steinau 138, 139

Betriebsbesichtigungen

Altes Backhaus, Riebelsdorf 197
EAM-Live-Museum, Lippoldsberg 262
Erdfunkstelle Usingen 96
Edelsteinschleiferei Lange, Bad Wildungen-Bergfreiheit 236
Erlebniswelt Blockflöte, Fulda 145
Feuerwache, Fulda 145
Feuerwehr, Frankfurt 63
Flughafen, Frankfurt 51
Glocken- u. Kunstgießerei Rincker, Sinn 173
Hessisches Landgestüt, Dillenburg 175, 176
Hessischer Rundfunk, Frankfurt 61, 62
Holzspielwaren Kramer, Beerfurth 16
Kavernenkraftwerk Edersee, Edertal-Hemfurth 232
Kelterei Heil, Laubus-Eschbach 98
Kelterei Possmann, Frankfurt 59
Koziol Geschenkartikel, Erbach 20
Mainova, Frankfurt 62
Mohrenkopffabrik, Schotten-Wingershausen 111
Poppehuiser Bauernrunde, Poppenhausen 147
Pumpspeicherwerk Waldeck II, Edertal-Hemfurth 232
Staufstufe Griesheim, Frankfurt 63
Steinmühle, Ottrau 198
Thonet-Museum, Stuhlfabrik Thonet, Frankenberg 237
Töpferei Bauer, Lauterbach 117
Töpferwerkstätten, Marjoß 137

Botanik und Ökologie

Akademie für Natur- und Umweltschutz, Wetzlar 163, 164
Aukamm-Naturerlebnistal u. Ökologiezentrum, Wiesbaden 74, 75
Beratungsgarten Lohrberg, Frankfurt 63
Bienenkundezentrum, Felsberg-Gensungen 206
Botanischer Garten, Frankfurt 58
Botanischer Garten, Gießen 157
Botanische Gärten, Marburg 184, 185
Geogarten im Opelzoo, Kronberg 91
Gewächshaus für tropische Nutzpflanzen, Witzenhausen 225
Haus der Natur, Willingen 241
Kinderfarm Darmstadt-Arheiligen 45

Kräutergarten, Bebra-Weiterode 216, 217
Jugendwaldheim Roßberg 188
Lernbauernhof Maurer, Bad Homburg 93
Maislabyrinth, Lahnthal 191
Naturerlebnis Iba 217
Naturerlebnis Erlensee, Kirchhain-Niederwald 188
Naturlehrgebiet Treysa, Schwalmstadt-Treysa 196
Naturschutzhaus Weilbacher Kiesgruben 86
Naturschutz-Informationszentrum Kühkopf 44, 45
Naturschutzzentrum Amöneburg 188
Naturschutzzentrum Hoherodskopf, Vogelsberg 112
Naturzentrum Wildpark Knüll, Homberg-Allmutshausen 199
Ökologische Forschungsstation, Waldeck 234
Palmengarten, Frankfurt 57, 58
Raum für Natur, Naumburg 254
Schul- und Erlebnisbauernhof Ohäuser Mühle 187
Schulbauernhof Allendorf/Lumda 189
Schulwald Oberursel 88
StadtWaldHaus, Frankfurt 64
Umweltzentrum Fuldaaue 146
Umwelt-Informationszentrum Kühkopf, bei Darmstadt 45
Windenergiepark Grebenhain 110

Burgen und Schlösser

Burg Breuberg, Odenwald 24, 25
Burg Eppstein 90
Burg Frankenstein, Darmstadt 42-44
Burg Friedberg 102
Burg Gleiberg 159, 160
Burg Greifenstein 171, 172
Burg Herzberg, Hersfeld-Rotenburg 210, 211
Burg Hohenberg, Homberg/Efze 202, 203
Burg Königstein, Taunus 92
Burg Kronberg, Taunus 90, 91
Burg Münzenberg 105
Burg Rodenstein, Odenwald 24
Burg Runkel 170
Burg Schadeck, Neckarsteinach 17
Ebersburg, Rhön 146, 147
Felsburg, Felsberg 205, 206
Jagdschloss eulbach 20
Krukenburg, Bad Helmarshausen 260
Kurfürstliche Burg, Eltville 79, 80
Landgrafenschloss Marburg 180, 181
Löwenburg, Kassel 247
Milseburg, Rhön 150
Residenzschloss Bad Arolsen 242, 243
Ronneburg, Altwiedermus 131, 132
Sababurg, Reinhardswald 258, 259
Schloss Auerbach, Bergstraße 31, 32
Schloss Braunfels 166
Schloss Büdingen 108
Schloss Fasanerie, Eichenzell 146
Schloss Friedrichstein, Bad Wildungen 235
Schloss Lichtenberg 24, 25
Schloss Philippsruhe, Hanau 126, 127
Schloss Steinau, Steinau a.d. Straße 137
Schloss Waldeck 233, 234
Schloss Wilhelmstal, Calden 256
Schloss Wilhelmshöhe, Kassel 247, 248
Starkenburg, Heppenheim 28, 29
Trendelburg, Reinhardswald 257, 258
Veste Otzberg, Odenwald 26
Wasserburg, Friedewald 215
Wasserschloss Wülmersen 258
Weidelsburg, Habichtswald 254

Freizeit- und Spieleparks, Sommerrodelbahnen

Abenteuerspielplatz Riederwald, Frankfurt 66

Camp Seepark, Kirchheim 211
Erlebnispark Steinau a. d. Straße 137
Erlebnispark Ziegenhagen, Witzenhausen-Ziegenhagen 227
Familienfreizeitpark Lochmühle, Wehrheim/Taunus 94
Ferienwohnpark Silbersee, Frielendorf 200
Freizeit- und Erholungszentrum Werra-Meißner 220
Freizeit- und Sportzentrum, Bad Hersfeld 214
Freizeitzentrum Steinbrücker Teich, Darmstadt 42
Erholungs- u. Freizeitpark Steinertsee, Kaufungen 227
Kinderplanet Riedberg, Frankfurt 67
Märchenland Merkenfritz, Hirzenhain-Merkenfritz 109
Rettbergsaue, Wiesbaden 74
Sommerrodelbahn Edersee, Waldeck-Nieder-Werbe 234
Sommerrodelbahn Hoherodskopf, Vogelsberg 112
Sommerrodelbahn Märchenwiese, Wasserkuppe 150
Sommerrodelbahn Skigebiet Ritzhagen, Willingen-Ritzhagen 241
Sommerrodelbahn u. Freizeitzentrum, Sackpfeife / Biedenkopf 192
Stuck's Indoor-Kart, Frankfurt 64, 65
Takka-Tukka-Abenteuerland, Fulda 143
Touwabou Kinder Abenteuerland Hungen 101
Taunus Wunderland, Schlangenbad 77, 78
Welt der Sinne, Waldeck 234
Wild- u. Freizeitpark Willingen, Willingen 240, 241

Historische Bahnen

Dampfbahnclub Taunus e.V., Oberursel 88
Dampfkleinbahn, Bad Orb 135
Eisenbahnfreunde Wetterau e.V., Bad Nauheim 104
Feld- und Gruppenbahn, Solms-Oberbiel 165
Freilichtanlage Modellclub Kassel, Kaufungen 228
Freizeit-Express, Knüll 199
Hessencourrier e.V., Kassel 252
Nassauische Touristik-Bahn, Wiesbaden 77
Nerobergbahn Wiesbaden 76
Städtische Hafenbahn, Frankfurt 54

Lehrpfade

Archäologischer Pfad, Dünsberg
Archäologisscher Wanderweg, Oberursel 88
Bergbau und Naturlehrpfad, Frielendorf 200
Braunkohlerundweg, Borken 201
Eder-Auen-Erlebnispfad, Fritzlar-Edersee 205
Geologischer Wanderpfad, Abtsroda 147
Jagdlehrpfad, Kranichstein 46
Kunstpfad »Ars natura«, Felsberg 206
Mühlenberggrabenpfad, Fritzlar 205
Mühlenwanderweg, Oberursel 88
Naturerlebnis Erlensee, Kirchhain 188
Naturerlebnispfad Iba 217
Naturlehrpfad Amöneburg 188
Planetenlehrpfad, Marburg 184
Planetenlehrpfad, Kassel 250
Quellenweg, Frankfurt
Rundweg Schwanheimer Alteichen, Frankfurt 55
Schwarzbach-Planetenweg, Kriftel 85

Waldlernpfad Frau-Holle-Teich, Meißner 222
Waldlehrpfad, Weiterode 217
Vogellehrpfad, Greifenstein 173
Weinlagenweg, Bergstraße 27
Windenergie-Lehrpfad, Ulrichstein 110

Museen (Auswahl)

Bergbau- u. Stadtmuseum, Weilburg 168
Bergwerkmuseum »Roßgang«, Kaufungen 227
Brüder-Grimm-Haus, Steinau 136
Cybernarium, Darmstadt 41
Deutsches Elfenbeinmuseum Erbach 19
Deutsches Feuerwehrmuseum, Fulda 145
Deutsches Filmmuseum, Frankfurt 56
Deutsches Leder- und Schuhmuseum, Offenbach 123
Deutsches Segelflugmuseum, Wasserkuppe, Rhön 149
Dorfmuseum Oberrosphe, Burgwald 191
Eisenbahnmuseum, Bebra 216
Eisenbahnmuseum Kranichstein 46
Erfahrungsfeld Freudenberg, Wiesbaden 42
Explora, Frankfurt 56
Freilichtmuseum Hessenpark, Neu-Anspach 95
Freilichtmuseum Mühlenplatz, Gieselwerder260, 261
Glauberg Museum, Glauberg / Wetterau 106, 107
Glockenmuseum, Burg Greifenstein 172
Goethe-Haus u. Goethe-Museum, Frankfurt 50
Grenzmuseum Point Alpha, Rasdorf / Rhön 141
Heinrich-Hoffmann-Museum, Frankfurt 57
Hessisches Braunkohle und Bergbaumuseum, Borken 201
Hessisches Landesmuseum, Darmstadt 38
Hessisches Landesmuseum, Kassel 249
Hessisches Puppenmuseum, Hanau-Wilhelmsbad 126
Hessisches Schulmuseum, Kriftel 86
Kinder-Akademie, Fulda 143, 144
Kindermuseum/Historisches Museum, Frankfurt 53
Kindheits- u. Schulmuseum, Marburg 181, 182
Kutschenmuseum im Hess. Landgestüt, Dillenburg 176
Liebig-Museum, Gießen 157, 158
Mathematikum, Gießen 158, 159
Mineralogisches Museum, Marburg 182, 183
Mittelalterliches Foltermuseum, Rüdesheim 81
Museum der Schwalm, Schwalmstadt-Ziegenhain 195
Museum für Astronomie u. Technikgeschichte, Kassel 250
Museum Großauheim, Hanau 128
Museum für Kommunikation, Frankfurt 55, 56
Museum für Sepulkralkultur, Kassel 250
Museum für Vor- u. Frühgeschichte, Frankfurt 56
Museum im Landgrafenschloss, Marburg 181
Museum Schloss Wilhelmshöhe, Kassel 248
Museum Wiesbaden 72
Museumszentrum Lorsch 30
Naturkundemuseum Kassel 249
Naturmuseum Senckenberg, Frankfurt 56
Historisches Museum, Hanau-Philippsruhe 126
Saalburgmuseum, Saalburg-Kastell, Taunus 94
Salzmuseum, Bad Sooden-Allendorf 224

Schlossmuseum Darmstadt 37
Siegfried's Mechanisches Musikkabinett, Rüdesheim 81
Spielzeug- u. Odenwaldmuseum Michelstadt 22, 23
Stadt- u. Industriemuseum, Wetzlar 163
Themen- und Landschaftspark, Borken 201
Vonderau-Museum, Fulda 144
Vortaunusmuseum, Oberursel 87, 88
Werra-Kalibergbau-Museum, Heringen 215
Zeppelinmuseum, Zeppelinheim 51

Naturdenkmäler

Eschbacher Klippen, Eschbach 96
Felsenmeer, Lautertal 33-35
Frau-Holle-Teich, Meißner 222
Haseltal, Spessart 135
Grube Messel 47
Kalbe, Meißner 222
Kitzkammer, Meißner 222
Lochbachklamm, Knüll 203
Marmorsteinbrüche, Villmar 170
Naherholungsgebiet Mühlheim-Dietesheim 124
Naturschutzgebiet Borkener See, Borken 201
Naturschutzgebiet Kühkopf 44, 45
Naturschutzgebiet Rohrlache, Heringen 215
Naturschutzgebiet Strycktal b. Willingen 241
Rotes Moor, Rhön 148
Schweinsberger Moor 187
Stinksteinwand, Meißner 222
Wolkenbruch, Nasser und Trockener, Trendelburg 258

Parks

Bergpark Wilhelmshöhe, Kassel 248
Englischer Garten Eulbach, Odenwald 20
Freizeitpark Alter Friedhof, Wiesbaden 73
Fuldaaue, Kassel 251
Grüneburgpark, Frankfurt 58
Günthersburgpark, Frankfurt 58
Herrngarten, Darmstadt 38
Karlsaue, Kassel 250, 251
Kurpark, Bad Homburg 92
Kurpark, Bad Nauheim 103, 104
Kurpark, Wiesbaden 73
Palmengarten, Frankfurt 57, 58
Regionalpark RheinMain 85-87
Schlosspark Biebrich, Wiesbaden 73, 74
Schlosspark, Darmstadt 38
Schlosspark Fasanerie, Eichenzell 146
Schlosspark, Laubach 113, 114
Schlosspark Philippsruhe, Hanau 126, 127
Schlosspark Wilhelmsbad, Hanau, 247, 248
Schlosspark Wilhelmshöhe, Kassel 247, 248
Schlosspark Wilhelmsthal, Calden 256
Staatspark Fürstenlager, Bergstraße 32, 33

Sternwarten

Planetarium, Kassel 250
Sternwarte Burgsolms, Solms-Burgsolms 165
Sternwarte Calden 256
Sternwarte Starkenburg 29
Volkssternwarte Bad Nauheim 104
Volkssternwarte Darmstadt 41
Volkssternwarte Frankfurt 64

Tierstationen und Zoologische Gärten

Adlerwarte, Rüdesheim 82
Bergtierpark Fürth-Erlenbach 29
Englischer Garten Eulbach 20, 21
Falknerei Großer Feldberg, Taunus 89

Fasanerie Groß-Gerau 45
Hessisches Landgestüt, Dillenburg 175, 176
Hirschgarten, Bad Homburg 93
Hochwildschutzpark Ehrengrund, Gersfeld 147
Kleintierzoo am Rammelsberg, Kassel 248
Kobeltzoo, Frankfurt Schwanheim 55
Opelzoo, Kronberg 91
Ponyhof, Landgut Ebental, Rüdesheim 82
Reiterhof Kranichstein, Darmstadt 45
Schwarzwildpark Würzberg 21
Spessart-Wildpark, Bad Orb 135
Tierpark Braunfels 166
Tierpark Fasanerie, Wiesbaden-Klarenthal 75
Tierpark Sababurg 258, 259
Vivarium Darmstadt 41
Vogel- und Tierpark Hombressen 257
Vogelburg Weilrod 97, 98
Vogelpark am Bruchsee 29
Vogelpark Bensheim 27
Vogelpark Birkengarten, Lorsch 31
Vogelpark Heppenheim 29
Vogelpark Herborn-Uckersdorf 174
Vogelpark Hombressen, Hofgeismar 257
Vogelpark Schotten 111
Vogelschutzwarte Frankfurt 63
Wild- u. Erholungspark Meißner-Germerode 223
Wild- u. Freizeitpark Willingen, Willingen 241
Wildgehege Frankenberg 238
Wildgehege Heienbachtal, Rotenburg 219
Wildpark »Alte Fasanerie«, Klein-Auheim 127
Wildpark Brudergrund, Erbach 19
Wildpark Dillenburg-Donsbach 176
Wildpark Edersee, Edertal-Hemfurth 233
Wildpark Knüll, Homberg-Allmuthshausen 199
Wildpark Tiergarten, Braunfels 166
Wildpark Tiergarten Weilburg, Weilburg-Hirschhausen 169
Zoologischer Garten, Frankfurt 57

Unterkünfte

Boglerhaus am Knüllköpfchen 198
Camp ErNa, Wasserkuppe, Rhön 149
Dorfmuseum Alter Forsthof, Oberrosphe
Feriendörfer Seepark, Kirchheim 211
Ferienwohnpark Silbersee, Frielendorf 200
Grönhofhaus Wasserkuppe 149
Jugendburg Ludwigstein, Witzenhausen 226
Jugenddorf Hoher Meißner, Meißner 223
Jugendwaldheim Meißner 223
Jugendwaldheim Weilburg 168
Jugendherberge Brenberg 25
Jugendherberge Starkenburg, Heppenheim 28
Jugendherberge Schotten-Hoherodskopf 112
Jugendwaldheim Hasselroth, bei Gelnhausen 127
Jugendzeltplatz Weilburg 168
Kinderbauernhof Wiesbaden 75
Landschulheim Wegscheide 135
Naturfreundehaus Brombacher Hütte, siehe Pferdskopf, Taunus 97
Naturfreundehaus Meißnerhaus, Meißner 223
Naturfreundehaus Steinkautenhütte, Marburg 186
Ökologisches Schullandheim, Licherode 219
Umwelt-Jugendherberge Hoherodskopf 112
Wasserschloss Wülmersen 258

Ortsregister

Abterode (Meißner) 223
Abtsroda (Poppenhausen) 147
Adorf (Diemelsee) 242
Allendorf (Greifenstein)
Allendorf-Lumda 189
Allmuthshausen (Homberg/Efze) 199
Alsfeld 118, 119
Altweilnau 97
Altwiedermus/Ronneburg 131, 132
Amönau 189
Amönbeburg 187, 188
Auerbach 31, 32

Bad Arolsen 230, 242-244
Bad Arolsen-Wetterburg
Bad Hersfeld 210, 212-214
Bad Homburg 84, 92-94
Bad Karlshafen 253, 259, 260
Bad Naumheim 101, 103, 104
Bab Orb 122, 135, 136
Bad Schwalbach
Bad Sooden-Allendorf 224
Bad Wildungen 234-236
Bebra 216
Beerfelden 16, 18
Beerfurth 16
Bensheim 27
Bensheim-Auerbach 27, 31, 32
Bergfreiheit (Bad Wildungen) 235, 236
Biedenkopf 191, 192
Birkenau 27
Blitzenrod (Lauterbach)
Borken 200, 201, 202
Braunfels 166, 167
Breidenstein (Biedenkopf)
Breitenbach a. Herzberg 210-212
Breuberg 25
Burgsolms (Solms)
Büdingen 107, 108
Butzbach 101

Calden 256
Christenröde (Neukirchen) 197
Cölbe (Marburg) 187

Darmstadt 37-42
Dietzenbach (Offenbach)
Dillenburg 174-176
Donsbach (Dillenburg) 176

Ebersburg 147
Ebsdorfergrund 188, 189
Eckelshausen (Biedenkopf) 192
Eddersheim (Main) 85
Edertal-Hemfurth 232, 233
Eichenzell 146
Eltville 79
Eppstein 90, 91
Erbach 15, 19, 20
Erlenborn (Homberg/Efze)
Eschbach 96
Eschwege 220
Eulbach 20

Felsberg 205, 206
Flörsheim 86
Frankenberg 230, 237, 238
Frankfurt 11, 49-67
Freiensteinau 110
Friedberg 102, 103
Friedewald 215
Frielendorf 200
Fritzlar 203-205
Fulda 141, 142-146
Fürstenberg (Lichtenfels)
Fürth 29

Gaudernbach (Weilburg) 168
Gedern 109
Geisenheim 81
Gelnhausen 132, 133, 134

Gensungen (Felsberg)
Germerode (Meißner) 223, 224
Gersfeld 141, 149
Giershagen (Adorf) 242
Gieselwerder (Oberweser) 260, 261
Gießen 156-161
Glashütten (Taunus) 84
Glauberg 106, 107
Goddelau-Erfelden (Ried) 44
Goldhausen (Korbach) 239
Gottstreu-Weißehütte (Oberweser) 260
Goßfelden 190
Grebenhain (Vogelsberg) 110
Greifenstein 171, 172, 173
Großauheim 128
Groß-Gerau 45
Groß-Umstadt 27

Haina 236, 237
Hanau 124, 126-128
Hasselroth 127
Hattersheim (Main) 85
Helmarshausen (Bad Karlshafen) 260
Hemfurth/Edersee (Edertal) 232, 233
Heppenheim 28, 29
Herborn 173, 174
Herbstein 115
Heringen 214, 215
Heringhausen (Diemelsee) 241, 242
Heuchelheim-Kinzenbach 160, 161
Heusenstamm (Offenbach) 123
Hilders 151
Himberg (Homberg Efze)
Himmelsberg (Burgwald)
Hirschhausen (Weilburg) 169
Hirschhorn 16
Hirzenhain 109
Höchst (Odenwald) 27
Hochheim 86
Hofgeismar 253, 256-258
Homberg/Efze 194, 198, 199, 202, 203
Hombressen (Hofgeismar) 257
Hülsa (Homberg/Efze) 203
Hundelshausen (Witzenhausen)
Hummetroth (Odenwald) 23
Hungen 101, 102

Iba 217
Ilbenstadt 101
Immenhausen 253

Kassel 247-253
Kaufungen 227, 228
Kelze (Hofgeismar) 253, 257
Kiedrich 80
Kirchhain-Niederwald 188
Kirchheim 211
Klein-Auheim 127
Klein-Krotzenburg 128
Kleinsassen (Hofbieber) 150, 151
Königstein 92
Korbach 239, 240
Kranichstein (Darmstadt) 45, 46
Kriftel 85, 86
Kronberg 91, 92
Kubach (Weilburg) 169
Künzell (Fulda) 143

Langenthal (Hirschhorn) 16
Laubach 113, 114
Laubus-Eschbach
Lauterbach 101, 110, 116, 117
Lautertal-Reichernbach 33, 34
Lich 101
Licherode (Alheim) 219
Lichtenberg 24
Limburg 170, 171
Linden (Gießen)
Lippoldsberg 261, 262
Lorsch 29, 30, 31

Mainhausen 130
Marbach (Marburg) 186
Marburg 178-187
Mardorf 187
Marjoß 137
Mellnau 189
Melsungen 206, 207
Mengeringhausen (Bad Arolsen) 243
Merkenfritz (Hirzenhain) 109
Messel 47
Michelbach (Schotten) 112
Michelstadt 20, 22, 23
Morschen 207
Mühlheim-Dietesheim 124
Münchhausen 190
Münzenberg 105

Naumburg 252, 254
Neckarsteinach 15, 16, 17
Neu-Anspach 95
Neukirchen 197
Niederbeisheim 200
Nieder-Moos (Vogelsberg) 109, 110
Nieder-Werbe (Waldeck) 234
Nordenbeck (Korbach) 240

Ober-Mockstadt 101
Ober-Moos (Vogelsberg) 109, 110
Oberkaufungen 227
Oberursel 87, 88
Oberrosphe (Wetter) 191
Oberweser 260, 261
Oedelsheim (Oberweser)
Oestrich-Winkel 78
Offenbach 122
Ortenberg 109
Ottrau 194
Ottrau-Schorbach 194, 198
Otzberg 26

Phillipsruhe (Hanau)
Poppenhausen 147, 148, 149

Rauischholshausen 186
Rauschenberg (Burgwald) 190
Reichelsheim 15, 16
Riebelsdorf (Neukirchen) 197
Riedstadt 44
Rodenstein 24, 25
Rotenburg (Fulda) 217, 218, 219
Rückershausen 197
Rüdesheim 81, 82
Rumpenhein 124
Runkel 170

Schierstein 74
Schlangenbad 77, 78
Schlitz 118
Schmitten-Oberreifenberg 84
Schorbach (Ottrau) 198
Schotten 111, 112
Schröck 186
Schwalmstadt-Ziegenhain 194
Schwarzenborn 199
Schweinsberg 187
Seligenstadt 128, 129, 130
Sinn 172, 173
Solms-Oberbiel 164, 165
Solz (Bebra) 216
Spangenberg 207
Staffel (Limburg)
Steinau 136, 137, 138, 139
Steinwand (Poppenhausen) 148
Steinbach 23

Tann 151
Trendelburg 257, 258
Treysa (Schwalmstadt) 195, 196

Uckersdorf (Herborn) 174
Ulrichstein 110
Usingen 96, 97

Villmar 170
Vockerode (Meißner) 223
Volkmarsen 230

Wabern 194
Wahlsburg 262
Waldeck 230, 231, 233, 234
Waldeck-Nieder-Werbe 234
Wald-Michelbach 16
Wallenstein (Knüllwald)
Wehrheim/Taunus 94
Wehrda (Marburg)
Weilburg 167-170
Weimar (Marburg) 185
Weilrod 97, 98
Weiterode (Bebra) 216, 217
Wendershausen (Witzenhausen) 226
Wetterburg (Bad Arolsen) 244
Wetzlar 155, 161-164
Wiesbaden 69-78
Wilhelmsbad (Hanau) 125, 126
Willingen 240
Wingershausen (Schotten) 111
Winkel (Oestrich-Winkel) 79
Witzenhausen 224-227
Wülmersen 258
Würzberg (Michelstadt) 21

Zeppelinheim 51
Ziegenhagen (Witzenhausen) 226, 227
Ziegenhain (Schwalmstadt) 195
Zierenberg 254, 255
Zwingenberg 27
Züschen (Fritzlar)

So schmeckt's nur im Hessenland!

Michaele Scherenberg
Karl-Heinz Stier
Hessen à la carte 4
128 Seiten · geb. SU
€ 19,90 (D) · sFr 38,– · € 20,50 (A)
ISBN 3-8218-4849-4-X

Michaele Scherenberg und Karl-Heinz Stier, zwei der beliebtesten und erfolgreichsten Moderatoren des Hessischen Fernsehens, sind wieder im Hessenland unterwegs gewesen, um in die Kochtöpfe der Landfrauen zu gucken. Mitgebracht haben sie leckere Rezepte und viele Geschichten über Brauchtum, Handwerk und Sehenswürdigkeiten, mit zahlreichen Fotos von Land, Leuten und Leibgerichten garniert. Ein Buch zum Behalten und Verschenken, zum Kochen, Schmökern und Reisen.

»Mit den Berichten und Erzählungen ... wird aus **Hessen à la carte** mehr als ein Kochbuch: eine reich illustrierte, lebendige Heimatgeschichte.«

Lahn-Dill-Anzeiger

Kaiserstraße 66
60329 Frankfurt/Main
Tel. 069/25 50 03-0
Fax 069/25 60 03-30
www.eichborn.de

Wir schicken Ihnen gern ein Verlagsverzeichnis.